SCHNELLE GERICHTE FÜR DEN

FEIERABEND

SCHNELLE
GERICHTE FÜR DEN

FEIERABEND

Inhalt

Über dieses Buch

Schnelle Gerichte für den Feierabend ist die Antwort auf die tägliche Frage: Was kann ich heute Abend ohne allzu großen Aufwand kochen? Natürlich soll die Mahlzeit auch gesund und schmackhaft sein. Die meisten Gerichte in diesem Buch können Sie in weniger als 30 Minuten komplett zubereiten, andere können Sie schnell vorbereiten und dann in 30–60 Minuten garen lassen, während Sie etwas anderes erledigen – oder einfach mit einem Glas Wein entspannen. Alle Gerichte, die Sie nach den Rezepten dieses Buches zubereiten, sind garantiert köstlicher, nährstoffreicher und gesünder als Fertiggerichte, die ja meist recht viel Salz bzw. Zucker, Geschmacksverstärker und Konservierungsstoffe enthalten.

Im ersten Kapitel erfahren Sie, wie Sie bei Einkauf, Vorbereitung und Kochen Zeit sparen können, außerdem erhalten Sie Tipps, welche Lebensmittel Sie immer im Vorrat griffbereit haben sollten. Übersichtliche Checklisten helfen, Vorräte sinnvoll aufzustocken, erleichtern den Einkauf und tragen dazu bei, Geld zu sparen, denn Sie brauchen keine teuren (und möglicherweise ungesunden) Fertiggerichte mehr.

Viele Supermärkte und auch Biomärkte bieten geputztes und zerkleinertes frisches Gemüse an, TK-Gemüse gibt es ebenfalls in guter Auswahl und Qualität zu kaufen – beste Voraussetzungen für schnelle selbst gekochte Gerichte.

Kochutensilien und schnelle Garmethoden

Es kommt nicht darauf an, dass Sie jede Menge Töpfe, Pfannen, Messer und andere Küchenwerkzeuge in Ihren Schränken haben, es genügen einige wirklich gute Töpfe und Pfannen sowie ein paar unentbehrliche Küchenhelfer. Auf Seite 22 finden Sie eine Auflistung sowohl von unverzichtbaren Kochwerkzeugen als auch von einigen Geräten, die zwar entbehrlich sind, aber die Vor- und Zubereitung von Gerichten erleichtern können.

Einige Garmethoden sind zum Kochen schneller Gerichte empfehlenswerter als andere. Die sechs besten Garmethoden für die schnelle Küche werden auf den Seiten 24 und 25 beschrieben; dazu zählen z. B. Pfannenrühren und Grillen.

Schließlich werden Sie feststellen, dass das Vorbereiten von Zutaten nicht viel Zeit in Anspruch nehmen muss, wenn Sie die auf den Seiten 26–31 vorgestellten Techniken und Tricks anwenden.

Zutaten und passende Alternativen

Die Kapitel dieses Buches sind überwiegend nach Hauptzutaten eingeteilt (also: Fleisch, Geflügel, Gemüse usw.). So können Sie sich leicht unterschiedlichste Gerichte für die Woche

auswählen. Ebenso gibt es die Kapitel Suppen und Leichte Gerichte mit entsprechenden Rezepten. Außerdem finden Sie ein Kapitel mit Rezepten für superschnelle Süßspeisen. Sie haben also die Möglichkeit, aus einer großen Rezeptvielfalt abwechslungsreiche Speisepläne für jede Woche zusammenzustellen. Für viele Gerichte können Sie auf Zutaten aus dem Vorrat oder aufbewahrte Speisereste aus dem Kühlschrank zurückgreifen. Die Zutaten-Alternativen, die bei jedem Rezept aufgeführt werden, erweitern die Zubereitungsmöglichkeiten. Einige Gerichte bieten sich dazu an, sie gleich in doppelter Menge zuzubereiten – die Hälfte davon können Sie einfrieren und haben dann an einem anderen Tag eine fertige Mahlzeit.

Mengenangaben und Nährwerte

Wenn nicht anders aufgeführt, beziehen sich alle Mengenangaben in den Zutatenlisten bei Eiern und Gemüse (z.B. Möhren, Zucchini und Zwiebeln) auf mittelgroße Exemplare.

Zu jedem Hauptrezept erhalten Sie Nährwertangaben. Es lässt sich also auf einen Blick erkennen, wie viel Kalorien, Eiweiß, Fett und Kohlenhydrate das entsprechende Gericht pro Portion etwa enthält; eine gute Orientierung für alle, die ihr Gewicht unter Kontrolle halten möchten und auf eine ausgewogene Ernährung Wert legen. (Bei den Süßspeisen wurde auf die Angabe der Eiweißmenge verzichtet.) Zutaten oder Beilagen, die nach Belieben ergänzt werden können, wurden bei der Berechnung der Nährwerte nicht berücksichtigt. Wenn

Sie also fettreiche Beilagen wie in Butter geschwenkte Spätzle oder Bratkartoffeln zu einem Gericht essen, erhöht das natürlich den Kaloriengehalt der gesamten Mahlzeit.

Für Vegetarier

Mit Ⓥ gekennzeichnete Rezepte sind für Vegetarier, jedoch nicht für strenge Vegetarier geeignet. Diese Gerichte sind fleischlos; allerdings werden Eier, Milch und Käse als Zutaten nicht ausgeschlossen.

Backofentemperaturen

Die in den Rezepten angegebenen Backofentemperaturen beziehen sich auf Elektrobacköfen mit Ober- und Unterhitze. Ofentemperaturen für Umluft sind generell 20 °C niedriger einzustellen als für Ober- und Unterhitze. Für die meisten Gasherde gelten die unten aufgeführten Stufen, im Zweifelsfall erkundigen Sie sich beim Hersteller Ihres Gerätes.

Backofentemperatur	Gas Stufe
150–170 °C	Stufe 1 bzw. Stufe 1–2
180–190 °C	Stufe 2 bzw. Stufe 2–3
200–210 °C	Stufe 3 bzw. Stufe 3–4
220–230 °C	Stufe 4 bzw. Stufe 4–5
240–250 °C	Stufe 5 bzw. Stufe 5–6

Schnell und einfach kochen

Klug einkaufen für die schnelle Küche

Cleveres Einkaufen ist für die Zubereitung von schnellen und gesunden Mahlzeiten unerlässlich. Dafür muss man wissen, mit welchen Produkten sich Zeit sparen lässt, ohne dass Geschmack und Qualität darunter leiden. Legen Sie sich einen sinnvollen Vorrat an – das beschleunigt die Planung und die Zubereitung vieler Gerichte.

Eine Einkaufsliste schreiben

Eine gut geführte Einkaufsliste spart Zeit und darüber hinaus auch noch Geld, denn Sie kaufen nur die Zutaten, die Sie für die Mahlzeiten einer Woche brauchen, statt wahllos zuzugreifen. Am besten legen Sie in der Küche einen Notizblock bereit, auf dem Sie festhalten können, welche Lebensmittel Sie beim nächsten Einkauf besorgen müssen. Werfen Sie gelegentlich auch einen Blick auf die Listen auf den Seiten 15, 17 und 19, um zu prüfen, ob Ihre Vorräte mit den Grundzutaten bestückt sind. Nachdem Sie Ihre Lieblingsrezepte durchgesehen haben, schreiben Sie außerdem auf, welche frischen Zutaten Sie dafür kaufen müssen. Es empfiehlt sich, zunächst zu notieren, was Sie für welches Rezept benötigen, und dann die Zutaten nach Warengruppen in der Reihenfolge zu ordnen, in der Sie sie im Supermarkt vorfinden.

Online einkaufen

Manche großen Supermarktketten haben inzwischen einen Online-Shop, in dem man Waren bestellen kann, die zu einem vereinbarten Zeitpunkt nach Hause geliefert werden. Solch ein Lieferservice wird zunehmend beliebter – schließlich werden die Internetauftritte ja auch immer besser und übersichtlicher, sodass man ganz einfach bestellen kann.

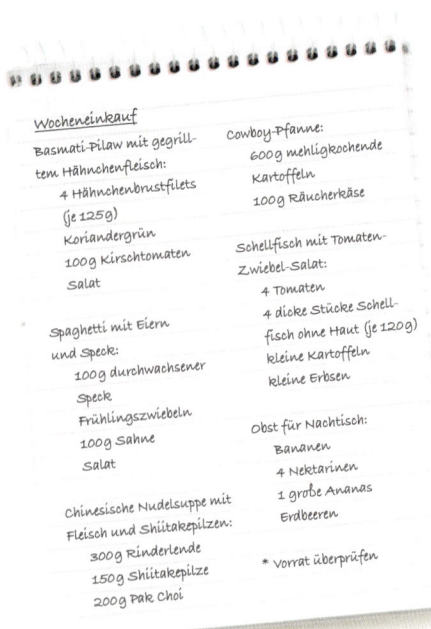

Wocheneinkauf

Basmati-Pilaw mit gegrilltem Hähnchenfleisch:
4 Hähnchenbrustfilets
(je 125 g)
Koriandergrün
100 g Kirschtomaten
Salat

Spaghetti mit Eiern
und Speck:
100 g durchwachsener
Speck
Frühlingszwiebeln
100 g Sahne
Salat

Chinesische Nudelsuppe mit
Fleisch und Shiitakepilzen:
300 g Rinderlende
150 g Shiitakepilze
200 g Pak Choi

Cowboy-Pfanne:
600 g mehligkochende
Kartoffeln
100 g Räucherkäse

Schellfisch mit Tomaten-
Zwiebel-Salat:
4 Tomaten
4 dicke Stücke Schell-
fisch ohne Haut (je 120 g)
kleine Kartoffeln
kleine Erbsen

Obst für Nachtisch:
Bananen
4 Nektarinen
1 große Ananas
Erdbeeren

* Vorrat überprüfen

Fleisch für schnelle Gerichte

Viele Fleischsorten werden bereits in Scheiben oder in Streifen geschnitten, gewürfelt oder gehackt angeboten. Außerdem gibt es magere Fleischstücke, die sich zum Kurzbraten und Grillen eignen. Vom Schwein sind das z.B. Schnitzel, Koteletts und Lende; vom Lamm Steaks aus der Keule, Koteletts und Lende; vom Rind Geschnetzeltes und Minutensteaks. Für besondere Anlässe bieten sich Hirschsteaks und Kalbsschnitzel an, die schnell gebraten oder gegrillt sind. Eine gute Wahl sind auch Entenbrust, die man in der Pfanne oder im Backofen braten kann, und Leber. Gehacktes Rind-, Lamm-, Schweine- und Putenfleisch sind ein Muss für jeden Tiefkühlvorrat.

Wenn Sie im Fleischereifachgeschäft einkaufen, können Sie darum bitten, dass man Ihnen das Fleisch so vorbereitet, wie Sie es brauchen – beispielsweise entbeint, pariert, gewürfelt oder in Scheiben geschnitten.

Bereits gewürfelter oder in Streifen geschnittener Schinken oder Bacon (Frühstücksspeck) ist ideal für eine schnelle Mahlzeit. Das Gleiche gilt für Brüh- oder Bratwürste. Achten Sie beim Einkauf auch stets auf Qualität.

Bei Geflügel ist Hähnchenfleisch wegen seiner Vielseitigkeit unschlagbar. Praktisch ist es, Hähnchenbrustfilets einzeln verpackt im Tiefkühlgerät vorrätig zu haben. Ein gegrilltes Hähnchen, das Sie heiß und in Isolierverpackung mit nach Hause nehmen können, ergibt mit Brot und/oder Salat eine schnelle Mahlzeit. Wenn Sie das Fleisch in Stücke schneiden, können Sie es an ein Reis-, Getreide- oder Nudelgericht geben.

Käse, Milchprodukte und Tofu

Käse und Tofu kann man für zahlreiche kalte und warme Haupt- oder Zwischenmahlzeiten verwenden. Daher sollten Sie immer eine kleine Auswahl im Haus haben. Gouda und Emmentaler eignen sich gut zum Überbacken. Würziger Parmesan passt prima zu Pasta und vielen Gerichten auf Tomatenbasis. Blauschimmelkäse, z.B. Roquefort, Gorgonzola oder Stilton, kann man wunderbar auf Hähnchenfleisch oder Steaks schmelzen lassen. Mozzarella ist ein idealer Käse zu Pizza und Pasta, und Schmelzkäse bereichert Aufstriche, Dips, Füllungen oder Suppen. Geriebenen Käse in Beuteln zu kaufen erspart Ihnen zeitaufwendiges Raspeln oder Reiben. Eine Ausnahme bildet dabei allerdings Parmesan: Ihn sollten Sie immer frisch reiben – den Unterschied zu bereits gerieben gekauftem werden Sie sofort schmecken.

Crème fraîche können Sie wie Sahne für Suppen, Eintöpfe und Saucen sowie für Dips und Süßspeisen verwenden. Weil sie sich im Kühlschrank länger hält, eignet sie sich gut für die Vorratshaltung. Sie schmeckt ähnlich wie saure Sahne, gerinnt aber nicht, wenn sie erhitzt wird, und kann deshalb direkt in heiße Speisen gerührt und mitgekocht werden.

Joghurt, egal ob Mager-, Vollmilch- oder griechischer Sahnejoghurt, ist ideal für Dips und kalte Speisen sowie als kühlende Beigabe zu scharfen Gerichten. Griechischen Sahnejoghurt können Sie außerdem wie Crème fraîche verwenden.

Tofu, ein Sojaprodukt, ist ein wichtiger Eiweißlieferant in vegetarischen Gerichten. Es gibt ihn im Kühlregal des Supermarkts und im Asia-Laden, naturbelassen oder geräuchert. Vor allem in Bioläden finden Sie die unterschiedlichsten Varianten.

Eier

Für eilige Köche sind Eier ein Geschenk des Himmels. Genießen Sie sie gekocht, gebraten, pochiert, als Rührei, Omelett oder in einer Frittata.

Fisch und Meeresfrüchte

Fisch ist ideal für die schnelle Küche, denn er ist im Nu gegart, wohlschmeckend und gesund. Beim Fischhändler können Sie Fisch küchenfertig so vorbereiten lassen, wie Sie ihn brauchen. Für den Tiefkühlvorrat bieten sich abgepackte Fischkoteletts und -filets sowie Garnelen an. Auch gemischte Meeresfrüchte wie Garnelen, Muscheln und Tintenfischringe sind in der Feierabendküche äußerst hilfreich. Sie lassen sich aufgetaut oder gefroren verwenden und eignen sich besonders für schnelle Paella- und Risottovarianten sowie für Salat.

Räucherlachs wird in Scheiben vakuumverpackt angeboten. Er passt hervorragend zu Eierspeisen und wertet schlichte Omeletts und Rührei auf. Andere Räucherfische wie Forellen oder Makrelen können Sie für Sandwiches, Salate oder Reisgerichte verwenden.

Gemüse

Immer häufiger wird Gemüse fix und fertig geputzt, geschält und geschnitten, also küchenfertig, angeboten. Mini-Maiskolben, Zuckerschoten, junge Erbsen und feine grüne Bohnen können einfach so, wie sie sind, in den Topf gegeben werden. Bereits gewaschener junger Blattspinat für Salate und warme Gerichte ist ideal für eilige Köche, genauso wie küchenfertiges Wokgemüse aus dem Kühlregal. TK-Gemüse ist nährstoffreich und ergibt rasch ein gutes Essen. Das TK-Angebot reicht von Erbsen und Möhren bis hin zu Paprikastreifen und Asia-Gemüse. Je bunter die Mischung ist, desto gesünder und appetitlicher sind die Speisen.

Salate

Salatmischungen aus dem Kühlregal sorgen für Abwechslung. Die meisten sind essfertig; trotzdem empfiehlt es sich, die Blätter kurz abzuspülen und anschließend in der Salatschleuder zu trocknen.

Schinken, Wurst und anderes

Schinken, Kassler und kalter Braten bieten sich für die Zubereitung von Sandwiches und Salaten an. Salami können Sie in Streifen schneiden und zu Reis- und Nudelgerichten geben, oder Sie belegen Pizza mit den ganzen Scheiben. Chorizo, die spanische Paprikawurst, hält sich lange im Kühlschrank und kann mit ihrem rauchigen Aroma eine Bereicherung für viele Gerichte sein. Getrocknete Tomaten sowie Oliven und Dips sind ebenfalls vielseitig einsetzbar und werten schnelle Mahlzeiten auf.

Vorräte in Dosen

Lebensmittel in Dosen sind bereits gegart und brauchen nur wenige Minuten aufgewärmt zu werden. Gemüse und Obst werden sofort nach der Ernte konserviert, wenn Geschmack, Vitamin- und Mineralstoffgehalt optimal sind. Konservierungsstoffe sind nicht erforderlich, und der Nährstoffgehalt nimmt auch bei langer Lagerung kaum ab. Inzwischen gibt es auch Konserven mit reduziertem Salz-, Zucker- oder Fettgehalt.

Wenn Sie sich einen Fischkonservenvorrat anlegen, sind Sie stets für ein schnelles Essen gerüstet. Beispielsweise sind Lachs, Makrele, Thunfisch und Sardinen ideal für Sandwiches und kleine Gerichte.

Eingemachtes Obst und Gemüse sind besonders im Winter praktisch, wenn frische heimische Produkte nicht erhältlich sind. Tomaten in Dosen zählen in vielen Küchen zu den meistverwendeten Zutaten. Es gibt sie ganz, gehackt oder passiert, pur sowie mit Knoblauch, Kräutern oder Chili gewürzt. Hülsenfrüchte sind eiweißreich; aus der Dose sind sie deshalb vor allem für schnelle vegetarische Gerichte von unschätzbarem Wert. Bei Obstkonserven sollten Sie zu Obst im eigenen Saft greifen, dem nicht zu viel Zucker zugesetzt wurde.

Vorräte in Gläsern

Ein paar Gläser mit Pastasauce sollten Sie immer im Haus haben, entweder schlichte Tomatensauce, die Sie selbst nach Belieben aromatisieren können, oder Saucen mit Kräutern, Oliven oder Paprika, die bereits gewürzt sind.

In Likör oder in Saft eingelegtes Obst passt zu Puddings, Eiscreme, Pfannkuchen und anderen Süßspeisen.

Trockenobst, Nüsse und Samen

Halten Sie nicht nur nach Rosinen Ausschau, sondern auch nach essfertigen Soft-Früchten wie Pflaumen, Aprikosen und Mangos. Sie brauchen nicht eingeweicht zu werden. Ungesalzene Mandeln und Nüsse gibt es im Ganzen, gehobelt, gehackt, gemahlen und geröstet. Samen verleihen Wokgerichten und Salaten Biss und liefern wertvolle ungesättigte Fettsäuren und Eiweiß.

Nudeln und Reis

Nudeln in unterschiedlichsten Formen sollten Sie immer in Ihrem Vorrat haben. Getrocknete Nudeln haben eine kurze Garzeit, doch frische sind noch schneller servierbereit, müssen allerdings im Kühlschrank oder im Tiefkühlgerät aufbewahrt werden (Sie können sie gefroren in das kochende Wasser geben). Die Auswahl ist groß, zudem gibt es gefüllte Pasta wie Tortellini oder Ravioli frisch zu kaufen. Lasagneblätter sollten Sie frisch kaufen oder eine Variante, bei der Vorkochen nicht erforderlich ist. Gnocchi sind eine gute Alternative zu Nudeln und können ebenfalls im Kühlschrank oder im Tiefkühlgerät aufbewahrt und gefroren in das kochende Wasser gegeben werden.

Besonders schnell gar sind Instant-Woknudeln. Sie sind vorgegart und werden kurz vor Ende der Garzeit direkt in pfannengerührte Gerichte gegeben.

Der Handel bietet eine Vielzahl von Reissorten an. Langkorn- oder Basmati-Reis und einen guten Risotto-Reis sollten Sie im Vorrat haben. Vorgegarter und bereits gewürzter Reis aus Folienbeuteln kann in wenigen Minuten in der Mikrowelle oder mit etwas Wasser in einer Pfanne aufgewärmt werden.

Tortillas und Pfannkuchen

Tortillas werden aus Mais- oder Weizenmehl hergestellt und halten sich in der ungeöffneten Verpackung recht lange. Sie sind die Basis für mexikanisch inspirierte Gerichte wie Fajitas und Burritos. Belegt und aufgerollt werden Tortillas zu köstlichen Wraps.

Fertig gebackene Pfannkuchen finden Sie im Kühlregal des Supermarkts. Sie lassen sich süß oder herzhaft füllen und belegen; bewahren Sie sie im Kühlschrank auf.

Brot und Gebäck

Wenn die Zeit drängt, kann fertig gekaufter Teig eine wunderbare Alternative zu selbst hergestelltem sein. Blätter- und/oder Mürbeteig sollten Sie deshalb immer im Tiefkühlvorrat haben; bedenken Sie allerdings, dass er vor der Verwendung auftauen muss.

Besonders praktisch ist Teig aus dem Kühlregal, er braucht nur entrollt zu werden. Im Idealfall lässt man ihn in der Verpackung in etwa 20 Minuten Raumtemperatur annehmen, damit er beim Entrollen nicht bricht.

Brot lässt sich hervorragend einfrieren. Vorgebackene Brötchen, Baguettes oder Ciabattas können gefroren zum Aufbacken in den Ofen, gefrorene Pittabrote direkt in den Toaster gegeben werden. Fertige Pizzaböden sind außerordentlich praktisch: einfach belegen, dann backen und genießen.

Brühen und Fonds

Für viele Rezepte wird Fond oder Brühe benötigt. Selbst gemacht, kann beides gut im Tiefkühlgerät aufbewahrt werden. Doch es gibt auch etliche hochwertige Alternativen, z.B. Brühwürfel, Pasten und Instant-Granulat. Alles braucht nur in heißem Wasser aufgelöst zu werden. Konzentrierte Bouillon aus dem Glas muss zur Verwendung meist verdünnt werden.

Fonds gibt es in großer Auswahl in Gläsern, vom Rinder- über Enten- bis zum Gemüsefond.

Gewürze

Für die Feierabendküche sind gemahlene Gewürze sehr praktisch. Doch sie verlieren schnell an Aroma; überprüfen Sie deshalb regelmäßig das Mindesthaltbarkeitsdatum auf der Verpackung. Chili-, Ingwer- und Knoblauchpaste in Gläschen oder Tuben ersparen Ihnen das Würfeln und Hacken. Nützlich sind auch aromatisierte Öle und Essige.

Kräuter

Frische Kräuter, abgepackt oder als Sträußchen, gibt es inzwischen überall, insbesondere Basilikum, Schnittlauch, Dill und Petersilie. Sie können aber auch Kräuter in Töpfen für die Fensterbank in der Küche kaufen, von denen Sie nach Bedarf etwas abschneiden. Oder Sie ziehen Kräuter selbst im Garten oder in Töpfen auf der Terrasse oder auf dem Balkon. Wenn Sie nur ein frisches Kraut verwenden wollen, sollten Sie sich für Petersilie entscheiden. Doch gerade auch Minze, Schnittlauch, Basilikum, Koriandergrün, Estragon, Dill, Thymian und Rosmarin bringen frischen Wind in die Küche.

Für den Fall, dass frische Kräuter nicht erhältlich sind, sollten Sie getrocknete (das beste Aroma haben gefriergetrocknete) oder tiefgefrorene Kräuter im Vorrat haben.

Es gibt keine festen Regeln, welches Kraut wozu passt. Doch folgende Kombinationen haben sich bewährt:

Lamm	Rosmarin, Minze
Hähnchen	Petersilie, Thymian, Estragon
Schwein	Salbei, Majoran, Oregano
Ente	Salbei
Fisch	Petersilie, Dill, Fenchel, Schnittlauch, Lorbeer
Tomaten	Basilikum, Schnittlauch, Petersilie

... klassische Kombinationen

Der gut gefüllte Vorratsschrank

Für stressfreies Kochen ist es unerlässlich, die richtigen Zutaten griffbereit zu haben. Nichts ist ärgerlicher, als entschieden zu haben, was es zu essen geben soll, und dann festzustellen, dass die wichtigste Zutat nicht vorrätig ist. Hier sind einige Grundzutaten, die Sie immer parat haben sollten und die es Ihnen ermöglichen, ohne Aufwand köstliche, gesunde Mahlzeiten schnell zuzubereiten.

Wenn Ihnen eine bestimmte Zutat gerade ausgegangen ist, können Sie diese häufig durch eine ähnliche ersetzen und dadurch dem Gericht eine neue interessante Note verleihen. Couscous könnte eine Alternative zu Bulgur sein, und Kichererbsen aus der Dose lassen sich statt weißer Bohnen verwenden. Im Rezeptteil dieses Buches finden Sie zahlreiche Vorschläge für alternative Zutaten.

Unverzichtbares

Öl und Essig Sonnenblumenöl ist preiswert und vielfältig einsetzbar, doch für Salatdressings sollten Sie auch natives Olivenöl extra im Haus haben – es ist das aromatischste und feinste Olivenöl und eignet sich zum Beträufeln und zum Kochen. Wegen seines niedrigen Rauchpunkts sollte es jedoch nicht zum Braten oder Pfannenrühren verwendet werden, dafür eignet sich z.B. Erdnussöl.

Wein- und Apfelessig benötigen Sie für Salatsaucen und süßsaure Speisen. Wenn Sie aber nur einen Essig kaufen möchten, dann wählen Sie einen Alleskönner, nämlich einen Rotweinessig. Balsamico-Essig ist wunderbar dunkel, süßlich und mild. Für ein feines Salatdressing brauchen Sie nur wenige Tropfen davon, die Sie mit Olivenöl mischen.

Fonds und Brühen Selbst wenn Sie selbst gemachten Fond oder Brühe im Kühlschrank oder im Tiefkühlgerät haben, brauchen Sie hin und wieder Brühwürfel oder Instant-Brühe. Es gibt sie für Fleisch-, Hühner- und Gemüsebrühe, letztere passt auch zu leichten Geflügel- und Fischgerichten. Rinderbrühe sollten Sie nur für kräftige Fleischgerichte und Saucen verwenden, weil ihr Geschmack sehr intensiv ist.

Salz und Pfeffer Kosten Sie ein Gericht erst, bevor Sie Salz und schwarzen Pfeffer zufügen. Salz sollte nur sehr sparsam verwendet werden, um den Eigengeschmack der Zutaten nicht zu überdecken. Schwarzer Pfeffer, möglichst aus der Mühle, ist aromatischer als weißer und kann als Gewürz für fast alles eingesetzt werden, es sei denn, die dunkle Farbe würde die Optik eines Gerichts stören.

Grundnahrungsmittel

Pasta Eine Auswahl verschiedener Pastasorten gehört in jeden Vorratsschrank. Wählen Sie unterschiedlich geformte, wie Spaghetti oder Tagliatelle, Farfalle (Schmetterlingsform) und Penne (Röhrennudeln) sowie Lasagneblätter.

Reis Im Vorratsschrank sollten Sie möglichst drei Arten von Reis haben. Langkornreis eignet sich für etliche Gerichte und als Beilage. Die schlanken Basmati-Reiskörner schmecken nussig-aromatisch. Basmati-Reis ist ein Muss zu indischen Gerichten und von allen Reissorten am schnellsten gar. Risotto-Reis (die bekannteste Sorte ist Arborio) wird für das gleichna-

Öle   Essige   Haferflocken   Nudeln   Reis und Quinoa

mige italienische Gericht verwendet und passt außerdem an diverse andere köstliche Speisen. Rechnen Sie als Beilage pro Portion 75 g rohen Reis.

Asiatische Nudeln Wenn Sie gern asiatisch kochen, sollten auch asiatische Nudeln in Ihrem Vorrat sein. Sie sind im Nu gekocht oder eingeweicht (Packungsangabe beachten). Instant-Wok-Nudeln sind bereits vorgegart und machen Wokgerichte nahrhafter.

Mehl ist z.B. für Pfannkuchen und Kuchen, zum Bemehlen von Fisch und Fleisch und zum Andicken von Saucen nötig.

Getreide Probieren Sie einmal Couscous, Bulgur und Quinoa.

(Letzteres ist zwar kein Getreide, wird aber so verwendet.) Alle passen gut in warme und kalte Salate. Mittlerweile erhält man problemlos schnellkochende Varianten. Einen Versuch wert ist auch Polenta (Maisgrieß). Sie kann als weicher Brei ähnlich wie Kartoffelpüree serviert werden. Oder man lässt sie erstarren, schneidet sie in Stücke und brät oder grillt sie – mit der passenden Sauce eine gute Alternative zu Pasta.

Haferflocken eignen sich anstelle von Mehl für süße und herzhafte Streusel, können zum Andicken von Suppen verwendet werden und sind beim Panieren ein guter Ersatz für Semmelbrösel.

Tomaten, ganz oder gehackt, eignen sich für Suppen, Aufläufe, Currys, Pastasaucen und andere Gerichte.

Geröstete Paprikaschoten im Glas, pur oder mit Kräutern in Öl eingelegt, sind praktisch, wenn keine Zeit bleibt, selbst Schoten zu rösten. Das Öl können Sie zum Aromatisieren diverser Gerichte verwenden.

Gegrillte Artischockenherzen in Olivenöl verleihen risottoartigen Gerichten und Pizzas mehr Pfiff.

Getrocknete Tomaten sind wegen ihres intensiven Aromas eine Bereicherung für viele Suppen und Eintöpfe, Dips und Salate. In Öl eingelegt, sind sie eine ideale Zutat für die schnelle Küche.

Maiskörner in Dosen müssen nicht gegart werden. Sie brauchen Sie nur abzugießen, kalt abspülen und abtropfen lassen, bevor Sie sie an Gerichte geben.

Oliven finden in Pastasaucen, Salaten, Aufläufen und Pizzas Verwendung.

Hülsenfrüchte – Bohnenkerne, Kichererbsen und Linsen – sind eine gute Wahl für die schnelle vegetarische Küche. Sie verleihen Gerichten mit Reis und anderem Getreide Substanz, schmecken in Aufläufen, können für Dips, z.B. Hummus, zerdrückt werden und machen sich gut in Sala-

ten. Der Griff zur Dose erspart Ihnen das langwierige Einweichen und Garen, das bei getrockneten Hülsenfrüchten erforderlich ist. Es empfiehlt sich, eine kleine Auswahl an Hülsenfrüchten im Vorrat zu haben, etwa Cannellini-, rote Kidney- und weiße Riesenbohnen sowie Kichererbsen. Rote Linsen und Puy-Linsen sind sogar getrocknet schnell gar. Puy-Linsen sind aber auch in Dosen erhältlich.

Baked Beans sind gebackene weiße Bohnen in Tomatensauce. Mittlerweile ist das englische Dosengericht auch bei uns leicht zu bekommen. Lassen Sie sich davon überraschen, wie viele abwechslungsreiche Gerichte Sie daraus zubereiten können (siehe S. 156–157).

Fischkonserven gehören unbedingt in den Vorrat. Mit Sardinen, Thunfisch, Lachs und Sardellen lassen sich im Handumdrehen nahrhafte Salate, Pizzas, Nudelgerichte und Eierspeisen kreieren.

Obst in Dosen oder Gläsern können Sie für Desserts und auch für herzhafte Gerichte verwenden, wenn kein frisches Obst zur Hand ist.

... Gläser und Dosen, die man im Vorrat haben sollte

Hülsenfrüchte in Dosen   **Dosentomaten**   **Kokosmilch in der Dose**   **Fisch in Dosen**   **Geröstete Paprika in Gläsern**

Tortillas eignen sich beispielsweise zum Einwickeln von Salaten oder von Resten vom Vortag.

Statt Brot Reiswaffeln, Knäckebrot und Cracker ergeben mit Käse, Aufschnitt oder Salaten abwechslungsreiche kleine Mahlzeiten.

Würzendes

Kräuter benötigt man für viele Gerichte. Die Kräuter, die Sie sehr häufig verwenden, sollten Sie getrocknet im Vorrat haben. Besonders im Winter, wenn frische Kräuter schwer zu bekommen sind, ist das sehr praktisch. Die meistverwendeten getrockneten Kräuter sind Oregano, Dill, Lorbeerblätter, Estragon, Minze und Thymian. Kräutermischungen können aushelfen, wenn ein bestimmtes Kraut nicht zur Verfügung steht. Bedenken Sie: Getrocknete Kräuter halten sich nur 6 Monate und sollten im dunklen Vorratsschrank oder in dunklen Behältern auf dem Küchenregal aufbewahrt werden. Petersilie und Koriandergrün verlieren beim Trocknen ihr Aroma, deswegen sollten Sie diese Kräuter frisch verwenden.

Gewürze betonen und verstärken das Aroma selbst gekochter Gerichte. Gewürze, die im Vorrat nicht fehlen sollten, sind Koriander, Kreuzkümmel, Cayennepfeffer, Zimt, Kurkuma (alle gemahlen), edelsüßes Paprikapulver, Chiliflocken und Kardamomkapseln. Wer gern thailändisch kocht, sollte auch getrocknetes Zitronengras vorrätig haben.

Tomatenmark sorgt in zahlreichen Gerichten sowie in Saucen, Suppen, Dressings und Marinaden für eine intensive Tomatennote. Weil es konzentriert ist, brauchen Sie nur wenig davon. Tomatenmark aus geöffneten Dosen sollten Sie unbedingt in Gefrierbeutel oder Schraubdeckelgläser umfüllen und, ebenso wie geöffnete Tomatenmarktuben, im Kühlschrank aufbewahren.

Tomatenketchup kann mit seiner fruchtigen Süße (er enthält Essig und Zucker) vielen Gerichten eine besondere Note verleihen, manchmal passt er besser als Tomatenmark.

Passierte Tomaten (Passata) Dabei handelt es sich um das pürierte Fruchtfleisch vollreifer Tomaten. Passata kann man für Suppen, Pastagerichte und sogar für Drinks auf Tomatenbasis verwenden.

Pesto würzt Suppen, Pasta- und Reisgerichte sowie gefülltes Gemüse, man braucht es aber auch für Pesto-Bruschetta (geröstete Weißbrotscheiben, mit Pesto bestrichen). Rührt man es mit Gurkenwürfeln unter griechischen Sahnejoghurt, entsteht eine köstliche Zaziki-Variante.

Senf passt besonders gut zu Schweinefleisch, Schinken und Gerichten mit Käse. Dijonsenf hat einen fein-würzigen Geschmack und lässt sich für Marinaden und (Salat-)Saucen oder zum Bestreichen von Fleischstücken vor dem Braten verwenden. Körniger Senf ist intensiver im Geschmack und optisch wegen der verschiedenfarbigen Körner attraktiv.

Worcestersauce würzt Bratensaucen und Gerichte mit rotem Fleisch, gehört aber auch an klassische Gerichte wie Hühnerfrikassee und Ragout fin.

Sojasauce braucht man für fast alle fernöstlichen Gerichte. Wenn Sie oft Pfannengerührtes zubereiten, sollten Sie außerdem geröstetes Sesamöl im Vorrat haben.

Currypulver oder -paste benötigt man meist für Gerichte mit indischer Note. Im Handel gibt es unterschiedliche mehr oder weniger scharfe Mischungen. Bei dem großen Angebot ist sicher ein Produkt dabei, das Ihren Geschmack trifft.

Fischsauce, auch als *Nam pla* bekannt, wird in der südostasiatischen Küche verwendet wie in China die Sojasauce. Sie ist salzig und hocharomatisch, deshalb sollten Sie sie sparsam dosieren. Thailändische Gerichte verdanken ihren typischen Geschmack oft der Fischsauce.

Chutneys Mango-, Aprikosen- oder Tomaten-Chutney schmecken gut zu kaltem Braten und Currygerichten. Achten Sie beim Einkauf auf die Qualität.

Würzpasten Knoblauch-, Chili- oder Ingwerpaste aus der Tube oder aus dem Glas sind nützlich, wenn Sie die Zutaten nicht frisch im Haus haben oder beim Kochen die Zeit drängt.

Tafelmeerrettich aus der Tube oder aus dem Glas kann Saucen abrunden und passt zu kaltem Braten; geöffnete Behälter im Kühlschrank aufbewahren.

Extras Preiselbeeren und Gelee aus Roten Johannisbeeren sollten in keinem Vorrat fehlen. Beide eignen sich zum Abrunden von Saucen und als Beigabe zu Wild, Braten und Paniertem wie Schnitzel oder Kotelett.

Getrocknete Kräuter   Verschiedene Gewürze   Currypulver und -paste   Fischsauce

Noch mehr Nützliches

Mayonnaise ist eine wichtige Zutat für Dips, kann aber auch pur als Aufstrich oder lediglich als Beigabe dienen. (Nach dem Öffnen im Kühlschrank aufbewahren.)

Nüsse und Samen Cashewkerne, Walnusshälften, Mandelblättchen und Pinienkerne sollten Sie immer im Vorrat haben. Sie werden staunen, was man alles damit machen kann: So geben sie beispielsweise asiatischen Gerichten und Salaten Biss, und in vegetarischen Speisen dienen sie als Proteinlieferant. Auch Kürbis- und Sonnenblumenkerne gehören in den Vorrat, sie verleihen Salaten Substanz; Sesamsamen aromatisieren Pfannengerührtes. Gemahlene Nüsse und Samen werden schnell ranzig, deshalb sollten Sie, wann immer möglich, ganze Kerne im Blitzhacker zerkleinern. Nüsse und Samen in fest verschlossenen Behältern aufbewahren und innerhalb von 3 Monaten verbrauchen.

Kokosmilch ist eine unentbehrliche Zutat für viele Thai-Currys und einige indische Gerichte. Wenn Sie Thai-Currys oder andere kokosmilchhaltige Gerichte mögen, sollten Sie immer eine Dose im Vorrat haben. Im Handel gibt es auch Kokoscreme in Blockform. Bei Bedarf können Sie diese feste Creme in Wasser auflösen und wie Kokosmilch verwenden. Angebrochene Kokoscreme im Kühlschrank aufbewahren.

Zucker und Honig benötigen Sie zum Süßen vieler Desserts, aber auch zum Würzen mancher herzhafter Gerichte. Als Brotaufstrich ist vielleicht ein ganz besonderer Blütenhonig am besten geeignet, aber zum Kochen können Sie jeden beliebigen flüssigen Honig (vorzugsweise eine Sorte mit nicht zu intensivem Eigengeschmack) nehmen. Sie können ihn für Glasuren, Marinaden, süßsaure Gerichte, Salatsaucen und anstelle von Zucker verwenden.

Ahornsirup passt zu Pfannkuchen und Eiscreme. (Geöffnete Flaschen im Kühlschrank aufbewahren.)

Spirituosen, z.B. Sherry, Weinbrand und Rum, aromatisieren, genau wie Rot- und Weißwein, herzhafte wie süße Speisen gleichermaßen und machen das Kochen zum Vergnügen.

Tomatenketchup Pesto Verschiedene Senfsorten Mayonnaise Chutney Sojasauce Worcestersauce

Den Kühlschrank richtig nutzen

Frische Zutaten wie Fleisch, Fisch, Obst und Gemüse halten sich nicht besonders lange; sie verlieren mit der Zeit an Nährwert und verderben. Hier kann Ihr Kühlschrank Abhilfe schaffen. Richtig eingeräumt, verlängert er die Haltbarkeit frischer Lebensmittel, und Sie brauchen nur noch einmal in der Woche einzukaufen.

Optimal einräumen

Ein gut organisierter Kühlschrank ist die Voraussetzung dafür, dass das Kochen reibungslos vonstattengehen kann. Wenn Sie Ihre Einkäufe auspacken, sollten Sie alles gleich an den richtigen Platz stellen – abhängig davon, wie oft Sie es brauchen und wie temperaturempfindlich das Produkt ist, denn im Kühlschrank herrschen unterschiedliche Temperaturen. Rohes Fleisch und roher Fisch gehören nach unten in das kälteste Fach (über den Schubladen), getrennt von gegarten Lebensmitteln, um einer Kontamination vorzubeugen. Milchprodukte kommen in die mittleren Fächer, Salat und Gemüse in die Schubladen. Ganz oben können all die Zutaten lagern, die keine starke Kühlung benötigen, z.B. Kapern, Senf, Oliven usw., sie sollten mit den Etiketten nach vorn als Gruppe zusammenstehen.

Milchprodukte, Eier, Tofu

Milch und Säfte sollten in der Kühlschranktür stehen. Stellen Sie alles so hin, dass die Packungen mit dem frühesten Mindesthaltbarkeitsdatum (MHD) als Erste verbraucht werden. **Butter und/oder Margarine** ebenfalls nach Datum sortieren. **Käse** braucht den wärmsten Platz im Kühlschrank – ganz oben oder im Käsefach der Tür. Bewahren Sie Käse in Kunststoffbehältern auf, oder wickeln Sie ihn in Butterbrotpapier oder Alufolie. Frischhaltefolie ist ungeeignet, weil sie Käse schmierig werden lässt.
Sahne, Crème fraîche, saure Sahne, Joghurt Zugedeckt aufbewahren und dem MHD entsprechend verbrauchen. **Eier** möglichst in der Verpackung weit oben oder in einem speziellen Fach in der Kühlschranktür aufbewahren (MHD beachten). **Tofu** sollten Sie zusammen mit dem Käse lagern.

Gemüse und Salat

Beides gehört in die Gemüseschublade. Falls der Platz dort knapp ist, können Sie die Sachen in Gefrierbeutel packen und im Hauptraum des Kühlschranks lagern. Achten Sie darauf, dass die Lebensmittel in den Beuteln dabei die Rückwand des Kühlschranks nicht berühren – dort ist es besonders kalt. Bilden sich an Blattsalat Eiskristalle, ist er nicht mehr genießbar. **Frische Kräuter** gehören ins Gemüsefach. Frischen Ingwer in Frischhaltefolie wickeln (oder einfrieren; siehe S. 20).

Fisch

Sie sollten ihn am gleichen Tag, an dem Sie ihn gekauft haben, zubereiten. Ist das nicht möglich, den Fisch feucht abwischen, auf einen Teller legen und mit Frischhaltefolie bedecken. Im unteren Bereich des Kühlschranks, nicht länger als 24 Stunden, aufbewahren.

Fleisch

Rohes Fleisch muss so bald wie möglich nach dem Einkauf in den Kühlschrank gelegt werden (in der Verpackung lassen). Lose gekauftes Fleisch auf einen Teller legen und mit Frischhaltefolie bedecken. Speck sollten Sie beim Fleisch aufbewahren. **Fleischprodukte, Wurst, Schinken und Salami in Scheiben** gehören nicht in die Nähe von rohem Fleisch. Speck und Aufschnitt nach dem Öffnen der Verpackung in fest verschließbare Behälter umfüllen; innerhalb weniger Tage verbrauchen.

Was hält sich wie lange?

Verpackte Lebensmittel, die Sie im Supermarkt kaufen, tragen ein Mindesthaltbarkeits- oder Verfallsdatum. Wenn Sie Lebensmittel lose kaufen, fragen Sie am besten den Händler, in welcher Zeit Sie die Sachen verbrauchen sollten. Falls Sie im Zweifel sind, hier ein paar Faustregeln.

Rohe Lebensmittel

Fisch 1 Tag; **Fleisch, Wurst und Geflügel** 3 Tage; **Blattgemüse, Salat, weiches Obst und Beeren** 2–3 Tage; **Käse, Eier, Milch und Milchprodukte** bis zu 1 Woche bzw. länger.

Gegarte Lebensmittel

Kochwurst und gegarter Fisch 1 Woche; **Aufläufe und Eintöpfe** 2–3 Tage; **gekochtes Gemüse** 1–2 Tage; **gegarte Nudeln oder gekochtes Getreide** 1–2 Tage. **Speisereste** halten sich zugedeckt 1–2 Tage; häufig lohnt es sich, gleich eine größere Menge für zwei Mahlzeiten zuzubereiten.

Vorsicht bei gekochtem Reis

Gegarter Reis kann Lebensmittelvergiftungen verursachen, wenn sich darin schädliche Bakterien bilden. Deshalb sollte man ihn im Kühlschrank nur 1 Tag, maximal 2 Tage, aufbewahren (siehe S. 145 Kasten unten rechts).

Die richtige Verpackung

Geöffnete Dosen können im Kühlschrank rosten. Füllen Sie deshalb den Doseninhalt in fest verschließbare Kunststoffbehälter, und stellen Sie diese dann in den Kühlschrank. Ebenso gehören angebrochene Gläser und Tuben, z.B. mit Mayonnaise, Pesto oder Tomatenmark, in den Kühlschrank.

Das gehört nicht in den Kühlschrank

Einige Lebensmittel sollten bei Raumtemperatur gelagert werden: Tomaten, damit sich ihr Aroma entwickeln kann; Avocados, um auszureifen; Zwiebeln und Kartoffeln (kühl und dunkel lagern); das meiste Obst mit Ausnahme von Beeren.

Tipps zur Lagerung

● Rohes Fleisch und Geflügel im unteren Fach des Kühlschranks (über den Schubladen) in einem Behälter, aus dem nichts heraustropfen kann, lagern.

● Stark riechende Lebensmittel sollten in fest verschlossene Behälter gegeben werden, damit der Geruch sich nicht auf andere Lebensmittel überträgt.

● Packen Sie den Kühlschrank nicht zu voll; die Luft muss darin frei zirkulieren können, damit er richtig kühlen kann.

● Öffnen Sie den Kühlschrank nicht häufiger als erforderlich.

● Sämtliche Lebensmittel zudecken oder einwickeln. Gläser und Flaschen immer verschließen und so hinstellen, dass das Etikett sichtbar ist. So sehen Sie sofort, was sie enthalten.

● Bedenken Sie, dass das Mindesthaltbarkeits- bzw. Verfallsdatum nur für ungeöffnete Verpackungen gilt. Die meisten Lebensmittel sollten nach dem Öffnen der Packung innerhalb von 2–3 Tagen verbraucht werden.

● Speisen nie heiß in den Kühlschrank stellen, sondern vorher auskühlen lassen; sonst steigt im Kühlschrank die Temperatur.

● Den Kühlschrank sauber halten. Ausgelaufenes sofort wegwischen; den Kühlschrank regelmäßig ausräumen und mit Spülmittellauge auswischen (Desinfektionsreiniger sind nicht nötig).

● Schaffen Sie sich ein Kühlschrankthermometer an, um zu prüfen, ob die Temperatur zwischen 4 und 7 °C beträgt (und im Nullgradfach 0 °C).

In den Kühlschrank			Nicht in den Kühlschrank	In die Obstschale
Milch	Gegarter Fisch	Pilze	Avocados	Zitronen
Joghurt	Gegartes Fleisch	Blattsalat	Tomaten	Orangen
Butter	Schinken und Speck	Kresse	Knoblauch	Klementinen
Käse	Wurst	Gurken	Kartoffeln	Äpfel
Eier	Saisongemüse	Radieschen	Süßkartoffeln	Bananen
Säfte	Wok-Gemüse	Frühlingszwiebeln	Zwiebeln	Kiwis
Rohes Fleisch	Paprikaschoten	Frische Kräuter	Zucchini	Birnen
Roher Fisch	Möhren	Beeren	Kürbis	Pflaumen
	Stangensellerie	Weintrauben		Mangos
	Lauch	Gekühlte Süßspeisen		

In den Kühlschrank ... oder nicht in den Kühlschrank?

Das Tiefkühlgerät richtig nutzen

Für die schnelle Feierabendküche ist ein Gefriergerät unerlässlich. Viele Lebensmittel lassen sich gut einfrieren. Darüber hinaus kann man von Sonderangeboten profitieren, fertig gekochte Gerichte im Vorrat halten und saisonales bzw. selbst geerntetes Gemüse konservieren. Um den Überblick zu behalten, ist die Beschriftung des Tiefkühlvorrats das A und O.

Fisch, Geflügel und Fleisch

Fisch, Fleisch und Geflügel können Sie tiefgefroren kaufen. Bei loser Ware sollten Sie den Händler fragen, ob sie bereits eingefroren war – aufgetaute Ware darf nicht erneut eingefroren werden. Falls Sie größere Mengen einfrieren möchten, schalten Sie das Gerät auf „Schnellgefrieren", bevor Sie einkaufen gehen. In der Originalverpackung können Sie Lebensmittel bis zu 1 Monat einfrieren; für längere Zeit sollten Sie alles aus der Verpackung nehmen, in Gefrierbeutel umfüllen und aus diesen vor dem Verschließen die Luft herausdrücken.

Gemüse

Tiefkühlgemüse ist ideal für eilige Köche und in Großpackungen erhältlich. Geöffnete Pakete mit Klipp oder Drahtklammer verschließen. Blattsalate lassen sich nicht einfrieren.

> Kaum ein Gemüse lässt sich roh einfrieren. Am besten, Sie blanchieren es vor dem Tiefkühlen. So geht's:
> ● Frisches Gemüse in einwandfreiem Zustand waschen, putzen und in kleine Stücke schneiden. Reichlich Wasser aufkochen lassen (3 l Wasser pro 500g Gemüse).
> ● Das Gemüse in das kochende Wasser geben. Das Wasser kochen lassen, bis das Gemüse heiß, aber noch nicht durchgegart ist. Das dauert bei Brokkoli, Dicke-Bohnen-Kernen und grünen Bohnen etwa 3 Minuten, etwa 2 Minuten bei zerkleinerten grünen Bohnen.
> ● Mit einem Schaumlöffel aus dem Wasser heben und sofort kalt abspülen oder in Eiswasser geben. Gut abtropfen lassen, trocken tupfen, verpacken, etikettieren und einfrieren.
>
> ## ... klug vorbereiten

Brot, Teig und Pasta

Brot im Ganzen oder in Scheiben, Pitta- und indische Fladenbrote (Naan) lassen sich gut einfrieren. Brot vom Vortag kann zu Bröseln verarbeitet und eingefroren werden (siehe „Brotreste verwerten", S. 30). Gekaufter oder selbst hergestellter Mürbeteig lässt sich gut tiefkühlen (siehe „Schneller Mürbeteig", S. 31). Gefüllte Pasta und Gnocchi können eingefroren und gefroren in das kochende Wasser gegeben werden.

Würzende Zutaten

Geriebener Käse und abgeriebene Zitrusfruchtschalen lassen sich in Gefrierbeuteln tiefkühlen und gefroren zum Würzen verwenden. Kräuter waschen, trocken schütteln und in Beuteln einfrieren. Gefroren in die Speisen bröseln. Chilischoten längs halbieren, von den Samen befreien und einfrieren. Gefroren hacken und zufügen. Frischen Ingwer schälen und im Ganzen einfrieren; gefroren an das Gericht reiben.

Fonds und Brühen

Fonds und Brühen lassen sich bis zu 1 Monat einfrieren. Dafür in Gefrierbeutel füllen und Platz zum Ausdehnen lassen (siehe „Brühe – schnell und einfach", S. 30). Kleine Portionen in Joghurtbecher füllen, zudecken und einfrieren.

Gegarte Speisen

Speisen wie Pastasaucen, Eintöpfe und Suppen kann man gut in größeren Mengen zubereiten. Was nicht gegessen wird, frieren Sie ein. In kleinen oder Einzelportionen halten sie sich bis zu 3 Monate; wenn Knoblauch enthalten ist, nur 1 Monat, weil sich der Geschmack sonst unangenehm verändert. Zuerst auftauen lassen, dann aufkochen und 5 Minuten köcheln lassen.

Kräuter **Beeren** **Geflügel**

Beeren

Speiseeis ist für schnelle Desserts genauso praktisch wie TK-Beeren. Himbeeren können Sie selbst einfrieren: unbeschädigte Beeren säubern, kalt abspülen und trocken tupfen. Nebeneinander auf ein Tablett legen und offen einfrieren, dann in Beutel umfüllen. (Genauso können Sie Erdbeeren einfrieren. Sie werden allerdings beim Auftauen weich und eignen sich daher nur für Saucen und Pürees.)

Richtig auftauen

● Große Teile (Fleisch, Geflügel, Fisch und gegarte Speisen) am Vorabend aus dem Tiefkühlgerät nehmen und in der Verpackung im Kühlschrank langsam bis zum nächsten Abend auftauen lassen. Kleinere Teile, z.B. Hähnchenbrustfilets, am Morgen aus dem Gefriergerät nehmen und bis zum Abend im Kühlschrank auftauen lassen.
● Rohes Geflügel und Bratenstücke nie gefroren in Backofen oder Gargeschirr geben, möglicherweise garen sie nicht durch.
● Gefrorene Lebensmittel zum Auftauen im Kühlschrank in ein Gefäß legen, aus dem nichts heraustropfen kann.
● Garnelen und Meeresfrüchte in einem Sieb unter fließendem kaltem Wasser auftauen (oder gefroren verwenden).

Gefrorenes garen

Gemüse, frische Nudeln und Muscheln können Sie gefroren direkt in den Topf, z.B. in kochendes Wasser, geben. Kräuter, Ingwer, Chilis und geriebener Käse lassen sich ebenfalls gefroren verwenden. Größere Zutaten oder Portionen können bei schwacher Hitze direkt in Topf oder Backofen aufgetaut und anschließend bei stärkerer Hitze gegart bzw. erhitzt werden. So lassen sich Suppen, Eintöpfe, Schmorgerichte und Aufläufe gut erhitzen. Dünne Fischfilets wie Schollenfilets können Sie gefroren verwenden, ebenso Hackfleisch – wichtig ist, dass die Lebensmittel vor dem Servieren gut durchgegart sind.

Lagerdauer im Tiefkühlgerät

● Butter und Margarine: bis zu 3 Monate.
● Geriebener Käse: bis zu 6 Monate.
● Milch und Schlagsahne: bis zu 1 Monat; im Kühlschrank auftauen lassen und vor der Verwendung kräftig schütteln.
● Brot und Brötchen: bis zu 3 Monate.
● Mageres Lamm-, Rind-, Puten- und Hähnchenfleisch: bis zu 3 Monate.
● Schweinefleisch und Fisch: bis zu 3 Monate.
● Speck: bis zu 2 Monate.
● Mürbe-, Blätter-, Hefeteig: bis zu 3 Monate; bei Raumtemperatur 1 Stunde auftauen lassen.
● Kräuter (bis auf Basilikum): bis zu 3 Monate; nur zum Würzen, nicht zum Garnieren geeignet.

Tipps für sicheres Einfrieren

● Speisen vor dem Einfrieren immer abkühlen und im Kühlschrank ganz kalt werden lassen. Werden sie warm in das Tiefkühlgerät gegeben, steigt die Temperatur im Gerät. Das kann dazu führen, dass anderes Gefriergut antaut.
● Niemals Aufgetautes wieder einfrieren. Allerdings können rohe Lebensmittel, die aufgetaut und gegart wurden, erneut eingefroren werden.
● Gefriergut sorgfältig in Gefrierbeutel oder Behälter packen. So vermeiden Sie Gefrierbrand (er entsteht, wenn die eisige Luft das Gefriergut austrocknet).
● Lebensmittel portionsweise einfrieren. Hähnchenbrust- und Fischfilets nebeneinander auf ein Backblech legen und offen einfrieren, dann in Gefrierbeutel füllen. Die Luft aus den Beuteln drücken; luftdicht verschließen.
● Die Behälter mit einem Permanent-Marker mit dem Einfrierdatum beschriften.
● Eine Liste über das Gefriergut führen; alles innerhalb der empfohlenen Einfrierzeiten verbrauchen. Nach diesen Zeiten ist es zwar nicht verdorben, hat aber an Qualität eingebüßt.

Geflügel	Mürbe-/Hefe-/Blätterteig
Fleisch	TK-Gemüse
Hackfleisch	TK-Beeren
Fisch und Meeresfrüchte	Eiscreme
Wurst	Fonds und Brühen
Brot	

... zum Einfrieren geeignet

Frische Brotkrumen   **Geriebener Käse**   **Lasagne**   **Suppe**   **Eiscreme**

Die ideale Küchenausstattung

Um Mahlzeiten schnell zuzubereiten, sind gar nicht so viele Küchengerätschaften erforderlich. Spezialutensilien sind gut und schön, aber wenn sie selten benutzt werden, nehmen sie Platz weg. Hier ist eine Liste der wirklich wichtigen Küchenhelfer. Achten Sie beim Kauf stets auf gute Qualität.

In den Schränken

● Beschichtete Pfanne mit schwerem Boden und einem Deckel. Wählen Sie eine Pfanne mit backofenfestem Griff, die Sie auch mal in den heißen Ofen stellen können.
● Beschichteter Wok mit Deckel oder eine beschichtete Pfanne mit hohem Rand.
● Drei Töpfe mit schwerem Boden (klein, mittel und sehr groß) mit Deckeln. Kaufen Sie die besten, die Sie sich leisten können. Edelstahltöpfe mit Sandwichböden (sie leiten die Hitze am besten) halten viele Jahre.
● Grillpfanne aus Gusseisen.
● Schmortopf aus Gusseisen. Dieser unverzichtbare Topf kann auf dem Herd, im Backofen und auch zum Servieren verwendet werden. Er ist recht teuer, hält aber ein Leben lang.
● Dämpftopf oder Dämpfeinsätze (z.B. ein in der Größe verstellbarer Dämpfeinsatz) für Töpfe.
● Metallgitter zum Abkühlen.
● Haarsieb und großes Sieb (z.B. zum Abgießen von Nudeln).
● Reiben (eine Kastenreibe aus Edelstahl und eine Käsereibe mit Kurbel).
● Rührschüsseln im Set – schöne Exemplare können auch als Salat- und Servierschüsseln dienen.
● Salatschleuder.
● Messbecher.
● Zitruspresse oder Entsafter.
● Elektrisches Handrührgerät; praktisch zum Schlagen von Sahne und Eischnee und zum Rühren von Saucen und Teigen.
● Auflaufformen.

Im Regal

● Küchenwaage. Digitalwaagen sind genau und haben eine Tara- oder Zuwiegefunktion. Man kann die Schüssel auf die eingeschaltete Waage stellen, Taratatste drücken – die Anzeige springt auf Null. Ebenso lässt sich nach dem Abwiegen einer Zutat die Anzeige auf Null stellen und man kann so alle Zutaten für ein Gericht in einer Schüssel abwiegen. Analoge Waagen müssen häufig vor dem Benutzen manuell auf Null gestellt werden. Außerdem sind sie oft (besonders bei sehr kleinen Mengen) nur mit Mühe abzulesen. Die Waage sollte griffbereit sein. Platzsparend sind Geräte, die an einem Wandhalter befestigt und herausklappbar sind.

Auf der Arbeitsfläche

● Salz- und Pfeffermühlen.
● Messerblock mit verschiedenen hochwertigen scharfen Messern, darunter ein Brotmesser mit Wellenschliff, ein mittelgroßes Kochmesser (Klingenlänge etwa 18 cm), das Sie zum Schneiden von Fleisch und Gemüse brauchen, und ein kleines Gemüsemesser oder ein Schälmesser mit gebogener Klinge für kleinere Arbeiten wie Schälen oder Gemüseputzen. Ein hochwertiges Messer macht die Küchenarbeit leichter, schneller und sicherer – Unfälle passieren gerade dann, wenn man mit einem fast stumpfen Messer arbeitet und abrutscht. Am besten sind Messer mit Edelstahlklingen; in Ganzmetallausführung dürfen sie sogar in die Spülmaschine. Ein gutes Messer hält viele Jahre und ist eine sinnvolle Investition.
● Schneidbretter. Es gibt sie in vielen Größen und Farben – zwei größere Kunststoffbretter mit Saftrinne sollten Sie schon haben, dazu vielleicht extra ein kleineres Brett für stark riechende Zutaten wie Knoblauch und Zwiebeln.
● Eine Rolle Küchenpapier.

In der obersten Schublade

● Sparschäler.
● Knoblauchpresse.
● Dosenöffner.

- Scharfe Küchenschere.
- Messlöffel-Set.
- Korkenzieher.
- Metallspieße für Schaschlik und Ähnliches; außerdem können Sie damit testen, ob ein Braten durchgegart ist, indem Sie damit bis in die Mitte hineinstechen.

In Herdnähe in einem großen Utensilientopf
- **Diverse Kochlöffel aus Holz oder Kunststoff.**
- Großer Löffel und Schöpfkelle aus Metall.
- Großer Schaumlöffel.
- Kartoffelstampfer.
- Pfannenwender mit langem Griff.
- Teigschaber aus Kunststoff oder Silikon.
- Küchenzange. Praktisch zum Wenden von Lebensmitteln in der Pfanne, auf einem Backblech oder auf dem Grill.

In der Ofenschublade oder einem Küchenschrank
- Bräter.
- Backblech. Nützlich ist ein größenverstellbares beschichtetes Backblech zusätzlich zum üblichen tiefen Backofenblech.
- Muffinblech.

An der Wand
- Stabmixer. Er ist praktisch und hilft Zeit sparen. Einen Stabmixer können Sie wie eine Mini-Küchenmaschine einsetzen, um damit beispielsweise direkt im Topf rasch Suppen zu pürieren oder Saucen aufzuschäumen; Sie müssen die Mischung nicht erst in einen Mixer umfüllen. Wählen Sie einen Stabmixer mit Wandhalterung – das spart Platz, und Sie brauchen nicht lange danach zu suchen.

Extras nach Belieben
- Schnellkochtopf. Ein wenig aus der Mode gekommen, aber nach wie vor nützlich. Er reduziert die Garzeiten deutlich und eignet sich besonders für festere Fleischstücke sowie für Geflügel, Suppen, Brühen, Kartoffeln, Wurzelgemüse und getrocknete Hülsenfrüchte. Bei Lebensmitteln, die ohnehin schnell gar sind, wie Fisch, Obst und grünes Gemüse, bringt der Einsatz des Schnellkochtopfs keinen Vorteil.
- Küchenmaschine. Eine solche Maschine nimmt Ihnen viel Arbeit ab. Sie hackt, mixt, püriert, kann in Scheiben, Streifen oder Stifte schneiden, reiben und raspeln, Kuchenteige zusammenrühren oder -kneten, und das in nur wenigen Sekunden. Verwenden Sie das Gerät z. B. zum Reiben von Käse, zum Hacken von Nüssen oder zum Mixen von Cremesaucen, Dressings und Dips sowie zum Pürieren und Aufmixen von Suppen. Stellen Sie es möglichst so auf die Arbeitsfläche, dass es stets einsatzbereit ist.
- Mixer. Ideal zum Pürieren von Suppen, Saucen, Obst und Gemüse sowie zum Zubereiten von Mixgetränken. Mit der Intervallschaltung können Sie Brotkrumen aus frischem oder Semmelbrösel aus trockenem bzw. altbackenem Brot herstellen oder Nüsse mahlen. Falls Sie Stabmixer und/oder Küchenmaschine besitzen, ist die Anschaffung eines Mixers unnötig.
- Elektrische Mühle. Sie kann nicht nur Kaffeebohnen mahlen, sondern auch Nüsse und Gewürze. Außerdem macht sie aus altbackenem Brot im Handumdrehen Semmelbrösel.

Spezialausrüstung
Nudelmaschine, Brotautomat, Eiscremebereiter – diese Geräte erzielen hervorragende Ergebnisse, doch die Anschaffung lohnt sich nur, wenn Sie sie tatsächlich häufig zur Zubereitung entsprechender Gerichte nutzen. Ansonsten nehmen Spezialgeräte nur Platz weg.

Die sechs schnellsten Garmethoden

Es gibt diverse Möglichkeiten, Lebensmittel zu garen, man kann sie z.B. grillen oder braten, dämpfen oder ins Mikrowellengerät geben. Hier erhalten Sie einen Überblick über sechs zeitsparende und gesunde Garmethoden.

Grillen im Backofen

Diese Garmethode eignet sich besonders für zarte Fleischstücke, Fisch und Muscheln. Der Backofengrill sollte gut vorgeheizt sein, wenn Sie mit dem Grillen anfangen. Später kann die Temperatur erhöht oder gesenkt oder das Backblech höher oder tiefer in den Ofen gesetzt werden. Einige Zutaten, wie Schweinekotelett oder Speck, enthalten genug Fett, magere Stücke wie Hähnchenbrustfilets müssen dünn mit Öl bestrichen werden oder 30–60 Minuten in einer Marinade durchziehen. Schieben Sie beim Grillen ein Backblech unter den Rost, damit das Fett darauftropfen kann.

Auch Gemüse, z.B. Tomaten, Pilze und Paprikaschoten, eignet sich zum Grillen. Auberginen- und Zucchinischeiben entwickeln mehr Aroma, wenn sie vor dem Grillen mit etwas Öl bestrichen werden. Gratins, Aufläufe, Püree- oder Baiserhauben werden unter dem Grill in kurzer Zeit goldbraun.

Pfannenrühren

Mageres Fleisch und Geflügel eignen sich bestens zum Pfannenrühren, ebenso festfleischige Fischfilets, Gemüse, Reis und Nudeln. Aromen, Farben und Nährstoffe bleiben bei dieser Garmethode überwiegend erhalten. Außerdem ist nur wenig Öl nötig – ein weiteres Gesundheitsplus.

Verwenden Sie Öl, das hohe Temperaturen verträgt, z.B. Erdnussöl, Maiskeim-, Raps- oder Sonnenblumenöl. Nehmen Sie auf keinen Fall Ihr bestes Olivenöl: Wegen seines niedrigen Rauchpunkts verbrennt es rasch. Aus demselben Grund

sollte geröstetes Sesamöl nur zum Beträufeln von Gerichten kurz vor Ende der Garzeit eingesetzt werden.

Stellen Sie alle vorbereiteten Zutaten in Reichweite, bevor Sie mit dem Kochen beginnen. Wenn die Zeit es erlaubt, sollten Sie Fleisch und Geflügel vorher 30 Minuten marinieren, dadurch wird es zart und bekommt einen guten Geschmack. Zum Pfannenrühren eignet sich ein Wok oder eine große Pfanne mit hohem Rand. Wok oder Pfanne sehr heiß werden lassen, 1–2 EL Öl hineingeben und durch Schwenken verteilen. Sobald das Öl heiß ist, beginnt es zu sieden. Es kann auch spritzen, deshalb ist eine Wokschaufel mit langem Stiel empfehlenswert.

Geben Sie zuerst die Zutaten mit der längsten Garzeit in den Wok, z.B. Möhren, und zum Schluss die zarteren Zutaten, wie Mungobohnensprossen. Wichtig ist, die Zutaten durch Rühren permanent in Bewegung zu halten.

Dämpfen

Wenn Lebensmittel über köchelndem Wasser gedämpft werden, bleiben Geschmack, Farbe, Form und Beschaffenheit sowie wasserlösliche Vitamine und Mineralstoffe weitestgehend erhalten; aus diesem Grund ist Dämpfen eine sehr gesunde Garmethode.

Es gibt unterschiedliche Arten des Dämpfens. Gemeinsam ist allen, dass immer köchelndes Wasser im Topf ist. Nach Belieben können noch Zwiebel- oder unbehandelte Zitronenscheiben, grob zerkleinerte Selleriestangen oder Fenchelknollen, Gewürze und/oder frische Kräuter in das Wasser gegeben werden. Ihre Aromen dringen beim Garen in das Dämpfgut ein.

Beim Dämpfen handelt es sich um eine feuchte Garmethode. Sie eignet sich besonders für empfindliche Lebensmittel wie Fisch, Hähnchenfleisch, zartes Gemüse und kleine Frühkartoffeln. Sie können die Zutaten vor dem Dämpfen würzen, Gemüse allerdings erst nach dem Garen salzen (Salz entzieht ihm während des Dämpfens Wasser und Nährstoffe).

In einer Hülle (en papillote) garen

Süße und herzhafte Lebensmittel kann man in Alufolie, Butterbrot- oder Backpapier einwickeln und im Mikrowellengerät, im Backofen oder im Dämpfeinsatz garen. Aromen und Nährstoffe können dabei nicht entweichen. Diese Garmethode eignet sich besonders für Fisch und mageres Fleisch, die unverpackt beim Garen leicht austrocknen können. So gegarte Zutaten lassen sich prima in der Verpackung servieren – das kommt immer gut an.

Zubereitung im Mikrowellengerät

Ein Mikrowellengerät ist willkommen bei eiligen Köchen, denn Lebensmittel garen darin um einiges schneller als bei anderen Methoden. Außerdem kann man darin rasch etwas auftauen, Reste aufwärmen und Kleinigkeiten erledigen, z.B. Butter erweichen, Schokolade schmelzen und Flüssigkeiten erhitzen. Gemüse gart in speziellen Dämpfbeuteln in wenigen Minuten in der Mikrowelle, und Sie haben weniger Abwasch. Die Garzeiten sind von Gerät zu Gerät, von Hersteller zu Hersteller unterschiedlich. Halten Sie sich stets an die Angaben in der Bedienungsanleitung. Garen Sie Zutaten immer nur knapp weich. Anschließend durchrühren bzw. wenden und einige Minuten ruhen lassen; falls nötig, noch einmal kurz im Gerät nachgaren. Verwenden Sie Mikrowellengeschirr mit Deckeln, oder decken Sie die Gargefäße mit Mikrowellenfolie ab. So garen die Zutaten schneller und können nicht austrocknen. Außerdem bleibt das Gerät innen von Spritzern verschont.

In der Grillpfanne braten

Eine Grillpfanne ist eine schwere Pfanne mit Rippen am Boden. Darin werden Fleisch, Geflügel und Fisch, aber auch Gemüse bei starker Hitze gebraten. Dafür ist weniger Fett nötig als bei einer herkömmlichen Pfanne, und das Bratgut bekommt attraktive Grillstreifen. Die Grillpfanne eignet sich gut für das Garen von dünnen Fleischstücken, z.B. Schnitzeln, Steaks oder Hähnchenbrustfilets, aber auch für Fisch und Meeresfrüchte sowie dicke Zucchini- oder Auberginenscheiben und anderes Sommergemüse. Sie können sogar Halloumi darin braten, einen zyprischen Käse, der nicht schmilzt.

Die ideale Grillpfanne hat tiefe Rillen, damit das Bratgut nicht im Fett oder in ausgetretenem Saft liegt. Bevor Sie das Bratgut hineinlegen, muss die Grillpfanne sehr heiß sein, damit nichts anhaftet. Zum Testen einfach ein paar Tropfen Wasser in die Pfanne spritzen. Wenn es zischt und sofort verdampft, stimmt die Temperatur. Das Bratgut (nicht die Pfanne) dünn mit Öl bestreichen. Mariniertes Bratgut abtropfen lassen. Auf einer Seite braten, dann mithilfe einer Küchenzange wenden – nicht zu früh, sonst bleibt es hängen; sobald sich braune Streifen gebildet haben, löst sich das Bratgut von selbst von der Pfanne. Für ein Karomuster das Bratgut während des Bratens einmal um 90 Grad drehen. Wenn die Zeit es erlaubt, sollte Fleisch vor dem Servieren zugedeckt auf einem vorgewärmten Teller ruhen. Dabei entspannen sich die Muskelfasern, und der Fleischsaft verteilt sich gleichmäßig.

Zutaten richtig vorbereiten

Hier erfahren Sie, wie Sie bestimmte Gemüsesorten leicht vorbereiten können. Putzen, Schälen und Zerkleinern von Gemüse ist schnell erledigt, wenn Sie wissen, wie es geht.

Avocado Längs halbieren und den Kern mithilfe eines Teelöffels herausnehmen. Das Fruchtfleisch aus den Schalen löffeln oder die Schalen der Hälften mittig längs einschneiden und die Schalenviertel von oben nach unten abziehen. Das Fruchtfleisch verfärbt sich schnell. Deshalb sofort etwas Zitronensaft darüberträufeln, damit es seine Farbe behält.

Blattsalat Die Salatblätter (auch essfertige aus einem Beutel) kalt abspülen und anschließend in der Salatschleuder trocknen oder mit einem sauberen Geschirrtuch trocken tupfen.

Butternusskürbis Die Schale mit einem Sparschäler entfernen, dann vom Kürbis oben und unten eine dünne Scheibe abschneiden. Den Kürbis mit einem großen, schweren Messer längs halbieren. Kerne und das wattige Innere mit einem Löffel herausschaben und das Fruchtfleisch in Stücke schneiden.

Chilischote Den Stiel abschneiden. Die Schote längs halbieren, von den Samen befreien und quer in Streifen schneiden. Wenn das Gericht richtig scharf werden soll, die Samen nicht entfernen. Für weniger Schärfe die Schote so, wie sie ist, an das Gericht geben und vor dem Servieren entfernen. Nach dem Hantieren mit Chilis unbedingt die Hände waschen.

Fenchel Die Knollen vierteln (das zarte Grün abschneiden und für die Garnitur beiseitelegen), die Viertel in Streifen schneiden. Die Streifen in Wasser mit Essig oder Zitrone geben.

Ingwer Die frische Wurzel bzw. das Rhizom schälen und reiben oder fein würfeln. Ungeschält hält sich Ingwer, in Frischhaltefolie gewickelt, im Kühlschrank etwa 1 Monat. Geschält und gerieben lässt sich Ingwer etwa 6 Monate im Gefrierge-

rät aufbewahren. Im Ganzen eingefrorenen geschälten Ingwer können Sie beim Kochen direkt in ein Gericht reiben.

Knoblauch Eine Knoblauchknolle besteht aus vielen Knoblauchzehen. Die Zehen einzeln ablösen und die papierartige Haut entfernen. Dann auf einem Brett oder in einer Knoblauchpresse zerdrücken (siehe S. 28).

Knollensellerie Die dicke knubbelige Schale mit einem Sparschäler entfernen. Die Knolle mit einem scharfen Messer in Scheiben schneiden oder würfeln. Die Stücke sofort in Wasser mit etwas Essig oder Zitronensaft legen, damit sie sich nicht verfärben.

Lauch Das Wurzelende, das dunkle Grün und die festen Außenschichten abschneiden. Die Stange längs aufschlitzen und

Butternusskürbis

Knollensellerie

Fenchel

unter fließendem Wasser gründlich waschen, um Erdreste zu entfernen, dann zerkleinern, wie im Rezept beschrieben.

Pak Choi Die Blätter samt Stielen vom Strunk ablösen und in Stücke oder Streifen schneiden. Die Blätter sind schneller gar als die Stiele. Sollen sie knackig bleiben, die Blätter von den Stielen schneiden und erst an das Gericht geben, wenn die Stiele schon knapp gar sind. Sehr junger Pak Choi kann im Ganzen, halbiert oder geviertelt gegart werden.

Paprikaschoten Längs halbieren, Samen und weiße Trennwände entfernen und die Stücke je nach Rezept in Streifen oder in Stücke schneiden.

Pilze Einfach mit feuchtem Küchenpapier abreiben.

Spargel Die holzigen Enden abschneiden, die Stangen bis auf die Köpfe von oben nach unten (grünen Spargel nur im unteren Drittel) schälen.

Süßkartoffeln Entweder waschen und im Ganzen backen oder schälen und in kleine Stücke schneiden.

Topinambur Schälen und sofort in Zitronenwasser geben, damit sie nicht braun werden.

Weißkohl Die äußeren Blätter entfernen. Den Kohlkopf längs vierteln und den Strunk jeweils herausschneiden. Die Viertel quer in Streifen schneiden (zum Pfannenrühren) oder die Blätter im Ganzen ablösen.

Zuckererbsen Sie können so verwendet werden, wie sie sind – ohne vorheriges Putzen. Kurzes Abbrausen genügt.

So geht's schneller

Lesen Sie hier, wie Sie sich einige etwas kompliziertere Arbeiten erleichtern können.

Zwiebeln würfeln Die Zwiebel schälen (das Wurzelende dabei intakt lassen) und halbieren. Jede Hälfte mit der Schnittfläche nach unten hinlegen und dicht nebeneinander vom Wurzelende zur Spitze einschneiden, die Wurzel dabei wieder intakt lassen. Nun die entstandenen Streifen mit wenigen Millimetern Abstand quer durchschneiden.

Schalotten und Tomaten häuten In eine Schüssel legen und mit kochend heißem Wasser bedecken. Nach 1 Minute abgießen und mit kaltem Wasser bedecken. Anschließend lassen sich die Häute mit einem kleinen scharfen Messer mühelos abziehen.

Gemüse schnell zerkleinern Zum Zerkleinern von Gemüse gleicher Größe und Form, z. B. grünen Bohnen oder Frühlingszwiebeln, die Stücke dicht nebeneinanderlegen und alle auf einmal durchschneiden.

Schnell aufgefrischt

Gemüse Frisches Obst und Gemüse (sogar essfertiger Salat aus dem Beutel) sollte vor der Verwendung gewaschen werden, falls es nicht geschält werden muss.

Fleisch, Geflügel und Fisch vor der Zubereitung waschen und mit Küchenpapier trocken tupfen.

Hülsenfrüchte aus der Dose nach dem Abgießen mit kaltem Wasser abspülen; anschließend abtropfen lassen.

Topinambur

Süßkartoffel

Pak Choi

Zeitsparende Techniken

Ob durch Vorbereitung, Garzeitverkürzung oder die Zubereitung größerer Mengen – es gibt viele Möglichkeiten, sich das Kochen zu erleichtern.

Kräuter und Gemüse mit der Küchenschere schneiden

Kräuter mit der Küchenschere klein zu schneiden geht viel schneller als das Hacken auf einem Brett. Dafür die Kräuter entweder in ein hohes Gefäß geben und mit einer scharfen Küchenschere von oben hineinschneiden oder die Kräuter direkt über dem Topf, der Schüssel oder dem fertigen Gericht zerschneiden. Den Strauß dabei festhalten und von vorn mit dem Schneiden beginnen, dabei zarte Stiele von z. B. Koriandergrün, Minze und Petersilie mitzerkleinern. Faustregel: Ein 25-g-Bund Petersilie ergibt 4–5 EL grob gehackte Petersilie. Basilikumblätter besser in Stücke reißen, um das Aroma zu erhalten. Mit der Küchenschere können Sie auch Frühlingszwiebeln in Ringe schneiden, Blattgemüse von harten Stielen befreien und die Enden von Zuckerschoten, grünen Bohnen, Stachelbeeren und Johannisbeeren abknipsen.

Speck und Schinken zerkleinern

Mit der Schere kann man auch Scheiben von Speck, Schinken und Salami klein schneiden. Frühstücksspeck wird meist ohne Schwarte angeboten, doch mit der Küchenschere kann man rasch Fettränder abschneiden oder die Scheiben zerkleinern. Gebratener Speck lässt sich ebenfalls mit der Schere in Stücke schneiden. Sind die Scheiben sehr heiß, diese dabei einzeln mit einer Küchenzange halten.

Knoblauch zerdrücken

Wenn Sie sich das Säubern der Presse ersparen wollen, können Sie Knoblauchzehen zerdrücken wie ein Koch: die ungeschälte Zehe auf der Seite auf ein Schneidbrett legen und kräftig mit der Breitseite einer großen Messerklinge daraufdrücken. Die Schale entfernen und den Knoblauch mit 1 Prise Salz fein hacken. Nach Belieben können Sie die Zehe auch teilweise zerdrücken, mitgaren und zum Schluss herausfischen.

Je kleiner, desto besser

Je feiner die Zutaten zerkleinert werden, desto schneller garen sie. Schneiden Sie Kartoffeln in kleine Stücke, wenn sie für Püree gedacht sind. Auch Gemüse für Suppen oder zum Pfannenrühren solltes Sie fein zerkleinern.

Zartes Fleisch wie Hähnchenbrustfilets oder Lammkeule ist, in mundgerechte Stücke geschnitten, ideal für köstliche Spieße. Hähnchenfleischstücke garen unter dem Backofengrill in 10–12 Minuten, Lammfleisch in etwa 20 Minuten.

Kürbis backen

Wenn Sie etwas im Backofen backen oder rösten, können Sie einen ganzen Butternusskürbis gleich mitgaren. Dabei intensiviert sich sein Aroma, und Sie ersparen sich das Schälen

vor dem Weiterverarbeiten. Zuerst die Schale mit einer Gabel mehrmals einstechen, dann den Kürbis bei 180 °C (oder bei der Temperatur, die Sie eingestellt haben) etwa 1 Stunde garen. Mit einer Messerspitze in den Kürbis stechen, um zu prüfen, ob das Fruchtfleisch weich ist. Kürbis halbieren und von den Samen befreien. Fruchtfleisch aus der Schale schaben und z. B. als Beilage servieren. Dafür mit Salz und Pfeffer bestreuen und mit Öl beträufeln oder mit Butter zerdrücken.

Lockeres Kartoffelpüree zubereiten

Weich und cremig wird Kartoffelpüree, wenn Sie die gegarten Kartoffeln im Topf zusammen mit etwas warmer Milch, Sahne oder Crème fraîche, einem etwa walnussgroßen

Koriandergrün zerkleinern

Knoblauch zerdrücken

Stück Butter und ein wenig geriebener Muskatnuss mit dem elektrischen Handrührgerät auf niedriger Stufe kurz aufschlagen. Damit das Püree leicht und locker bleibt, statt des Deckels ein Geschirrtuch auf den Topf legen. Es nimmt Kondenswasser auf, das sonst vom Deckel auf das Püree tropfen würde. Man kann die Kartoffeln auch nur mit Butter und Petersilie grob zerdrücken.

Größere Mengen zubereiten

Suppen, Eintöpfe und Schmorgerichte lassen sich gut einfrieren. Deshalb lohnt es sich, gleich die doppelte Menge zu kochen und die nicht benötigte Hälfte des Gerichts einzufrieren. Übrig gebliebene gekochte Nudeln kann man für Salat oder Auflauf verwenden; Reisreste können am nächsten Tag pfannengerührt werden, und gekochte Kartoffeln oder gegartes Gemüse schmecken aufgebraten und mit Spiegelei serviert.

Fleischstücke flach drücken

Steaks und Filets werden beim Braten oder Grillen schneller und gleichmäßiger gar, wenn sie überall gleich dick sind.

Spinat zusammenfallen lassen

Fleisch flach rollen

Die Fleischstücke zwischen zwei Lagen Frischhaltefolie oder Butterbrotpapier legen und mit einer Teigrolle kräftig darüberrollen, bis sie gleichmäßig dünn sind. (Schnitzel sind bereits dünn und garen rasch – ideal für eine schnelle Mahlzeit.) Auch selbst gemachte Burger sollten recht flach sein (etwa 10 cm Durchmesser und 2 cm Dicke sind am besten), damit sie durchgaren, ohne dabei außen zu verbrennen.

Hähnchen häuten

Wenn Sie von Hähnchenteilen die Haut entfernen möchten, nehmen Sie das Teil mit Küchenpapier in die Hand, greifen die Haut und ziehen kräftig daran; sie löst sich sofort. Das Häuten von Hähnchenschenkeln geht leichter, wenn man die Haut um die „Knöchel" mit einem scharfen Messer rundum einschneidet und dann abzieht.

Heißes Wasser auf Vorrat

Sobald Sie mit der Zubereitung einer Mahlzeit beginnen, sollten Sie einen Kessel mit Wasser aufsetzen oder Wasser im Schnellkocher aufkochen. Das heiße Wasser brauchen Sie z.B. für das Garen von Gemüse oder Nudeln, zum Eierkochen oder zum Quellenlassen von Couscous oder Bulgur.

Nudeln garen Nudeln müssen in reichlich sprudelnd kochendem Wasser gegart werden, damit sie nicht zusammenkleben. Im Schnellkocher wird Wasser schneller heiß als auf dem Herd. Das heiße Wasser in den Topf gießen und aufkochen lassen.

Für Lasagne sollten Sie frische Lasagneblätter verwenden oder Lasagneblätter, die nicht vorgegart werden müssen. Letztere können Sie kurz in eine Schüssel mit heißem Wasser geben, dann garen sie schneller. Legen Sie sie einzeln in das Wasser, damit sie nicht zusammenkleben. 2 Minuten einweichen, während Sie die Lasagne in die Form schichten.

Couscous und Bulgur quellen lassen Diese beiden Getreideprodukte brauchen nur in heißem Wasser oder in heißer Brühe eingeweicht zu werden. Anschließend kann man sie mit anderen Zutaten mischen und zu einfachen, schnellen Gerichten oder köstlichen Salaten verarbeiten. Für 4 Portionen benötigen Sie 250 g Couscous oder Bulgur und 400–500 ml kochend heißes Wasser bzw. Brühe (Packungsanweisung beachten). Die Körner zugedeckt 5 Minuten quellen lassen, bis sie die Flüssigkeit vollständig aufgenommen haben.

Spinat zusammenfallen lassen Blattspinat ist im Nu gar. Dafür die Blätter zuerst in einer Schüssel gründlich waschen, um Verunreinigungen zu entfernen, und anschließend in ein großes Sieb schütten. Wenn der Spinat jung und zart ist, das Sieb in die Spüle stellen und den Spinat mit kochend heißem Wasser begießen. Einen kleinen Teller auf den Spinat legen und fest daraufdrücken, um überschüssiges Wasser zu entfernen, anschließend kann das Gemüse serviert werden. Größere Blätter mit härteren Stielen wie beschrieben waschen, dann tropfnass in einen Topf geben und bei starker Hitze in 1–2 Minuten zusammenfallen lassen.

Schnelle Tipps für Obst

Obst ist ideal als Dessert und als Zwischenmahlzeit, pur oder mit Eiscreme, Sahne oder Joghurt. Lesen Sie hier, wie Sie beim Vorbereiten der Früchte Zeit sparen.

Erdbeeren Um Stiel und Kelchblätter zu entfernen, die Spitze eines scharfen Messers knapp unterhalb des Kelches in die Beere stechen und einmal damit um den Kelch fahren.

Ananas Zuerst von der Ananas oben und unten je eine Scheibe abschneiden. Die Frucht aufrecht hinstellen und die Schale dick abschneiden, um auch die „Augen" mitzuentfernen. Falls nötig, noch vorhandene „Augen" mit einer Messerspitze beseitigen. Die Frucht von oben nach unten halbieren. Eine Hälfte mit der Schnittfläche nach oben auf die Arbeitsfläche legen und das Fruchtfleisch auf einer Seite des Strunkes schräg einschneiden. Auf der anderen Seite wiederholen und den v-förmig herausgeschnittenen Strunk entfernen. Mit der zweiten Ananashälfte ebenso verfahren.

Zitrusfrüchte Zitronen und Limetten geben mehr Saft ab, wenn man sie vor dem Auspressen für 30 Sekunden bei höchster Stufe ins Mikrowellengerät gibt oder die Frucht mit kräftigem Druck auf der Arbeitsfläche hin und her rollt.

Granatapfel Vom Granatapfel etwa 2 cm unterhalb der Krone eine Scheibe abschneiden. Anschließend von oben durch die weißen Trennwände schneiden. Die Kammern voneinander trennen, Kerne nach außen stülpen und mitsamt dem Saft mit einem Löffel in eine Schüssel schaben. Oder: Den Granatapfel in einer Schüssel voll Wasser in die Kammern zerteilen. Die Kerne mit den Fingern herausdrücken. Die Kerne sinken auf den Boden der Schüssel, während die Häutchen an die Wasseroberfläche steigen und abgenommen werden können. Das Wasser abgießen – nur die Kerne bleiben zurück.

Mango So lässt sich eine Mango ganz leicht vorbereiten: rechts und links vom Stein die „Bäckchen" abschneiden – Sie haben nun drei Teile vor sich. Das Fruchtfleisch der Bäckchen gitterförmig einschneiden, dabei die Schale nicht verletzen. Das Fruchtfleisch nach außen stülpen und die Würfel in eine Schüssel schneiden. Das mittlere Stück schälen und das Fruchtfleisch so ordentlich wie möglich vom Stein schneiden.

Brotreste verwerten

Werfen Sie altbackenes Brot nicht weg. Sie können es zu Brotkrumen, Semmelbröseln oder Croûtons verarbeiten.

Für Brotkrumen das Brot in kleine Stücke reißen. Diese in der Küchenmaschine oder im Mixer einmal kurz herumwirbeln lassen. Die Krumen in Gefrierbeutel füllen und einfrieren; sie können gefroren verwendet werden.

Für Semmelbrösel das Brot in kleine Stücke brechen und im Backofen auf einem Backblech bei schwacher Hitze in etwa 1 Stunde trocknen lassen, dann in der Küchenmaschine oder im Mixer fein zerkleinern. Die Brösel halten sich, luftdicht verpackt, etwa 1 Woche.

Für Croûtons Brotscheiben von der Kruste befreien und auf beiden Seiten mit etwas Öl bestreichen. Unter dem Backofengrill rösten, dann in Würfel schneiden. Die Croûtons halten sich, luftdicht verpackt, 2–3 Tage.

Brühe – schnell und einfach

Brühe aus Suppenwürfeln oder Instant-Brühe ist im Nu fertig: Würfel oder Granulat einfach nach Packungsangabe in kochendem Wasser auflösen. Sie können den Geschmack noch verbessern, indem Sie einen Schuss Weißwein, Apfelwein oder trockenen Sherry, etwas Worcestersauce oder ein paar Kräuter zufügen. Weil Würfel und Granulat recht salzig sind, brauchen Sie das fertige Gericht vermutlich nicht mehr zu salzen. Statt Brühe können Sie auch Fonds aus dem Glas verwenden, die es in vielen Geschmacksrichtungen gibt.

Brühe – selbst gemacht Wenn es bei Ihnen Brathuhn gibt, die Karkasse (die Knochen) nicht wegwerfen. Stattdessen in einen großen Topf legen, mit kaltem Wasser bedecken und ein paar Zwiebel- und Möhrenscheiben, 1 Lorbeerblatt sowie 1–2 Stängel Petersilie zufügen. Aufkochen, dann zugedeckt etwa 1 Stunde köcheln lassen. Durch ein Sieb gießen, abkühlen lassen und kalt stellen. In eine Gefrierdose füllen und einfrieren. Die Brühe hält sich 1 Monat. Gemüsebrühe kocht man aus grob zerkleinertem Gemüse wie Zwiebeln, Lauch und Möhren sowie ein paar Kräutern.

Übrig gebliebenen Bratensaft kann man im Eiswürfelbehälter einfrieren. Die Würfel in einen Gefrierbeutel umfüllen (damit der Behälter wieder zur Verfügung steht). Die Würfel zum Würzen in Suppen, Eintöpfe und Schmorgerichte geben – sie tauen schneller auf als große Brühe-Blöcke.

Eier superschnell geschält

Das hart gekochte Ei mehrmals auf die Arbeitsfläche klopfen, damit die Schale rundherum bricht, dann mit der Handfläche unter leichtem Druck rollen, um die Schale zu lösen. Nun ein Stück Schale abreißen (es sollte sich als langer Streifen mitsamt der dünnen Innenhaut lösen) und die Schale in wenigen großen Stücken abziehen. Das Ei kalt abspülen, um Schalensplitter zu entfernen. (Sehr frische Eier, z.B. Eier direkt vom Bauernhof, lassen sich schlecht schälen. Erst wenn sie mindestens 3 Tage alt sind, lässt sich die Schale von Eiern leicht lösen.)

Geschütteltes Dressing

Eine selbst hergestellte Salatsauce (Vinaigrette) ist in Sekunden-schnelle fertig und gibt Salaten den letzten Schliff. Für 4 Portionen.

4 EL natives Olivenöl extra
1 EL Weinessig
1 Prise Zucker oder 1/2 TL Honig
1/2 TL Dijon- oder körniger Senf
1 Prise Salz
schwarzer Pfeffer aus der Mühle

Alle Zutaten in ein Schraubdeckelglas füllen. Das Glas verschließen und kräftig schütteln. Nach Belieben die Zutaten ver-doppeln oder verdreifachen; was nicht benötigt wird, im Glas aufbewahren. Das Dressing hält sich im Kühlschrank bis zu 1 Woche. Weil das Öl eventuell fest wird, das Dressing 30–60 Minuten vor der Verwendung Raumtemperatur annehmen lassen. Vor Gebrauch kräftig schütteln.

Alternativen • Den Weinessig können Sie durch Balsamico-Essig, Zitronen- oder Orangensaft ersetzen. • Extraaroma liefern 1 zerdrückte Knoblauchzehe, 1 EL gehackte Kräuter oder 1 fein ge-hackte rote Chilischote.

Bemehlen leicht gemacht

Um Fleisch- oder Fischstücke vor dem Garen mit Mehl zu bestäuben, ein paar Esslöffel Mehl mit Salz, Pfeffer und nach Belieben mit Kräutern in einen Gefrierbeutel oder in eine Schüssel mit Deckel geben und einige Fleisch- oder Fischstü-cke zufügen. Die Schüssel oder den Beutel verschließen, dann kräftig schütteln, bis die Stücke gleichmäßig bemehlt sind. Die Stücke herausnehmen und beiseitelegen, mit den restlichen Stücken ebenso verfahren.

Kekse und Schokolade zerkleinern

Um Kekse oder Schokolade in Stücke zu brechen oder zu zerkleinern, diese in einen Gefrierbeutel füllen und damit mehrmals kräftig auf die Arbeitsfläche schlagen oder mit der Teigrolle daraufklopfen.

Schneller Mürbeteig

Gefrorener oder gekühlter Mürbeteig ist praktisch, doch es ist auch einfach, den Teig selbst herzustellen. Dazu 200g Mehl mit 100g kalter Butter in Flöckchen mit einem großen Messer oder in der Küchenmaschine hacken, bis Streusel entstanden sind. 4 EL Eiswasser zufügen und alles rasch mit den Händen oder in der Maschine zu einem glatten Teig verarbeiten. Den Teig in Frischhaltefolie wickeln und für mindestens 20 Minu-ten in den Kühlschrank legen. Sie können ihn auch einfrieren – gefroren hält er sich bis zu 6 Monate.
Für Streusel als Belag brauchen Sie nur das Wasser wegzulas-sen und stattdessen 50g Zucker sowie Gewürze (z.B. gemah-lenen Zimt) unter die Teigstreusel zu mischen.

Messerscharf

Sorgen Sie für scharfe Messer und Scheren. Damit schneidet es sich schneller, leichter und sicherer – die Verletzungsgefahr ist bei stumpfen Messern größer als bei scharfen.

Das Abwaschen erleichtern

Während das Essen gart, sollten Sie alles, was Sie an Gerät-schaften zum Vorbereiten gebraucht haben, in die Spülma-schine geben oder abwaschen.
Nach dem Essen brauchen Sie sich dann nur noch um die benutzten Teller und Schüsseln zu kümmern. Wenn Sie die Spüle mit warmem Wasser füllen und Besteck und Töpfe gleich nach Gebrauch einweichen, lassen sie sich anschlie-ßend viel leichter säubern.

Suppen

Champignoncremesuppe mit Huhn und Thymian

Diese Suppe wird aus frischen Zutaten zubereitet und steht dennoch in einer knappen halben Stunde fertig auf dem Tisch. Sherry, Thymian und Worcestersauce sorgen für eine würzig-aromatische Geschmacksnote.

Zubereiten 30 Minuten

Für 4 Portionen

- 2 EL Olivenöl
- 200 g Hähnchenbrustfilet, fein gewürfelt
- 1 rote Zwiebel, gewürfelt
- 1 Knoblauchzehe, gehackt
- 2 Stangen Sellerie, gewürfelt
- 250 g Champignons, klein geschnitten
- 1 EL gehackter frischer Thymian oder 1 TL getrockneter Thymian
- 1 EL trockener Sherry
- 1 EL Worcestersauce
- 700 ml Hühnerbrühe
- 4 EL Sahne
- Thymianblättchen zum Garnieren

Nährwerte pro Portion etwa
• 230 kcal • 24 g Eiweiß • 13 g Fett, davon 5 g gesättigte Fettsäuren • 4 g Kohlenhydrate

Alternative Statt Huhn können Sie auch **Kaninchen** verwenden.

Pilz-Topinambur-Suppe
Hähnchenbrust weglassen. **2 Topinambur** schälen und würfeln; mit Zwiebel, Knoblauch und Sellerie braten. **200 g klein geschnittene Pilze**, **1 EL gehackten frischen** oder **1 TL getrockneten Salbei** unterrühren. **150 ml Apfelwein** und **500 ml Gemüsebrühe** angießen; abschmecken. 5 Minuten köcheln lassen, dann pürieren. In jede Portion **1 TL Sahne** rühren. Dazu können Sie Chilibohnen-Wraps (siehe S. 53) servieren.

... Variante

1 **Das Olivenöl** in einem großen Topf heiß werden lassen. Die Hähnchenbrustwürfel darin 5 Minuten rundum kräftig anbraten. Mit einem Schaumlöffel herausheben und auf einem Teller beiseitestellen. Zwiebel, Knoblauch und Sellerie in den Topf geben und unter gelegentlichem Rühren 5 Minuten braten.

2 **Pilze, Thymian, Sherry** und Worcestersauce zufügen. Etwas Salz und Pfeffer zugeben und alles unter gelegentlichem Rühren 2–3 Minuten garen.

3 **Die Mischung** mit der Hälfte der Brühe in der Küchenmaschine oder mit dem Stabmixer direkt im Topf pürieren. Anschließend die restliche Brühe und das Fleisch unter das Püree rühren. Die Suppe im Topf aufkochen und 3 Minuten köcheln lassen, dann 2 EL Sahne untermischen.

4 **Zum Servieren** die Suppe auf Schalen oder tiefe Teller verteilen. Die restliche Sahne dekorativ hineinrühren und die Portionen mit Thymianblättchen garnieren. Dazu passt geröstetes Walnussbrot.

Herzhafte Hühnersuppe mit Meerrettichklößchen

Dies ist eine wärmende Suppe für kalte Tage. Sie lässt sich schnell und ganz einfach zubereiten und schmeckt wunderbar. Die würzigen Klößchen verleihen ihr eine angenehme Schärfe.

Zubereiten 30 Minuten

Für 4 Portionen

2 EL Sonnenblumenöl
1 Zwiebel, fein gewürfelt
2 Stangen Sellerie, fein gewürfelt
2 Möhren, geschält und fein gewürfelt
400 g Hähnchenfleisch, gewürfelt
125 g Mehl
1 Messerspitze Backpulver
50 g hochwertige Pflanzen-margarine
1 EL Schnittlauchröllchen oder gehackte Petersilie, mehr zum Garnieren
1 EL Tafelmeerrettich
500 ml Hühnerbrühe
125 g TK-Erbsen

Nährwerte pro Portion etwa

• 470 kcal • 33 g Eiweiß • 24 g Fett, davon 6 g gesättigte Fettsäuren
• 29 g Kohlenhydrate

Alternative Anstelle von Meerrettich können Sie auch **körnigen Senf** verwenden.

1 **Das Sonnenblumenöl** in einem großen Topf heiß werden lassen. Zwiebel, Sellerie und Möhren darin unter gelegentlichem Rühren 2 Minuten braten.

2 **Das Fleisch** zufügen und unter gelegentlichem Rühren 3–4 Minuten mitbraten, bis es etwas Farbe angenommen hat.

3 **Für die Klößchen** das Mehl mit Backpulver, Margarine, Schnittlauch oder Petersilie und Meerrettich vermischen. Mit etwas Salz und Pfeffer würzen und so viel kaltes Wasser unterarbeiten, bis ein relativ trockener, fester Teig entstanden ist. Aus dem Teig 16 Klößchen formen.

4 **Die Brühe** mit den Erbsen in den Topf geben und aufkochen lassen. Die Suppe abschmecken, anschließend die Klößchen hineingeben und zugedeckt in der köchelnden Suppe in etwa 12 Minuten gar ziehen lassen (dann sollten sie aufgegangen und fest sein). Die Suppe auf Teller verteilen, mit Schnittlauch oder Petersilie garnieren und sofort servieren.

Lauchsuppe mit Speck und Pflaumen

Zwiebel, Sellerie, Möhren, Klößchen und Erbsen weglassen. **2 Stangen Lauch** in Scheiben schneiden, **2 Scheiben durchwachsenen Speck** von der Schwarte befreien und würfeln. Lauch und Speck in Schritt 2 mit dem Hähnchenfleisch im Öl anbraten. Die Brühe angießen. Aufkochen lassen, dann **50 g Langkornreis** und **12 weiche Dörrpflaumen** zugeben. Die Suppe abschmecken und 12–15 Minuten köcheln lassen, bis der Reis gar ist. Die Suppe vor dem Servieren mit **einem Spritzer Zitronensaft** abschmecken und mit etwas **gehackter Petersilie** bestreuen. **... Variante**

Sellerie-Birnen-Suppe mit Bratwurst

Diese aromatische, cremige Suppe mit fruchtiger Note ist im Handumdrehen fertiggestellt. Mit knusprigem Bauernbrot serviert, wird sie zu einem sättigenden Hauptgericht.

Zubereiten 30 Minuten

Für 4 Portionen

15 g Butter
2 EL Olivenöl
1 Sellerieknolle (etwa 650 g), geschält und gewürfelt
1 große Zwiebel, gewürfelt
2 Birnen (z. B. Williams Christ), geschält und grob gewürfelt
Saft von ½ Zitrone
1 l Hühnerbrühe
8 magere dünne Schweinsbratwürstchen (etwa 350 g)
2 EL gehackte Petersilie
½ TL edelsüßes Paprikapulver

Nährwerte pro Portion etwa

• 415 kcal • 17 g Eiweiß • 32 g Fett, davon 13 g gesättigte Fettsäuren
• 15 g Kohlenhydrate

1 Die Butter mit 1 EL Öl in einem großen Topf heiß werden lassen. Sellerie, Zwiebel, Birnen und Zitronensaft zufügen; alles verrühren. Bei schwacher Hitze etwa 10 Minuten zugedeckt garen, dabei den Topf gelegentlich schwenken. 200 ml Brühe zugießen und 5 Minuten köcheln lassen, bis die Selleriewürfel weich sind.

2 Das restliche Öl (1 EL) in einer Pfanne erhitzen. Die Bratwürstchen darin unter gelegentlichem Wenden goldbraun braten. Auf Küchenpapier abtropfen lassen und warm halten.

3 Den Topfinhalt mit der restlichen Brühe in der Küchenmaschine oder mit dem Stabmixer direkt im Topf pürieren. Abschmecken; im Topf aufkochen lassen.

4 Die Bratwürstchen mit einem scharfen Messer oder mit einer Küchenschere in dünne Scheiben schneiden. Diese mit der Petersilie zur Suppe geben. Die Suppe auf tiefe Teller verteilen, mit Paprikapulver bestreuen und servieren.

Alternativen • Statt des Selleries können Sie eine gleich schwere **Steckrübe** nehmen. • Für eine vegetarische Variante **Gemüsebrühe** verwenden und anstelle der Schweinsbratwürstchen **vegetarische Bratwurst**.

Sie können die Suppe (ohne die Bratwürstchen) im Voraus zubereiten und pürieren (Schritte 1 und 3). Sie hält sich im Kühlschrank bis zu 3 Tage, lässt sich aber auch gut einfrieren.

... klug vorbereiten

In Schritt 1 können Sellerie-, Zwiebel- und Birnenwürfel mit Öl, Butter und Zitronensaft in einem geeigneten Gefäß zugedeckt im Mikrowellengerät gegart werden: etwa 2 Minuten auf höchster Stufe.

... Zeit sparen

Erbsensuppe mit Schinken

Die Kombination von Schinken und Erbsen ist ein echter Küchenklassiker. Hier bekommt er durch Frischkäse und einen Hauch Muskatnuss eine zeitgemäße Auffrischung. Dazu passt Vollkornbrot.

Zubereiten 20 Minuten

Für 4 Portionen
2 TL Olivenöl
1 große Zwiebel, gewürfelt
750 ml Hühnerbrühe
400 g TK-Erbsen
200 g gekochter Schinken am Stück, gewürfelt
100 g fettreduzierter Frischkäse
½ TL frisch geriebene Muskatnuss

Nährwerte pro Portion etwa
• 285 kcal • 28 g Eiweiß • 11 g Fett, davon 7 g gesättigte Fettsäuren
• 15 g Kohlenhydrate

Alternative Statt Hühnerbrühe können Sie **Gemüsebrühe** verwenden.

1 **Das Öl** in einem großen Topf heiß werden lassen. Die Zwiebelwürfel darin unter gelegentlichem Rühren in 5–6 Minuten weich und glasig dünsten.

2 **Die Brühe mit den Erbsen** zugeben. Aufkochen und zugedeckt 5 Minuten köcheln lassen.

3 **Die Suppe** in der Küchenmaschine oder mit dem Stabmixer direkt im Topf grob pürieren. Den Schinken unterrühren. Die Suppe abschmecken und im Topf aufkochen lassen.

4 **Den Frischkäse** zufügen und rühren, bis er schmilzt. Die Suppe auf tiefe Teller verteilen, mit Muskat bestreuen und servieren.

Sie können die Suppe bis einschließlich Schritt 3 zubereiten, in einen gefriergeeigneten verschließbaren Behälter füllen und einfrieren. Im Tiefkühlgerät hält sie sich 1 Monat.

... klug vorbereiten

Tomaten-Paprika-Suppe mit Chorizo

Ihr delikates Aroma verdankt diese mediterrane Spezialität gerösteten Zwiebeln, Paprikaschoten und Tomaten. Servieren Sie die Suppe mit Baguette – oder reichen Sie Pumpernickel mit Ricotta und Pesto dazu (siehe S. 53).

Für 4 Portionen

1 ungeschälte rote Zwiebel, geviertelt

2 rote Paprikaschoten, längs halbiert

4 Eiertomaten, halbiert

2 ungeschälte Knoblauchzehen

500 ml Hühnerbrühe

1 Dose rote Kidneybohnen (400 g)

100 g Koch-Chorizo (spanische Paprikawurst), gewürfelt

2 TL Balsamico-Essig

15 g Basilikumblätter, in Stücke gezupft

Nährwerte pro Portion etwa
• 195 kcal • 11 g Eiweiß • 7 g Fett, davon 3 g gesättigte Fettsäuren
• 23 g Kohlenhydrate

1 **Den Backofengrill** auf höchster Stufe vorheizen. Zwiebel, Paprika und Tomaten mit den Schnittflächen nach oben auf einem Backblech verteilen. Knoblauch dazulegen.

2 **Das Gemüse** 6–8 Minuten grillen, bis es oben angekohlt ist. Zwiebel, Paprika und Tomaten häuten, die Knoblauchzehen aus den Schalen drücken.

3 **Die Hälfte des Gemüses** in kleine Stücke schneiden und in einen Topf füllen. Das restliche Gemüse mit dem Knoblauch und der Brühe in der Küchenmaschine oder mit dem Stabmixer pürieren und ebenfalls in den Topf geben. Alles verrühren. Die Bohnen in ein Sieb schütten, abspülen und abtropfen lassen.

4 **Die Suppe** unter gelegentlichem Rühren aufkochen lassen, Bohnen, Chorizo und Balsamico untermischen. Abschmecken und zugedeckt noch 2–3 Minuten köcheln lassen. Kurz vor dem Servieren das Basilikum hineinrühren und servieren.

Alternativen • Anstelle von Chorizo **Salami** oder in Scheiben geschnittene **Wiener Würstchen** verwenden. • Für Vegetarier ist die Suppe geeignet, wenn Sie **Gemüsebrühe** nehmen, die Wurst weglassen und mit den Bohnen abgespülte, abgetropfte **Kichererbsen aus der Dose (400 g)** zugeben.

Zubereiten **30** Minuten

Zwiebel und Knoblauch grillen (Schritte 1 und 2). Abgetropfte gegrillte Paprika aus dem Glas (280 g) und Tomaten aus der Dose (400 g) klein schneiden und mit der Zwiebel und dem Knoblauch pürieren (Schritt 3).

... Zeit sparen

Suppe mit gerösteten Cocktailtomaten

Die Eiertomaten durch **350 g Cocktailtomaten** ersetzen. Diese mit ½ **ungeschälten roten Zwiebel, 1 halbierten roten Paprikaschote** und **2 Knoblauchzehen** rösten, bis die Häute aufplatzen. Die Tomaten ungehäutet mit Knoblauch und Brühe pürieren. Zwiebel und Paprika häuten, klein schneiden und mit dem Tomatenpüree in einen Topf geben. Bohnen und Balsamico weglassen, die **Chorizo** in die Suppe geben. Basilikum und **2 EL grünes Pesto** zugeben und die Suppe 2–3 Minuten köcheln lassen. Die Suppe vor dem Servieren mit **100 g zerbröckeltem Feta** und **50 g Pinienkernen** bestreuen. Dazu passen Chilibohnen-Wraps (siehe S. 53).

... Variante

Gemüsesuppe mit Parmaschinken

Marktfrisches Gemüse wird hier mit Parmaschinken in klarer Brühe gegart. Das ergibt eine frische, nahrhafte und unkomplizierte Suppe, zu der Pitas mit Käse und Chutney (siehe S. 53) sehr gut schmecken.

Zubereiten
30
Minuten

Für 4 Portionen

1 l Rinderbrühe
1 Zwiebel, fein gewürfelt
1 Stange Sellerie, fein gewürfelt
½ Fenchelknolle, fein gewürfelt
1 kleiner Kohlrabi, geschält und fein gewürfelt
1 festkochende Kartoffel, geschält und fein gewürfelt
1 Lorbeerblatt
75 g magerer Parmaschinken, in Streifen geschnitten
4 Wirsingblätter, von den dicken Rippen befreit und in dünne Streifen geschnitten

Nährwerte pro Portion etwa
• 185 kcal • 15 g Eiweiß • 8 g Fett, davon 3 g gesättigte Fettsäuren
• 12 g Kohlenhydrate

1 **Die Brühe** in einem großen Topf aufkochen lassen. Zwiebel-, Sellerie-, Fenchel-, Kohlrabi- und Kartoffelwürfel hineingeben. Die Brühe erneut aufkochen lassen.

2 **Das Lorbeerblatt** zufügen und die Suppe etwa 10 Minuten zugedeckt köcheln lassen, bis das Gemüse knapp gar ist.

3 **Schinken und Wirsing** in die Suppe geben. Die Suppe aufkochen, dann bei schwächerer Hitze weitere 5 Minuten köcheln lassen, bis der Wirsing weich ist; mit Salz und Pfeffer abschmecken. Das Lorbeerblatt entfernen, die Suppe auf Teller verteilen und servieren.

Alternativen • Für diese Suppe können Sie jedes Gemüse nehmen, das gerade Saison hat. • Vegetarisch wird die Suppe, wenn Sie **Gemüsebrühe** verwenden und den Schinken weglassen; statt des Schinkens **Linsen oder weiße Bohnen aus der Dose (400 g)** nehmen. Die Hülsenfrüchte in ein Sieb schütten, kalt abspülen, gut abtropfen lassen und in Schritt 3 zur Suppe geben.

Bereiten Sie die doppelte Menge der Gemüsesuppe zu (Schritte 1 und 2). Die Hälfte davon einfrieren und innerhalb von 3 Monaten verbrauchen; oder die zweite Portion bis zum nächsten Tag im Kühlschrank aufbewahren. Sie können sie beispielsweise für eine Minestrone verwenden (siehe rechts).

... klug vorbereiten

Schnelle Minestrone

Zur Gemüsesuppe (nach Schritt 2) **50 g kurze Makkaroni oder Suppennudeln** geben. Aufkochen und 5 Minuten köcheln lassen. In Schritt 3 mit Schinken und Wirsing **100 g klein geschnittene grüne Bohnen, 2 gewürfelte Eiertomaten** und **Borlottibohnenkerne aus der Dose (300 g)** zufügen. Die Suppe vor dem Servieren mit **geriebenem Parmesan** bestreuen und mit etwas **Olivenöl** beträufeln. Dazu Baguette mit Tapenade (siehe S. 53) reichen.

... Variante

Zwiebelsuppe
mit Bier und Rindfleisch

Karamellisierte Zwiebelringe und dunkles Bier machen diese Suppe gehaltvoll. Das i-Tüpfelchen ist die kurz gebratene Rinderlende, die unmittelbar vor dem Servieren dazugegeben wird.

**Zubereiten
30
Minuten**

Für 4 Portionen

30 g Butter

2 EL Olivenöl

500 g Zwiebeln, in dünne Ringe geschnitten

2 TL Zucker

300 g Rinderlende, in 2 cm dicke Scheiben geschnitten

250 ml Dunkelbier

1 Knoblauchzehe, zerdrückt

1 Lorbeerblatt

700 ml Rinderbrühe

2 EL gehackte Petersilie

Nährwerte pro Person etwa

• 285 kcal • 18 g Eiweiß • 17 g Fett, davon 7 g gesättigte Fettsäuren • 14 g Kohlenhydrate

Alternativen • Statt Bier können Sie die gleiche Menge **Brühe plus 1–2 EL Worcester- oder Sojasauce** verwenden. • Das Lorbeerblatt lässt sich durch **einen Thymianzweig** ersetzen.

1 **Die Butter** mit 1½ EL Öl in einer großen Pfanne erhitzen. Zwiebelringe und Zucker zugeben und vermischen. Bei mittlerer Hitze unter gelegentlichem Rühren zugedeckt 10 Minuten braten, dann offen bei etwas stärkerer Hitze unter häufigerem Rühren 5 Minuten weiterbraten, bis die Zwiebeln goldbraun sind.

2 **In der Zwischenzeit** eine Pfanne mit schwerem Boden sehr heiß werden lassen. Die Fleischscheiben mit dem restlichen Öl bestreichen und mit etwas Salz und Pfeffer würzen. Pro Seite etwa 3 Minuten braten, bis sie gar, aber innen noch rosa sind. Vom Herd nehmen, mit Alufolie bedecken und warm halten.

3 **Das Bier mit Knoblauch und Lorbeer** zu den Zwiebelringen geben; aufkochen und offen 5 Minuten köcheln lassen. Die Brühe zugießen. Die Suppe abschmecken und aufkochen lassen.

4 **Die Fleischscheiben** in dünne Streifen schneiden; ausgetretenen Fleischsaft in die Suppe geben. Das Lorbeerblatt entfernen. Die Suppe auf Teller verteilen und die Fleischstreifen in der Mitte darauf anrichten. Mit Petersilie bestreuen und servieren. Dazu passt knuspriges Baguette.

Falls Sie noch **Reste von Rinder- oder Lammbraten** im Kühlschrank haben, können Sie diese anstelle der Rinderlende verwenden: in Streifen schneiden und 2–3 Minuten vor dem Servieren zum Erwärmen in die Suppe geben.

... Extratipp

Die Zwiebelsuppe können Sie bis zu 2 Tage im Voraus zubereiten – rasch abkühlen lassen, dann zudecken und kalt stellen. Das Fleisch erst unmittelbar vor dem Servieren braten.

... klug vorbereiten

Grüne Gazpacho mit Stremellachs

Stremellachs wird heiß geräuchert und hat daher eine schinkenähnliche Konsistenz. Sein Geschmack kontrastiert wunderbar mit dem der eiskalten Gemüsesuppe. Die Gazpacho lässt sich gut vorbereiten.

Zubereiten
10
Minuten

Für 4 Portionen

1 große grüne Paprikaschote, gewürfelt

1 Gurke, gewürfelt

1 Zwiebel, gewürfelt

Fruchtfleisch von 1 vollreifen Avocado

1 Knoblauchzehe, gehackt

25 g glatte Petersilie

600 ml Gemüsebrühe

3 EL weißer Balsamico- oder Weißweinessig

3 EL natives Olivenöl extra

225 g Stremellachs, in Streifen geschnitten

Nährwerte pro Person etwa

• 260 kcal • 17 g Eiweiß • 19 g Fett, davon 3 g gesättigte Fettsäuren
• 6 g Kohlenhydrate

1 Alle Zutaten bis auf den Lachs in der Küchenmaschine oder mit dem Stabmixer nicht zu fein pürieren.

2 Die Suppe zudecken und in den Kühlschrank stellen. Zum Servieren auf Suppenschalen oder tiefe Teller verteilen und mit Lachsstreifen garnieren. Dazu passt frisches Weißbrot.

Alternativen • Anstelle von Stremellachs können Sie **gewöhnlichen Räucherlachs oder geräucherte Forellenfilets** verwenden. • Für Vegetarier ist die Suppe geeignet, wenn Sie den Lachs weglassen und die Portionen mit **4 gehackten hart gekochten Eiern** und **125 g geriebenem Greyerzer oder zerbröckeltem Feta** bestreuen.

Scharfe rote Gazpacho

1 Scheibe Weißbrot in die Küchenmaschine geben. **1 rote Paprikaschote, 1 rote Zwiebel, 1 geschälte Gurke** und **1 Knoblauchzehe** (alle zerkleinert) sowie **Tomaten aus der Dose (400 g), 1 rote Chilischote, 300 ml Gemüsebrühe, 3 EL Olivenöl, 3 EL Rotweinessig, 2 EL gehackte Minze, Salz** und **Pfeffer** zufügen und alles glatt pürieren. Auf Schalen verteilen, ein paar Eiswürfel zugeben und die Portionen mit **Basilikum** und **Croûtons** (Fertigprodukt) bestreuen. Mit abgetropftem und zerpflücktem **Thunfisch aus der Dose (185 g)** garnieren.

... Variante

Schnelle Tomatensuppe mit zweierlei Fisch

Fisch und kleine Kartoffeln sind rasch gegart und eignen sich daher bestens für schnell zubereitete Gerichte. Hier sorgen Fenchel und Chili für Aroma und Schärfe. Knabbern Sie zur Suppe dünne italienische Brotstangen (Grissini).

Zubereiten 30 Minuten

Für 4 Portionen

1 EL Olivenöl

150 g Lauch, in Scheiben geschnitten

70 g magerer durchwachsener Speck, gewürfelt

400 ml Fischfond (Glas)

1 Dose gehackte Tomaten (400 g)

¼ TL Cayennepfeffer

1 TL Fenchelsamen

200 g kleine Frühkartoffeln, gründlich gewaschen und halbiert

200 g Seeteufelfilet, in mundgerechte Stücke geschnitten

150 g Räucherfisch (z. B. Schellfisch, Lachs, Forelle oder Makrele), in mundgerechte Stücke geschnitten

Nährwerte pro Portion etwa

• 215 kcal • 23 g Eiweiß • 9 g Fett, davon 2 g gesättigte Fettsäuren
• 12 g Kohlenhydrate

1 Das Öl in einem großen Topf bei mittlerer Hitze heiß werden lassen. Lauch und Speck darin unter Rühren in 3–4 Minuten glasig braten.

2 Fischfond, Tomaten, Cayennepfeffer und Fenchelsamen zufügen und die Mischung aufkochen lassen. Die Kartoffeln zugeben. Die Suppe mit Salz und Pfeffer würzen und zugedeckt 5 Minuten sprudelnd kochen lassen.

3 Seeteufel- und Räucherfischstücke in die Suppe geben. Die Suppe aufkochen und zugedeckt 6–8 Minuten sehr schwach köcheln lassen, bis der Fisch sich leicht mit einer Gabel zerpflücken lässt (an einem Stück testen) und die Kartoffeln weich sind. Die Suppe auf Schalen oder tiefe Teller verteilen und sofort servieren.

Alternativen • Statt Kartoffeln können Sie **Suppennudeln** verwenden. • Der Fisch lässt sich auch durch **400 g TK-Meeresfrüchte-Mix** ersetzen. Diesen gefroren zur Suppe geben und die Garzeit um 1 Minute verlängern.

• Kaufen Sie **1 Packung gewürfelten Schinkenspeck oder Bacon**, um die Zubereitungszeit zu verkürzen.
• Sie können auch **gegarte Kartoffeln aus dem Glas** nach 3 Minuten Garzeit des Fisches zufügen.

… Zeit sparen

Tomatensuppe mit Fisch und Garnelen

In einem Topf **1 EL Sonnenblumenöl** erhitzen. **1 Zwiebel**, **1 Knoblauchzehe**, **1 Selleriestange** und **1 grüne Paprikaschote** (alles gewürfelt) darin etwa 5 Minuten dünsten. **Gehackte Tomaten aus der Dose** (400 g), **400 ml Fischfond (Glas)** und **1 TL Tabasco** zugeben. Das Ganze aufkochen lassen. **100 g Langkornreis** unterrühren und die Suppe zugedeckt 10 Minuten köcheln lassen. **200 g festfleischiges Fischfilet** in Würfeln und **150 g geschälte kleine Garnelen** (oder 350 g TK-Meeresfrüchte-Mix) sowie **100 g Maiskörner** (aus der Dose oder TK-Mais) zufügen. Die Suppe mit Salz und Pfeffer würzen. Aufkochen und 4–5 Minuten köcheln lassen, bis der Reis gar ist und der Fisch sich leicht zerpflücken lässt.

… Variante

5 aromatische Suppen mit Zutaten aus dem Vorrat

Wenn Sie Konserven mit Tomaten, Mais, Hülsenfrüchten, Kokosmilch und anderen Lebensmitteln im Vorrat haben, können Sie viel Zeit sparen und im Nu eine sättigende Suppe auf den Tisch bringen. Die folgenden Rezepte gelten für 4 Portionen.

Thunfischcremesuppe auf Thai-Art

In einem Topf **250 ml Kokosmilch** mit **400 ml Geflügel- oder Fischfond** (Glas), **3 EL gefriergetrockneten Zwiebeln** und etwa **2 TL grüner Currypaste** verrühren. Aufkochen und 4 Minuten köcheln lassen. **Thunfisch aus der Dose (185 g)** abtropfen lassen, zerpflücken und mit **100 g TK-Erbsen** untermischen. Die Suppe abschmecken; aufkochen und 1 Minute köcheln lassen. Mit Brot servieren.

Nährwerte pro Portion etwa
• 235 kcal • 14 g Eiweiß • 15 g Fett, davon 8 g gesättigte Fettsäuren
• 11 g Kohlenhydrate

Zubereiten **10** Minuten

> Thai-Currypasten sind unterschiedlich scharf. Dosieren Sie deshalb zunächst sparsam (mit 1 TL beginnen), damit die Suppe nicht zu feurig wird.
>
> **... Kochtipp**

Maiscremesuppe

1 Zwiebel würfeln und in **2 EL Olivenöl** glasig dünsten. **Maiskörner aus der Dose (400 g)** abgießen und in der Küchenmaschine in 2 Sekunden grob zerkleinern, **gegarte Kartoffeln aus dem Glas (300 g)** abtropfen lassen und würfeln; in den Topf geben. **300 ml Geflügelfond** (Glas) und **150 ml fettarme Milch** zufügen. Zugedeckt 5 Minuten köcheln lassen; **100 g Parmaschinken** würfeln und unterrühren. Auf Schalen oder tiefe Teller verteilen, je **1 TL saure Sahne** daraufgeben. Vor dem Servieren mit **edelsüßem Paprikapulver** bestreuen.

Zubereiten **15** Minuten

Nährwerte pro Portion etwa
• 355 kcal • 12 g Eiweiß • 16 g Fett, davon 6 g gesättigte Fettsäuren • 44 g Kohlenhydrate

Kichererbsensuppe mit Speck

Kichererbsen aus der Dose (400 g) abgießen, abspülen und abtropfen lassen. **1 Zwiebel** würfeln, **4 Scheiben durchwachsenen Speck** von der Schwarte befreien und ebenfalls würfeln. Beides in einem Topf unter Rühren 7–8 Minuten braten, bis die Zwiebelwürfel goldgelb sind. **400 ml Gemüsefond** (Glas), **300 ml passierte Tomaten mit Kräutern** und die **Kichererbsen** zugeben; abschmecken. Als Extrawürze noch **1 TL Chiliflocken** und **1 TL Knoblauchpaste** unterrühren. 10 Minuten köcheln lassen. Mit Bauernbrot servieren.

Nährwerte pro Portion etwa
• 170 kcal • 9 g Eiweiß • 8 g Fett, davon 2 g gesättigte Fettsäuren • 16 g Kohlenhydrate

Linsensuppe provenzalische Art

In einem großen Topf **800 ml Gemüsebrühe** mit **200 g roten Linsen**, **250 g zerkleinertem Suppengemüse** (frisch oder TK-Ware), **1 TL getrockneten Kräutern der Provence** und **175 ml Weißwein** aufkochen lassen. Salzen, pfeffern und zugedeckt 20 Minuten köcheln lassen, bis das Gemüse weich ist. Die Suppe in der Küchenmaschine oder mit dem Stabmixer pürieren. Im Topf aufkochen lassen, dann auf Schalen oder tiefe Teller verteilen. Die Portionen mit je **1 EL Crème fraîche** und (nach Belieben) **etwas Rosmarin** garnieren, mit **etwas Paprikapulver** bestreuen und servieren. Dazu passt Vollkornbrot. Ⓥ

Nährwerte pro Portion etwa
• 275 kcal • 13 g Eiweiß • 7 g Fett, davon 4 g gesättigte Fettsäuren • 35 g Kohlenhydrate

Tomatensuppe mit Garnelen

Pizzatomaten mit Kräutern aus 2 Dosen (je 400 g) mit **200 g Crème fraîche** und **2 EL Weinbrand** in der Küchenmaschine oder mit dem Stabmixer pürieren. In einem Topf aufkochen lassen. **200 g geschälte gegarte Garnelen** (TK-Ware aufgetaut) zugeben und in etwa 1 Minute erhitzen. Die Suppe abschmecken. **2 EL gehackte Petersilie** unterrühren. Mit Fertig-Croûtons oder Toast servieren.

Nährwerte pro Portion etwa
• 290 kcal • 15 g Eiweiß • 21 g Fett, davon 14 g gesättigte Fettsäuren • 7 g Kohlenhydrate

Statt Weinbrand können Sie zum Abrunden des Geschmacks auch **einen Spritzer Zitronensaft** oder **1 EL Tomatenmark** zur Tomatensuppe geben.

... Kochtipp

Reissuppe mit Garnelen, Frühlingszwiebeln und Eierfäden

Diese aromatische Suppe hat eine eindeutig südostasiatische Note – typisch hierfür sind nicht nur die Zutaten wie Zitronengras und Ingwer, sondern auch das in Brühe gegarte verquirlte Ei. Servieren Sie die Suppe mit Krupuk (Garnelenchips) oder knusprigem Brot.

Vorbereiten 10 Minuten

Garen 10 Minuten

Für 4 Portionen

1 l Fischfond oder Hühnerbrühe

1 Stängel Zitronengras, angedrückt (siehe Kochtipp)

2 cm frischer Ingwer, geschält und in dünne Scheiben geschnitten

1 Bund Frühlingszwiebeln, in Ringe geschnitten

100 g thailändischer Duftreis oder Basmati-Reis

2 EL Reis- oder Weißweinessig

175 g geschälte gegarte Garnelen

200 g Mungobohnensprossen

3 Eier, verquirlt

4 TL Chiliöl

Nährwerte pro Portion etwa

• 260 kcal • 20 g Eiweiß • 9 g Fett, davon 2 g gesättigte Fettsäuren • 24 g Kohlenhydrate

1 **Fond oder Brühe** mit Zitronengras, Ingwer und Frühlingszwiebeln in einem Topf aufkochen lassen.

2 **Den Reis** unterrühren. Die Suppe aufkochen und zugedeckt 8 Minuten schwach köcheln lassen.

3 **Essig, Garnelen und Bohnensprossen** zufügen. Die Suppe abschmecken. Aufkochen und 1 Minute köcheln lassen.

4 **Die verquirlten Eier** in dünnem Strahl in die Suppe gießen – sie sollten innerhalb weniger Sekunden zu Fäden stocken. Den Topf sofort vom Herd nehmen. Zitronengras herausnehmen. Die Suppe auf Schalen oder tiefe Teller verteilen, mit Chiliöl beträufeln und servieren.

Alternativen • Bereiten Sie die Suppe einmal mit **gegarten Flusskrebsschwänzen** statt mit Garnelen zu. • Für Vegetarier ist die Suppe geeignet, wenn Sie **Gemüsebrühe** verwenden und anstelle von Garnelen **gewürfelten Tofu** (naturell oder geräuchert) nehmen. • Weniger scharf wird die Suppe, wenn Sie sie nicht mit Chiliöl, sondern mit **geröstetem Sesamöl** beträufeln.

Zitronengras- und Ingwerpaste (aus dem Glas) können die Vorbereitungszeit verringern – je 1½ TL sollten ausreichen.

… Zeit sparen

Rollen Sie mit dem Nudelholz über den Zitronengrasstängel oder drücken Sie mit einer Messerklinge darauf, bevor Sie ihn in den Topf geben – so kann er sein Aroma besser an die Flüssigkeit abgeben.

… Kochtipp

Nudeltopf mit Fisch und Meeresfrüchten

Diese Suppe ist im Handumdrehen zubereitet und schmeckt – dank Ingwer und Zitronengras – angenehm frisch. Fisch und Meeresfrüchte können Sie je nach Angebot oder Ihren persönlichen Vorlieben variieren.

Für 4 Portionen

700 ml Fischfond (Glas)

1 Bund Frühlingszwiebeln, gewürfelt

2 cm frischer Ingwer, geschält und gerieben

1 Stängel Zitronengras, fein gehackt

2 TL Sojasauce

200 g weißfleischiges Fischfilet (z. B. Schellfisch oder Alaska-Seelachs), in 2 cm große Stücke geschnitten

150 g ausgelöstes Jakobsmuschel-fleisch, in mundgerechte Stücke geschnitten

150 g geschälte gegarte Garnelen

200 g Pak Choi, in dünne Streifen geschnitten

300 g Wok-Nudeln

Nährwerte pro Portion etwa

• 265 kcal • 32 g Eiweiß • 3 g Fett, davon 0,3 g gesättigte Fettsäuren • 29 g Kohlenhydrate

1 **Den Fond** mit Frühlingszwiebeln, Ingwer, Zitronengras und Sojasauce in einem großen Topf aufkochen lassen; abschmecken.

2 **Die Fischfiletstücke** zufügen. Die Suppe aufkochen lassen. Die Jakobs-muschelstücke zugeben und in der köchelnden Suppe in 1 Minute gar ziehen lassen.

3 **Garnelen, Pak Choi** und Nudeln unterrühren. Die Suppe erneut auf-kochen lassen, dann auf Schalen oder tiefe Teller verteilen und servieren.

Alternativen • Anstelle von Schell-fisch oder Seelachs können Sie **See-teufel, Heilbutt, Tilapia** oder **Panga-sius** verwenden. • Garnelen und Ja-kobsmuscheln können Sie durch ausge-löste gegarte **Miesmuscheln** ersetzen.

Nudeltopf mit Huhn und Spinat

In einem großen Topf **700 ml Hühner-brühe** mit den Frühlingszwiebeln, dem Ingwer, dem Zitronengras und der Soja-sauce aufkochen lassen; abschmecken. Anstelle von Fisch und Meeresfrüchten **450 g Hähnchenbrustfilet** (in dünne Scheiben geschnitten) zufügen. Die Suppe aufkochen und 5–6 Minuten köcheln lassen, dann statt Pak Choi **200 g jungen Blattspinat** unterrüh-ren. Die Nudeln zugeben und kurz in der Suppe ziehen lassen.

... Variante

Um jederzeit eine schnelle Mahl-zeit zubereiten zu können, emp-fiehlt es sich, immer etwas Fisch im Tiefkühlvorrat zu haben. Meist werden Fischfilets oder -stücke in wiederverschließbaren Packungen angeboten, sodass man sie ganz nach Bedarf einzeln der Packung entnehmen und auftauen kann. Größere Stücke in 30 Minuten auftauen lassen, dann in kleinere Stücke schneiden. Kleine Stücke können Sie gefroren in den Topf geben – die Garzeit verlängert sich dann um 4–6 Minuten.

... klug vorbereiten

Vorbereiten 10 Minuten

Garen 10 Minuten

Scharfe asiatische Krebsfleischsuppe

In dieser cremigen Suppe auf südostasiatische Art vereinen sich die Aromen von Krebsfleisch, Kokosmilch, Chilischoten und Limetten. Reichen Sie dazu Brot und gemischten Salat oder Rohkost.

Vorbereiten 10 Minuten

Garen 15 Minuten

Für 4 Portionen

350 g frisches oder TK-Krebsfleisch (Crabmeat)

6 Schalotten, in Stücke geschnitten

1 Knoblauchzehe, in Stücke geschnitten

800 ml heißer Fischfond

75 g Basmati-Reis

1½ TL Chiliflocken

2 TL Fischsauce

200 ml Kokosmilch

Saft von 1 Limette

3 EL Korianderblätter

2 Frühlingszwiebeln, schräg in dünne Ringe geschnitten

Nährwerte pro Portion etwa
• 385 kcal • 20 g Eiweiß • 25 g Fett, davon 8 g gesättigte Fettsäuren
• 20 g Kohlenhydrate

Dazu passt Rohkost (z. B. Möhren, Sellerie, Zwiebel und Gurke), **in dünne Stifte, Scheiben oder Streifen geschnitten**, in einer Schüssel gemischt und nach Belieben mit **Reis- oder Weißweinessig** beträufelt. Dies ist eine gute Ergänzung zu dieser Suppe – allerdings müssen Sie dafür etwas mehr Vorbereitungszeit einplanen.

1 **Die Hälfte des Krebsfleisches,** die Schalotten und den Knoblauch mit dem Fischfond in der Küchenmaschine oder in einer hohen Schüssel mit dem Stabmixer pürieren.

2 **Die Mischung** in einen Topf geben. Reis und Chiliflocken unterrühren. Die Suppe aufkochen, dann zudecken und unter gelegentlichem Rühren etwa 10 Minuten köcheln lassen, bis der Reis knapp gar ist.

3 **Fischsauce, Kokosmilch und Limettensaft** unterrühren. Das restliche Krebsfleisch zufügen und heiß werden lassen. Die Suppe abschmecken. Auf Schalen oder tiefe Teller verteilen und mit Korianderblättchen und Frühlingszwiebelringen garnieren.

● Krebsfleisch aus der Dose sollten Sie für diese Suppe möglichst nicht verwenden, denn es ist viel weniger aromatisch als frisches.

... Kochtipp

Weiße-Bohnen-Suppe mit Räucherfisch

Zucchini, Stangensellerie und Dill verleihen dieser von der italienischen Küche inspirierten Suppe eine angenehme Frische. Dazu passt knuspriges Baguette.

Vorbereiten 10 Minuten · **Garen 12 Minuten**

Für 4 Portionen

1 EL Olivenöl

1 Zwiebel, gewürfelt

1 Stange Sellerie, gewürfelt

2 kleine Zucchini, gewürfelt

600 ml Fischfond oder Hühnerbrühe

150 g Räucherfisch (z. B. Schellfisch, Forelle oder Heilbutt), in kleine Stücke zerpflückt oder gewürfelt

2 Dosen Cannellini-Bohnen oder Perlbohnen (je 400 g)

1 EL gehackte Dillspitzen

2 EL Crème légère (nach Belieben)

Nährwerte pro Portion etwa

• 190 kcal • 19 g Eiweiß • 2 g Fett, davon 0,2 g gesättigte Fettsäuren • 24 g Kohlenhydrate

Alternativen

• Anstelle von Räucherfisch können Sie **150 g geschälte gegarte Garnelen** verwenden. • Nehmen Sie einmal **250 g Maiskörner** (aus der Dose oder TK-Ware) statt der Bohnen.

1 Das Öl in einem Topf erhitzen. Zwiebel-, Sellerie- und Zucchiniwürfel darin 4–5 Minuten unter Rühren weich und glasig dünsten.

2 Fond oder Brühe angießen. Aufkochen lassen, dann den Räucherfisch unterrühren. Abschmecken und 4–5 Minuten schwach köcheln lassen.

3 Die Bohnen in ein Sieb schütten; abspülen und abtropfen lassen. Mit Dill und Crème légère in die Suppe rühren und diese wieder heiß werden, aber nicht erneut aufkochen lassen. Auf tiefe Teller verteilen.

Bohnensuppe mit Halloumi Ⓥ

Für eine vegetarische Suppe den Fisch weglassen und statt Fischfond oder Hühnerbrühe **600 ml Gemüsebrühe** verwenden. **1 kleine Fenchelknolle** würfeln. Mit dem Gemüse dünsten; diese Mischung in Schritt 2 gar ziehen lassen. Die Bohnen mit einer Gabel etwas zerdrücken, bevor sie zugefügt werden. So wird die Suppe ein wenig dickflüssiger. **175 g Halloumi** (zyprischer Käse) würfeln und in die Suppe geben, bevor sie ein letztes Mal erhitzt wird. Wer mehr Zeit hat, kann den Käse würfeln, die Würfel auf in Wasser eingeweichte Bambusspieße stecken, mit Öl bestreichen und goldbraun braten oder grillen. Die Spieße zum Servieren auf die Tellerränder legen.

... Variante

Aromatische Linsensuppe

Diese kräftige, wärmende Suppe erhält durch Curry und Kokosmilch eine orientalische Note. Die perfekte Beilage ist indisches Fladenbrot (Naan oder Paratha).

Zubereiten 30 Minuten

Für 4 Portionen Ⓥ

2 EL Sonnenblumenöl
1 Zwiebel, gewürfelt
1 Knoblauchzehe, zerdrückt
1 Selleriestange, gewürfelt
1 Möhre, geschält und gewürfelt
1 EL Madras-Currypaste
100 g rote Linsen
3 Eiertomaten (frisch oder aus der Dose), gewürfelt
500 ml Gemüsebrühe
4 EL Kokosmilch
4 EL Joghurt
2 EL grob gehacktes Koriandergrün

Nährwerte pro Portion etwa
• 310 kcal • 11 g Eiweiß • 19 g Fett, davon 10 g gesättigte Fettsäuren
• 26 g Kohlenhydrate

1 In einem großen Topf das Öl bei mittlerer Hitze heiß werden lassen. Zwiebel, Knoblauch, Sellerie und Möhre darin unter gelegentlichem Rühren etwa 5 Minuten braten.

2 Die Currypaste unterrühren und 1 Minute mitbraten. Linsen, Tomaten und Brühe zufügen. Aufkochen und 15 Minuten köcheln lassen, bis Linsen und Gemüse weich sind.

3 Die Kokosmilch unterrühren. Die Suppe abschmecken und auf Schalen oder Teller verteilen. Mit Joghurt und Koriandergrün garnieren und sofort servieren.

Alternative Eine nordafrikanische Note bekommt die Suppe, wenn Sie statt Currypaste **2–3 TL Harissa** (scharfe nordafrikanische Würzpaste) nehmen und die Suppe mit Fladenbrot servieren.

Statt getrockneter roter Linsen können Sie **1 Dose Linsen mit Suppengrün (400 g)** verwenden. Die Linsen in ein Sieb schütten und abtropfen lassen. Gemüse, Tomaten und Brühe in Schritt 2 gute 10 Minuten köcheln lassen. Anschließend die abgetropften Dosenlinsen zufügen und in 2 Minuten in der Suppe erhitzen; zum Schluss die Kokosmilch unterrühren.

… Zeit sparen

5 Ideen für schnell zubereitete Brotbeilagen

Damit aus einer Suppe eine komplette Mahlzeit wird, braucht es manchmal mehr als nur ein Stück Brot. Lassen Sie Ihre Fantasie spielen, und kreieren Sie würzige Happen, die mit dem Geschmack der Suppe kontrastieren oder ihn harmonisch ergänzen. Hier sind einige Vorschläge für Brotbeilagen, die Sie zubereiten können, während die Suppe köchelt. Alle Rezepte gelten für 4 Portionen.

Ciabatta mit Hummus und Paprika

4 Scheiben Ciabatta (schräg abgeschnitten) auf beiden Seiten mit **Olivenöl** bestreichen und mit **einer halbierten Knoblauchzehe** abreiben. In einer heißen Grill- oder Bratpfanne goldbraun rösten, dabei einmal wenden. Die Scheiben mit **100 g Hummus** (Kichererbsenmus) bestreichen. **2 geröstete rote Paprikaschoten** (Glas) in dünne Streifen schneiden und auf den Brotscheiben anrichten. Zur Rote-Bete-Suppe mit Äpfeln und Curry (siehe S. 54) servieren. Ⓥ

Nährwerte pro Portion etwa • 225 kcal
• 6 g Eiweiß • 13 g Fett, davon 1 g gesättigte Fettsäuren
• 22 g Kohlenhydrate

Zubereiten
10
Minuten

Baguette mit Tapenade

8 Baguette-Scheiben (schräg abgeschnitten) goldgelb rösten und mit insgesamt **3 EL Tapenade aus schwarzen Oliven** (Glas) bestreichen. Passt zur Schnellen Tomatensuppe mit zweierlei Fisch (siehe S. 43), zur Schnellen Minestrone (siehe S. 40) oder zur Möhren-Orangen-Suppe mit Feta (siehe S. 60). Ⓥ

Nährwerte pro Portion etwa
• 230 kcal • 7,5 g Eiweiß • 3 g Fett, davon 0,5 g gesättigte Fettsäuren • 45 g Kohlenhydrate

Zubereiten **10** Minuten

Pumpernickel mit Ricotta und Pesto

In einer kleinen Schüssel **150 g Ricotta** mit **2 EL rotem Pesto** so verrühren, dass eine marmorierte Creme entsteht. Die Mischung auf **4 Scheiben Pumpernickel** verteilen. Jede Scheibe in 4 Dreiecke schneiden und mit **Basilikumblättern** bestreuen. Passt zur Tomaten-Paprika-Suppe mit Chorizo (siehe S. 39) oder zur Spargel-Erbsen-Suppe mit Minze (siehe S. 58). Ⓥ

Nährwerte pro Portion etwa • 195 kcal • 9 g Eiweiß • 11 g Fett, davon 4 g gesättigte Fettsäuren • 16 g Kohlenhydrate

Zubereiten **8** Minuten

Pitas mit Käse und Chutney

4 Pitabrote unter dem heißen Backofengrill 1 Minute erwärmen (damit sie sich leichter öffnen lassen – sie sollen nicht geröstet werden). Von den Rändern jeweils einen schmalen Streifen abschneiden und die Brottaschen öffnen. Jede mit **1 gehäuften EL Mango-Chutney** ausstreichen. **150 g Cheddar oder alten Gouda** raspeln und in die Brottaschen geben. Die gefüllten Brote unter dem heißen Backofengrill rösten, bis der Käse geschmolzen ist; dabei einmal wenden. Zur Gemüsesuppe mit Parmaschinken (siehe S. 40) servieren. Ⓥ

Nährwerte pro Portion etwa
• 450 kcal • 18 g Eiweiß • 14 g Fett, davon 8 g gesättigte Fettsäuren • 65 g Kohlenhydrate

Zubereiten **10** Minuten

Chilibohnen-Wraps

Rote Kidneybohnen in Chilisauce aus der Dose (400 g) erwärmen. **4 Weizentortillas** pro Seite 10 Sekunden grillen oder im Mikrowellengerät 10 Sekunden erwärmen. **4 Romanasalatblätter** in Streifen schneiden und auf den Tortillas anrichten. **2 Frühlingszwiebeln** in dünne Ringe schneiden und mit den Bohnen auf den Tortillas verteilen. Tortillas aufrollen, quer halbieren. Zur Suppe mit gerösteten Cocktailtomaten (siehe S. 39) servieren. Ⓥ

Nährwerte pro Portion etwa • 235 kcal • 9 g Eiweiß • 1 g Fett, davon 0,1 g gesättigte Fettsäuren • 49 g Kohlenhydrate

Zubereiten **10** Minuten

Rote-Bete-Suppe mit Äpfeln und Curry

Diese mild gewürzte Suppe mit ihrer außergewöhnlichen Farbe macht Eindruck und lässt sich ohne viel Aufwand zubereiten. Bei großem Appetit ist Ciabatta mit Hummus und Paprika (siehe S. 52) eine ideale Beilage.

Vorbereiten 15 Minuten · **Garen 15 Minuten**

Für 4 Portionen Ⓥ

15 g Butter

1 EL Olivenöl

200 g Rote Beten, geschält und in Stücke geschnitten

2 Äpfel, geschält, von den Kerngehäusen befreit und in Stücke geschnitten

1 große rote Zwiebel, in kleine Stücke geschnitten

1 EL mildes Currypulver

2 Eier

500 ml Gemüsebrühe

4 EL Crème légère

Nährwerte pro Portion etwa
• 195 kcal • 6 g Eiweiß • 12 g Fett, davon 5 g gesättigte Fettsäuren
• 16 g Kohlenhydrate

Alternative Statt Currypulver können Sie **2 TL Tafelmeerrettich, 1 TL Chili-flocken oder 1 TL Wasabipaste** (japanische Meerrettichpaste) verwenden.

Sie können **gegarte Rote Bete** auch **vakuumverpackt** kaufen. Oder Sie garen die rohen Roten Beten im Mikrowellengerät: ungeschält mit 2–3 EL Wasser in ein geeignetes Gefäß geben. Zugedeckt auf höchster Stufe 8–10 Minuten garen, bis sie weich sind; abtropfen lassen. Die Knollen schälen, in Stücke schneiden und für die Suppe verwenden.

… Zeit sparen

---

1 **Die Butter** mit dem Öl in einem Topf bei mittlerer Hitze heiß werden lassen. Rote Beten, Äpfel und Zwiebel darin zugedeckt 10 Minuten schmoren; den Topf dabei gelegentlich schwenken, damit nichts ansetzt. Currypulver unterrühren und die Mischung weitere 5 Minuten bei schwacher Hitze köcheln lassen.

2 **Während Rote Beten** und Äpfel schmoren, die Eier in sprudelnd kochendem Wasser in 10 Minuten hart kochen. Mit kaltem Wasser abschrecken, dann schälen und in Stücke schneiden.

3 **Die Rote-Bete-Mischung** mit der Hälfte der Brühe in die Küchenmaschine oder in den Mixer füllen und pürieren. In den Topf geben.

4 **Die restliche Brühe** unterrühren. Die Suppe abschmecken und aufkochen lassen. Auf Schalen oder tiefe Teller verteilen, je 1 EL Crème légère einrühren und die Portionen mit den Eistücken garnieren.

Sie können die Suppe und die hart gekochten Eier (ungeschält lassen) bis zu 2 Tage im Voraus zubereiten und im Kühlschrank aufbewahren.

… klug vorbereiten

Süßkartoffelsuppe mit Lauch und weißen Bohnen

Orangefleischige Süßkartoffeln und würziger Lauch bilden die Grundlage dieser cremigen Suppe, die an kalten Tagen wunderbar wärmt. Servieren Sie dazu knusprige Brötchen.

Zubereiten 30 Minuten

Für 4 Portionen Ⓥ

25 g Butter

2 Stangen Lauch, in Scheiben geschnitten

400 g orangefleischige Süßkartoffeln, geschält und in dünne Scheiben geschnitten

½ TL gemahlener Kreuzkümmel

1 l Gemüsebrühe

4 EL Crème fraîche

2 EL gehacktes Koriandergrün

1 kleine Dose weiße Bohnen (200 g)

Saft von ½ Zitrone

Nährwerte pro Portion etwa
• 285 kcal • 5 g Eiweiß • 18 g Fett, davon 12 g gesättigte Fettsäuren
• 27 g Kohlenhydrate

> Sie können die Suppe bis einschließlich Schritt 3 bis zu 2 Tage im Voraus zubereiten und dann im Kühlschrank aufbewahren. Zum Servieren die Suppe vorsichtig erhitzen und fertigstellen.
>
> **... klug vorbereiten**

1 Die Butter in einem großen Topf bei schwacher Hitze heiß werden lassen. Lauch und Süßkartoffeln darin unter gelegentlichem Rühren in etwa 3 Minuten weich dünsten. Den Kreuzkümmel zufügen und alles weitere 5 Minuten dünsten.

2 Die Brühe angießen. Aufkochen und zugedeckt 12 Minuten schwach köcheln lassen, bis das Gemüse weich ist. Inzwischen die Crème fraîche in einer kleinen Schüssel mit dem Koriandergrün verrühren. Die Bohnen in ein Sieb schütten, abspülen und abtropfen lassen.

3 Die Bohnen in die Suppe geben. Alles in die Küchenmaschine oder in den Mixer füllen und pürieren; in den Topf geben. Aufkochen und köcheln lassen, bis die Suppe richtig heiß ist. Den Zitronensaft unterrühren und die Suppe abschmecken.

4 Die Suppe auf Schalen oder tiefe Teller verteilen und mit der Koriander-Crème-fraîche garnieren. Sofort servieren.

Alternativen • Die Bohnen weglassen und stattdessen **Crabmeat aus der Dose (170 g)** und **2 EL trockenen Sherry** unter die Suppe rühren. • Statt 400 g Süßkartoffeln können Sie auch **200 g Kartoffeln** und **200 g Süßkartoffeln** nehmen.

Brunnenkressesuppe mit Cashewkernen und Käse

In dieser nahrhaften Suppe kommt das pfeffrige Aroma der Brunnenkresse besonders gut zur Geltung. Reichen Sie dazu knuspriges Brot oder Ofenkartoffeln (aus der Mikrowelle).

Vorbereiten **10** Minuten · Garen **20** Minuten

Für 4 Portionen Ⓥ

1 EL Olivenöl

1 große Zwiebel, gewürfelt

400 g mehligkochende Kartoffeln, geschält und gewürfelt

85 g Cashewkerne

100 g Brunnenkresse

450 ml Gemüsebrühe

150 ml fettarme Milch

50 g Greyerzer oder Emmentaler, geraspelt

Nährwerte pro Portion etwa
• 325 kcal • 13 g Eiweiß • 20 g Fett, davon 6 g gesättigte Fettsäuren
• 27 g Kohlenhydrate

Alternative Statt Brunnenkresse können Sie **Blattspinat oder Rucola** verwenden.

1 Das Olivenöl in einem großen Topf bei mittlerer Hitze heiß werden lassen. Zwiebel- und Kartoffelwürfel darin zugedeckt unter gelegentlichem Rühren in etwa 10 Minuten weich garen. Inzwischen die Cashews in einer Pfanne ohne Fett bei mittlerer Hitze unter gelegentlichem Rühren in 2–3 Minuten goldbraun rösten. Die Cashews hacken.

2 Die Brunnenkresse mitsamt den Stängeln zur Kartoffelmischung geben. 2–3 Minuten rühren, bis die Blätter zusammengefallen sind. Brühe angießen. Alles einige weitere Minuten köcheln lassen, falls die Kartoffeln noch nicht weich sind. Die Suppe in der Küchenmaschine pürieren, wieder in den Topf geben (oder mit dem Stabmixer im Topf pürieren).

3 Die Milch unterrühren. Die Suppe abschmecken und wieder heiß werden, aber nicht mehr aufkochen lassen. Auf Schalen verteilen, mit Cashews und Käse bestreuen.

Rucolasuppe mit Miesmuscheln

500 g gegartes Miesmuschelfleisch (vakuumverpackt) nach Packungsangabe heiß werden lassen. Cashews, Brunnenkresse und Käse weglassen. Zwiebel und Kartoffeln wie in Schritt 1 beschrieben garen. Die Brühe angießen und die Suppe pürieren. Milch zufügen, die Suppe aufkochen lassen. Muscheln mitsamt Saft zugeben. Die Suppe noch 5 Minuten köcheln lassen. **80 g Rucola** grob hacken. Mit **3 EL Sahne** unter die Suppe rühren. Sofort servieren.

... Variante

Blumenkohlsuppe mit Gorgonzola

Es gibt kaum eine andere Suppe, die sich so kinderleicht zubereiten lässt wie diese hier. Dazu schmeckt Ciabatta mit Hummus und Paprika (siehe S. 52).

Vorbereiten 10 Minuten

Garen 15 Minuten

Für 4 Portionen Ⓥ

1 kleiner Blumenkohl, in Röschen geteilt

2 kleine Stangen Lauch, gehackt

1 kleine Kartoffel, geschält und gewürfelt

1 l Gemüsebrühe

125 g Gorgonzola, grob gewürfelt

Nährwerte pro Portion etwa
• 185 kcal • 11 g Eiweiß • 12 g Fett, davon 7 g gesättigte Fettsäuren
• 10 g Kohlenhydrate

1 **Blumenkohl, Lauch und Kartoffel** mit der Brühe und etwas Salz und Pfeffer in einen Topf geben. Alles aufkochen und zugedeckt 12–14 Minuten köcheln lassen, bis da Gemüse und die Kartoffel weich sind.

2 **Die Hälfte** der Suppe in der Küchenmaschine pürieren. Die Mischung in den Topf geben und unterrühren. Sie können die Suppe auch direkt im Topf mit dem Stabmixer grob pürieren.

3 **Die Suppe** aufkochen lassen; vom Herd nehmen. Den Käse zufügen und kurz unterrühren. Die Suppe auf Schalen oder tiefe Teller verteilen und sofort servieren.

Alternativen • Bereiten Sie die Suppe mit **Roquefort** anstelle von Gorgonzola zu. • Statt Blumenkohl können Sie **Brokkoli** nehmen.

Falls Sie einen **Rest Kartoffelpüree** im Kühlschrank haben, geben Sie diesen am Ende der Garzeit in die Suppe; rohe Kartoffeln weglassen. Die Garzeit für die Zwiebeln in Schritt 1 auf 5 Minuten verkürzen.

… Zeit sparen

Spargel-Erbsen-Suppe mit Minze

Grüner Spargel und zarte Erbsen ergänzen einander vorzüglich in dieser belebenden Suppe. Dazu passt Pumpernickel mit Ricotta und Pesto (siehe S. 53).

Zubereiten 30 Minuten

Für 4 Portionen Ⓥ

200 g grüner Spargel
1 EL Olivenöl
2 Schalotten, gewürfelt
150 g Kartoffeln, geschält und gewürfelt
150 g TK-Erbsen
700 ml Gemüsebrühe
1 kleiner Zweig Minze
4 EL Crème fraîche
40 g geröstete Pinienkerne

Nährwerte pro Portion etwa

• 220 kcal • 9 g Eiweiß • 14 g Fett, davon 4 g gesättigte Fettsäuren
• 15 g Kohlenhydrate

1 Die Spargelstangen leicht biegen, um die holzigen Enden abzubrechen. Die Spargelspitzen abschneiden und beiseitelegen. Die Spargelstangen in Stücke schneiden.

2 Das Olivenöl in einem großen Topf bei mittlerer Hitze heiß werden lassen. Schalotten- und Kartoffelwürfel und die Spargelstücke darin unter gelegentlichem Rühren in 6–8 Minuten weich dünsten.

3 Eine Handvoll Erbsen beiseitelegen. Die restlichen Erbsen mit Brühe und Minze zufügen. Alles einige weitere Minuten köcheln lassen, falls die Kartoffeln noch nicht gar sind. Das Ganze in der Küchenmaschine pürieren und wieder in den Topf geben (oder mit dem Stabmixer im Topf pürieren). Abschmecken.

4 Die Spargelspitzen und die restlichen Erbsen für 2 Minuten in kochendes Wasser geben; abgießen und kalt abschrecken. Die Suppe aufkochen lassen und das blanchierte Gemüse zugeben. Die Suppe auf Schalen oder tiefe Teller verteilen. Je 1 EL Crème fraîche einrühren; mit den Pinienkernen bestreuen und servieren.

Sie können die Kartoffeln weglassen und stattdessen kurz vor Ende der Garzeit **125 g übrig gebliebenes Kartoffelpüree** unter die Suppe rühren. Oder Sie verwenden Püreeflocken – so viel davon in die Suppe rühren, bis sie etwas angedickt ist.

... Zeit sparen

Misosuppe mit Nudeln und Tofu

Miso, eine würzige japanische Sojapaste, ist die Grundlage dieser leichten Suppe mit Tofu, Pilzen, Nudeln und Brunnenkresse. Servieren Sie die Suppe mit Brot nach Wahl.

Vorbereiten 10 Minuten

Garen 10 Minuten

Für 4 Portionen

- 4 Päckchen Instant-Misosuppe (je 18 g)
- 1 l kochend heißes Wasser
- 175 g Champignons, in Scheiben geschnitten
- 6 Frühlingszwiebeln, in Ringe geschnitten
- 125 g Reisnudeln
- 100 g Brunnenkresse, mitsamt den Stängeln grob gehackt
- 175 g Tofu, fein gewürfelt

Nährwerte pro Portion etwa
- 165 kcal • 7 g Eiweiß • 3 g Fett, davon 0,5 g gesättigte Fettsäuren
- 27 g Kohlenhydrate

Für eine noch schnellere Variante in Schritt 1 anstelle von Pilzen und Frühlingszwiebeln **200 g Wokgemüse** (z. B. vakuumverpackt) in die Suppe geben. Köcheln lassen, bis das Gemüse knapp gar ist, dann die Nudeln und 4 Minuten später den **Tofu** zufügen; die Brunnenkresse weglassen.

... Zeit sparen

1 **Die Instantsuppe** in einem Topf in dem heißen Wasser auflösen. Die Suppe aufkochen lassen, Pilze und Frühlingszwiebeln zufügen.

2 **Die Suppe** zugedeckt 2–3 Minuten köcheln lassen, bis Pilze und Zwiebelringe weich sind. Die Nudeln zugeben und in etwa 4 Minuten in der schwach köchelnden Suppe gar ziehen lassen.

3 **Brunnenkresse und Tofu** unterrühren. Die Suppe noch einmal aufkochen lassen, dann abschmecken und sofort servieren.

Alternativen • Statt der Misosuppe können Sie **Rinderfond,** eventuell mit etwas Wasser verdünnt, oder Rinderbrühe verwenden. • Geben Sie einmal anstelle von Tofu naturell die gleiche Menge **geräucherten Tofu** in die Suppe.

Möhren-Orangen-Suppe mit Feta

Möhren mit ihrem süßlichen Aroma und salziger Feta werden hier mit fruchtigem Orangensaft kombiniert. Baguette mit Tapenade (siehe S. 53) schmeckt besonders gut dazu.

Zubereiten 25 Minuten

Für 4 Portionen ⓥ

1 EL Olivenöl
1 Zwiebel, fein gewürfelt
4 Möhren, geschält und fein gewürfelt
1 Knoblauchzehe, zerdrückt
600 ml Gemüsebrühe
Saft von 1 kleinen Orange
2 EL gehackter Estragon
100 g Feta, zerbröckelt
Estragonblätter zum Garnieren

Nährwerte pro Portion etwa

• 140 kcal • 5 g Eiweiß • 9 g Fett, davon 4 g gesättigte Fettsäuren
• 11 g Kohlenhydrate

1 **Das Öl** in einem großen Topf bei mittlerer Hitze heiß werden lassen. Zwiebel, Möhren und Knoblauch darin etwa 5 Minuten unter gelegentlichem Rühren dünsten.

2 **Brühe und Orangensaft** sowie die Hälfte des Estragons zufügen. Aufkochen und 6–8 Minuten schwach köcheln lassen, bis das Gemüse weich ist.

3 **Etwa ein Viertel** von dem Gemüse herausnehmen und beiseitestellen. Den restlichen Topfinhalt in der Küchenmaschine oder mit dem Stabmixer direkt im Topf nicht ganz glatt pürieren.

4 **Das Püree** mit dem beiseitegestellten Gemüse im Topf verrühren. Die Suppe abschmecken und aufkochen lassen, dann auf Schalen oder tiefe Teller verteilen. Mit Feta, dem restlichen gehackten Estragon und einigen Estragonblättern bestreuen und sofort servieren.

Pastinakensuppe mit Zitrone und Thymian ⓥ

Die Suppe mit **4 Pastinaken** statt mit Möhren zubereiten. Den Orangensaft durch den **Saft von ½ Zitrone** und den Estragon durch **gehackten Thymian** ersetzen. Die Suppe bis einschließlich Schritt 2 fertigstellen. Im dritten Schritt die gesamte Suppe glatt pürieren. In den Topf geben und abschmecken. **200 g Frischkäse** unterrühren, bis er geschmolzen ist; den Feta weglassen. Die Suppe zum Servieren auf Schalen oder tiefe Teller verteilen und mit gehacktem Thymian bestreuen.

... Variante

Die Suppe können Sie bis zu 3 Tage im Voraus zubereiten und dann im Kühlschrank aufbewahren. Den Feta allerdings erst unmittelbar vor dem Servieren zugeben. Die Suppe eignet sich auch für den Tiefkühlvorrat: Dafür bis einschließlich Schritt 3 zubereiten. Das beiseitegestellte Gemüse unterrühren. Die Suppe rasch abkühlen lassen und in fest verschließbare gefriergeeignete Behälter füllen. Sie hält sich im Tiefkühlgerät bis zu 1 Monat.

... klug vorbereiten

Wenn die Zeit drängt, pürieren Sie die Suppe einfach nicht. Auch die rustikale Variante mit den Gemüsestückchen schmeckt hervorragend.

... Zeit sparen

Leichte Gerichte

Bruschettas mit Paprika und gerösteten Artischocken

Ruck, zuck servierfertig sind diese Bruschettas, dank Tapenade aus dem Glas, die ihnen das volle Aroma von Oliven, Olivenöl und Knoblauch verleiht. Obendrauf kommen Artischocken und gegrillte Salamischeiben.

Für 4 Portionen

1 Ciabatta (etwa 250 g)
1 Glas gegrillte Artischocken in Olivenöl (etwa 300 g)
1 rote Paprikaschote, in dünne Streifen geschnitten
12 Scheiben Mailänder Salami (etwa 70 g)
4 EL Tapenade (Glas)

Nährwerte pro Portion etwa

• 390 kcal • 12 g Eiweiß • 22 g Fett, davon 4 g gesättigte Fettsäuren
• 37 g Kohlenhydrate

1 Den Backofengrill auf mittlerer Stufe vorheizen. Ein Backblech mit Alufolie belegen. Die Ciabatta schräg in 12 Scheiben (je 1,5 cm dick) schneiden. Die Scheiben auf den Backofenrost legen und pro Seite 1 Minute grillen, bis sie goldbraun sind.

2 In der Zwischenzeit die Artischocken in ein Sieb schütten und abtropfen lassen. 2 EL Öl auffangen und in einer Schüssel mit den Paprikastreifen mischen. Die Artischocken in Stücke schneiden. Den Rost mit dem Brot vorsichtig aus dem Ofen nehmen. Die Paprikastreifen nebeneinander auf eine Seite des vorbereiteten Backblechs legen und 3 Minuten grillen. Die Salamischeiben auf die freie Seite legen und 2–3 Minuten mitrösten, bis Paprika und Salami gebräunt sind.

3 Die Tapenade im Glas durchrühren. Die Brotscheiben dünn mit Tapenade bestreichen. Paprika, Artischocken und die gegrillten Salamischeiben darauf verteilen. Die Bruschettas unter dem Grill 1 Minute rösten.

Extratipp Sie können die Tapenade (eine Paste aus Oliven, Kapern, Sardellen und Olivenöl) nach dem Rezept auf S. 173) herstellen.

Zubereiten
20 Minuten

Ein Baguette in 1,5 cm dicke Scheiben schneiden; auf ein mit Backpapier belegtes Backblech legen. **3 EL Olivenöl** mit **2 TL getrockneten italienischen Kräutern** mischen. Die Scheiben dünn damit bestreichen und im 200 °C heißen Ofen in 15 Minuten goldbraun backen. Auf dem Blech abkühlen lassen, dann in Gefrierbeutel verpacken und einfrieren (bis zu 1 Monat haltbar). Einzelne Scheiben nach Bedarf entnehmen, unter dem Grill 1 Minute erwärmen und für Bruschettas oder Mini-Pizzas verwenden.

... klug vorbereiten

Birnen-Gorgonzola-Bruschettas Ⓥ

Die Brotscheiben am Ende von Schritt 1 mit **2 halbierten Knoblauchzehen** abreiben und mit **2 EL Walnussöl** beträufeln. **150 g Gorgonzola** würfeln. **2 Birnen** in Scheiben schneiden und in **Butter** braten, bis sie weich und leicht gebräunt sind. Auf die Brotscheiben geben und mit dem Gorgonzola bestreuen. 2 Minuten grillen, bis der Käse geschmolzen ist.

... Variante

Toasties mit Bohnen und Speck

Dieses Gericht mögen auch Kinder gern – umso besser, dass es schnell fertig ist und niemand lange auf das Essen warten muss. Die Toasties werden mit Baked Beans, Speck und Käse belegt und unter dem Grill gratiniert.

Vorbereiten 15 Minuten

Garen 10 Minuten

Für 4 Portionen

4 Weizenvollkorn-Toasties

15 g weiche Butter

1 Dose Baked Beans (400 g)

8 Scheiben Greyerzer (etwa 250 g)

12 Cocktailtomaten, halbiert

4 Scheiben Schinkenspeck ohne Schwarte, in dünne Streifen geschnitten

Nährwerte pro Portion etwa

• 515 kcal • 29 g Eiweiß • 26 g Fett, davon 14 g gesättigte Fettsäuren
• 46 g Kohlenhydrate

1 **Den Backofengrill** auf mittlerer Stufe vorheizen. Ein Backblech mit Alufolie belegen. Die Toasties aufklappen. Die Hälften mit den Schnittflächen nach unten auf das Blech legen und für 1 Minute unter den Grill schieben. Herausnehmen, wenden und die Schnittflächen mit Butter bestreichen (damit die belegten Toasties später nicht durchweichen). Die Toasties mit den Schnittflächen nach oben unter dem Grill 1½ Minuten rösten, bis sie leicht gebräunt sind.

2 **Die Baked Beans** in ein Sieb schütten und etwas Sauce abtropfen lassen. Die Bohnen in einem kleinen Topf erhitzen, auf die Toasties verteilen und mit den Käsescheiben belegen – die Toasties sollten komplett von Bohnen und Käse bedeckt sein, damit die Ränder nicht verbrennen.

3 **Auf die Käsescheiben** je 3 Tomatenhälften mit den Schnittflächen nach oben legen und die Speckstreifen daraufstreuen. Nach Belieben mit etwas schwarzem Pfeffer würzen. Die Toasties 3–5 Minuten grillen, bis der Käse geschmolzen ist. Sofort servieren. Wenn Kinder mitessen, erst etwas abkühlen lassen.

Alternative Bohnen, Käse, Tomaten und Speck weglassen. Stattdessen **Thunfisch aus der Dose (185 g)** abtropfen lassen, mit **2 EL Mayonnaise** und einem **Spritzer Zitronensaft** mit einer Gabel zerdrücken; abschmecken. Auf die Toasties verteilen, mit **Tomatenscheiben** belegen und mit in Scheiben geschnittenem **Emmentaler** bedecken.

Toasties mit geräucherter Putenbrust
Die Butter mit **2 TL mittelscharfem Senf** verrühren und die Schnittflächen der Toasties damit bestreichen. Bei mittlerer Hitze 2 Minuten grillen, bis sie etwas Farbe angenommen haben. **100 g geraspelten Emmentaler** daraufstreuen und leicht andrücken. **4 Scheiben geräucherte Putenbrust** in Streifen schneiden und diese auf die Toasties verteilen. 2 Minuten grillen, dann auf jede Toastie-Hälfte **2 TL Preiselbeeren** (Glas) geben. Noch einmal für 30 Sekunden unter den Grill schieben, dann sofort servieren.

... Variante

Pizza auf griechische Art

Rote Zwiebeln, Cocktailtomaten und Feta verleihen dieser
Ruck-zuck-Pizza eine griechische Note. Servieren Sie dazu
knackigen Blattsalat – auch der ist schließlich im Nu fertig.

Vorbereiten 10 Minuten
Garen 10 Minuten

Für 4 Portionen Ⓥ
2 EL Olivenöl (von den
  eingelegten Tomaten)

1 TL Balsamico-Essig

1 kleine rote Zwiebel, in dünne
  Ringe geschnitten

1 großer, dünner, vorgebackener
  Pizzaboden (etwa 300 g)

3 EL Tomatenmark

8 Cocktailtomaten, halbiert

50 g getrocknete Tomaten in Öl,
  in dünne Streifen geschnitten

12 entsteinte schwarze oder
  grüne Oliven

150 g Feta, zerbröckelt

Nährwerte pro Portion etwa
• 430 kcal • 13 g Eiweiß • 24 g Fett,
davon 7 g gesättigte Fettsäuren
• 44 g Kohlenhydrate

1 Den Backofen auf 220 °C vorheizen. In einer Schüssel
1 EL Olivenöl und den Essig mit dem Schneebesen verquirlen.
Die Zwiebelringe untermischen und ziehen lassen, während
Sie die restlichen Zutaten vorbereiten.

2 Den Pizzaboden mit dem Tomatenmark bestreichen.
Zwiebelringe und Tomatenhälften darauf verteilen. Getrock-
nete Tomaten, Oliven und Feta darüberstreuen und die
Pizza mit dem restlichen Öl beträufeln.

3 Die Pizza auf das Backofengitter setzen und dieses auf
der obersten Schiene in den Backofen schieben. Für den
Fall, dass etwas hinuntertropft, ein mit Backpapier belegtes
Blech darunterschieben. Die Pizza 10 Minuten backen,
bis der Boden knusprig und der Belag leicht gebräunt
ist. Herausnehmen, mit schwarzem Pfeffer würzen,
in Stücke schneiden und servieren.

Extratipp Noch aromatischer wird die Pizza,
wenn Sie **gewürztes Tomatenmark, z. B. mit
Chilis, Knoblauch, Oregano und Kapern,**
verwenden.

Hähnchen, Gorgonzola und Spinat
Den Pizzaboden mit etwa **3 EL rotem Pesto** bestreichen.
300 g blanchierten Spinat, 200 g gegarte Hähnchenbrust
in Scheiben und **100 g geröstete Paprika in Öl** (aus dem
Glas; abgetropft und in Streifen geschnitten) darauf verteilen.
75 g gewürfelten Gorgonzola darüberstreuen; backen.

Auberginen und rote Zwiebeln Ⓥ
Den Pizzaboden mit **3 EL rotem Paprikapesto** bestreichen.
1 kleine Aubergine in dünne Scheiben schneiden und diese
mit **Oliven- oder Chiliöl** bepinseln. Auf einem Backblech
verteilen und im Backofen 15 Minuten rösten, dabei einmal
wenden; dann mit **1 TL Balsamico-Essig** beträufeln. **1 rote
Zwiebel** in Scheiben schneiden. Diese mit Öl bestreichen und
während der letzten 5 Minuten mitrösten. Auberginen- und
Zwiebelscheiben auf dem Pizzaboden verteilen; backen. Vor
dem Servieren mit **75 g Pinienkernen** bestreuen.

Lammfleisch und Mozzarella
Den Pizzaboden mit **3 EL Tomatenmark** bestreichen. **250 g Lammhackfleisch** mit **1 Zucchini**
(in 1 cm große Würfel geschnitten) leicht anbraten.
2 zerdrückte Knoblauchzehen und **1 TL gemahlenen
Kreuzkümmel** zufügen und 1 Minute unter Rühren mitbraten. Salzen, pfeffern, auf dem Pizzaboden verteilen und
mit **75 g gewürfeltem Mozzarella** bestreuen; backen.

Thunfisch und Tomaten
Pizzaboden mit **3 EL Tomatenmark** bestreichen. **2 große
Tomaten** in Scheiben schneiden und diese darauflegen.
Thunfisch aus der Dose (185 g) abtropfen lassen, zerpflü-
cken und darauf verteilen. **12 entsteinte schwarze Oliven**
und **100 g gewürfelten Mozzarella** daraufstreuen; backen.

... Varianten

- Wer immer eine **Backmischung für Pizzateig** im Vorrat hat, ist für spontanen Pizza-Appetit stets gewappnet. Den Teig nach Packungsangabe herstellen, auf einem mit Backpapier belegten Blech zu einem Kreis mit 25 cm ⌀ ausrollen und nach Lust und Laune belegen; backen.
- Wenn es sehr schnell gehen muss, eine fertig gekaufte **Pizza Margherita** wie oben beschrieben belegen. Tomatenmark weglassen und nur 75 g Feta verwenden.

- Für einen **selbst gemachten Pizzaboden,** der in etwa 5 Minuten fertig ist, 250 g Mehl mit 1 TL Backpulver und ¼ TL Salz in einer Schüssel mischen. Eine Mulde in die Mitte drücken. 150 ml Milch und 1 EL Olivenöl hineingeben und alles zu einem glatten Teig verkneten. Ausrollen, wie beschrieben belegen und 12–15 Minuten backen.

... eine runde Sache: Pizzaböden

Gefüllte Champignons mit gebratener Polenta

Mit diesem Gericht können Sie Familie und Freunde beeindrucken. Dafür werden Champignons mit Ziegenfrischkäse, Walnüssen und Estragon gefüllt, als Beilage gibt es Polentaschnitten. Dazu passt Blattsalat.

Zubereiten 30 Minuten

Für 4 Portionen Ⓥ

4 große, flache Champignons (Portobellopilze; etwa 400 g)

2½ EL Olivenöl

75 g Walnusskerne, grob gehackt

150 g halbfetter Ziegenfrischkäse

2 EL gehackter Estragon

500 g Fertig-Polenta (Block), quer in 8 etwa 2 cm dicke Scheiben geschnitten

2 EL Walnussöl

1 TL Rotweinessig

Nährwerte pro Portion etwa
• 460 kcal • 19 g Eiweiß • 25 g Fett, davon 7 g gesättigte Fettsäuren
• 40 g Kohlenhydrate

1 Den Backofengrill auf mittlerer Stufe anheizen. Ein Backblech mit Alufolie belegen. Die Pilze säubern und von den Stielen befreien. Die Innenseiten mit 1 EL Olivenöl bestreichen und mit Salz und Pfeffer würzen. Mit den gewürzten Seiten nach oben auf das Blech legen und 6 Minuten grillen, dann wenden, mit ½ EL Olivenöl bestreichen und weitere 5 Minuten grillen, bis die Pilze weich und goldbraun sind.

2 In der Zwischenzeit die Walnüsse auf ein Stück Alufolie legen und 2 Minuten mitgrillen, bis sie goldbraun sind (Vorsicht, nicht verbrennen lassen). Mit dem Ziegenkäse und 1 EL Estragon mischen. Die Pilze vom Blech nehmen.

3 Die Polentascheiben auf beiden Seiten mit dem restlichen Olivenöl bestreichen. Auf das Backofengitter legen und 5 Minuten grillen, bis sie etwas Farbe angenommen haben. Inzwischen die Käsemischung auf die gegrillten Pilze verteilen. Die Polentascheiben wenden. Die gefüllten Pilze ebenfalls unter den Grill schieben. 3 Minuten grillen, bis die Füllung beginnt, Farbe anzunehmen, und die Polenta leicht gebräunt ist.

4 Das Walnussöl mit dem Rotweinessig verquirlen; den restlichen Estragon untermischen. Die Pilze mit den Polentascheiben auf vorgewärmten Tellern anrichten und die Polenta mit dem Estragondressing beträufeln.

Extratipp Die Polenta können Sie auch selbst zubereiten (siehe Rezept und Tipp auf S. 151).

Mediterrane Blätterteig-Schnitten

Diese herzhaften Schnitten mit Pesto, Tomaten, Oliven und Ricotta lassen sich mit gekauftem Blätterteig ganz leicht selbst zubereiten. Reichen Sie dazu Radicchio- oder Krautsalat.

Zubereiten 30 Minuten

Für 4 Portionen Ⓥ

1 Rolle Blätterteig (275 g; Kühlregal)
4 EL Pesto
2 große Tomaten, in dünne Scheiben geschnitten
250 g Ricotta
8 entsteinte schwarze Oliven
50 g Parmesan, gerieben
Basilikumblättchen zum Garnieren (nach Belieben)

Nährwerte pro Portion etwa

• 500 kcal • 14 g Eiweiß • 40 g Fett, davon 12 g gesättigte Fettsäuren • 21 g Kohlenhydrate

Dazu passt Radicchiosalat mit einem Dressing aus **Walnussöl** und **Balsamico-Essig** (siehe S. 31).

1 **Den Backofen** auf 220 °C vorheizen. Den Blätterteig aus dem Kühlschrank nehmen und (wenn es die Zeit erlaubt) in der Verpackung Raumtemperatur annehmen lassen. Anschließend lässt sich der Teig leichter entrollen, ohne zu reißen; Sie können ihn aber auch direkt aus dem Kühlschrank verarbeiten.

2 **Den Teig** vorsichtig entrollen und in vier gleich große Rechtecke schneiden. Diese auf ein Backblech legen und mehrmals mit einer Gabel einstechen. Im heißen Ofen 20 Minuten backen, dabei das Backblech einmal drehen, falls die Teigböden ungleichmäßig aufgehen bzw. bräunen.

3 **Die Blätterteigböden** mit je 1 EL Pesto bestreichen und mit den Tomatenscheiben belegen. Den Ricotta in Bröckchen daraufgeben, die Oliven halbieren und darüberstreuen. Das Ganze mit Parmesan und schwarzem Pfeffer bestreuen.

4 **Die Schnitten** im heißen Ofen 5–10 Minuten backen, bis der Blätterteig knusprig ist und der Belag etwas Farbe angenommen hat. Nach Belieben mit Basilikum garnieren.

Alternativen Sie können die vorgebackenen Blätterteigböden auch mit dem belegen, was Sie gerade vorrätig haben. Oder Sie probieren die folgenden Vorschläge aus: • **Frischkäse** mit in Streifen geschnittenem **Räucherlachs** auf die Blätterteigböden geben. Wie angegeben backen, dann mit **Rucola** garnieren. • Dünne **grüne Spargelstangen** mit **Olivenöl** bestreichen und im Backofen 12 Minuten auf einem Blech rösten (das Blech unter das mit den Blätterteigböden schieben). Die Blätterteigböden mit **Pesto** bestreichen. Den Spargel darauf verteilen und mit **Parmesanspänen** bestreuen. Törtchen 2 Minuten backen.

5 Schnellgerichte mit Tortillas, Fladenbrot und Co.

Aus Tortillas, Fladenbroten und Pitas können Sie im Handumdrehen tolle kleine Mahl-zeiten zaubern, die sich auch gut mitnehmen lassen. Viele der Brote halten sich einige Tage im Kühlschrank, manche können Sie einfrieren. Hier sind ein paar Vorschläge, die Sie vielleicht zu eigenen Kreationen anregen. Alle Rezepte gelten für 4 Portionen.

Marokkanische Wraps

½ **kleine Salatgurke** und **3 vollreife Tomaten** fein würfeln. **2 Frühlings-zwiebeln** in dünne Ringe schneiden. Alles in ein Sieb geben, mit ¼ **TL Salz** bestreuen und 5 Minuten Wasser ziehen lassen. Abspülen und abtropfen lassen, dann in eine Schüssel geben und **2 EL grob gehackte Minze** unter-mischen. **Kichererbsen aus der Dose (400 g)** in ein Sieb schütten, abspülen und abtropfen lassen. In eine Schüssel geben und mit einer Gabel grob zer-drücken. ½ **TL gemahlenen Kreuzkümmel**, **1 zerdrückte Knoblauchzehe**, **2 EL Olivenöl**, **1 EL Zitronensaft** und **1 EL Tahin** (Sesampaste) untermischen. **4 Weizentortillas** mit der Kichererbsenmischung bestreichen, dabei einen 2 cm breiten Rand frei lassen; die Gurkenmischung mittig daraufgeben und die Tortillas fest aufrollen. Ⓥ

Zubereiten **25** Minuten

Nährwerte pro Portion etwa • 325 kcal • 11 g Eiweiß
• 12 g Fett, davon 2 g gesättigte Fettsäuren • 45 g Kohlenhydrate

Am leichtesten lassen sich Tortillas auf-rollen, wenn sie warm sind. Sie können die Fladenbrote auf einem Teller in der Mikrowelle (einzeln auf höchster Stufe 15 Sekunden; 4 Stück übereinander 1 Minute) erwärmen. Oder Sie wickeln den Stapel in Alufolie und erwärmen ihn im 180 °C heißen Ofen 10 Minuten oder nach Packungsangabe.

... Tortillas erwärmen

Gegrillte Tofu-Paprika-Wraps

2 Paprikaschoten würfeln. **350 g geräucherten Tofu** würfeln und in **3 EL rotem Pesto** wenden. Paprika- und Tofuwürfel auf Spieße stecken (so lassen sie sich leichter wenden; Sie können sie aber auch ohne Spieße auf das Blech legen). Auf mittlerer Stufe 8–10 Minuten grillen, bis die Paprikastücke beginnen, dunkel zu werden, dabei mehrmals wenden. Paprika und Tofu von den Spießen nehmen. **4 große Weizentortillas** erwärmen (siehe links). Mit **250 g Zaziki** (Fertigprodukt) bestreichen, dabei einen 2 cm breiten Rand frei lassen. Jede Tortilla zur Hälfte mit Paprika und Tofu belegen. Die unbelegte Hälfte darüberklappen; die so entstandenen Halbmonde in der Mitte so falten, dass Dreiecke entstehen.

Nährwerte pro Portion etwa
- 380 kcal • 23 g Eiweiß
- 16 g Fett, davon 5 g gesättigte Fettsäuren • 39 g Kohlenhydrate

Vorbereiten 15 Minuten
Garen 10 Minuten

Heiße Fladenbrote mit Thunfisch und Käse

Thunfisch aus 2 Dosen (je 185 g) abtropfen lassen. Mit **3 EL Mayonnaise, 1 EL Zitronensaft** und **2 TL Tomatenmark** zerdrücken; abschmecken. **2 große Fladenbrote oder Focaccias** im 180 °C heißen Ofen erwärmen; herausnehmen. Die Thunfischmischung daraufgeben und verstreichen. **1 rote Zwiebel** in dünne Ringe schneiden und diese auf die Brote streuen. Jedes Brot mit **3 großen Scheiben Emmentaler oder Gouda** belegen. Die Brote im heißen Ofen backen, bis der Käse geschmolzen ist und Farbe angenommen hat. Zum Servieren die Fladenbrote in je vier Dreiecke schneiden.

Nährwerte pro Portion etwa
- 650 kcal • 47 g Eiweiß • 35 g Fett, davon 14 g gesättigte Fettsäuren
- 38 g Kohlenhydrate

Vorbereiten 10 Minuten
Garen 5 Minuten

Wraps mit Ziegenkäse und Joghurt

Auf der Arbeitsfläche **4 große Weizentortillas** (erwärmt) ausbreiten. **150 g Joghurt** mit **1 EL gehackten Dillspitzen** und etwas schwarzem Pfeffer verrühren. Die Tortillas damit bestreichen. **200 g Ziegengouda** in dünne Scheiben schneiden und diese mittig als Streifen auf die Tortillas legen. **4 Romanasalatblätter** in Streifen schneiden, mit **50 g Rucola** auf die Käsestreifen geben und mit insgesamt **4 EL Sonnenblumenkernen** bestreuen. Jeweils zwei Seiten der Tortillas über der Füllung zusammenschlagen und die Tortillas aufrollen. Zum Servieren schräg durchschneiden.

Nährwerte pro Portion etwa
- 355 kcal • 17 g Eiweiß • 16 g Fett, davon 9 g gesättigte Fettsäuren • 37 g Kohlenhydrate

Zubereiten 15 Minuten

Geröstete Pita-Taschen

4 große ovale Pitabrote unter dem heißen Backofengrill 20 Sekunden auf mittlerer Stufe erwärmen, aber nicht braun werden lassen. Herausnehmen, aufschneiden und die Taschen öffnen. Nach Belieben mit **Butter** ausstreichen. **100 g Emmentaler oder Greyerzer** und **100 g luftgetrockneten Schinken** (beides in Scheiben) auf die Taschen verteilen. Je **1 TL Mango-Chutney** zufügen. (Käse und Schinken dürfen nicht herausschauen, damit sie nicht verbrennen.) Die Pita-Taschen pro Seite 1½ Minuten grillen, bis sie leicht gebräunt sind.

Nährwerte pro Portion etwa
- 400 kcal • 21 g Eiweiß • 11 g Fett, davon 6 g gesättigte Fettsäuren • 58 g Kohlenhydrate

Zubereiten 10 Minuten

Belegte Brote mit geräucherter Forelle und Brunnenkresse

Brunnenkresse und Zitronenmayonnaise, Räucherfisch und Wachteleier – eine vielleicht ungewöhnliche Zusammenstellung, die aber traumhaft schmeckt und sich im Nu zubereiten lässt.

Zubereiten **15** Minuten

Für 4 Portionen

12 Wachteleier

50 g Brunnenkresse

4 EL Mayonnaise

1 EL Zitronensaft

8 dicke Scheiben Roggenbrot

3 geräucherte Lachsforellenfilets (je etwa 75 g), zerpflückt

Nährwerte pro Portion etwa
• 350 kcal • 21 g Eiweiß • 20 g Fett, davon 4 g gesättigte Fettsäuren
• 23 g Kohlenhydrate

1 Die Wachteleier für 1½–2 Minuten (je nachdem, ob sie wachsweich oder hart gekocht werden sollen) in sprudelnd kochendem Wasser garen. Herausheben, in kaltem Wasser abschrecken und abkühlen lassen.

2 In der Zwischenzeit etwas Brunnenkresse beiseitelegen. Den Rest von harten Stielen befreien und grob hacken. In eine Schüssel geben, mit Mayonnaise und Zitronensaft verrühren.

3 Die Brote gleichmäßig mit der Brunnenkressemischung bestreichen und die zerpflückten Fischfilets darauf verteilen. Die Wachteleier vorsichtig schälen. Halbieren und auf jedes Brot drei Hälften legen. Die Brote mit der beiseitegelegten Brunnenkresse garnieren, mit etwas schwarzem Pfeffer bestreuen und servieren.

Garnelen-Eier-Mayonnaise

1 Romanasalatherz in Streifen schneiden und auf die Brote verteilen. **1 EL Mayonnaise** mit **2 EL Crème fraîche**, **1 TL Tomatenmark** und **350 g geschälten gegarten Garnelen** vermischen. Auf den Salat löffeln. **3 hart gekochte, gehackte Eier** und **2 EL Mayonnaise** verrühren; salzen und pfeffern. Auf die Brote verteilen.

Hähnchen und Avocado

4 EL Mayonnaise mit **1 EL gehacktem Estragon** verrühren. Die Brote damit bestreichen. Je **4 Rucolablätter** daraufgeben. **3 gegarte Hähnchenbrustfilets** in Streifen schneiden. **1 Avocado** halbieren, entsteinen, schälen und in Scheiben schneiden. Scheiben in **2 EL Zitronensaft** wenden; mit den Hähnchenstreifen auf den Broten anrichten.

Schinken und Sauerkraut

15 g weiche Butter mit **2 TL Senf** mischen. Die Brote damit und anschließend mit **4 EL Apfelmus** (Fertigprodukt) bestreichen. **250 g Lachsschinken** in Scheiben und **150 g Sauerkraut** (gut abgetropft) darauf verteilen.

Brioche mit Rührei, Speck und Tomaten

8 dicke Scheiben Butterbrioche toasten; auf einer Seite buttern. **6 Eier** mit Salz, Pfeffer und **2 EL Milch** verquirlen. **2 Tomaten** würfeln. In einer Pfanne **15 g Butter** zerlassen. Erst die Tomatenwürfel, dann die Eier hineingeben und rühren, bis sie zu stocken beginnen. Vom Herd nehmen, das Rührei in der Resthitze fest werden lassen. Auf die Briochescheiben verteilen, mit je **2 Scheiben Frühstücksspeck** belegen.

... Varianten

Croissants mit Farmerschinken und Äpfeln

Buttrige Croissants sind, wie hier mit Möhren-Apfel-Creme und honigwürzigem Schinken gefüllt, ideal für einen Brunch oder ein Picknick im Grünen.

Zubereiten 15 Minuten

Für 4 Portionen

- **4 große Buttercroissants**
- **1 EL Mayonnaise**
- **4 EL Crème légère oder Schmand**
- **1 große Möhre**, geraspelt
- **1 süßer Apfel**, geviertelt, vom Kerngehäuse befreit und gewürfelt
- **2 Frühlingszwiebeln**, in dünne Ringe geschnitten
- **25 g Radieschen**, in dünne Scheiben geschnitten
- **50 g Pekannusskerne**
- **4 große Scheiben Farmerschinken**, von den Fetträndern befreit und quer halbiert

Nährwerte pro Portion etwa
- 420 kcal • 13 g Eiweiß • 27 g Fett, davon 9 g gesättigte Fettsäuren
- 33 g Kohlenhydrate

1 Die Croissants mit einem Messer auf-, aber nicht durchschneiden.

2 Für die Füllung die Mayonnaise in einer Schüssel mit Crème légère oder Schmand verrühren. Möhre, Apfel, Frühlingszwiebeln, Radieschen und Pekannüsse zufügen und untermischen. Die Creme abschmecken.

3 Die Möhren-Apfel-Creme auf die unteren Hälften der Croissants verteilen. Den Schinken daraufgeben. Die Croissants zusammenklappen und sofort servieren.

Alternativen Sie können die Croissants auch nach eigenem Gusto belegen oder die folgenden Vorschläge ausprobieren: • **Thunfisch** aus der Dose, mit etwas **Mayonnaise** gemischt und mit **Käsescheiben** belegt • **Kopfsalatblätter**, gewürfelte **Tomaten** und entsteinte **schwarze Oliven**, darauf hart gekochtes **Ei** und **Sardellenfilets** • Gegarte **Putenbrust**, **Kopfsalat** und etwas **Mayonnaise** • Mit **Thymian** und zerdrücktem **Knoblauch** gebratene **Champignons** und **Mascarpone**.

Die Möhren-Apfel-Creme können Sie bis zu 4 Stunden im Voraus zubereiten; anschließend im Kühlschrank aufbewahren.

... klug vorbereiten

Scharfe Rindfleisch-Wraps

Minutensteaks sind superschnell gar und außerdem nicht teuer. Sie harmonieren gut mit scharfem Paprikagemüse. In Tortillas gewickelt, sind sie eine pikante kleine Mahlzeit.

Zubereiten 30 Minuten

Für 4 Portionen

12 Minutensteaks (insgesamt 350 g)
1 TL edelsüßes Paprikapulver
1 TL gemahlener Kreuzkümmel
3 EL Sonnenblumenöl
1 rote Zwiebel, in dünne Ringe geschnitten
1 gelbe Paprikaschote, in dünne Streifen geschnitten
2 Chilischoten, von den Samen befreit und in dünne Streifen geschnitten
4 Weizentortillas
1 reife Avocado, geschält und in dünne Scheiben geschnitten

Nährwerte pro Portion etwa
• 395 kcal • 24 g Eiweiß • 21 g Fett, davon 5 g gesättigte Fettsäuren
• 30 g Kohlenhydrate

1 **Die Steaks** mit Paprikapulver, Kreuzkümmel und etwas Salz und Pfeffer bestreuen. 1 EL Öl in einer großen beschichteten Pfanne mit passendem Deckel bei mittlerer bis starker Hitze heiß werden lassen. Die Steaks darin portionsweise je nach gewünschtem Gargrad pro Seite ½–1 Minute braten; falls nötig, mehr Öl in die Pfanne geben. Aus der Pfanne nehmen und auf ein Schneidbrett legen.

2 **Das restliche Öl** in die Pfanne geben. Die Zwiebelringe darin unter Rühren in 2 Minuten etwas glasig dünsten. Paprika- und Chilistreifen zufügen und 3 Minuten mitdünsten, bis sie weich sind; salzen und pfeffern. Inzwischen die Steaks in 1 cm breite Streifen schneiden. Die Fleischstreifen auf dem Gemüse verteilen. Die Pfanne vom Herd nehmen und den Deckel auflegen.

3 **In einer zweiten Pfanne** die Tortillas nacheinander erwärmen (pro Seite 30 Sekunden). Die Paprika-Fleisch-Mischung mittig als Streifen auf die Tortillas geben. Die Avocadoscheiben darauflegen. Die Tortillas aufrollen und sofort servieren.

Steak-Sandwiches

4 lange Ciabatta- oder Baguettebrötchen horizontal auf-, aber nicht durchschneiden und nach Belieben erwärmen oder aufbacken. Die **Steaks** wie in Schritt 1 beschrieben braten. **4 EL Mayonnaise** mit **1 EL körnigem Senf** verrühren. Die unteren Hälften der Brötchen damit bestreichen. **4 große Tomaten** in Scheiben schneiden und daraufgeben. Die Steaks in Streifen schneiden und diese auf den Tomatenscheiben verteilen. In einer Schüssel **1 EL Olivenöl** mit **1 TL Zitronensaft** und dem ausgetretenen Fleischsaft zu einem Dressing verrühren. **40 g Brunnenkresseblätter** damit anmachen; auf die Fleischstreifen geben.

… Variante

Für 4 Portionen

200 g Bulgur
400 ml heiße Gemüsebrühe
1 Aubergine, in 1 cm dicke Scheiben geschnitten
2 Zucchini, in 1 cm dicke Scheiben geschnitten
1 große gelbe Paprikaschote, in breite Streifen geschnitten
3 EL Olivenöl
1 Dose Augenbohnen (400 g)
3 TL Rotweinessig
200 g gegrilltes Hähnchenbrustfilet
2 EL gehackte Petersilie
25 g Butter
2 EL gehackte Minze
Minzeblätter zum Garnieren

Nährwerte pro Portion etwa
• 485 kcal • 28 g Eiweiß • 17 g Fett, davon 5 g gesättigte Fettsäuren
• 56 g Kohlenhydrate

Extratipp Das Dressing wird scharf, wenn Sie **1 rote Chilischote** von den Samen befreien, fein hacken und unter die zerlassene Butter rühren. Statt der Chilischote können Sie auch **¼ TL Chilipaste** (z. B. Sambal Oelek) verwenden.

Vorbereiten 15 Minuten   **Garen 20 Minuten**

Den Salat können Sie bis einschließlich Schritt 3 bis zu 12 Stunden im Voraus zubereiten und zugedeckt im Kühlschrank aufbewahren. Möglichst 1 Stunde vor dem Servieren herausnehmen und Raumtemperatur annehmen lassen. Das Dressing erst kurz vor dem Servieren zubereiten und auf den Salat träufeln.

… klug vorbereiten

Bulgur-Salat mit Gemüse, Huhn und Minz-Butter-Dressing

Gegrilltes mediterranes Gemüse und gegrilltes Hähnchenbrustfilet ergeben zusammen mit Bulgur und aromatischem Dressing eine herrlich unkomplizierte Mahlzeit.

1 Den Bulgur in eine hitzebeständige Schüssel geben. Die heiße Brühe zugießen und unterrühren. Die Schüssel zudecken und den Bulgur etwa 15 Minuten quellen lassen, bis die Körner weich sind und die Flüssigkeit aufgenommen haben.

2 In der Zwischenzeit den Backofengrill auf mittlerer bis hoher Stufe vorheizen. Ein Backblech mit Alufolie belegen. Aubergine, Zucchini und Paprika darauf verteilen, mit 1 EL Olivenöl bestreichen und 15–20 Minuten grillen, bis das Gemüse weich und gebräunt ist; nach der Hälfte der Zeit wenden und erneut mit 1 EL Olivenöl bestreichen. Das Gemüse regelmäßig kontrollieren, gegarte Stücke vom Blech nehmen.

3 Die Bohnen in einem Sieb abtropfen lassen. Das restliche Öl in einer großen Schüssel mit 1 TL Rotweinessig verquirlen. Hähnchenfleisch in Stückchen schneiden und mit Bohnen und Petersilie in die Schüssel geben. Bulgur zufügen. Auberginenscheiben halbieren, sehr große Scheiben vierteln. Mit Zucchinischeiben und Paprikastreifen in die Schüssel geben. Alles sorgfältig mischen und den Salat abschmecken.

4 Für das Dressing die Butter und den restlichen Essig in einem kleinen Topf zerlassen. Die gehackte Minze unterrühren. Den Salat auf Teller verteilen, mit dem Dressing beträufeln, mit den Minzeblättern garnieren und servieren.

5 köstliche Mahlzeiten mit fertigen Salatmischungen

Im Supermarkt gibt es die unterschiedlichsten frischen Blattsalatmischungen. Statt die Blätter immer nur als Beilage zu servieren, sollten Sie sie auch einmal die Hauptrolle spielen lassen. Hier sind einige Vorschläge für köstliche, sättigende Salate, die für Abwechslung auf dem Speiseplan sorgen. Alle Rezepte gelten für 4 Portionen.

Salat mit Räuchermakrele

3 Eier 10 Minuten in einem Topf mit kochendem Wasser garen. Herausheben und in kaltem Wasser abschrecken. **200 g Salatmischung** auf eine Servierplatte geben oder auf Teller verteilen. **350 g geräucherte Makrele** häuten, grob zerpflücken und auf dem Salat anrichten. **1 rotschaligen Apfel** in Würfel schneiden und diese mit **2 TL Zitronensaft** mischen; ebenfalls auf dem Salat verteilen. Die Eier schälen, halbieren und zum Salat geben. **6 EL Salatcreme** mit **2 TL Zitronensaft** verrühren und auf den Salat träufeln. Etwas Pfeffer darübermahlen. Dazu Vollkornbrot mit Butter servieren.

Nährwerte pro Portion etwa
• 475 kcal • 23 g Eiweiß • 39 g Fett, davon 8 g gesättigte Fettsäuren • 8 g Kohlenhydrate

Extratipp Verwenden Sie beispielsweise eine Mischung aus **Blattsalaten**, **Weißkohl** und **Möhrenraspel**; oder nehmen Sie eine Mischung aus leicht bitteren Salatsorten wie **Frisée**, **Chicorée** und **Radicchio**.

Zubereiten
20
Minuten

Die meisten abgepackten oder losen Salatmischungen sind essfertig. Doch wenn die Zeit es erlaubt, sollten Sie die Blätter trotzdem auffrischen, indem Sie sie mit kaltem Wasser gründlich abspülen und dann gut abtropfen lassen oder in der Salatschleuder trocknen.

... Kochtipp

Salat mit Hähnchenbrust und Speck

200 g gewürfelten Bacon in einer Pfanne ohne zusätzliches Fett knusprig und goldbraun braten. Mit einem Schaumlöffel herausheben. **2 Scheiben Toastbrot** mit einer Küchenschere in kleine Quadrate schneiden. Diese in das heiße Speckfett in der Pfanne geben (falls nötig, 1–2 EL Olivenöl zufügen) und bei mittlerer bis starker Hitze goldbraun braten. Die Croûtons auf Küchenpapier abtropfen lassen. **2 EL Olivenöl** in einer Salatschüssel mit **2 TL Balsamico-Essig** zu einem Dressing verquirlen. **250 g gegarte Hähnchenbrust** in dünne Streifen schneiden und in dem Dressing wenden. **150 g Salatmischung** (z. B. mit Rucola und Spinat) zugeben und untermischen. Den Salat mit Speckwürfeln und Croûtons bestreuen; nach Belieben mit Brot servieren.

Nährwerte pro Portion etwa
• 315 kcal • 28 g Eiweiß • 19 g Fett, davon 5 g gesättigte Fettsäuren • 9 g Kohlenhydrate

Zubereiten **15** Minuten

Salat mit Steak und Paprika

1 dickes Steak (etwa 300 g) quer zur Faser in dünne Streifen schneiden. Wenn genug Zeit ist, die Streifen mit **1 EL Teriyaki-Marinade** mischen und im Kühlschrank 2 Stunden durchziehen lassen. **1 gelbe Paprikaschote** in dünne Streifen schneiden, mit **150 g Salatmischung** (z. B. Pflücksalat und Rucola) mischen und auf Teller verteilen. **1 EL Olivenöl** in einer beschichteten Pfanne erhitzen. Das Fleisch darin unter Rühren 1 Minute braten, bis es gebräunt, innen aber noch rosa ist. **3 EL Teriyaki-Marinade** und **1 EL Wasser** zufügen. Die Pfanne schwenken, um das Fleisch mit der Flüssigkeit zu überziehen. Fleisch und Sauce auf die Salatportionen verteilen. Sofort servieren.

Nährwerte pro Portion etwa
• 165 kcal • 19 g Eiweiß • 7 g Fett, davon 2 g gesättigte Fettsäuren • 5 g Kohlenhydrate

Extratipp Teriyaki-Marinade wird aus Sojasauce, Reiswein und Essig hergestellt. Ihr Geschmack ist sehr intensiv. Lassen Sie sich also nicht verleiten, mehr als angegeben zu verwenden. Sollte die Pfanne sehr heiß sein und zu viel Sauce verdunsten, einfach 1–2 EL Wasser zugeben.

Zubereiten **15** Minuten

Salat mit Kabeljau

In einer Schüssel **1 EL Olivenöl** mit **1 EL Limetten-** oder **2 TL Zitronensaft** und **1 TL edelsüßem Paprikapulver** verrühren. **400 g Kabeljaufilet oder -kotelett ohne Haut** (oder anderes festes weißfleischiges Fischfilet) damit bestreichen. Unter dem heißen Backofengrill bei mittlerer bis starker Hitze 6–7 Minuten garen (Wenden ist nicht erforderlich). Inzwischen **4 EL Olivenöl**, **1 EL Kapern-Einlegsud**, **½ TL Dijonsenf**, grobes Meersalz und schwarzen Pfeffer zu einem Dressing verquirlen. **1 EL Kapern** unterrühren. Den Fisch grob zerpflücken. Mit **150 g Salat** (z. B. Kopfsalatherzen in Stücken) in eine Salatschüssel geben, mit dem Dressing beträufeln und alles behutsam mischen. Dazu passt knuspriges Brot.

Nährwerte pro Portion etwa
• 215 kcal • 19 g Eiweiß
• 15 g Fett, davon 2 g gesättigte Fettsäuren • 1 g Kohlenhydrate

Zubereiten **15** Minuten

Salat mit Kichererbsen

Das **Fruchtfleisch von 1 großen Avocado** in Würfel schneiden und diese in **1 TL Zitronensaft** wenden. Ein **5 cm großes Stück Salatgurke** ebenfalls würfeln. Beides in einer Salatschüssel mit **150 g Salatmischung** (z. B. Frisée, Blattspinat und Feldsalat) und **300 g halbierten Cocktailtomaten** mischen. **1 rote Zwiebel** in dünne Ringe schneiden und diese in **1½ EL Olivenöl** in 5 Minuten glasig dünsten. **1½–2 TL mildes Currypulver** und abgetropfte **Kichererbsen aus der Dose (400 g)** zufügen. Alles 1–2 Minuten unter ständigem Rühren braten, bis aromatischer Duft aufsteigt. Vom Herd nehmen und **2 TL Zitronensaft** unterrühren. 2 Minuten abkühlen lassen, dann zum Salat geben und untermischen. Für ein einfaches Minz-Joghurt-Dressing **150 g Joghurt** mit **2 TL Minzsauce** verrühren. Den Salat damit beträufeln und mit warmem indischem Fladenbrot (Naan) servieren. ⓥ

Nährwerte pro Portion etwa
• 260 kcal • 9 g Eiweiß • 16 g Fett, davon 3 g gesättigte Fettsäuren
• 20 g Kohlenhydrate

Zubereiten **20** Minuten

Griechischer Salat mit Sesamdressing

Für diesen mediterranen Klassiker werden einfach vollreife Eiertomaten in einer Schüssel mit knackigem Blattsalat, Feta, Oliven und anderen Zutaten gemischt und mit nussigem Dressing beträufelt. Servieren Sie dazu knuspriges Brot.

Zubereiten
20
Minuten

Für 4 Portionen (V)

1 kleiner Romanasalat, in mundgerechte Stücke gezupft

½ Salatgurke, längs halbiert und
quer in Scheiben geschnitten

350 g große Eiertomaten oder
andere aromatische reife Tomaten,
in Scheiben geschnitten

1 kleine rote Zwiebel, halbiert und
in dünne Halbringe geschnitten

20 entsteinte schwarze Oliven

4 EL Olivenöl

1 EL Tahin (Sesampaste)

1 EL Zitronensaft

4 große Stängel Petersilie

200 g Feta

Nährwerte pro Portion etwa
• 340 kcal • 12 g Eiweiß • 29 g Fett,
davon 10 g gesättigte Fettsäuren
• 6 g Kohlenhydrate

1 **Den Romanasalat** auf vier Teller verteilen. Gurke, Tomaten und Zwiebel darauf anrichten und die Oliven daraufgeben.

2 **Für das Dressing** das Öl in einer Schüssel mit Tahin, Zitronensaft und etwas schwarzem Pfeffer verquirlen; oder alles in ein Schraubdeckelglas füllen, das Glas fest verschließen und kräftig schütteln. Die Petersilie mit einer Küchenschere in das Dressing schneiden und untermischen.

3 **Den Feta** zerbröckeln und zwei Drittel davon auf die Salatportionen verteilen. Die Portionen mit dem Dressing beträufeln und mit dem restlichen Feta bestreuen. Mit Raumtemperatur servieren.

Extratipps • Tahin ist eine Sesampaste, die in der orientalischen Küche häufig verwendet wird. Sie schmeckt angenehm nussig und ist eine wesentliche Zutat für Hummus (Kichererbsenmus). • In Griechenland nimmt man gern wilden Portulak anstelle von Romanasalat. Rucolablätter – die allerdings ein pfeffrigeres Aroma haben – sind ebenfalls ein guter Ersatz. • Wer auf eine salzarme Ernährung achten muss, sollte Feta vor der Verwendung einige Zeit in Wasser legen; anschließend gut abtropfen lassen und wie beschrieben weiterverwenden.

Orientalischer Couscoussalat mit Tofu

Harissa sorgt bei diesem Salat aus Couscous, gebratenem Räuchertofu, getrockneten Tomaten, Rosinen und Mandeln für feurige Schärfe.

Zubereiten
20
Minuten

Für 4 Portionen (V)

200 g geräucherter Tofu

3 EL Öl (von eingelegten Tomaten)

1 EL Olivenöl

4 Frühlingszwiebeln,
in Ringe geschnitten

1 Knoblauchzehe, zerdrückt

500 ml Gemüsebrühe

250 g Couscous

75 g Sultaninen

1 Prise gemahlener Zimt

6 getrocknete Tomaten in Öl

2 TL Rotweinessig

2 TL Harissa (Chili-Würzpaste)

50 g gehobelte Mandeln, geröstet

gehackte Petersilie zum Garnieren

Nährwerte pro Portion etwa
• 525 kcal • 15 g Eiweiß • 23 g Fett,
davon 3 g gesättigte Fettsäuren
• 64 g Kohlenhydrate

1 **Den Tofu** in etwa 1,5 cm große Würfel schneiden. In einem Topf 1 EL Öl von den Tomaten erhitzen. Tofuwürfel darin unter Rühren in etwa 2 Minuten goldbraun braten. Herausheben und auf Küchenpapier abtropfen lassen.

2 **Das Olivenöl** im Topf bei mittlerer Hitze heiß werden lassen. Frühlingszwiebeln und Knoblauch darin unter Rühren 2 Minuten braten. Die Brühe angießen und aufkochen. Vom Herd nehmen und Couscous, Sultaninen und Zimt unterrühren. Den Deckel auflegen und den Couscous 3 Minuten quellen lassen, dann den Tofu untermischen. Topf verschließen und den Couscous 1 weitere Minute quellen lassen.

3 **In der Zwischenzeit** die Tomaten mit einer Küchenschere in kleine Stücke schneiden. Für ein würziges Dressing das restliche Tomaten-Öl mit Rotweinessig, Harissa, Tomatenstücken und etwas schwarzem Pfeffer verquirlen.

4 **Das Dressing** auf die heiße Couscousmischung träufeln und mit einer Gabel untermischen, um den Couscous dabei aufzulockern. Den Salat zum Servieren auf vorgewärmte Salatteller verteilen, mit den Mandelblättchen und der gehackten Petersilie bestreuen.

Italienischer Tomaten-Brot-Salat

Panzanella, ein Klassiker aus der toskanischen Küche, erhält hier eine moderne Note: Das Brot wird geröstet und mit Tomaten, Basilikum und Kapern gemischt – so entsteht ein sommerlicher Hochgenuss.

Vorbereiten 10 Minuten

Garen 20 Minuten

Für 4 Portionen Ⓥ

½ toskanisches Landbrot oder rustikales Weißbrot vom Vortag, in mundgerechte Stücke zerteilt

1 gelbe Paprikaschote, in Stücke geschnitten

5 EL Olivenöl

2 EL Rotweinessig

½ TL Zucker

1 kleine rote Zwiebel, halbiert und in dünne Halbringe geschnitten

500 g Eiertomaten, grob gewürfelt

2 EL Kapern

1 kleines Bund Basilikum, in Stücke gezupft

20 Mini-Mozzarellakugeln (etwa 220 g)

Nährwerte pro Portion etwa
• 485 kcal • 19 g Eiweiß • 27 g Fett, davon 10 g gesättigte Fettsäuren
• 43 g Kohlenhydrate

Alternative Anstelle von Mozzarella können Sie abgetropften und zerpflückten **Thunfisch aus der Dose (185 g)** oder **Sardinenfilets aus der Dose (185 g)** verwenden.

1 **Den Backofen** auf 190 °C vorheizen. Das Brot auf zwei Dritteln des tiefen Backblechs verteilen. Die Paprikastücke mit 1 EL Öl mischen und nebeneinander auf das freie Drittel des Backblechs legen. Alles im heißen Ofen in 20 Minuten goldbraun rösten.

2 **In der Zwischenzeit** das restliche Öl in eine Salatschüssel geben und mit Essig, Zucker und etwas schwarzem Pfeffer zu einem Dressing verrühren. Die Zwiebelringe zufügen und sorgfältig untermischen, dann Tomaten und Kapern unterheben.

3 **Brot und Paprika** zufügen. Das Basilikum zugeben und alles gut mischen. Den Salat bis zum Servieren kalt stellen. Die Mozzarellakugeln abtropfen lassen und unmittelbar vor dem Servieren auf dem Salat anrichten.

Extratipps • Wenn Sie keine Mini-Mozzarellakugeln finden, verwenden Sie stattdessen einfach 2 Mozzarellakugeln (je 125 g) und schneiden diese in Stücke. • Sie können den Salat einige Stunden oder über Nacht im Kühlschrank durchziehen lassen.

Noch schneller fertig ist der Salat, wenn Sie das Brot in Scheiben schneiden. Diese kurz in kaltem Wasser einweichen und anschließend behutsam ausdrücken. In Stücke zupfen und in eine Schüssel geben. Paprika, Zwiebel, Tomaten und Kapern zufügen. Das Dressing wie in Schritt 2 beschrieben zubereiten und auf den Salat träufeln. Einen Teller auflegen und andrücken, damit das Brot den Saft der Tomaten aufnehmen kann. Das Ganze für 15 Minuten kalt stellen, dann vorsichtig mischen. Mit Basilikum und Mozzarella bestreuen und servieren.

... Zeit sparen

Sommerlicher Rindfleischsalat

Ein knackiger Salat mit Zwiebeln, Radieschen und einem Dressing aus Walnussöl und Balsamico-Essig wird hier mit kurz gebratenem zartem Rindfleisch veredelt. Dazu passt warmes knuspriges Baguette.

Für 4 Portionen

½ TL Salz

1 kleine rote Zwiebel, halbiert und in dünne Halbringe geschnitten

100 g Radieschen, in dünne Scheiben geschnitten

1 dickes Rumpsteak (etwa 350 g), vom Fettrand befreit

1 EL Olivenöl

¼ TL getrocknete gemischte Kräuter

2 EL Walnussöl

1 EL Balsamico-Essig

4 Stangen Sellerie, schräg in Scheiben geschnitten

125 g Rucola oder Salatmischung (z. B. Eichblatt, Romanasalat und Lollo rosso)

Nährwerte pro Portion etwa

• 210 kcal • 20 g Eiweiß • 12 g Fett, davon 2 g gesättigte Fettsäuren

• 4 g Kohlenhydrate

Chefsalat

Ein paar frische, knackige Salatzutaten, etwas Schinken und würziger Gouda, das Ganze mit einem pikanten Sardellen-Senf-Dressing beträufelt – das ergibt einen appetitanregenden Salat, der schnell auf dem Tisch steht. Dazu passt Bauernbrot.

Zubereiten 20 Minuten

1 **Für das Dressing** die Sardellenfilets abtropfen lassen. Mit Knoblauch, Senf, Öl und Zitronensaft in der Küchenmaschine oder im Mixer fein pürieren. Die Sahne zufügen und kurz untermixen.

2 **Salat, Tomaten, Avocado, Gurke, Käse** und Schinken in eine Schüssel geben und behutsam mischen. Die Zutaten auf vier Tellern anrichten.

3 **Den Salat** mit dem Sardellen-Senf-Dressing beträufeln, mit schwarzem Pfeffer bestreuen und sofort servieren.

Für 4 Portionen

1 Dose Sardellenfilets in Öl (45 g)

1 Knoblauchzehe, in Stückchen geschnitten

½ TL Dijonsenf

4 EL Olivenöl

1 EL Zitronensaft

2 EL Sahne

1 Romanasalat, in mundgerechte Stücke gezupft

4 Tomaten, in Spalten geschnitten

1 Avocado, gewürfelt

¼ Salatgurke, gewürfelt

100 g Gouda, gewürfelt

100 g gekochter Schinken, in Würfel geschnitten

Nährwerte pro Portion etwa

• 420 kcal • 17 g Eiweiß • 37 g Fett, davon 14 g gesättigte Fettsäuren
• 6 g Kohlenhydrate

Vegetarischer Salat Ⓥ

Den Schinken weglassen. **2 hart gekochte Eier** in Spalten schneiden und zu den restlichen Zutaten geben. Salat mit einem Dressing aus **1 TL Dijonsenf**, **1 Prise Zucker**, **1 EL Weißweinessig**, **4 EL Olivenöl** und **2 EL Crème fraîche** beträufeln.

... Variante

● Bestreuen Sie den Salat vor dem Servieren mit **fertig gekauften Knoblauch-Croûtons**. ● Oder servieren Sie den Salat mit **Parmesan-Chips**. Dafür **50 g geriebenen Parmesan** auf ein mit Backpapier belegtes Backblech streuen. Bei 180 °C 15 Minuten backen, bis der Käse geschmolzen und hellbraun ist. Abkühlen lassen, dann in kleine Stücke brechen und diese auf den Salat streuen.

... Extratipps

Kartoffelsalat mit Rollmops

Kleine Frühkartoffeln, halbiert und rasch gegart, werden hier noch warm mit einem cremigen Senfdressing angemacht. Rollmöpse und Salami komplettieren den köstlichen Kartoffelsalat.

Zubereiten
30
Minuten

Für 4 Portionen

700 g sehr kleine Frühkartoffeln, sauber gebürstet und halbiert

2 TL Dijonsenf

4 EL Mayonnaise

4 EL Joghurt

4 Frühlingszwiebeln, in dünne Ringe geschnitten

4 Salz-Dill-Gurken, fein gewürfelt

4 Rollmöpse oder Bismarckheringsfilets

4 Scheiben Salami (etwa 20 g), in sehr dünne Streifen geschnitten

Nährwerte pro Portion etwa

• 425 kcal • 20 g Eiweiß • 24 g Fett, davon 7 g gesättigte Fettsäuren
• 31 g Kohlenhydrate

Alternative
Sardellen aus der Dose (50 g) abtropfen lassen und mit **6 gehackten entsteinten grünen Oliven** anstelle von Rollmöpsen und Salami verwenden.

1 Die Kartoffeln in einen Topf geben und knapp mit Wasser bedecken. Zugedeckt aufkochen lassen, dann bei etwas schwächerer Hitze 7–8 Minuten köcheln lassen, bis die Kartoffeln gar sind. In ein Sieb schütten, gut abtropfen und 5 Minuten abkühlen lassen.

2 In der Zwischenzeit den Senf in einer Salatschüssel mit etwas Mayonnaise verrühren. Die restliche Mayonnaise und den Joghurt untermischen. Je 1 EL Frühlingszwiebelringe und Gurkenwürfel beiseitelegen, den Rest unter die Mayonnaisemischung heben. Die warmen Kartoffeln zufügen und alles gründlich mischen.

3 Die Rollmöpse oder die Heringsfilets abtropfen lassen und in Scheiben bzw. Streifen schneiden; mit den Salamistreifen auf dem Salat anrichten. Den Salat mit den restlichen Frühlingszwiebelringen und den restlichen Gurkenwürfeln garnieren, mit etwas schwarzem Pfeffer bestreuen und sofort servieren.

Geflügelsalat mit Mandeln
In Schritt 2 anstelle von Senf **1 EL milde Currypaste**, **1 EL Mango-Chutney** und **1 zusätzlichen EL Joghurt** mit der Mayonnaise-Joghurt-Mischung verrühren. Die Salzgurke weglassen. Rollmöpse und Salami durch **250 g kaltes gegartes Hähnchenfleisch** ersetzen; in Streifen schneiden und unter den Salat mischen. Den Salat unmittelbar vor dem Servieren mit **25 g gerösteten Mandelblättchen** bestreuen.

... Variante

Der Kartoffelsalat schmeckt auch kalt sehr gut. Sie können ihn bis zu 12 Stunden im Voraus zubereiten; zudecken und im Kühlschrank aufbewahren. Möglichst etwa 30 Minuten vor dem Servieren herausnehmen und Raumtemperatur annehmen lassen.

... klug vorbereiten

1 **Das Salz** in eine Schüssel geben und in kaltem Wasser auflösen. Zwiebelringe und Radieschenscheiben zufügen; beiseitestellen. (Das Salzwasser nimmt Zwiebeln und Radieschen etwas von ihrer Schärfe und sorgt dafür, dass sich die Radieschenscheiben nicht verfärben.)

2 **Eine Grillpfanne** oder eine beschichtete Pfanne erhitzen. Das Steak mit Küchenpapier trocken tupfen, dann auf beiden Seiten mit 2 TL Olivenöl bestreichen und mit den Kräutern sowie etwas schwarzem Pfeffer würzen. Je nach gewünschtem Gargrad pro Seite 2½–3½ Minuten braten. Auf ein Schneidbrett legen und einige Minuten ruhen lassen.

3 **Das restliche Olivenöl** mit Walnussöl und Balsamico-Essig mit einem Schneebesen zu einem Dressing verrühren. Das Steak in etwa 5 mm dicke Scheiben schneiden. Ausgetretenen Fleischsaft unter das Dressing mischen.

4 **Zwiebel und Radieschen** in ein Sieb schütten und gut abtropfen lassen; in eine große Schüssel geben. Dressing, Sellerie und Fleischscheiben zufügen und alles behutsam mischen. Den Rucola bzw. die Salatmischung auf vier Teller verteilen und die Fleischmischung darauf anrichten. Sofort servieren.

Alternativen • Anstelle von Rucola bzw. Salatmischung können Sie **Chicorée** und in dünne Streifen geschnittenen **Fenchel** verwenden. • Ersetzen Sie die Radieschen einmal durch dünne **Apfelscheiben**.

Auch ein Meerrettichdressing passt gut zu diesem Salat. Dafür **4 EL Olivenöl** mit dem **Saft von 1 kleinen Zitrone** und **2 TL Tafelmeerrettich** mit einem Schneebesen verrühren.

… Kochtipp

Lauwarmer Dicke-Bohnen-Salat mit Feta

Der Geschmack von Feta und dicken Bohnen kommt durch das Aroma vollreifer Tomaten und schwarzer Oliven noch besser zur Geltung. Servieren Sie diesen Salat mit türkischem Fladenbrot.

Zubereiten
20
Minuten

Für 4 Portionen Ⓥ
450 g frische oder TK-Dicke-Bohnen-Kerne
2 EL Olivenöl
250 g kleine Eiertomaten, in Spalten geschnitten
2 Knoblauchzehen, zerdrückt
200 g Feta, gewürfelt
2 EL gehackte Petersilie
12 entsteinte schwarze Oliven
1 EL Zitronensaft

Nährwerte pro Portion etwa
• 280 kcal • 16 g Eiweiß • 19 g Fett, davon 9 g gesättigte Fettsäuren
• 11 g Kohlenhydrate

1 **Die Bohnenkerne** in reichlich sprudelnd kochendem Wasser bissfest garen. In ein Sieb schütten und gut abtropfen lassen. Inzwischen das Öl in einer großen Pfanne bei schwacher Hitze heiß werden lassen. Die Tomaten und den Knoblauch darin unter gelegentlichem Rühren 2–3 Minuten dünsten, bis sie weich sind; vom Herd nehmen.

2 **Feta, Bohnenkerne**, Petersilie, Oliven, Zitronensaft und frisch gemahlenen schwarzen Pfeffer nach Geschmack in die Pfanne geben und alles sorgfältig mischen. Warm servieren.

5 tolle Gerichte mit Nudeln

Gut, wenn Sie immer ein Paket Instant-Nudeln vorrätig haben – so trennen Sie von einem schnellen Essen nur wenige Minuten. Richtig Zeit sparen können Sie, wenn Sie die Nudeln mit anderen Zutaten aus dem Vorrat kombinieren. Alle Rezepte gelten für 4 Portionen.

Nudeln mit Mascarpone und Pilzen

In einer großen beschichteten Pfanne **50 g Pinienkerne** bei mittlerer Hitze 2 Minuten rösten; zum Abkühlen auf einen Teller geben. **1 EL Sonnenblumenöl** und **1 EL Wasser** in die Pfanne geben. **4 Frühlingszwiebeln** (in Ringe geschnitten) und **350 g Champignons** (in Scheiben geschnitten) in der Pfanne 7–8 Minuten garen, bis die Pilze weich sind und die Flüssigkeit fast völlig verdampft ist. Inzwischen **250 g dünne asiatische Instant-Eiernudeln** in kochendem Salzwasser in 3 Minuten knapp weich garen; in ein Sieb schütten, abtropfen lassen. **1 TL gehackten Thymian** und **4 EL Mascarpone** unter die Pilzmischung rühren. Die Nudeln zufügen und untermischen. Mit Pinienkernen bestreuen. Ⓥ

Nährwerte pro Portion etwa • 500 kcal • 13 g Eiweiß • 31 g Fett, davon 11 g gesättigte Fettsäuren • 47 g Kohlenhydrate

Zubereiten **20** Minuten

Die meisten Instant-Nudeln sind in 4 Minuten gar, manche brauchen sogar nur in heißem Wasser eingeweicht zu werden. Zum Kochen reichlich Wasser sprudelnd aufkochen lassen. Die Nudeln hineingeben. Sobald das Wasser wieder kocht, die Eieruhr oder den Timer auf die angegebene Zeit einstellen. Die Nudeln während des Garens gelegentlich mit einer Gabel durchrühren, damit sie nicht zusammenkleben; abgießen.

... Nudeln garen

Nudeln mit Tomaten und Chili-Omelettstreifen

In reichlich kochendem Salzwasser **250 g dünne asiatische Instant-Eiernudeln** nach Packungsangabe garen. Inzwischen **3 Eier** mit **2 TL Milch** und **1/4 TL Chiliflocken** sowie Salz und Pfeffer nach Geschmack verquirlen. In einer beschichteten Pfanne (20 cm ⌀) **2 TL Sonnenblumenöl** erhitzen. Die Hälfte der Eiermischung hineingeben und durch Schwenken verteilen. Etwa 1 Minute backen, bis das Omelett fest und unten gebräunt ist, dann auf einen Teller gleiten lassen. Mit der restlichen Eiermischung ebenso verfahren. Die Omeletts in dünne Streifen schneiden. **4 große Tomaten** würfeln. **2 EL Sonnenblumenöl** und **2 TL Rotweinessig** in die Pfanne geben. Die Tomaten zufügen. Die Mischung einmal aufkochen lassen, dann mit der Hälfte der Omelettstreifen unter die gegarten Nudeln heben. Die Nudeln auf vier Teller verteilen und mit den restlichen Omelettstreifen garnieren. Ⓥ

Nährwerte pro Portion etwa • 400 kcal • 14 g Eiweiß • 18 g Fett, davon 4 g gesättigte Fettsäuren • 50 g Kohlenhydrate

Zubereiten **15** Minuten

Nudel-Hähnchen-Salat mit Erdnussdressing

100 g Brokkoli in Röschen teilen, **je 1 gelbe und orangefarbene Paprikaschote** in Streifen schneiden. Das Gemüse in reichlich kochendes Salzwasser geben. **250 g asiatische Instant-Eiernudeln** zufügen. Das Wasser erneut aufkochen lassen. Den Topf vom Herd nehmen, den Deckel auflegen und die Nudeln in 4 Minuten gar ziehen lassen. 5 EL Kochwasser abnehmen. Die Nudelmischung in ein Sieb schütten und abtropfen lassen. Kalt abspülen und erneut abtropfen lassen, dann in eine Servierschüssel umfüllen. Das abgenommene Kochwasser mit **4 EL stückiger Erdnusscreme,** dem **Saft von 1 kleinen Zitrone, 2 EL Sojasauce** und **1 Prise Zucker** zu einem Dressing verquirlen. **2 gegarte Hähnchenbrustfilets** in Streifen schneiden. Diese mit **100 g Chinakohl** (in Streifen geschnitten) und der Hälfte des Dressings zu den Nudeln geben. Alles behutsam mischen. Mit dem restlichen Dressing beträufeln und sofort servieren.

Nährwerte pro Portion etwa
• 500 kcal • 35 g Eiweiß • 18 g Fett, davon 4 g gesättigte Fettsäuren • 53 g Kohlenhydrate

Zubereiten 20 Minuten

Nudeltopf mit Bratwurst

1 Zwiebel und **200 g Bratwurst** in Scheiben schneiden. In einer großen beschichteten Pfanne **1 EL Sonnenblumenöl** erhitzen. Zwiebel und Wurst darin unter häufigem Rühren etwa 10 Minuten braten. Inzwischen **250 g dünne asiatische Instant-Eiernudeln** in kochendem Salzwasser in 4 Minuten knapp weich garen. Nach 2 Minuten **100 g TK-Erbsen (nicht aufgetaut)** zufügen und das Wasser erneut aufkochen lassen. 3 EL Kochwasser abnehmen. Die Nudelmischung in ein Sieb schütten und abtropfen lassen. **2 große Möhren** raspeln, **1 Knoblauchzehe** zerdrücken; mit dem abgenommenen Kochwasser zu Zwiebel und Wurst in die Pfanne geben. 2 Minuten dünsten, bis die Flüssigkeit verdampft ist. Die Nudelmischung zufügen. 1 Minute rühren, bis alles heiß ist. Mit süßer Chilisauce oder Tomatenketchup servieren.

Nährwerte pro Portion etwa
• 460 kcal • 17 g Eiweiß • 19 g Fett, davon 6 g gesättigte Fettsäuren • 59 g Kohlenhydrate

Zubereiten 20 Minuten

Nudelpfanne mit Knusperspeck

6 Scheiben durchwachsenen Speck in 2 cm breite Streifen schneiden. In einer großen beschichteten Pfanne ohne Fett in 3–4 Minuten knusprig und braun braten; herausheben. **1 rote Zwiebel** in dünne Spalten, **2 Zucchini** in Scheiben schneiden und **1 Knoblauchzehe** zerdrücken. **2 EL Sonnenblumenöl** in der Pfanne heiß werden lassen. Die Zwiebelspalten darin unter Rühren 2 Minuten braten, dann Zucchini und Knoblauch zugeben und 4–5 Minuten mitgaren. Inzwischen **250 g dünne asiatische Instant-Eiernudeln** in kochendem Salzwasser in 4 Minuten knapp weich garen; in ein Sieb schütten und gut abtropfen lassen. Die Zucchini mit **2 TL Balsamico-Essig** beträufeln. Die Nudeln zugeben und unterheben. Das Gericht auf vier Teller verteilen, mit dem Speck bestreuen und servieren.

Nährwerte pro Portion etwa
• 375 kcal • 14 g Eiweiß • 15 g Fett, davon 4 g gesättigte Fettsäuren
• 49 g Kohlenhydrate

Vorbereiten 10 Minuten

Garen 15 Minuten

Eier im Förmchen mit Schinken und Käse

Hier werden Eier mit Schinken, Crème fraîche und Käse in Portionsförmchen im Ofen gegart – ein feines kleines Essen. Am besten mit buttrigen gerösteten Brotstangen servieren.

Vorbereiten 10 Minuten

Garen im Ofen 15 Minuten

Für 4 Portionen

1 TL weiche Butter

1 dicke Scheibe gekochter Schinken (etwa 125 g), vom Fettrand befreit und gewürfelt

5–6 EL Crème fraîche

4 Eier

25 g Emmentaler, fein gerieben

Nährwerte pro Portion etwa
• 370 kcal • 16 g Eiweiß • 34 g Fett, davon 18 g gesättigte Fettsäuren
• 1 g Kohlenhydrate

Dazu passen buttrige Brotstangen. Dafür von **6 dicken Scheiben Brot** die Rinden abschneiden. Die Brotscheiben mit **Butter oder Pflanzenmargarine** bestreichen und in je 3 lange Streifen schneiden. Mit den Eiern im Förmchen in den Ofen schieben und backen, bis sie hellbraun und knusprig sind.

1 **Den Backofen** auf 180 °C vorheizen. Vier Auflaufförmchen großzügig mit Butter ausstreichen.

2 **Die Schinkenwürfel** auf die Förmchen verteilen und je 1 TL Crème fraîche daraufgeben. In jedes Förmchen ein Ei schlagen und je 1 EL Crème fraîche daraufgeben; salzen, pfeffern und mit dem Käse bestreuen.

3 **Die Förmchen** in eine kleine Auflaufform stellen. So viel heißes Wasser in die Form gießen, dass die Förmchen halb hoch darin stehen. Für 10–15 Minuten in den Ofen schieben, dann herausnehmen und heiß servieren.

Alternativen • Nehmen Sie einmal anstelle von Schinken eine Mischung aus gedämpftem **Blattspinat**, **25 g Mascarpone** und **geriebener Muskatnuss**. Die Eier mit **Parmesan** statt mit Emmentaler bestreuen. • Oder Sie braten in Scheiben geschnittene **Champignons** mit **1 zerdrückten Knoblauchzehe** in Butter und mischen **1 EL Crème fraîche** darunter; diese Mischung statt des Schinkens verwenden. • Sie können auch **125 g Lauch** in Scheiben schneiden, in **Butter** dünsten und dann mit etwas **Sahne** und **gehacktem Estragon** mischen.

Für 6 Portionen

300 ml fettarme Milch

150 g Crème fraîche

1 TL Zitronensaft

2 Eier

4 Frühlingszwiebeln, in Ringe geschnitten

2 große Zweige Dill

250 g Mehl

1 Messerspitze Backpulver

125 g Räucherlachs, in Streifen geschnitten

Sonnenblumenöl

50 g Deutscher Kaviar (Seehasenrogen; nach Belieben)

Schnittlauchröllchen zum Garnieren

Nährwerte pro Portion etwa
• 415 kcal • 22 g Eiweiß • 15 g Fett, davon 7 g gesättigte Fettsäuren
• 53 g Kohlenhydrate

Dazu passt eine Gurken-Avocado-Salsa. Dafür **2 Avocados** entkernen, zerdrücken und mit dem **Saft von 1 Limette** mischen. **½ Salatgurke** würfeln und mit **3 EL gehacktem Koriandergrün** und **1 gehackten roten Chilischote** zufügen; unterrühren.

Zubereiten 25 Minuten

Eierpfannkuchen mit Kichererbsen und Mais

175 g Kichererbsenmehl, **125 g Maismehl**, **4 TL Backpulver**, **1 TL Currypulver** sowie je **½ TL Salz** und **Zucker** mischen. **2 Eier**, **450 ml Milch** und **50 g abgekühlte zerlassene Butter** zufügen. Alle Zutaten zu einem Pfannkuchenteig verrühren. **75 g Maiskörner** (Konserve oder aufgetauter TK-Mais) untermischen. Die Pfannkuchen wie rechts beschrieben backen. Dazu passt eine Gurken-Raita (siehe S. 140).

... Variante

Eierpfannkuchen mit Räucherlachs

Der Teig für diese zarten kleinen Pfannkuchen wird mit Frühlingszwiebeln und Dill gewürzt. Der saftige Belag besteht aus Lachs und Crème fraîche, und eine erfrischende Salsa rundet das Ganze auf köstliche Weise ab.

1 Die Milch in einem großen Messbecher abmessen. 2 EL Crème fraîche und den Zitronensaft mit einer Gabel unterrühren. Die Hälfte der Mischung in die Küchenmaschine oder in den Mixer geben. Die Eier und die Frühlingszwiebeln zufügen und das Ganze 1 Minute mixen. Dill, Mehl und Backpulver zugeben und alles noch 1 Minute mixen, bis der Teig glatt ist, aber noch kleine Stücke von Frühlingszwiebeln und Dill erkennbar sind. Die restliche Milchmischung zugießen und untermischen. 50 g Lachsstreifen unterrühren und den Teig mit schwarzem Pfeffer würzen.

2 Den Backofen auf 150 °C vorheizen. Eine beschichtete Pfanne auf dem Herd heiß werden lassen. Etwas Öl hineingeben und durch Schwenken verteilen. Für einen etwa 10 cm großen Pfannkuchen etwa 2 EL Teig in die Pfanne geben. Je nach Größe der Pfanne noch Teig für 2 – 3 weitere Pfannkuchen mit etwas Abstand zueinander in die Pfanne geben. 1 Minute backen, bis sich auf der Oberfläche der Pfannkuchen Bläschen bilden. Wenden und noch 1 Minute backen. Herausnehmen, auf ein Backblech legen und im Ofen warm halten. Mit dem restlichen Teig ebenso verfahren – er reicht für etwa 18 Pfannkuchen.

3 Auf jeden Pfannkuchen 1 gehäuften EL Crème fraîche geben und die restlichen Lachsstreifen sowie nach Belieben den Kaviar darauf anrichten. Mit dem Schnittlauch bestreuen, auf einer Servierplatte oder auf Tellern anrichten.

Alternativen • Anstelle von Räucherlachs können sie zerpflücktes **geräuchertes Makrelenfilet** ohne Haut verwenden. In diesem Fall die Crème fraîche mit etwas **Tafelmeerrettich** würzen und die Pfannkuchen mit **Brunnenkresse** garnieren. • Für würzige Gemüsepfannkuchen Frühlingszwiebeln, Dill und Lachs weglassen und dafür **1 Möhre**, **1 Zucchini** und **75 g Greyerzer** raspeln und unter den Teig mischen; die Milchmenge dann auf 250 ml reduzieren. Die Pfannkuchen mit griechischem Sahnejoghurt und Tomaten-Zwiebel-Salat servieren.

Pfannengerührte Sesam-Garnelen

Die Garnelen werden in diesem Rezept auf fernöstliche Art zubereitet und mit einer aromatischen Zitronengrassauce serviert. Dazu passen Garnelenchips oder Instant-Nudeln mit Gemüse.

Vorbereiten 10 Minuten

Garen 3 Minuten

Für 4 Portionen

40 geschälte rohe TK-Riesengarnelen (etwa 350 g), aufgetaut

1 EL geröstetes Sesamöl

1½ EL Sojasauce

1 EL Sonnenblumenöl

1 rote Chilischote, von den Samen befreit und fein gehackt

1 Knoblauchzehe, zerdrückt

1 Stängel Zitronengras, von den äußeren Blättern befreit und fein gehackt

1 TL geriebener frischer Ingwer

1 TL brauner Zucker

1 EL Sesamsamen

2 EL gehacktes Koriandergrün

süße Chilisauce zum Servieren

Nährwerte pro Portion etwa

• 145 kcal • 17 g Eiweiß • 8 g Fett, davon 1 g gesättigte Fettsäuren
• 2 g Kohlenhydrate

Instant-Nudeln mit Gemüse

In einer großen Pfanne **1 EL Sonnenblumenöl** bei mittlerer Hitze heiß werden lassen. **100 g Mini-Maiskolben** mit **1 roten Paprikaschote** (in Streifen geschnitten) **oder 100 g sehr kleinen Champignons** darin 2–3 Minuten braten, bis sie etwas Farbe angenommen haben. **1 Knoblauchzehe** in die Pfanne drücken und kurz unterrühren. **500 ml Gemüsebrühe** zugießen und **225 g dünne Instant-Eiernudeln** zufügen. Zugedeckt 2 Minuten köcheln lassen. **100 g Pak Choi** in Streifen schneiden und zugeben. Alles noch 1 Minute köcheln lassen.

... dazu passt

1 Die Garnelen mit Küchenpapier trocken tupfen. Mit Sesamöl und Sojasauce in einer Schüssel mischen. Ein Sieb auf eine zweite Schüssel setzen und die Garnelen darin abtropfen lassen; die Marinade (es ist nur wenig) auffangen.

2 Den Wok oder eine große beschichtete Pfanne stark erhitzen. Öl hineingeben und heiß werden lassen; Garnelen unter Rühren darin 1½ Minuten braten.

3 Chili, Knoblauch, Zitronengras und Ingwer zufügen; alles unter Rühren weitere 30–60 Sekunden braten, bis die Garnelen rosa sind (nicht zu lange braten, damit sie nicht zäh werden). Vom Herd nehmen. Marinade, Zucker, Sesamsamen und Koriandergrün unterrühren. Garnelen mit süßer Chilisauce servieren.

Alternative Öle und Würzzutaten weglassen. **2 EL Sonnenblumenöl** im Wok oder in der Pfanne heiß werden lassen und darin **2 EL rote Thai-Currypaste** unter Rühren 30 Sekunden braten. Die **Garnelen** zufügen und unter Rühren 1½ Minuten braten. **2 EL Kokosmilch** zugeben und die Garnelen weitere 30–60 Sekunden garen, bis sie rosa und nicht mehr glasig sind.

Gegrillte Hähnchenbrust mit grünem Gemüse

Pfannengerührtes Gemüse und eine von der chinesischen Küche inspirierte süß-pikante Sauce ergeben mit gegrilltem Hähnchenfleisch ein gesundes, schnelles Gericht. Reis oder Instant-Eiernudeln sind die perfekte Beilage.

Vorbereiten 20 Minuten

Garen 8 Minuten

Für 4 Portionen

- 2 EL Hoisin-Sauce
- 2 EL trockener Sherry oder Weißweinessig
- 2 EL Sojasauce
- 1 EL flüssiger Honig
- 2 TL geröstetes Sesamöl
- 300 g Hähnchenbrustfilet, in dicke Streifen geschnitten
- 1½ EL Sonnenblumenöl
- 200 g Brokkoli, in kleine Röschen geteilt
- 1 Stange Lauch, in dünne Scheiben geschnitten
- 100 g kleine Zuckerschoten

Nährwerte pro Portion etwa

- 220 kcal • 23 g Eiweiß • 7 g Fett, davon 1 g gesättigte Fettsäuren
- 16 g Kohlenhydrate

1 Den Backofengrill auf mittlerer bis höchster Stufe anheizen. Ein Backblech mit dünn gefetteter Alufolie belegen. Die Hoisin-Sauce mit Sherry bzw. Essig, Sojasauce, Honig und Sesamöl zu einer Glasur verrühren. Die Hähnchenbruststreifen nebeneinander auf das vorbereitete Blech legen und mit zwei Dritteln der Glasur bestreichen. 3–4 Minuten grillen, dabei nach der Hälfte der Zeit wenden (das Fleisch sollte gerade eben durchgegart sein; zum Testen einen Streifen quer halbieren).

2 In der Zwischenzeit das Öl im Wok oder in einer beschichteten Pfanne heiß werden lassen. Die Brokkoliröschen darin unter Rühren 2 Minuten braten. Den Lauch zugeben und 1 Minute mitbraten. Die Zuckerschoten zufügen und das Gemüse unter Rühren weitere 2 Minuten braten.

3 Die restliche Glasur mit 4 EL Wasser verdünnen und mit dem Fleisch zum Gemüse geben. Alles unter häufigem Rühren weitere 2–3 Minuten braten, bis das Gemüse weich und alles heiß ist.

Extratipp Hoisin-Sauce ist eine süße, dickflüssige chinesische Sauce aus Sojabohnen, Knoblauch, Gewürzen und Chili. Sie bekommen sie im Asienladen oder im gut sortierten Supermarkt.

Pita-Taschen mit Hähnchen und Salat

Die Hähnchenbruststreifen grillen, wie in Schritt 1 beschrieben, dabei nach dem Wenden mit der restlichen Glasur bestreichen; einige Minuten abkühlen lassen. **4 große Vollkorn- oder Sesam-Pitabrote** unter dem Grill pro Seite 1 Minute aufbacken. Herausnehmen und aufschneiden, die Taschen behutsam öffnen. **½ Romanasalat oder 1 Romanasalatherz** in dünne Streifen und **2 Eiertomaten** in dünne Scheiben schneiden. Auf die Taschen verteilen und mit je **1 EL Joghurt** beträufeln. Die Fleischstreifen zufügen und die Brote sofort servieren.

… Variante

Anstelle von Brokkoli, Lauch und Zuckerschoten können Sie TK- oder vakuumverpacktes Wokgemüse (etwa 400–500 g) verwenden. Nach Packungsangabe braten, dann weiterverfahren, wie im Rezept beschrieben.

… Zeit sparen

Eier und Käse

Rustikale Frittata

Butternusskürbis und Lauch gehen hier eine perfekte Verbindung ein. Servieren Sie dieses Ofen-Omelett mit Spinatsalat und Pellkartoffeln.

Vorbereiten 10 Minuten

Garen 20 Minuten

Für 4 Portionen Ⓥ

2 EL Olivenöl

3 Stangen Lauch, in Scheiben geschnitten

½ Butternusskürbis (etwa 500 g), das Fruchtfleisch in kleine Würfel geschnitten

2 EL Pinienkerne

8 Eier

125 g Sahne

3 EL geriebener Parmesan

2 Salbeiblätter, in Streifen geschnitten, oder etwa 1 EL Schnittlauch-röllchen

Nährwerte pro Portion etwa
• 425 kcal • 22 g Eiweiß • 33 g Fett, davon 10 g gesättigte Fettsäuren
• 12 g Kohlenhydrate

1 **Das Olivenöl** in einer gusseisernen oder einer beschichteten Pfanne (einen Holzgriff mit Alufolie umwickeln) bei mittlerer Hitze heiß werden lassen. Lauch und Kürbis zugeben und 10 Minuten unter häufigem Rühren garen, bis alles knapp weich ist, dann die Pinienkerne untermischen.

2 **In der Zwischenzeit** die Eier in eine große Schüssel aufschlagen. Sahne, Parmesan und Salbei bzw. Schnittlauch sowie Salz und Pfeffer zufügen und alles mit einer Gabel gründlich verquirlen. Das gegarte Gemüse unterrühren und die Mischung in die Pfanne geben. Die Eier bei sehr schwacher Hitze in 4–5 Minuten stocken lassen. Inzwischen den Backofengrill auf höchster Stufe vorheizen.

3 **Die Pfanne** für 2–3 Minuten unter den Grill stellen, bis die Frittata aufgegangen und goldbraun ist. Die Frittata heiß oder lauwarm servieren; vor dem Servieren in Tortenstücke schneiden.

Alternativen Sie können anstelle von Kürbis und Lauch diverse andere Gemüsekombinationen ausprobieren. Hier sind ein paar Vorschläge: • **200 g Champignons** (in dünne Scheiben geschnitten) und **100 g aufgetaute TK-Erbsen oder gegarte grüne Bohnen** (halbiert) etwa 5 Minuten im Olivenöl dünsten (Schritt 1). • Alternativ **50 g getrocknete Tomaten** in dicke und **3 Paprikaschoten** in dünne Streifen schneiden. Etwa 5 Minuten im Olivenöl dünsten (Schritt 1); im zweiten Schritt **2 zerdrückte Knoblauchzehen** unter die Eier-Parmesan-Mischung rühren.

Dazu passt Spinatsalat. Dafür **frische Spinatblätter** mit **Croûtons** (fertig gekauft) mischen. Mit einem würzigen Dressing (siehe S. 31) anmachen, das mit etwas **körnigem Senf** und ein wenig **Honig** abgeschmeckt ist.

Baskisches Omelett

Piperade heißt dieser französische Klassiker, der hier durch etwas Chili noch mehr Pfiff erhält. Servieren Sie das Omelett mit Knoblauchbrot und knackigem Kopfsalat – ein schnelles, unkompliziertes Essen.

Vorbereiten 10 Minuten

Garen 20 Minuten

Für 4 Portionen ⓥ

2 EL Olivenöl

2 rote Paprikaschoten, in Streifen geschnitten

2 gelbe Paprikaschoten, in Streifen geschnitten

1 Zwiebel, in dünne Ringe geschnitten

2 Knoblauchzehen, zerdrückt

¼ TL Chiliflocken

50 g getrocknete Tomaten, grob gehackt

8 Eier

etwa 20 g Basilikumblätter, in Stücke gezupft

Nährwerte pro Portion etwa
• 310 kcal • 19 g Eiweiß • 19 g Fett, davon 4 g gesättigte Fettsäuren • 17 g Kohlenhydrate

1 **Das Olivenöl** in einer großen beschichteten Pfanne erhitzen. Paprika, Zwiebel, Knoblauch und Chiliflocken darin bei mittlerer Hitze unter häufigem Rühren 10 Minuten dünsten, aber nicht braun werden lassen.

2 **Die Tomaten** zufügen und unterrühren. Die Gemüsemischung unter häufigem Rühren in 7–8 Minuten einkochen lassen; abschmecken.

3 **Die Eier** mit dem Basilikum in eine Schüssel geben und mit einer Gabel leicht verquirlen. Die Eimischung zum Gemüse in die Pfanne gießen und bei schwacher Hitze etwa 2 Minuten rühren, bis sie etwas gestockt ist und wie weiches Rührei aussieht. Sofort servieren.

Dazu passt Knoblauchbrot. Dafür **1 Ciabatta oder 1 kleines Baguette** vom Vortag schräg in Scheiben schneiden. **1 zerdrückte Knoblauchzehe** mit **3 EL Olivenöl** mischen und die Brotscheiben auf beiden Seiten damit bestreichen. Die Scheiben in einer heißen Grillpfanne oder unter dem heißen Backofengrill pro Seite 1 Minute rösten, bis sie leicht gebräunt sind.

Omelett mit Lachs und Artischocken

Mit Räucherlachs, Dill und saurer Sahne wird aus einem schlichten Omelett ein geradezu exquisites Hauptgericht. Dazu passen knuspriges Vollkornbrot und knackiger Salat.

Vorbereiten 15 Minuten

Garen 5 Minuten

Für 4 Portionen
8 Eier
125 g Räucherlachs in Scheiben
3 EL saure Sahne
1 EL gehackte Dillspitzen
1 Dose Mini-Artischocken (etwa 400 g)
20 g Butter

Nährwerte pro Portion etwa
• 290 kcal • 24 g Eiweiß • 20 g Fett, davon 8 g gesättigte Fettsäuren
• 3 g Kohlenhydrate

1 Die Eier mit 3 EL Wasser sowie etwas Salz und Pfeffer in eine große Schüssel geben. Mit einer Gabel kräftig verquirlen, aber nicht schaumig schlagen.

2 Die Lachsscheiben in etwa 10 × 3 cm große Streifen schneiden. Die saure Sahne mit den Dillspitzen verrühren. Die Artischocken in ein Sieb schütten, abtropfen lassen und anschließend vierteln. Den Backofengrill vorheizen.

3 Die Butter in einer großen beschichteten Pfanne (etwa 25 cm Ø; einen Holzgriff mit Alufolie umwickeln) bei starker Hitze aufschäumen lassen. Die Eiermasse hineingeben und in etwa 30 Sekunden auf der Unterseite stocken lassen. Anschließend die Eiermasse mit einem Pfannenwender behutsam so rühren, dass flüssiges Ei unter das gestockte fließen kann. Das Omelett weitere 30 Sekunden braten, bis es an der Unterseite zu bräunen beginnt.

4 Sobald das Omelett fast vollständig gestockt, aber oben noch recht feucht ist, die Lachsstreifen und die Artischockenviertel darauf verteilen. Das Omelett in der Pfanne unter dem Backofengrill etwa 1 Minute weitergaren lassen, bis es oben leicht gebräunt ist.

5 Aus dem Backofen nehmen. Die saure Sahne in kleinen Tupfen auf dem Omelett verteilen, sie zerläuft darauf und wird dadurch zu einer leichten Sauce. Das Omelett in Tortenstücke schneiden und sofort servieren.

Alternative Anstelle von Artischocken können Sie auch **1 EL Kapern** verwenden.

Omelett für jeden Geschmack
Statt mit den im Rezept angegebenen Zutaten können Sie das Omelett mit dem belegen, was Sie gerade im Kühlschrank vorrätig haben, z. B. **gegarten Erbsen oder Pilzen oder gekochtem Schinken**. In Schritt 4 auf das Omelett geben und 3 Minuten unter dem Grill erhitzen. **Saure Sahne** oder – für einen Knuspereffekt – **Croûtons** (fertig gekauft) darauf verteilen.

Vegetarisches Omelett (V)
Die im Rezept angegebenen Zutaten für den Belag, auch die saure Sahne, weglassen. Stattdessen **2 kleine Zucchini** in dünne Scheiben und **1 kleine rote Zwiebel** in dünne Ringe schneiden. In **1 EL Öl** weich dünsten. Die Mischung in Schritt 4 auf das Omelett geben und mit **125 g zerbröckeltem Ziegenkäse** bestreuen. Weiterverfahren, wie in den Schritten 4 und 5 beschrieben.

... Varianten

Picknick-Omelett mit Feta und Paprika Ⓥ

Omeletts lassen sich gut einpacken und mitnehmen. **Geröstete Paprika in Öl aus dem Glas (280 g)** und **Feta in Kräuteröl aus dem Glas (200 g)** abtropfen lassen oder **100 g Feta** würfeln. **8 Eier** mit **4 EL Sahne** verquirlen; salzen und pfeffern. **2 EL Olivenöl** in einer kleinen Auflaufform (20 × 25 cm oder 25 cm ⌀) heiß werden lassen. Die Eiermischung in die Form gießen, Paprika und Feta darauf verteilen. Im vorgeheizten Ofen bei 200 °C etwa 10 Minuten backen, bis das Ei gerade eben gestockt ist (das Omelett gart außerhalb des Ofens noch weiter). Abkühlen lassen, dann in Drei- oder Vierecke schneiden. Noch am selben Tag essen.

Nudelomelett mit Tomaten und Spinat Ⓥ

Wenn Sie noch **gekochte Nudeln** (mit oder ohne Sauce) im Kühlschrank haben, davon **250 g** verwenden; längere Nudeln klein schneiden. Mit **125 g aufgetautem TK-Blattspinat** (Flüssigkeit ausgedrückt), **2 EL gehackter Petersilie** und **1 Prise geriebener Muskatnuss** zum Ei geben; alles mischen. Das Omelett wie im Hauptrezept angegeben backen. Vor dem Grillen mit **125 g halbierten Cocktailtomaten** belegen.

... noch mehr Varianten

5 einfache Gerichte mit Eiern

Eier sind beinahe Alleskönner in der Küche – und man hat sie fast immer im Kühlschrank. Kombiniert man sie geschickt mit frischen Zutaten oder Lebensmitteln aus dem Vorrat, entsteht in Minutenschnelle ein köstliches und nahrhaftes Essen. Alle Rezepte gelten für 4 Portionen.

Rührei mit Lachs

250 g Lachsfilet mit Haut in einem Topf mit **fettarmer Milch** begießen, bis es vollständig damit bedeckt ist. 8 Minuten köcheln lassen, bis sich der Fisch leicht zerpflücken lässt (an einer Stelle mit einer Messerspitze testen). Abgießen, die Milch dabei auffangen. Das Filet etwas abkühlen lassen, dann zerpflücken. (Das Fischfleisch dabei von der Haut lösen und die Haut anschließend wegwerfen.) **8 Eier** in eine Schüssel geben und kurz verquirlen. 100 ml von der aufgefangenen Milch mit **1 EL Schnittlauchröllchen** und reichlich schwarzem Pfeffer aus der Mühle unterschlagen. **10 g Butter** in einer beschichteten Pfanne bei schwacher Hitze zerlassen. Die Eiermischung in die Pfanne gießen und garen, bis sie zu stocken beginnt; dabei ständig mit einem Kochlöffel rühren. Das zerpflückte Lachsfilet unterrühren. Das Rührei mit Schwarzbrot oder frisch geröstetem Toast servieren.

Nährwerte pro Portion etwa
• 255 kcal • 28 g Eiweiß • 16 g Fett, davon 5 g gesättigte Fettsäuren • 1 g Kohlenhydrate

Alternative Sie können den Fisch auch weglassen. Dafür **Chorizo** in dicke Scheiben schneiden und diese kurz in einer beschichteten Pfanne anbraten. Vor dem Servieren auf das Rührei geben.

Vorbereiten **10** Minuten   Garen **15** Minuten

Schaumiges Käseomelett

8 Eier trennen. Die Eigelbe in eine große Schüssel geben und mit reichlich schwarzem Pfeffer aus der Mühle sowie **125 g geriebenem aromatischem Käse, z. B. Greyerzer oder Emmentaler**, verquirlen. In einer zweiten Schüssel die Eiweiße zu steifem Schnee schlagen. Den Eischnee ganz vorsichtig unter die Eigelbmischung ziehen. **20 g Butter** in einer großen beschichteten Pfanne bei schwacher Hitze aufschäumen lassen. Die Omelettmasse langsam hineingießen und ohne zu rühren in etwa 5 Minuten stocken lassen, bis das Omelett aufzugehen beginnt und am Rand goldbraun wird. Inzwischen den Backofengrill auf höchster Stufe vorheizen. Die Pfanne für 3–4 Minuten darunterstellen (einen Holzgriff mit Alufolie umwickeln), bis das Omelett fest ist. Das Omelett zum Servieren in Stücke schneiden. Dazu passen knuspriges Brot und Salat sowie Parmaschinken, gekochter Schinken oder kaltes Hühnerfleisch.

Nährwerte pro Portion etwa
- 295 kcal • 20 g Eiweiß
- 25 g Fett, davon
12 g gesättigte Fettsäuren
- 0 g Kohlenhydrate

Vorbereiten 10 Minuten Garen 10 Minuten

Pasta mit verlorenen Eiern

500 g Eiernudeln in reichlich sprudelnd kochendem Salzwasser nach Packungsangabe garen. in ein Sieb schütten (100 ml Kochwasser auffangen), dann wieder in den Topf geben. **2 EL Olivenöl**, **4 EL geriebenen Parmesan**, Pfeffer und die Hälfte des aufgefangenen Kochwassers zufügen und alles sorgfältig mischen; warm halten. Während die Nudeln kochen, **4 Eier** etwa 2 Minuten pochieren, bis die Eiweiße fest, die Dotter aber noch flüssig sind (siehe S. 100, Schritt 4). Die Nudeln einmal durchrühren; falls sie zu trocken sind, noch etwas Kochwasser zugießen. Auf vier tiefe Teller verteilen und je ein Ei daraufsetzen. Mit **1 TL Lachskaviar oder gehackten Kräutern** garnieren und sofort servieren. Dazu passen gedämpfte grüne Bohnen.

Nährwerte pro Portion etwa
- 520 kcal • 25 g Eiweiß • 18 g Fett, davon
5 g gesättigte Fettsäuren • 70 g Kohlenhydrate

Zubereiten 20 Minuten

Rührei mit Reis

250 g Langkornreis in kochendem Wasser 12–15 Minuten garen, bis die Körner knapp gar sind. In ein Sieb schütten, mit kaltem Wasser abspülen und gut abtropfen lassen. **125 g Cocktailtomaten** halbieren, **4 Frühlingszwiebeln** in dünne Ringe schneiden. **2 EL Olivenöl** in einer beschichteten Pfanne bei mittlerer Hitze heiß werden lassen. **8 Eier** mit **1 EL Sojasauce** verquirlen. In die Pfanne geben und unter vorsichtigem Rühren etwas stocken lassen. Reis, Tomatenhälften und Frühlingszwiebelringe untermischen. Das Ganze unter ständigem Rühren weitergaren, bis der Reis ganz heiß ist und die Eier gestockt sind. Mit Sesamsamen bestreuen.

Nährwerte pro Portion etwa
- 415 kcal • 16 g Eiweiß • 16 g Fett, davon
4 g gesättigte Fettsäuren • 56 g Kohlenhydrate

Alternativen Statt der Tomaten können Sie **gegarte TK-Erbsen oder Spargelspitzen** verwenden; oder Sie fügen ein paar **gegarte Garnelen, Schinkenstreifen oder gebratene Champignons** hinzu.

Zubereiten 25 Minuten

Eiersalat mit Avocado und Tomaten

6 Eier in 10 Minuten hart kochen, dann in kaltem Wasser abschrecken. **Je 250 g rote und gelbe Cocktailtomaten** halbieren. **2 Avocados** schälen, entsteinen und würfeln. Tomatenhälften und Avocadowürfel mit etwa **125 g Salatblättern** mischen. Die Eier schälen, grob hacken und unterheben. Etwa **20 g Basilikumblätter** in Streifen schneiden und diese mit **3 EL Olivenöl**, **2 TL Balsamico-Essig** sowie Salz und Pfeffer zu einem Dressing verrühren. Das Dressing auf den Salat gießen und behutsam untermischen. Den Salat sofort servieren. Dazu passt warmes Baguette oder aufgebackene Ciabatta.

Nährwerte pro Portion etwa
- 345 kcal • 14 g Eiweiß • 30 g Fett, davon
7 g gesättigte Fettsäuren • 6 g Kohlenhydrate

Zubereiten 25 Minuten

Eier Benedict

Bei dieser Variante eines amerikanischen Klassikers werden verlorene Eier mit Schinken und Spargel auf Toast angerichtet und mit einer Blitz-Hollandaise veredelt.

Zubereiten 25 Minuten

Für 4 Portionen

125 g grüne Spargelspitzen
100 g Butter
5 Eier
1 EL Zitronensaft
2 EL Crème légère
8 Scheiben Vollkorntoast
8 dünne Scheiben Parmaschinken oder gekochter Schinken (etwa 200 g)
2 TL Essig

Nährwerte pro Portion etwa

• 540 kcal • 28 g Eiweiß • 34 g Fett, davon 18 g gesättigte Fettsäuren
• 32 g Kohlenhydrate

> Sie können die Spargelspitzen im Mikrowellengerät garen: mit 2 EL Wasser in einen geeigneten Behälter geben und zugedeckt auf höchster Stufe 2 Minuten garen.
>
> **... Zeit sparen**

1 **Den Spargel** in einem kleinen Topf mit kochendem Wasser in 2 Minuten bissfest garen; abgießen, zudecken und warm halten. In eine Pfanne 2,5 cm hoch heißes Wasser füllen; aufkochen, dann köcheln lassen, bis es für die Eier benötigt wird.

2 **Für die Sauce** die Butter in einem kleinen Topf heiß werden lassen. 1 Ei in die Küchenmaschine oder in den Mixer geben. Zitronensaft, Salz und Pfeffer zufügen und alles kurz mixen. Bei laufendem Motor die Butter in dünnem Strahl durch den Einfüllstutzen zugießen – es soll eine dickflüssige Sauce entstehen. Die Crème légère kurz untermixen. Die Sauce zudecken und warm halten.

3 **Die Brotscheiben** toasten. Jeweils zwei Toasts auf einen Teller geben und mit je einer Scheibe Schinken belegen. Die Spargelspitzen auf eine der beiden Toastscheiben anrichten; warm halten.

4 **Zum Pochieren** 1 Ei in eine Tasse aufschlagen. Den Essig in das kochende Wasser in der Pfanne geben. Das Ei am Pfannenrand in das Wasser gleiten lassen. Mit den restlichen Eiern ebenso verfahren – die Eier sollen einen gleichmäßigen Abstand zueinander haben. Mithilfe von zwei Löffeln das stockende Eiweiß rund um die Dotter formen. Die Pfanne verschließen und die Eier 4–5 Minuten pochieren, bis die Eiweiße gestockt, die Dotter aber noch weich sind.

5 **Die Eier** mit einem Schaumlöffel aus dem Wasser heben und auf den restlichen Brotscheiben anrichten. Die warme Sauce über Spargel und Eier verteilen. Die Eier Benedict sofort servieren.

Alternativen • Statt Schinken können Sie **200 g Räucherlachs** in dünnen Scheiben, kalten **gegarten Lachs, Nordseekrabben oder geschälte gegarte Garnelen** verwenden. • Die Brotscheiben kann man durch **4 Kartoffeln** ersetzen. Diese rundherum mit einer scharfen Messerspitze einstechen, dann im Mikrowellengerät auf höchster Stufe 8 Minuten garen (siehe S. 270). Wenden und weitere 1–2 Minuten garen. Herausnehmen, halbieren und so aushöhlen, dass die Eier in die Mulden passen.

> Sie können die Eier bis zu 4 Stunden im Voraus pochieren. Die gegarten Eier in eine Schüssel mit kaltem Wasser geben und im Kühlschrank aufbewahren. Unmittelbar vor dem Servieren die Eier 1 Minute in einer Schüssel mit heißem Wasser aufwärmen. Alternativ können Sie die Eier hart kochen, schälen und bis zum Servieren in einer Schüssel mit kaltem Wasser aufbewahren. Vor dem Servieren die Eier halbieren und auf dem Schinken anrichten.
>
> **... klug vorbereiten**

Tunesische Ratatouille mit Eiern

Buntes mediterranes Gemüse wird hier auf nordafrikanische Art gewürzt, und die Eier werden einfach mitgegart. Nur noch ein wenig knuspriges Brot dazu, und fertig ist ein köstliches, unkompliziertes Essen.

Zubereiten 30 Minuten

Für 4 Portionen (V)

2 EL Olivenöl

2 Zwiebeln, in dünne Ringe geschnitten

3 grüne Paprikaschoten, in Streifen geschnitten

3 Zucchini, in dünne Scheiben geschnitten

3 Knoblauchzehen, zerdrückt

1 TL edelsüßes Paprikapulver

1 TL gemahlener Kreuzkümmel

1 gute Prise Cayennepfeffer (oder nach Geschmack)

1 Dose gehackte Tomaten (400 g)

8 Eier

Nährwerte pro Portion etwa
• 300 kcal • 20 g Eiweiß • 20 g Fett, davon 4 g gesättigte Fettsäuren
• 14 g Kohlenhydrate

1 **Das Öl** in einer großen Pfanne bei schwacher bis mittlerer Hitze heiß werden lassen. Die Zwiebelringe darin 5 Minuten dünsten. Paprikastreifen, Zucchinischeiben und Knoblauch zufügen und unterrühren. Alles zugedeckt unter gelegentlichem Rühren bei mittlerer Hitze 5 Minuten garen, bis das Gemüse bissfest und leicht gebräunt ist.

2 **Paprikapulver**, Kreuzkümmel, Cayennepfeffer, Salz und Pfeffer untermischen, dann die Tomaten unterrühren. Alles zugedeckt bei schwacher Hitze weitere 5 Minuten garen. Inzwischen den Backofen auf 190 °C vorheizen.

3 **Das Gemüse** in der Pfanne so zusammenschieben, dass 8 Mulden entstehen. In diese jeweils ein Ei geben und alles bei schwacher Hitze 2 Minuten garen. Die Pfanne in den Ofen stellen und die Eier in etwa 10 Minuten stocken lassen; sofort servieren.

Extratipp Sie können mit den Tomaten **250 g weiße Bohnen aus der Dose oder kleine gegarte Pellkartoffeln** unterrühren.

Alternative Anstelle von Paprikaschoten und Tomaten kann man auch **300 g Blattspinat** und **2 Stangen Lauch** (in Scheiben geschnitten) verwenden.

● Sie können die Eier auch weglassen und die Ratatouille stattdessen mit **Bratwurst, Koteletts, Linsen oder weißen Bohnen** servieren.
● Echt nordafrikanisch schmeckt das Gericht, wenn Sie statt Paprikapulver, Kreuzkümmel und Cayennepfeffer **2 TL Ras el hanout** (marokkanische Gewürzmischung) verwenden. ● Bevor die Eier in Schritt 3 zugegeben werden, können Sie noch in Scheiben geschnittene Chorizo untermischen.

… Kochtipps

Linsencurry mit Eiern

Für dieses Curry werden Linsen aus der Dose verwendet – das erleichtert die Zubereitung und spart Zeit. Warmes indisches Fladenbrot (Naan) und ein Salat aus geraspelten Möhren passen perfekt dazu.

Für 4 Portionen Ⓥ

6 Eier
2 EL Olivenöl
1 Zwiebel, fein gewürfelt
4 Knoblauchzehen, zerdrückt
5 cm frischer Ingwer, geschält und gerieben
2 Fleischtomaten oder andere große Tomaten, grob gewürfelt
1 EL Garam masala
¼ TL Chiliflocken (oder nach Geschmack)
1 große Dose Linsen mit Suppengrün (800 g)
4 EL Gemüsebrühe oder Wasser

Zubereiten 30 Minuten

Nährwerte pro Portion etwa

• 590 kcal • 43 g Eiweiß
• 18 g Fett, davon 4 g gesättigte Fettsäuren • 68 g Kohlenhydrate

Alternative Anstelle von Tomaten können Sie auch **250 g zarten Blattspinat** oder in dünne Scheiben geschnittene Champignons verwenden.

1 **Die Eier** in kochendem Wasser in etwa 10 Minuten hart kochen. Herausheben und in kaltem Wasser abschrecken.

2 **In der Zwischenzeit** das Öl in einer Pfanne erhitzen. Die Zwiebelwürfel zufügen und zugedeckt in 4 Minuten glasig dünsten. Knoblauch und Ingwer unterrühren und 1 Minute mitgaren, dann Tomaten und Gewürze untermischen. Das Ganze zugedeckt 5 Minuten garen.

3 **Die Linsen** in ein Sieb schütten, abspülen und abtropfen lassen. Mit Brühe oder Wasser unter das Curry mischen und in etwa 5 Minuten heiß werden lassen. Inzwischen die Eier schälen und halbieren.

4 **Das Gericht** abschmecken, in eine Servierschüssel umfüllen und mit den Eihälften garnieren.

Extratipp Wenn Sie mögen, können Sie **1 Bund Koriandergrün** hacken und unmittelbar vor dem Servieren unter das Curry rühren.

Gemüsecurry mit Ei Ⓥ
Die Eier hart kochen und die Gemüsemischung wie oben beschrieben zubereiten. In Schritt 3 allerdings die Linsen durch ½ **Blumenkohl** (in Röschen), **1 gewürfelte Aubergine** und **100 g grüne Bohnen** (quer halbiert) ersetzen sowie **100 ml Gemüsebrühe oder Wasser** (oder so viel Flüssigkeit, wie nötig ist, um ein Ansetzen zu verhindern) zufügen. Alles zugedeckt unter gelegentlichem Rühren 15 Minuten garen, bis das Gemüse bissfest ist. Das Curry in eine Servierschüssel umfüllen und **4 EL griechischen Sahnejoghurt** in Tupfen daraufsetzen; mit den Eihälften garnieren. (Sie können dieses Curry nach Belieben auch mit einer TK-Gemüsemischung zubereiten.)

... Variante

Für 4 Portionen Ⓥ

10 g weiche Butter
500 g junger Blattspinat
1 Scheibe Weißbrot (etwa 40 g), entrindet
150 g saure Sahne
5 Eier, getrennt
50 g Parmesan, gerieben
geriebene Muskatnuss (nach Geschmack)

Nährwerte pro Portion etwa
• 295 kcal • 19 g Eiweiß • 21 g Fett, davon 10 g gesättigte Fettsäuren
• 9 g Kohlenhydrate

Vorbereiten 15 Minuten   **Garen im Ofen 15 Minuten**

Soufflés alla Bolognese
In jedes Förmchen **1–2 EL Fleischragout oder Sauce Bolognese** (siehe S. 230 und 120) füllen. Die Soufflémasse wie in Schritt 4 beschrieben fertigstellen und daraufgeben; backen.

... Variante

Küchenfertiger (also gewaschener, verlesener und geputzter) Blattspinat wird mittlerweile im Kühlregal vieler Supermärkte angeboten. Sie können ihn 1 Minute dämpfen oder auf 2 Dampfbeutel für das Mikrowellengerät verteilen (Herstellerangaben beachten) und darin etwa 3 Minuten garen.

... Zeit sparen

Spinat-Parmesan-Soufflés

Wem die Zubereitung von Soufflés immer etwas zu kompliziert erschien,
der kann jetzt aufatmen: Die Herstellung dieser Variante ist absolut stressfrei.
Zu den Soufflés passen Frühkartoffeln und gedämpftes junges Gemüse.

1 Den Backofen auf 220 °C vorheizen. Vier Auflaufförmchen (je 250 ml Inhalt) dünn ausbuttern. Den gewaschenen Spinat tropfnass in einen Topf geben und zugedeckt bei starker Hitze etwa 2 Minuten garen, bis er zusammengefallen ist. In ein Sieb schütten und gut abtropfen lassen.

2 Für die Soufflémasse das Brot in kleine Stücke reißen und diese in der Küchenmaschine oder mit dem Stabmixer zu Krumen verarbeiten. Den Spinat kräftig ausdrücken und mit der Hälfte der sauren Sahne zu den Krumen geben. Alles grob pürieren. Die restliche Sahne zufügen und kurz untermixen.

3 Die Eigelbe mit 3 EL geriebenem Parmesan zu der Spinatmischung geben. Mit Salz, Pfeffer und Muskat (nach Geschmack) würzen und alles glatt pürieren.

4 Die Eiweiße in einer großen Schüssel zu steifem Schnee schlagen. Die Spinatmasse auf den Eischnee geben und sorgfältig unterheben. Die Masse auf die Förmchen verteilen, mit dem restlichen Parmesan bestreuen und im heißen Ofen 15 Minuten backen, bis die Soufflés aufgegangen und goldbraun sind. Sofort servieren.

Extratipps • **125 g gekochten Schinken oder einige abgetropfte Sardellenfilets aus der Dose** fein würfeln bzw. hacken und in Schritt 3 unter die Spinatmasse mischen. • Sie können auch etwas **Räucherfisch** (z. B. Lachs oder Forelle) sehr fein hacken und in die Förmchen füllen, bevor die Soufflémasse hineingegeben wird. • Oder Sie füllen **gewürfelten geräucherten Tofu** in die Förmchen und verteilen darauf die Soufflémasse.

Gemüsefrikassee mit Käse-Eier-Sauce

Dies ist ein einfaches, aber schmackhaftes und sättigendes Gericht aus der vegetarischen Küche. Servieren Sie Tagliatelle oder warmes Baguette dazu.

Für 4 Portionen Ⓥ

750 g Gemüsemischung (aus dem Beutel oder TK-Ware)

125 g alter Gouda, geraspelt

200 g Crème fraîche

2 Eier, verquirlt

4 Brotstangen (z. B. Grissini), zerbröckelt

2 EL gehackte Haselnusskerne

Nährwerte pro Portion etwa
• 410 kcal • 21 g Eiweiß • 26 g Fett, davon 13 g gesättigte Fettsäuren
• 23 g Kohlenhydrate

Alternativen Anstelle des Mischgemüses können Sie **kleine gegarte Frühkartoffeln** nehmen, kombiniert mit Ihrem Lieblingsgemüse, z. B. **jungen Möhren, kleinen Zucchini oder zartem Lauch, grünen Bohnen oder Dicke-Bohnen-Kernen.**

Extratipp Wer es etwas deftiger mag, kann **150 g durchwachsenen Speck** zugeben. Den Speck würfeln und goldbraun braten. Das Frikassee vor dem Servieren damit bestreuen.

1 Den Backofen auf 220 °C vorheizen. Das Gemüse in einen Topf mit kochendem Wasser geben. Das Wasser erneut aufkochen lassen. Das Gemüse darin in 3 Minuten bissfest garen, anschließend in ein Sieb schütten und abtropfen lassen.

2 Vom Käse 2 EL zum Bestreuen abnehmen und beiseitestellen. Den restlichen Käse unter die Crème fraîche rühren. Die Eier zufügen und die Sauce mit schwarzem Pfeffer aus der Mühle würzen. Das Gemüse untermischen und die Masse in eine vorgewärmte gefettete Auflaufform geben.

3 Die Brotstangenstücke mit dem restlichen geraspelten Käse und den gehackten Nüssen mischen; das Gemüse damit bestreuen.

4 Das Frikassee im oberen Bereich des heißen Ofens 12–15 Minuten backen, bis es Farbe angenommen hat.

Extratipps • Die Gorgonzolasauce für Blumenkohl und Brokkoli (siehe S. 107) lässt sich gut in größeren Mengen zubereiten und einfrieren. Sie eignet sich auch bestens für dieses Gericht. Sie brauchen davon etwa 250 g anstelle der Crème-fraîche-Käse-Mischung. Die Eier wie in Schritt 2 beschrieben unter diese Sauce mischen. Das Frikassee vor dem Backen mit 2 EL geriebenem Käse bestreuen.
• Wenn die Zeit es erlaubt, können Sie eine Mischung Ihrer Lieblingsgemüse selbst zusammenstellen und vorbereiten.
• Wer ein Mikrowellengerät besitzt, kann zum Frikassee schnelle Ofenkartoffeln reichen (siehe S. 270).

• Für eine superschnelle Käsesauce **275 ml fettarme Milch** in einem Topf erhitzen. **15 g Speisestärke** in **2 EL fettarmer Milch** auflösen; unter die heiße Milch rühren. Das Ganze unter ständigem Rühren aufkochen, dann 2 Minuten schwach köcheln lassen. Vom Herd nehmen und **20 g Butter, 125 g geriebenen Käse** sowie Salz und Pfeffer unterrühren.
• Sie können auch aus Saucenpulver nach Packungsangabe **250 ml helle Sauce** herstellen und **125 g geriebenen Käse** unterrühren.

... noch mehr Käsesaucen

Blitz-Quiche

Mit fertigem Mürbeteig können Sie im Handumdrehen eine köstliche Quiche kreieren, die Sie dann im Ofen einfach garen lassen. Gemischter Salat und Frühkartoffeln ergänzen diese Quiche aufs Beste.

Vorbereiten 20 Minuten

Garen im Ofen 30 Minuten

Für 4 Portionen

375 g fertiger Mürbeteig

100 g magerer gekochter Schinken, in dicke Scheiben und in kleine Stücke geschnitten

4 Frühlingszwiebeln, in Ringe geschnitten

2 Eier

150 ml fettarme Milch

4 EL Sahne oder Milch

100 g alter Gouda, gerieben

Nährwerte pro Portion etwa

• 435 kcal • 15 g Eiweiß • 29 g Fett, davon 12 g gesättigte Fettsäuren • 31 g Kohlenhydrate

Dazu passt ein Salat aus halbierten **Cocktailtomaten** und **Rucola**. Kleine gegarte Kartoffeln aus dem Glas sind schnell aufgewärmt und passen ebenfalls sehr gut zur Quiche.

Zucchini-Lauch-Quiche mit Ziegenkäse Ⓥ

1 große Zucchini sehr fein würfeln. **1 Stange Lauch** in dünne Scheiben schneiden. **20 g Butter** in einem Topf zerlassen. Das Gemüse darin in 5 Minuten bissfest dünsten; herausnehmen und abkühlen lassen. **125 g Ziegenkäse** zerbröckeln oder in Scheiben schneiden. Das Gemüse auf dem Teigboden verteilen, mit dem Käse bestreuen bzw. belegen und in Schritt 3 mit der Eier-Milch-Mischung begießen; backen.

... Variante

1 Wenn es die Zeit erlaubt, den Teig in der Verpackung in 20 Minuten Raumtemperatur annehmen lassen (dann reißt er beim Entrollen nicht so leicht). Den Backofen auf 200 °C vorheizen. Ein Backblech darin erhitzen. Die Teigrolle über einer Tarteform (20 cm ⌀) behutsam entrollen. Die Form sorgfältig mit dem Teig auskleiden. Überhängenden Teig mit einem scharfen Messer abschneiden. Den Teigboden mit einem Stück Backpapier belegen und darauf getrocknete Hülsenfrüchte oder zusammengeknüllte Alufolie geben. Die Form auf das heiße Blech setzen und den Teigboden im Ofen 10 Minuten backen. Papier und Hülsenfrüchte bzw. Folie entfernen und den Teigboden weitere 5 Minuten backen.

2 In der Zwischenzeit für die Füllung Schinken und Frühlingszwiebeln mischen. Die Eier in einem Rührbecher mit Milch, Sahne, Salz und Pfeffer leicht verquirlen.

3 Den Teigboden mit der Hälfte des Käses bestreuen. Die Schinken-Zwiebel-Mischung darauf verteilen, mit dem restlichen Käse bestreuen und mit der Eiermischung begießen. Die Quiche 30 Minuten backen, bis die Füllung goldbraun ist und sich beim Daraufdrücken fest anfühlt.

Blumenkohl und Brokkoli mit Gorgonzolasauce

Mit würzigem Gorgonzola wird aus schlichtem Kohlgemüse etwas ganz Besonderes. Reichen Sie Nudeln zu diesem herzhaften Auflauf – oder eine Wildreismischung, die etwas Extravaganz ins Spiel bringt.

Für 4 Portionen Ⓥ

300 g Blumenkohl, in Röschen geteilt

250 g Brokkoli, in Röschen geteilt

40 g Butter

1 kleine Zwiebel, fein gewürfelt

2½ EL Mehl

300 ml fettarme Milch

150 g pikanter Gorgonzola, grob gewürfelt oder zerbröckelt

2 Tomaten, in Scheiben geschnitten

Nährwerte pro Portion etwa
- 350 kcal • 17 g Eiweiß
- 23 g Fett, davon 14 g gesättigte Fettsäuren • 19 g Kohlenhydrate

Zubereiten **30** Minuten

1 **Blumenkohl und Brokkoli** in einen Topf mit sprudelnd kochendem Wasser geben und in 3–4 Minuten bissfest garen. Abgießen; das Kochwasser für die Sauce auffangen.

2 **Die Butter** in dem Topf zerlassen und die Zwiebelwürfel darin unter Rühren in etwa 5 Minuten glasig, aber nicht braun werden lassen. Das Mehl mit einem Kochlöffel unterrühren, dann nach und nach die Milch und 150 ml Kochwasser zufügen. Unter ständigem Rühren aufkochen und 2 Minuten köcheln lassen, bis eine glatte Sauce entstanden ist.

3 **Den Backofengrill** auf höchster Stufe vorheizen. Zwei Drittel des Käses unter die Sauce rühren und die Sauce abschmecken. Blumenkohl und Brokkoli untermischen und das Ganze in eine vorgewärmte Auflaufform geben.

4 **Den Auflauf** mit den Tomatenscheiben belegen und mit dem restlichen Käse bestreuen. Unter dem heißen Grill 4–5 Minuten gratinieren.

Alternative Anstelle von Gorgonzola können Sie gewürfelten **Greyerzer** nehmen. In diesem Fall die Wassermenge in Schritt 2 auf 200 ml erhöhen.

Blumenkohl mit Käsesauce Ⓥ

Den Brokkoli weglassen, stattdessen **600 g Blumenkohl** verwenden. Die Wassermenge in Schritt 2 auf 200 ml erhöhen. Den Gorgonzola durch **alten Gouda** ersetzen. In Schritt 3 die Sauce zusätzlich mit **1 TL Dijonsenf** abschmecken.

... Variante

Die Käsesauce kann man auch einfrieren: Die Sauce mit 500 ml Milch zubereiten und vor dem Einfrieren abkühlen lassen. Nach Belieben können Sie die Sauce in größeren Mengen herstellen. Dafür die angegebenen Zutaten verdoppeln oder verdreifachen und die Sauce in Portionen von etwa 250 oder 500 ml einfrieren, z. B. in Eiswürfelbereitern. Ein Bereiter fasst etwa 250 ml Sauce. Die Würfel lassen sich einzeln entnehmen und sind praktisch, wenn Sie nur wenig Sauce oder etwas mehr als eine eingefrorene Portion brauchen.

... klug vorbereiten

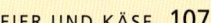

5 extraschnelle Gerichte mit Käse

Falls Sie immer wieder den gleichen Käse in der Küche verwenden, sorgen Sie doch einmal für Abwechslung. Oft genügt es, eine neue Käsesorte auszuprobieren, um einem Gericht eine interessante Note zu verleihen. Alle Rezepte gelten für 4 Portionen.

Getoastete Ciabatta mit Fontina und Schinken

Geröstete Paprika in Öl aus dem Glas (280 g) abtropfen lassen; in Streifen schneiden. Mit **125 g Salatmischung, 2 EL Olivenöl, 2 EL Zitronensaft, 1 zerdrückten Knoblauchzehe** und etwa **20 g gehackter Petersilie** sowie Salz und Pfeffer in einer großen Schüssel mischen. **250 g Fontina oder Dolcelatte** in Scheiben schneiden und auf dicke getoastete Ciabattascheiben legen bzw. streichen. Sofort mit **200 g luftgetrocknetem Schinken** und dem Salat servieren.

Nährwerte pro Portion etwa • 495 kcal • 20 g Eiweiß
• 31 g Fett, davon 14 g gesättigte Fettsäuren • 35 g Kohlenhydrate

Zubereiten **15** *Minuten*

Kichererbsensalat mit Feta

250 g Feta in 2 cm große Würfel schneiden. In eine Schüssel füllen und **½ TL getrockneten Oregano**, reichlich schwarzen Pfeffer, **1 gute Prise Chiliflocken, 1 EL Zitronensaft** und **3 EL Olivenöl** daraufgeben. Alles behutsam mischen und durchziehen lassen. Inzwischen **Kichererbsen aus der Dose (400 g)** in ein Sieb schütten, abtropfen lassen und in eine Salatschüssel geben. **100 g halb getrocknete Tomaten** grob hacken und zusammen mit **75 g Brunnenkresse** zufügen. Die Fetamischung behutsam unterheben. (V)

Nährwerte pro Portion etwa • 430 kcal • 16 g Eiweiß
• 36 g Fett, davon 12 g gesättigte Fettsäuren • 12 g Kohlenhydrate

Zubereiten **10** *Minuten*

• Blauschimmelkäse sind meist kräftig im Geschmack, z. B. **Roquefort** (Frankreich), **Blue Stilton** (England), **Gorgonzola** oder **Dolcelatte** (Italien). • Weißschimmelkäse wie **Brie** und **Camembert** haben Geschmacksnoten von mildsahnig bis kräftig-pikant. • **Parmesan** und **Grana Padano** sind italienische Hartkäse mit kräftigem Aroma. • **Mozzarella** aus Kuh- oder Büffelmilch schmeckt sanft säuerlich. Er eignet sich zum Überbacken und für Salate.

... Käsevielfalt

Nudeln mit Parmesan und Zucchini

400 g Eiernudeln nach Packungsangabe garen; in ein Sieb schütten und abtropfen lassen. Inzwischen **2 EL Öl** in einer Pfanne erhitzen. **1 kleine rote Zwiebel** fein würfeln und darin 3 Minuten dünsten. **4 Zucchini** raspeln und **2 Knoblauchzehen** zerdrücken. Beides in die Pfanne geben und bei mittlerer bis starker Hitze unter häufigem Rühren 2 Minuten garen. Die Nudeln und **150 g Sahne** (nach Belieben) zufügen und alles behutsam mischen; abschmecken. In eine Servierschüssel füllen und mit **50 g geriebenem Parmesan oder Grana Padano** bestreuen. Dazu passt Tomatensalat mit einem einfachen Dressing (siehe S. 31).

Nährwerte pro Portion etwa • 540 kcal
• 20 g Eiweiß • 18 g Fett, davon 8 g gesättigte Fettsäuren
• 78 g Kohlenhydrate

Zubereiten **20** *Minuten*

Käsetoasts

Den Backofengrill vorheizen. **250 g Cheddar** raspeln und mit **10 g Butter**, **1 TL körnigem oder Dijonsenf**, reichlich schwarzem Pfeffer und **4 EL Bier oder fettarmer Milch** in einen Topf geben. Bei schwacher Hitze unter Rühren schmelzen lassen, bis die Mischung glatt und cremig ist. Die Masse auf **4 dicke Scheiben Kastenweißbrot** streichen. Unter dem heißen Grill überbacken. Dazu passen gegrillte Champignons und Blattsalat.

Nährwerte pro Portion etwa • 385 kcal • 21 g Eiweiß
• 25 g Fett, davon 15 g gesättigte Fettsäuren • 20 g Kohlenhydrate

Zubereiten **10** *Minuten*

Schnelle Makkaroni mit Ziegenkäse

500 g Makkaroni in reichlich kochendem Wasser nach Packungsangabe garen. 3 Minuten vor Ende der Garzeit **250 g TK-Erbsen** zufügen. In ein Sieb schütten und abtropfen lassen, dabei etwa **5 EL Kochwasser** auffangen. Die Pasta in eine Servierschüssel geben. Das aufgefangene Wasser mit der **abgeriebenen Schale von 1 unbehandelten Zitrone** und dem **Saft von ½ Zitrone** sowie Salz und Pfeffer verrühren. Über Nudeln und Erbsen gießen. **125 g Ziegenfrischkäse** zerbröckeln, zufügen und alles gut mischen. Mit gemischtem Salat servieren.

Nährwerte pro Portion etwa • 490 kcal • 22 g Eiweiß
• 10 g Fett, davon 6 g gesättigte Fettsäuren • 82 g Kohlenhydrate

Zubereiten **15** *Minuten*

Moussaka für jeden Tag

Dies ist eine einfache Version des beliebten griechischen Klassikers. Statt gegrillter Auberginenscheiben werden Auberginenwürfel verwendet. Darauf kommen gegarte Kartoffeln und ein Eier-Käse-Guss. Reichen Sie dazu Salat.

Für 4 Portionen

1 kg Frühkartoffeln, halbiert
2 EL Olivenöl
2 Zwiebeln, fein gewürfelt
500 g mageres Lammhackfleisch
2 Auberginen, grob gewürfelt
¼ TL gemahlener Zimt
1 Dose gehackte Tomaten (400 g)
100 ml Lamm- oder Gemüsefond (Glas)
½ TL getrocknete Kräutermischung
1 EL Speisestärke
225 ml Milch
1 Ei, verquirlt
1 TL Senf (nach Belieben)
75 g Emmentaler, gerieben

Nährwerte pro Portion etwa
• 510 kcal • 34 g Eiweiß • 17 g Fett, davon 2 g gesättigte Fettsäuren
• 58 g Kohlenhydrate

1 Die Kartoffeln in leicht gesalzenem Wasser weich kochen; abgießen. Inzwischen das Öl in einer beschichteten Pfanne bei mittlerer Hitze heiß werden lassen. Zwiebeln und Hackfleisch darin unter häufigem Rühren 5 Minuten braten.

2 Die Auberginenwürfel zufügen und bei starker Hitze 3 Minuten mitbraten.

3 Zimt, Salz und Pfeffer sowie Tomaten, Fond und Kräuter zugeben. Alles gut verrühren und zugedeckt 15 Minuten köcheln lassen. Inzwischen den Backofen auf 200 °C vorheizen.

4 In der Zwischenzeit die Speisestärke mit 2 EL Milch in einen Topf geben. Mit einem Kochlöffel verrühren, dann die restliche Milch untermischen. Bei mittlerer Hitze unter Rühren aufkochen lassen, bis die Flüssigkeit andickt, und noch 3 Minuten köcheln lassen. Vom Herd nehmen und unter Rühren etwas abkühlen lassen. Das Ei darunterschlagen und die Sauce mit Senf (nach Belieben), Salz und Pfeffer würzen.

5 Die Fleisch-Auberginen-Mischung in eine vorgewärmte flache Auflaufform füllen und darin verteilen. Die Kartoffelhälften mit den Schnittflächen nach oben darauflegen. Das Ganze mit der Sauce begießen und mit dem Käse bestreuen. Im oberen Bereich des heißen Ofens etwa 20 Minuten backen, bis die Oberfläche gebräunt ist.

Bobotie aus Südafrika

Die Kartoffeln weglassen. **1 dicke Scheibe Weißbrot** in **200 ml Milch** einweichen; gut ausdrücken, die Milch auffangen. In Schritt 2 die Auberginen weglassen. Das Brot in Stücke zupfen und zum gebratenen Fleisch geben. **1 EL Currypulver** (mild oder scharf, nach Geschmack), **3 EL Mango-Chutney** und **1 EL Rosinen** unterrühren. Salzen, pfeffern und mit etwas Zitronensaft abschmecken. Die Mischung in eine gefettete Auflaufform geben. Eierguss und Käse weglassen. Die aufgefangene Milch mit **1 verquirlten Ei** mischen und mit einem Löffel auf dem Fleisch verteilen. Bei 180 °C etwa 30 Minuten backen, bis die Oberfläche goldbraun ist.

Lammfleisch mit Fenchel und Koriander

Die Kartoffeln weglassen. Das Lammhackfleisch mit Zwiebeln und Tomaten wie beschrieben, jedoch ohne Auberginen garen. Den Zimt durch **1 TL gemahlenen Koriander** ersetzen. Die Hälfte der Fleischmischung in eine Auflaufform geben. **2 große (oder 3 mittelgroße) Fenchelknollen** längs in Scheiben schneiden. Die Scheiben vierteln und in kochendem Wasser 5 Minuten garen, dann abgießen, abtropfen lassen und auf dem Fleisch verteilen. Die restliche Fleischmischung daraufgeben. Eierguss und Käse weglassen. Die Form mit einem Deckel oder mit Alufolie verschließen und den Auflauf bei 180 °C etwa 30 Minuten backen.

... Varianten

Kartoffelauflauf mit Camembert

Diese Tartiflette aus Savoyen wird mit kleinen Frühkartoffeln zubereitet, damit es schneller geht. Servieren Sie Cornichons, Radieschen und grünen Salat dazu.

Für 4 Portionen

750 g Frühkartoffeln

4 Scheiben magerer Schinkenspeck ohne Schwarte

4 Frühlingszwiebeln, in Ringe geschnitten

1 Camembert (250 g)

100 g Sahne

Nährwerte pro Portion etwa

• 405 kcal • 23 g Eiweiß • 22 g Fett, davon 13 g gesättigte Fettsäuren
• 31 g Kohlenhydrate

Vorbereiten 15 Minuten

Garen im Ofen 10 Minuten

1 Den Backofen auf 230 °C vorheizen. Die Kartoffeln weich kochen oder dämpfen. Abgießen, gut abtropfen lassen und in eine gefettete Auflaufform geben.

2 In der Zwischenzeit den Speck in dünne Streifen schneiden. Diese in eine kalte beschichtete Pfanne geben und ohne zusätzliches Fett bei starker Hitze in etwa 1 Minute knusprig braten. Mit einem Schaumlöffel aus der Pfanne nehmen und mit den Frühlingszwiebelringen mischen.

3 Den Camembert horizontal halbieren. Die Rinde kreuzförmig einschneiden, damit der Käse später besser schmilzt.

4 Die Speckmischung auf die Kartoffeln streuen. Das Ganze mit reichlich schwarzem Pfeffer würzen und mit der Sahne begießen. Die Käsestücke mit den Schnittflächen nach unten darauflegen. Den Auflauf 7–10 Minuten backen, bis der Käse geschmolzen ist; sehr heiß servieren.

Alternativen • Den Speck weglassen und stattdessen **Salamischeiben, Räucher- oder luftgetrockneten Schinken oder Würstchen** verwenden. • Sie können den Speck auch durch **125 g Champignons oder Shiitakepilze** ersetzen; in Scheiben schneiden und in **1 EL Öl** braten. • Nehmen Sie anstelle von Kartoffeln einmal **750 g gegarte Rote Bete** (ohne Essig), geschält und in dicke Scheiben geschnitten. In eine gefettete Auflaufform geben, mit **gewürfeltem gekochtem Schinken oder durchwachsenem Speck** bestreuen und mit der Sahne begießen. **250 g Bavaria Blue** in Scheiben schneiden und darauflegen. Den Auflauf wie oben beschrieben backen.

Gebratener Halloumi mit Gemüse

Einfach Öl mit Knoblauch und Thymian aromatisieren, mediterranes Gemüse darin wenden und das Ganze mit leicht salzigem Halloumi rasch braten – fertig ist ein tolles Essen, zu dem Couscous besonders gut passt.

Für 4 Portionen (V)

2 Zucchini

1 Aubergine

1 rote Paprikaschote, in breite Streifen geschnitten

8 Cocktailtomaten

3 EL Olivenöl

1 Knoblauchzehe, zerdrückt

1 TL Thymianblättchen

250 g Halloumi (zyprischer Käse)

200 g Couscous

400 ml heiße Gemüsebrühe

Nährwerte pro Portion etwa

• 550 kcal • 25 g Eiweiß • 25 g Fett, davon 11 g gesättigte Fettsäuren

• 56 g Kohlenhydrate

1 Die Zucchini und die Auberginen längs halbieren, die Hälften längs in Scheiben schneiden. Mit den Paprikastreifen und den Cocktailtomaten in eine Schüssel geben. Das Öl mit Knoblauch, Thymian, Salz und Pfeffer verrühren. 2 EL davon zum Gemüse gießen und behutsam untermischen.

2 Eine Grillpfanne oder eine beschichtete Pfanne heiß werden lassen. Das Gemüse darin portionsweise pro Seite 1–2 Minuten braten, bis es Farbe angenommen hat; herausnehmen und warm halten.

3 Den Halloumi in 8 Stücke schneiden. Die Stücke pro Seite 1–2 Minuten braten, bis sie Farbe angenommen haben. Herausnehmen und mit dem Gemüse auf einer Platte anrichten.

4 In der Zwischenzeit den Couscous in einer hitzebeständigen Servierschüssel mit der Brühe begießen. Behutsam durchrühren, dann zudecken und 5 Minuten quellen lassen. Die restliche Ölmischung unterrühren und den Couscous zur Käse-Gemüse-Platte servieren.

Alternativen • Anstelle von mediterranem Gemüse können Sie **Maiskölbchen**, **grünen Spargel** und **Champignons** verwenden. • Servieren Sie zur Käse-Gemüse-Platte auch einmal geröstetes Knoblauchbrot aus **in Scheiben geschnittener Ciabatta** (siehe S. 95 unten).

Kartoffelgratin mit Käse und Schinken

Wenn Sie bei der Auswahl des Schinkens auf Qualität achten, schmeckt dieser schlichte Auflauf mit festkochenden Kartoffeln und Greyerzer am besten. Schichten Sie die Zutaten einfach aufeinander, und lassen Sie das Gratin im Ofen garen.

Vorbereiten **20** Minuten   Garen im Ofen **30** Minuten

Für 4 Portionen

800 g festkochende Kartoffeln

300 g Crème fraîche

150 ml fettarme Milch

2 Knoblauchzehen, in dünne Scheiben geschnitten

200 g gekochter Schinken in dicken Scheiben, fein gewürfelt

100 g Greyerzer oder Emmentaler, geraspelt

Nährwerte pro Portion etwa

• 565 kcal • 30 g Eiweiß • 35 g Fett, davon 20 g gesättigte Fettsäuren

• 33 g Kohlenhydrate

1 Den Backofen auf 190 °C vorheizen. Die Kartoffeln schälen und in Scheiben schneiden. Die Scheiben für 2–3 Minuten in sprudelnd kochendes Wasser geben. Sobald sie gerade eben weich sind, abgießen und gut abtropfen lassen. Die Crème fraîche mit der Milch glatt rühren.

2 Den Boden einer gefetteten Auflaufform mit einer Schicht Kartoffelscheiben belegen. Mit etwas Knoblauch und Schinken bestreuen, salzen und pfeffern. Eine Schicht Kartoffeln darauflegen und wie beschrieben weiterschichten; mit einer Schicht Kartoffeln abschließen.

3 Das Ganze mit der Milchmischung begießen und gleichmäßig mit dem Käse bestreuen. Das Gratin im heißen Ofen 30 Minuten backen, bis es goldbraun ist.

Alternativen • Anstelle von Greyerzer oder Emmentaler können Sie **würzigen Ziegenkäse oder gereiften Cheddar** verwenden. • Für ein vegetarisches Gericht ersetzen Sie den Schinken einfach durch **geriebenen oder gewürfelten Käse oder gebratene Pilze**. Am besten würfeln Sie Käse einer bestimmten Sorte, beispielsweise einen Blauschimmelkäse, und schichten die Würfel mit den Kartoffeln in die Form, anschließend bestreuen Sie das Gratin mit einer anderen Sorte geraspeltem Käse, wie z. B. Emmentaler.

Nudeln

Spaghetti mit Artischocken und Dicken Bohnen

Etwas Gemüse, ein paar getrocknete Tomaten und ein wenig Pesto – damit können Sie zu jeder Zeit ein einfaches Essen mit mediterranem Flair zubereiten, das im Nu fertig ist.

Für 4 Portionen (V)

400 g Spaghetti
250 g TK-Dicke-Bohnen-Kerne
1 Dose Artischockenherzen (400 g)
50 g halb getrocknete Tomaten, grob gewürfelt
4 EL Pesto (Fertigprodukt)
geriebener Parmesan oder Grana Padano, zum Servieren

Nährwerte pro Portion etwa

• 595 kcal • 22 g Eiweiß • 21 g Fett, davon 4 g gesättigte Fettsäuren
• 83 g Kohlenhydrate

1 **Die Spaghetti** in reichlich sprudelnd kochendem Salzwasser nach Packungsangabe bissfest garen. 5 Minuten vor Ende der Garzeit die gefrorenen Dicke-Bohnen-Kerne zugeben.

2 **In der Zwischenzeit** die Artischockenherzen abgießen, abtropfen lassen und in je 6 Stücke schneiden. Spaghetti und Bohnen in ein Sieb schütten, dabei 100 ml Kochwasser auffangen. Spaghetti und Bohnen in eine vorgewärmte Servierschüssel füllen. Artischocken und Tomaten untermischen.

3 **Das Pesto** mit dem aufgefangenen Kochwasser verrühren und zur Pasta geben. Mit reichlich schwarzem Pfeffer würzen. Das Gericht sofort servieren, geriebenen Käse dazu reichen.

Alternative Wenn die Zeit es erlaubt, können Sie **1 kg frische Dicke Bohnen** statt der TK-Dicke-Bohnen-Kerne verwenden. Um sie vorzubereiten, die Kerne aus den Schoten lösen, dann blanchieren und aus den Häutchen drücken.

Extratipp Am Ende von Schritt 2 können Sie noch **150 g Parma- oder gekochten Schinken** oder abgetropften und zerpflückten **Thunfisch aus der Dose (200 g)** zufügen.

Für 4 Portionen (V)

400 g Penne rigate
1 kg Butternusskürbis, geschält, geputzt und in 2 cm große Würfel geschnitten
1 EL Olivenöl
¼ TL Chiliflocken
¼ TL Kreuzkümmelsamen
150 g Ziegenfrischkäse, zerbröckelt
50 g Parmesan oder Grana Padano, gerieben

Nährwerte pro Portion etwa

• 545 kcal • 25 g Eiweiß • 18 g Fett, davon 9 g gesättigte Fettsäuren
• 75 g Kohlenhydrate

Tagliatelle mit Speck und Kürbis

1 kg Kürbis schälen, die Samen mit dem wattigen Inneren entfernen, das Fruchtfleisch würfeln. **1 große rote Zwiebel** in Ringe schneiden. Mit den Kürbiswürfeln und **150 g gewürfeltem Bacon** in eine Auflaufform geben. Alles mit **2 EL Olivenöl** beträufeln und im Backofen bei 230 °C unter gelegentlichem Rühren 15–20 Minuten rösten. **2 EL Pinienkerne** und **2 gehackte Knoblauchzehen** zufügen; alles noch 3 Minuten rösten. Inzwischen **350 g grüne Tagliatelle** bissfest garen. Abgießen und unter das geröstete Gemüse mischen. Geriebenen Parmesan dazu reichen.

Alternative Statt Bacon können Sie **3 kleine Bratwürste** (in 2 cm dicke Scheiben geschnitten) verwenden.

... Variante

Scharfe Penne mit Butternusskürbis

Das süßliche Kürbisaroma verträgt sich wunderbar mit Chili und Kreuzkümmel. Kommt cremiger Ziegenkäse dazu, entsteht in Sekundenschnelle eine köstliche Pastasauce. Ideale Beilage zu diesem pikanten Gericht sind Blattsalate.

1 **Die Penne** mit den Kürbiswürfeln in sprudelnd kochendem Salzwasser etwa 12 Minuten garen, bis die Kürbisstücke weich und die Penne bissfest sind. Alles in ein Sieb schütten (100 ml Kochwasser auffangen) und gut abtropfen lassen.

2 **Das Olivenöl** bei schwacher Hitze in den Nudeltopf geben. Die Chiliflocken und die Kreuzkümmelsamen zufügen und unter Rühren 1 Minute braten. Anschließend den Topf vom Herd nehmen.

3 **Die Nudel-Kürbis-Mischung** mit dem aufgefangenen Kochwasser in den Topf geben. Ziegenfrischkäse, Salz und Pfeffer zufügen und alles gründlich mischen. Das Ganze in eine Servierschüssel füllen, mit Parmesan bestreuen und sofort servieren.

Extratipp Ein unversehrter Butternusskürbis hält sich wochenlang an einem kühlen und dunklen Ort. Zwischendurch sollten Sie den Kürbis immer wieder prüfen.

Spaghetti mit scharfer Tomatensauce

Tomaten in Dosen, Paprika und Oliven in Gläsern – diese Zutaten sollten Sie immer im Haus haben. Im Handumdrehen entsteht daraus beispielsweise eine tolle Pastasauce, die Sie nur noch mit Spaghetti mischen müssen. Servieren Sie dazu Blattsalat.

Zubereiten 30 Minuten

Für 4 Portionen (V)

2 EL Olivenöl
1 große Zwiebel, fein gewürfelt
1 gute Prise Zucker
500 g passierte Tomaten
¼ TL Chiliflocken (oder
  nach Geschmack)
400 g Spaghetti
1 Glas geröstete Paprika in Öl
  (450 g)
50 g gefüllte grüne Oliven, halbiert
geriebener Parmesan oder Grana
  Padano zum Bestreuen

Nährwerte pro Portion etwa
• 515 kcal • 16 g Eiweiß • 14 g Fett,
davon 2 g gesättigte Fettsäuren
• 88 g Kohlenhydrate

Alternativen
Anstelle von Paprika können Sie **200 g TK-Dicke-Bohnen-Kerne** (nach Packungsangabe gegart) verwenden. Oder Sie nehmen geviertelte **eingelegte Artischockenherzen aus dem Glas (280 g)**.

1 **Das Olivenöl** in einem Topf erhitzen. Die Zwiebelwürfel darin mit dem Zucker unter gelegentlichem Rühren in etwa 5 Minuten glasig dünsten.

2 **Passierte Tomaten** und Chiliflocken zu den Zwiebelwürfeln geben und alles mischen. Aufkochen und bei mittlerer Hitze unter gelegentlichem Rühren 20 Minuten köcheln lassen. Die Sauce mit wenig Salz (die Oliven sind salzig!) und schwarzem Pfeffer abschmecken.

3 **In der Zwischenzeit** die Spaghetti in reichlich sprudelnd kochendem Wasser nach Packungsangabe bissfest garen. Die Paprikaschoten abgießen, abtropfen lassen und in Streifen schneiden.

4 **Die Pasta** in ein Sieb schütten und abtropfen lassen, dann in eine vorgewärmte Servierschüssel füllen. Die Sauce daraufgeben, Paprika und Oliven zufügen. Alles behutsam mischen. Sofort mit geriebenem Käse servieren.

Extratipp Sie können mit Paprika, Mandeln oder Sardellen gefüllte Oliven verwenden oder aber auch einfach nur entsteinte Oliven ohne Füllung.

Wenn Sie extrem wenig Zeit haben, kann Tomatensauce für Pasta aus dem Glas oder der Packung sehr nützlich sein. Lesen Sie hier, wie Sie solch einem Fertigprodukt mehr Pfiff geben können:

• **Fertige Tomatensauce** in einen Topf geben. **125 g Knoblauchwurst oder Wiener Würstchen** (in Scheiben geschnitten) und **Cannellini- oder grüne Bohnen aus der Dose (400 g)** zufügen. Die Sauce erhitzen.

• **200 g luftgetrockneten Schinken** (in Streifen geschnitten) in einer Pfanne braten. **Scharfe Tomatensauce (z. B. Arrabiata)**, Artischockenherzen aus dem Glas (280 g) (geviertelt) und **geröstete Paprikastücke aus dem Glas (280 g)**, in Streifen geschnitten, zugeben. Sauce erhitzen.

• **250 g Schweine- oder Lammfleisch** (roh oder gegarte Bratenreste, in Streifen geschnitten) in **1 EL Öl** – rohes Fleisch 7 Minuten, gegartes 4 Minuten – braten. **1 Knoblauchzehe** (zerdrückt) und **1 Zucchini** (in dicke Stifte geschnitten) zum Fleisch geben. **Fertige Tomatensauce** unterrühren. Nach Packungsangabe sehr heiß werden lassen.

• **Fertige Tomatensauce** in einen Topf füllen und **etwa 450 g TK-Meeresfrüchte** unterrühren. Die Sauce nach Packungsangabe erhitzen.

• **100 g Champignons** (in Scheiben geschnitten), **1 Zucchini** (in Stifte geschnitten) und **1 Knoblauchzehe** (zerdrückt) unter Rühren in etwas Olivenöl anbraten. **Fertige Tomatensauce** unterrühren. Die Sauce erhitzen.

... Zeit sparen mit Tomatensauce aus dem Glas

Schnelle Spaghetti Bolognese

Sauce Bolognese mag fast jeder. Hier ist eine schnelle Variante, die dem Original in Sachen Aroma jedoch in nichts nachsteht. Reichen Sie zur Pasta nach Belieben bunt gemischten Salat.

Vorbereiten 10 Minuten

Garen 18 Minuten

Für 4 Portionen
2 EL Olivenöl

500 g mageres Rinderhackfleisch

1 große Zwiebel, fein gewürfelt

1 Möhre, geschält und fein gewürfelt

2 Stangen Sellerie, fein gewürfelt

4 Knoblauchzehen, zerdrückt

1 Dose gehackte Tomaten (400 g)

500 g passierte Tomaten

1 gute Prise getrockneter Oregano (oder nach Geschmack)

400 g Spaghetti

geriebener Parmesan zum Bestreuen

Nährwerte pro Portion etwa
• 685 kcal • 43 g Eiweiß • 20 g Fett, davon 6 g gesättigte Fettsäuren
• 89 g Kohlenhydrate

1 Eine große Pfanne mit hohem Rand bei starker Hitze heiß werden lassen. Das Öl hineingeben und das Hackfleisch darin in etwa 2 Minuten unter Rühren krümelig braten; größere Klümpchen mit einem Löffelrücken zerdrücken.

2 Zwiebel, Möhre, Sellerie und Knoblauch zufügen. 1 Minute rühren, dann gehackte und passierte Tomaten sowie den Oregano zugeben und alles gut vermischen. Die Sauce unter gelegentlichem Rühren bei mittlerer Hitze in etwa 15 Minuten dick einkochen lassen.

3 In der Zwischenzeit die Spaghetti in reichlich sprudelnd kochendem Salzwasser nach Packungsangabe bissfest garen. In ein Sieb schütten, abtropfen lassen und in eine vorgewärmte Servierschüssel füllen.

4 Die Sauce abschmecken, zu den Spaghetti geben und behutsam untermischen. Das Gericht sofort servieren, den geriebenen Parmesan dazu reichen.

Alternative Noch herzhafter wird die Sauce, wenn Sie 100 g Hackfleisch durch **100 g in Stücke geschnittene Hähnchen- oder Putenleber** ersetzen. Nachdem die Sauce 5 Minuten gekocht hat, außerdem etwa **100 g Sahne** unterrühren.

Sauce, die Sie nicht sofort verbrauchen, rasch abkühlen lassen und im Kühlschrank maximal 2 Tage aufbewahren. Oder füllen Sie den Saucenrest in eine Gefrierdose – im Tiefkühlgerät hält er sich bis zu 1 Monat. Zum Servieren auftauen, aufkochen und 10 Minuten köcheln lassen.

... aufbewahren

Nudelauflauf mit Sauce Bolognese
Wenn Sie die doppelte Menge Sauce zubereiten, können Sie eine Portion für einen einfachen Nudelauflauf verwenden. Für den Auflauf **400 g kurze Makkaroni** nach Packungsangabe bissfest garen. **2 EL geriebenen Parmesan** und **100 g Ricotta** unter die Fleischsauce rühren. Die gut abgetropften Nudeln unter die Sauce mischen und das Ganze in eine gefettete Auflaufform geben. Mit **50 g gewürfeltem Mozzarella** und **2 EL geriebenem Parmesan** bestreuen und im heißen Ofen etwa 20 Minuten bei 200 °C backen, bis die Oberfläche schön gebräunt ist.

Bolognese mit Schweinefleisch und Chorizo
Anstelle von Rinderhackfleisch **Schweine- oder Kalbshackfleisch** verwenden. **50 g Chorizo** (spanische Paprikawurst) in dicke Scheiben schneiden und diese vierteln. Während die Sauce einkocht, die Wurststücke in einer Pfanne ohne zusätzliches Fett 2 Minuten braten. Die Sauce unter die Nudeln mischen und das Gericht vor dem Servieren mit den gebratenen Wurststücken bestreuen.

... Varianten

Spaghetti mit Eiern und Speck

Für diese Schnellversion des italienischen Klassikers Spaghetti Carbonara benötigen Sie nur ein paar einfache Zutaten. Eine Käse-Eier-Creme stockt in den heißen Nudeln, Speck und Frühlingszwiebeln sorgen für zusätzliches Aroma.

Für 4 Portionen

400 g Spaghetti

100 g TK-Erbsen

100 g durchwachsener Speck in Scheiben (ohne Schwarte), in 1 cm breite Streifen geschnitten

6 Frühlingszwiebeln, in Ringe geschnitten

50 g Parmesan, gerieben, mehr zum Bestreuen

4 Eier

100 g Kochsahne (15 % Fett)

Nährwerte pro Portion etwa

• 630 kcal • 32 g Eiweiß • 23 g Fett, davon 10 g gesättigte Fettsäuren • 78 g Kohlenhydrate

---

● Fertig gekaufter gewürfelter **Frühstücksspeck** (Bacon) kann die Zubereitung sehr beschleunigen.

● **Spaghettini** (sehr dünne Spaghetti) sind in nur 3 Minuten bissfest gegart.

... Zeit sparen

Zubereiten 20 Minuten

1 **Die Spaghetti** in reichlich sprudelnd kochendem Salzwasser nach Packungsangabe bissfest garen. 3 Minuten vor Ende der Garzeit die gefrorenen Erbsen zugeben und das Wasser erneut aufkochen lassen.

2 **In der Zwischenzeit** die Speckstreifen in einer Pfanne ohne zusätzliches Fett in 4–5 Minuten unter gelegentlichem Rühren knusprig braten. Das ausgetretene Fett bis auf 1 EL aus der Pfanne gießen. Die Frühlingszwiebeln zum Speck geben und unter Rühren bei schwacher Hitze in etwa 1 Minute glasig werden lassen.

3 **Den Parmesan** mit einer Gabel in einer Schüssel mit Eiern und Sahne verrühren; salzen und pfeffern.

4 **Spaghetti und Erbsen** in ein Sieb schütten und abtropfen lassen. Wieder in den Topf geben und die Speckmischung zufügen. Vom Herd nehmen und sofort die Parmesanmischung gründlich unterrühren, bis die Eier stocken und eine cremige Sauce entsteht. Das Gericht in eine Servierschüssel füllen, mit Parmesan bestreuen und sofort servieren.

Alternativen • Wenn Sie Parmesan, Eier und Sahne weglassen, können Sie eine cremige Sauce so herstellen: **125 g Kräuterfrischkäse** mit **100 ml Milch** unter ständigem Rühren heiß werden lassen. Zu Spaghetti, Erbsen, Speck und Frühlingszwiebeln geben und untermischen; sofort servieren. • Statt Speck und Frühlingszwiebeln können Sie **125 g Räucherlachs** (in Streifen geschnitten) und **2 EL Schnittlauchröllchen** unter Spaghetti und Erbsen mischen.

5 Nudelsaucen in Minutenschnelle

Nudelgerichte sind beliebt und eigentlich immer willkommen. Das Gute: Während die Nudeln garen, können Sie die Sauce zubereiten – ideal, wenn die Zeit drängt. Lassen Sie sich von diesen Rezepten (alle gelten für 4 Portionen) zu eigenen Kreationen inspirieren.

Die folgenden Zutaten sollten Sie stets im Vorrat haben, um jederzeit ein schnelles, leckeres Nudelgericht zubereiten zu können:
- Nudeln
- Olivenöl
- Knoblauch
- ein Stück Parmesan oder Grana Padano

... Vorratshaltung

Chilisauce aus frischen Tomaten

350 g Spaghetti in sprudelnd kochendem Salzwasser nach Packungsangabe bissfest garen. In ein Sieb schütten und abtropfen lassen. **8 große Tomaten** (in Stücke geschnitten), **2 zerdrückte Knoblauchzehen**, **2 EL gehackte Petersilie**, **2 EL Olivenöl** und die Spaghetti in einer großen Schüssel mischen. Mit schwarzem Pfeffer und **Chiliflocken** abschmecken, mit **geriebenem Parmesan oder Grana Padano** bestreuen und sofort servieren.

Nährwerte pro Portion etwa
- 400 kcal • 13 g Eiweiß • 8 g Fett, davon
2 g gesättigte Fettsäuren • 74 g Kohlenhydrate

Zubereiten **15** *Minuten*

Pasta mit Pesto

350 g Tagliatelle in sprudelnd kochendem Salzwasser nach Packungsangabe bissfest garen. In ein Sieb schütten und abtropfen lassen, dabei **100 ml Kochwasser** auffangen. Die Pasta in eine Schüssel geben. Das Kochwasser mit **4 EL Pesto** (Fertigprodukt) verrühren; unter die Pasta mischen. **200 g Stremellachs** (zerpflückt) auf der Pasta anrichten. Das Gericht mit frisch gemahlenem schwarzem Pfeffer würzen und mit **geriebenem Parmesan oder Grana Padano** servieren.

Nährwerte pro Portion etwa
- 540 kcal • 28 g Eiweiß • 21 g Fett, davon
5 g gesättigte Fettsäuren • 65 g Kohlenhydrate

Zubereiten **15** *Minuten*

Sauce mit Cocktailtomaten und Sardellen

350 g Farfalle nach Packungsangabe bissfest garen; in ein Sieb schütten, abtropfen lassen und in eine große Schüssel füllen. Inzwischen in Öl eingelegte **Sardellenfilets aus einer kleinen Dose (50 g)** abtropfen lassen und in eine beschichtete Pfanne geben. **2 Knoblauchzehen** (fein gehackt) und **250 g Cocktailtomaten** (halbiert) zufügen. Alles unter Rühren 3–4 Minuten dünsten, die Sardellen dabei zerdrücken. Schwarzen Pfeffer aus der Mühle oder Chiliflocken und **2 EL gehackte Petersilie** untermischen. Die Sauce unter die Nudeln heben.

Nährwerte pro Portion etwa
- 335 kcal • 14 g Eiweiß • 3 g Fett, davon 0,5 g gesättigte Fettsäuren
- 67 g Kohlenhydrate

Zubereiten **15** Minuten

Speck-Balsamico-Sauce

350 g Linguine in sprudelnd kochendem Salzwasser nach Packungsangabe bissfest garen. In ein Sieb schütten und abtropfen lassen, dabei **100 ml Kochwasser** auffangen. In der Zwischenzeit **1 EL Öl** in einer großen Pfanne heiß werden lassen und darin **125 g gewürfelten durchwachsenen Speck** knusprig braten. **1 EL Balsamico-Essig** zugeben und kräftig rühren, um den Bratsatz zu lösen. Die Nudeln in eine Schüssel füllen und die Speckmischung, das aufgefangene Kochwasser und **125 g Rucola** unterheben. Mit reichlich schwarzem Pfeffer aus der Mühle würzen und sofort servieren.

Nährwerte pro Portion etwa
- 435 kcal • 17 g Eiweiß • 13 g Fett, davon
4 g gesättigte Fettsäuren • 65 g Kohlenhydrate

Zubereiten **15** Minuten

Fünf-Gewürze-Nudeln

Im Wok oder in einer Pfanne **2 EL Sonnenblumenöl** heiß werden lassen. **2 Knoblauchzehen** (fein gehackt), **1 große Zwiebel** (in dünne Ringe geschnitten) und **2 TL geriebenen Ingwer** darin 2 Minuten pfannenrühren. **500 g Wok-Gemüse** (TK-Ware oder aus dem Beutel) zufügen; alles weitere 5 Minuten pfannenrühren. Mit **2 EL Sojasauce** und **½ TL Fünf-Gewürze-Pulver** würzen. **300 g Instant-Wok-Nudeln** untermischen und nach Packungsangabe garen. Das Gericht mit **125 g gerösteten Erdnusskernen** bestreuen und sofort servieren. Ⓥ

Nährwerte pro Portion etwa
- 425 kcal • 14 g Eiweiß • 23 g Fett, davon
4 g gesättigte Fettsäuren • 42 g Kohlenhydrate

Zubereiten **15** Minuten

Farfalle mit Brokkoli und Sardellen

Pasta mit Brokkoliröschen, Sardellenfilets und Petersilie erhält durch genau die richtige Menge Chili eine angenehme Schärfe. Zu diesem schnellen, frischen Gericht passt Tomatensalat mit Frühlingszwiebeln besonders gut.

Zubereiten
25
Minuten

Für 4 Portionen

400 g Farfalle

300 g Brokkoli

1 Dose Sardellenfilets (50 g)

2 EL fettarme Milch

2 EL Olivenöl

4 große Knoblauchzehen, zerdrückt

1 kleines Bund Petersilie, gehackt

¼ TL Chiliflocken

20 g Butter

geriebener Parmesan zum
Bestreuen (nach Belieben)

Nährwerte pro Portion etwa

• 525 kcal • 18 g Eiweiß • 14 g Fett,
davon 4 g gesättigte Fettsäuren
• 75 g Kohlenhydrate

1 **Die Farfalle** in reichlich sprudelnd kochendem Salzwasser nach Packungsangabe bissfest garen. Inzwischen den Brokkoli von harten Stielen befreien, die Röschen je nach Größe halbieren oder vierteln. 1 Minute vor Ende der Garzeit die Röschen zu den Nudeln geben. Nudeln und Brokkoli in ein Sieb schütten und gut abtropfen lassen, dabei 100 ml Kochwasser auffangen.

2 **In der Zwischenzeit** die Sardellenfilets abtropfen und 5 Minuten in der Milch ziehen lassen, um ihnen Salz zu entziehen. Anschließend abgießen und die Filets in kleine Stücke schneiden.

3 **Das Olivenöl** im Nudeltopf bei mittlerer Hitze heiß werden lassen. Sardellen, Knoblauch, Petersilie und Chiliflocken darin unter Rühren 2 Minuten braten.

4 **Nudeln und Brokkoli** sowie das aufgefangene Kochwasser und reichlich schwarzen Pfeffer aus der Mühle zufügen und behutsam wenden. Die Butter zugeben und untermischen, bis sie geschmolzen ist. Das Gericht auf vorgewärmte Teller verteilen, nach Belieben mit Parmesan bestreuen und sofort servieren.

Kochtipps • Sie können in Schritt 3 mit Sardellen, Knoblauch, Chili und Petersilie noch **1 EL Kapern oder 50 g gehackte getrocknete Tomaten** braten. • Oder Sie fügen in Schritt 3 noch **250 g geschälte gegarte Garnelen** zu; frische Garnelen 3 Minuten, gefrorene 4 Minuten garen.

Thunfisch-Lasagne

Weil Sie hier Ricotta anstelle der üblichen hellen Sauce verwenden, ist die Lasagne blitzschnell geschichtet. Während sie im Ofen gart, haben Sie Zeit für andere Dinge. Zur Lasagne passt am besten grüner Salat.

Vorbereiten **20** Minuten   Garen im Ofen **30** Minuten

Für 4 Portionen

2 Dosen Thunfisch (je 185 g)

500 g passierte Tomaten

9 schwarze Oliven, entsteint und
grob gehackt

250 g junger Blattspinat

250 g Lasagneblätter

250 g Ricotta

4 EL fettarme Milch

2 EL geriebener Parmesan

Nährwerte pro Portion etwa

• 525 kcal • 45 g Eiweiß • 21 g Fett,
davon 7 g gesättigte Fettsäuren
• 43 g Kohlenhydrate

1 **Den Backofen** auf 200 °C vorheizen. Eine Lasagne- oder eine Auflaufform dünn ausfetten.

2 **In der Zwischenzeit** den Thunfisch in einem Sieb abtropfen lassen und zerpflücken. Mit den passierten Tomaten in einen Topf geben und bei schwacher Hitze heiß werden lassen. Oliven und Spinat unterrühren. Das Ganze mit reichlich schwarzem Pfeffer aus der Mühle würzen und zugedeckt weitere 2 Minuten köcheln lassen, bis der Spinat zusammengefallen ist.

3 **Ein Drittel** der Thunfischsauce in die vorbereitete Form geben und glatt streichen. Mit einer Lage Lasagneblätter bedecken (falls nötig, etwas überlappend). Die Hälfte der restlichen Sauce daraufstreichen und diese mit Lasagneblättern bedecken; den Vorgang wiederholen.

4 **Den Ricotta** mit der Milch cremig rühren; salzen und pfeffern. Die Lasagne damit bestreichen und mit dem Parmesan bestreuen. Im heißen Ofen 25–30 Minuten backen. Herausnehmen und sofort servieren.

Alternativen • Anstelle von Spinat können Sie **400 g Mangold** (in dünne Streifen geschnitten) **oder Rucola** verwenden. • Der Thunfisch lässt sich durch **Makrelenfilets oder Sardinen aus der Dose** ersetzen.

Pasta mit Meeresfrüchten und Knoblauch

Kochen Sie eine TK-Meeresfrüchtemischung einige Minuten in einer Sauce aus Wein, Tomaten, Crème fraîche und Knoblauch – und schon können Sie ein Gericht auf den Tisch stellen, das alle begeistern wird.

Zubereiten 20 Minuten

Für 4 Portionen

400 g Linguine

2 EL Olivenöl

3 Knoblauchzehen, zerdrückt

4 EL Weißwein oder weißer Wermut

250 g Cocktailtomaten, geviertelt

etwa 450 g TK-Meeresfrüchte-mischung

3 EL Crème fraîche

1 Bund Petersilie, gehackt, oder TK-Petersilie

Nährwerte pro Portion etwa

• 550 kcal • 28 g Eiweiß • 12 g Fett, davon 3 g gesättigte Fettsäuren
• 75 g Kohlenhydrate

1 **Die Linguine** in reichlich sprudelnd kochendem Salzwasser nach Packungsangabe bissfest garen.

2 **In der Zwischenzeit** das Öl in einer Pfanne bei schwacher Hitze heiß werden lassen. Den Knoblauch hineingeben, dann Wein bzw. Wermut unterrühren und 1 Minute köcheln lassen. Anschließend die Tomaten, dann die gefrorenen Meeresfrüchte untermischen und alles unter gelegentlichem Rühren etwa 4 Minuten köcheln lassen, bis die Tomaten weich und die Meeresfrüchte ganz heiß sind. Die Crème fraîche unterrühren und die Sauce bei schwacher Hitze heiß werden lassen; abschmecken.

3 **Die Pasta** in ein Sieb schütten und gut abtropfen lassen. In eine große Schüssel füllen und die Sauce daraufgeben. Die Petersilie zufügen und alles behutsam, aber gründlich mischen. Sofort servieren.

Extratipp TK-Meeresfrüchtemischungen bestehen meist aus Garnelen, Muscheln und Tintenfischen, doch jeder Anbieter hat seine eigene Rezeptur. Sie können die Meeresfrüchte gefroren in die Pfanne geben.

Nudeln mit Chili und Meeresfrüchten

3 Frühlingszwiebeln in kurze Stücke schneiden, **2 Knoblauchzehen** fein hacken, **1 frische rote Chilischote** von den Samen befreien und fein hacken, **3 cm Ingwer** schälen und reiben. Etwa **450 g TK-Meeresfrüchte** in **2 EL Olivenöl** 1 Minute pfannenrühren. **200 g TK-Sojabohnenkerne** zufügen und 1 Minute mitbraten. Frühlingszwiebeln, Knoblauch, Chili und Ingwer zugeben und alles noch 2 Minuten pfannenrühren. **1 EL Sojasauce** und **100 ml Gemüsebrühe** untermischen. Das Ganze weitere 2 Minuten garen. Inzwischen **250 g asiatische Eiernudeln** nach Packungsangabe garen. In ein Sieb schütten und abtropfen lassen, dann mit der Sauce mischen. Sie können auch etwa **250 g Instant-Wok-Nudeln** direkt in die Sauce geben und unter Rühren 1–2 Minuten bzw. nach Packungsangabe darin garen.

... Variante

Pappardelle mit Huhn und Cocktailtomaten

In mundgerechte Stücke geschnittenes Hähnchenfleisch ist in Rekordzeit gar und verträgt sich aufs Beste mit fruchtig-süßen Kirschtomaten und pfeffrigem Rucola. Perfekte Begleiter zu dieser Sauce sind Pappardelle (breite Bandnudeln).

Für 4 Portionen

2 EL Olivenöl

1 rote Zwiebel, halbiert und in dünne Halbringe geschnitten

2 Knoblauchzehen, zerdrückt

500 g Hähnchenbrustfilet, in 2 cm große Würfel geschnitten

400 g Cocktailtomaten, halbiert

400 g Pappardelle

150 g Rucola

Nährwerte pro Portion etwa

• 550 kcal • 40 g Eiweiß • 10 g Fett, davon 2 g gesättigte Fettsäuren

• 80 g Kohlenhydrate

1 **Das Olivenöl** in einer Pfanne bei schwacher Hitze heiß werden lassen. Zwiebel und Knoblauch darin unter Rühren 2 Minuten braten. Das Hähnchenfleisch zufügen und bei mittlerer Hitze mitbraten. Die Hitze etwas reduzieren und die Tomatenhälften in die Pfanne geben. Das Ganze zugedeckt unter gelegentlichem Rühren 8–10 Minuten garen, bis die Tomaten sehr weich sind und das Fleisch durchgegart ist.

2 **In der Zwischenzeit** die Pappardelle in reichlich sprudelnd kochendem Salzwasser nach Packungsangabe bissfest garen. In ein Sieb schütten, abtropfen lassen und in eine vorgewärmte große Schüssel füllen.

3 **Den Rucola** unter die Sauce rühren; abschmecken. Die Sauce zu den Nudeln in die Schüssel geben und alles behutsam mischen. Sofort servieren.

Farfalle mit Bratwurst

Wenn es draußen bitterkalt ist, geht nichts über eine wärmende Mahlzeit wie diese hier. Übrigens: Je würziger die Wurst ist, desto besser schmeckt das Gericht.

Für 4 Portionen

400 g Bratwurst

2 EL Olivenöl

1 Zwiebel, gewürfelt

2 Knoblauchzehen, zerdrückt

125 g Champignons, halbiert

1 Dose gehackte Tomaten (400 g)

400 g Farfalle

1 Glas gegrillte Paprikastücke in Öl (280 g)

¼ TL Chiliflocken (oder nach Geschmack)

Nährwerte pro Portion etwa

• 660 kcal • 27 g Eiweiß • 29 g Fett, davon 8 g gesättigte Fettsäuren

• 79 g Kohlenhydrate

1 **Die Bratwürste** in mundgerechte Stücke schneiden. Das Öl in einer Pfanne heiß werden lassen. Die Wurststücke darin etwa 4 Minuten braten, bis sie leicht gebräunt sind. Zwiebel und Knoblauch zufügen und 1 Minute mitbraten, dann die halbierten Pilze zugeben. Alles zusammen 2 Minuten unter Rühren braten. Anschließend die Tomaten unterrühren. Die Sauce aufkochen und zugedeckt 5–10 Minuten köcheln lassen.

2 **In der Zwischenzeit** die Farfalle in reichlich sprudelnd kochendem Salzwasser nach Packungsangabe bissfest garen. Die Paprikastücke in ein Sieb schütten. Abtropfen lassen und in breite Streifen schneiden.

3 **Die Paprikastreifen** mit den Chiliflocken und reichlich schwarzem Pfeffer aus der Mühle in die Sauce geben und in etwa 1 Minute heiß werden lassen.

4 **Die Pasta** in ein Sieb schütten, abtropfen lassen und in eine vorgewärmte große Schüssel füllen. Die Sauce abschmecken, auf die Nudeln geben und behutsam untermischen. Sofort servieren.

Nudeln mit Huhn, Zuckerschoten und Maiskölbchen

Viel Gemüse zu essen – das ist kein Problem mit dieser Mischung aus Maiskölbchen, Zuckerschoten und Paprika. Das Gericht ist so köstlich, wie es farbenfroh ist, und steht in weniger als einer halben Stunde fertig auf dem Tisch.

Vorbereiten 15 Minuten

Garen 15 Minuten

Für 4 Portionen

200 – 250 g asiatische Eiernudeln

2 TL geröstetes Sesamöl

350 g Hähnchenbrustfilet, in dünne Scheiben geschnitten

1 Eiweiß

2 TL Speisestärke

1 EL Sonnenblumenöl

3 Frühlingszwiebeln, schräg in 2 cm lange Stücke geschnitten

250 g Mini-Maiskolben, längs halbiert

250 g Zuckerschoten, längs halbiert

1 rote Paprikaschote, in Streifen geschnitten

1 gelbe Paprikaschote, in Streifen geschnitten

5 EL Gelbe-Bohnen-Sauce

150 ml Gemüse- oder Hühnerbrühe

Nährwerte pro Portion etwa

• 485 kcal • 37 g Eiweiß • 11 g Fett, davon 1 g gesättigte Fettsäuren
• 63 g Kohlenhydrate

1 Die Nudeln in Salzwasser in etwa 4 Minuten oder nach Packungsangabe bissfest garen. In ein Sieb schütten und abtropfen lassen. Wieder in den Topf geben und 1 TL Sesamöl untermischen.

2 In der Zwischenzeit das Hähnchenfleisch in einer Schüssel mit dem Eiweiß, der Speisestärke und dem restlichen Sesamöl mischen; durchziehen lassen.

3 Den Wok oder eine große Pfanne heiß werden lassen. Das Sonnenblumenöl hineingeben und durch Schwenken verteilen. Das Fleisch darin etwa 2 Minuten pfannenrühren, bis es etwas Farbe angenommen hat. Das Gemüse zufügen. 3 – 4 Minuten rühren, bis das Gemüse knapp bissfest ist, dann Bohnensauce und Brühe gründlich untermischen. Das Ganze etwa 2 Minuten bei schwacher Hitze köcheln lassen, bis das Gemüse gar, aber noch bissfest, und das Fleisch durchgegart ist.

4 Die Nudeln in den Wok bzw. die Pfanne geben und alles gut mischen. Sobald die Nudeln wieder heiß sind, das Gericht in eine vorgewärmte Schüssel füllen und sofort servieren.

Alternative Statt Hähnchenfleisch können Sie **geschälte rohe Riesengarnelen** (frisch oder TK-Ware) verwenden, die Sie in Schritt 3 mit der Bohnensauce zufügen und in 3 – 4 Minuten gar ziehen lassen, bis sie rosa sind.

• Statt frische Paprikaschoten in Streifen zu schneiden, können Sie TK-Paprikaringe oder -streifen verwenden; in Schritt 3 gefroren zum Fleisch geben. • Instant-Wok-Nudeln brauchen Sie nicht separat zu kochen, sie garen in wenigen Minuten direkt in der heißen Sauce.

... Zeit sparen

Nudeln und Hähnchenfleisch aus dem Wok

Zutaten, die im Wok pfannengerührt werden, sind im Nu gar und behalten ihr volles Aroma. Hier sind es zartes Hähnchenfleisch und Eier, kombiniert mit Chili, Fischsauce und reichlich Knoblauch.

Vorbereiten 10 Minuten

Garen 10 Minuten

Für 4 Portionen

200–250 g schmale Reisbandnudeln

2 EL Sonnenblumenöl

2–4 Knoblauchzehen, zerdrückt

1 kleine Zwiebel, fein gewürfelt

1 Chilischote, von den Samen befreit und fein gehackt

350 g Hähnchenbrustfilet, in dünne Scheiben geschnitten

2 Eier, verquirlt

200 g Mungobohnensprossen

1 EL Sojasauce (oder nach Geschmack)

2 EL Fischsauce (oder nach Geschmack)

1 EL Limettensaft

Chiliflocken (nach Belieben)

1 Bund Schnittlauch, in Röllchen geschnitten

30 g geröstete Erdnusskerne

Limettenhälften zum Servieren (nach Belieben)

Nährwerte pro Portion etwa

• 485 kcal • 32 g Eiweiß • 14 g Fett, davon 3 g gesättigte Fettsäuren
• 56 g Kohlenhydrate

1 Die Reisnudeln nach Packungsangabe kochen oder einweichen. Behutsam mit einer Gabel oder mit Essstäbchen durchrühren, um die einzelnen Nudeln voneinander zu trennen. In ein Sieb schütten und gut abtropfen lassen.

2 In der Zwischenzeit den Wok oder eine große Pfanne heiß werden lassen. Das Öl hineingeben und durch Schwenken verteilen. Knoblauch, Zwiebel und Chili darin 1 Minute pfannenrühren. Das Fleisch zufügen und unter Rühren in etwa 2 Minuten etwas Farbe annehmen lassen.

3 Das Fleisch im Wok bzw. in der Pfanne zur Seite schieben, um Platz für die Eier zu schaffen. Die verquirlten Eier in den Wok bzw. in die Pfanne geben und unter vorsichtigem Rühren etwas stocken lassen. Die abgetropften Nudeln und 3 EL Wasser zufügen. Sprossen, Soja- und Fischsauce sowie den Limettensaft zugeben und alles 2 Minuten pfannenrühren.

4 Wok oder Pfanne vom Herd nehmen. Das Gericht (nach Belieben auch mit Chiliflocken) abschmecken und in eine vorgewärmte Servierschüssel füllen. Mit Schnittlauch und Erdnüssen bestreuen und sofort, nach Belieben mit Limettenhälften, servieren.

Alternativen • Anstelle von Hähnchenfleisch können Sie in dünne Streifen geschnittene **Schweinelende** verwenden. Diese 5 Minuten braten. • Oder Sie nehmen **250 g rohe Riesengarnelen** (frisch oder TK-Ware); in Schritt 3 mit der Fischsauce zufügen und 3–4 Minuten garen, bis sie rosa sind.

5 Nudelsalate für Eilige

Ein Nudelsalat ist im Handumdrehen zubereitet. Welche Zutaten Sie außer Nudeln hineingeben, hängt von Ihrer Fantasie und Ihren Vorräten ab. Mischen Sie das Dressing unter, solange die Nudeln heiß sind, und servieren Sie den Salat warm. Wenn die Zeit es erlaubt, können Sie den Salat auch abkühlen lassen und kalt reichen. Alle Rezepte gelten für 4 Portionen.

Italienischer Sommersalat

250 g Pasta (z. B. Penne) in reichlich sprudelnd kochendem Salzwasser nach Packungsangabe bissfest garen. Inzwischen **2 EL Olivenöl** mit **1 EL Zitronensaft**, **1 zerdrückten Knoblauchzehe** und den in dünne Streifen geschnittenen Blättern von **1 Bund Basilikum** zu einem Dressing verrühren. Die Nudeln in ein Sieb schütten und abtropfen lassen. Noch heiß in eine Schüssel geben und das Dressing untermischen. **200 g rote und gelbe Cocktailtomaten** halbieren, **150 g Mozzarella** in Scheiben schneiden. **200 g geröstete Paprikastücke in Öl** (Glas) in Streifen schneiden. Alles zu den Nudeln geben und den Salat gut durchmischen. Ⓥ

Nährwerte pro Portion etwa
• 395 kcal • 15 g Eiweiß • 16 g Fett, davon
6 g gesättigte Fettsäuren • 50 g Kohlenhydrate

Zubereiten
20
Minuten

> • Wenn Sie das Dressing unter die heißen Nudeln mischen, nehmen diese das Aroma besser auf.
> • Spiralnudeln (Fusilli), Schmetterlingsnudeln (Farfalle), kurze Röhrennudeln (z. B. Penne), aber auch chinesische Eiernudeln eignen sich gut für Nudelsalate.
> • Damit die Salate ausgewogen werden, sollten Sie die Nudelmenge den Mengen der weiteren Zutaten – z. B. Gemüse, Meeresfrüchte, Fleisch, Tofu – anpassen.
>
> **... Kochtipps**

Bunter Pastasalat mit Paprika und Salami

250 g Pasta (z. B. Fusilli) in reichlich sprudelnd kochendem Salzwasser nach Packungsangabe bissfest garen. Die Nudeln in ein Sieb schütten und abtropfen lassen; noch heiß in eine große Schüssel füllen. **3 EL Vinaigrette** (siehe S. 31) untermischen; abschmecken. **Je 1 grüne, rote und gelbe Paprikaschote** in dünne Streifen, **1 kleine rote Zwiebel** in dünne Ringe und **100 g Salami** in dünne Streifen schneiden. Mit **100 g Rucola** zur Pasta geben und behutsam untermischen.

Nährwerte pro Portion etwa
• 435 kcal • 14 g Eiweiß • 20 g Fett, davon
5 g gesättigte Fettsäuren • 54 g Kohlenhydrate

Zubereiten **20** Minuten

Pastasalat mit Forelle und Gurke

250 g Pasta (z. B. Farfalle) in reichlich sprudelnd kochendem Salzwasser nach Packungsangabe bissfest garen. Inzwischen **3 EL Olivenöl** mit der **abgeriebenen Schale und dem Saft von 1 unbehandelten Zitrone, 3 EL gehackter Petersilie** sowie Salz und Pfeffer zu einem Dressing verrühren. Die Nudeln in ein Sieb schütten und abtropfen lassen. Noch heiß in eine große Schüssel füllen und das Dressing untermischen. **250 g geräuchertes Forellenfilet** zerpflücken, **½ kleine Salatgurke** würfeln. Mit **1 EL Kapern** zur Pasta geben und alles gründlich mischen.

Nährwerte pro Portion etwa
• 365 kcal • 20 g Eiweiß • 12 g Fett, davon
2 g gesättigte Fettsäuren • 47 g Kohlenhydrate

Zubereiten **20** Minuten

Nizzasalat mit Pasta

1 Ei in 10 Minuten hart kochen. Abschrecken, schälen und vierteln. Inzwischen **250 g Pasta** (z. B. Conchiglie) nach Packungsangabe bissfest garen. In ein Sieb schütten und abtropfen lassen. In eine große Schüssel füllen und **3 EL Vinaigrette** (siehe S. 31) untermischen. **Thunfisch aus der Dose (185 g)** abtropfen lassen und zerpflücken, **3 EL entsteinte Oliven** hacken und **1 große Möhre** raspeln. Mit **100 g gegarten grünen Bohnen** zur Pasta geben und alles mischen. Den Salat zum Servieren mit den Eivierteln garnieren.

Nährwerte pro Portion etwa
• 410 kcal • 20 g Eiweiß
• 16 g Fett, davon
3 g gesättigte Fettsäuren
• 50 g Kohlenhydrate

Zubereiten **20** Minuten

> Wenn die Zeit es erlaubt, können Sie den Salat abkühlen lassen und anschließend bis zu 4 Stunden im Kühlschrank aufbewahren.
>
> **... klug vorbereiten**

Asiatischer Nudelsalat mit Huhn und Zuckerschoten

200 g Zuckerschoten 4 Minuten kochen oder dämpfen; in einem Sieb abtropfen lassen. Inzwischen **200 g asiatische Eiernudeln** nach Packungsangabe garen und **1 EL Tahin** (Sesampaste), **2 EL Sonnenblumenöl, 2 EL Zitronensaft, 1 EL Sojasauce, 1 TL Sesamöl, 1 zerdrückte Knoblauchzehe** und **2 TL geriebenen Ingwer** zu einem Dressing verrühren. Die Nudeln in ein Sieb schütten und abtropfen lassen. Noch heiß in eine Schüssel geben und das Dressing untermischen. 15 Minuten abkühlen lassen; **250 g kaltes gegartes Hähnchenfleisch** und die Zuckerschoten unterheben.

Nährwerte pro Portion etwa
• 410 kcal • 27 g Eiweiß • 17 g Fett, davon
3 g gesättigte Fettsäuren • 39 g Kohlenhydrate

Zubereiten **15** Minuten

Asiatische Nudeln mit würziger Entenbrust

Wenn Sie gern chinesisch essen, wird Ihnen dieses Gericht ganz bestimmt zusagen. Mageres Entenfleisch und knackige Zuckerschoten, asiatisch gewürzt, ergeben zusammen mit schnell gegarten Nudeln einen wahren Gaumenschmaus.

Für 4 Portionen

400 g Entenbrustfilets ohne Haut

2 EL Sojasauce

2 EL Reiswein oder trockener Sherry

1 gute Prise gemahlener Sichuan-Pfeffer oder Fünf-Gewürze-Pulver (oder nach Geschmack)

2 EL Öl

3 Frühlingszwiebeln, in 2 cm breite Stücke geschnitten

3 cm frischer Ingwer, geschält und gerieben

300 g Zuckerschoten

5 EL Pflaumensauce

150 ml Hühner- oder Gemüsebrühe

375 g asiatische Instant-Eier- oder Reisnudeln

25 g Koriandergrün

Nährwerte pro Portion etwa

• 635 kcal • 35 g Eiweiß • 20 g Fett, davon 4 g gesättigte Fettsäuren

• 82 g Kohlenhydrate

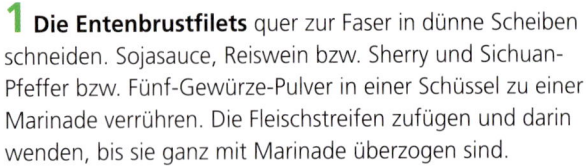

1 **Die Entenbrustfilets** quer zur Faser in dünne Scheiben schneiden. Sojasauce, Reiswein bzw. Sherry und Sichuan-Pfeffer bzw. Fünf-Gewürze-Pulver in einer Schüssel zu einer Marinade verrühren. Die Fleischstreifen zufügen und darin wenden, bis sie ganz mit Marinade überzogen sind.

2 **Den Wok** oder eine Pfanne erhitzen. Das Öl hineingeben und durch Schwenken verteilen. Das Fleisch aus der Marinade nehmen und im heißen Öl 1 Minute pfannenrühren. Erst Frühlingszwiebeln und Ingwer, dann Zuckerschoten untermischen. 1 Minute rühren, Marinade, Pflaumensauce und Brühe untermischen. Alles bei mittlerer Hitze 3–4 Minuten köcheln lassen.

3 **In der Zwischenzeit** die Nudeln nach Packungsangabe kochen oder einweichen.

4 **Die Nudeln** in ein Sieb schütten und abtropfen lassen. In den Wok bzw. die Pfanne geben und alles behutsam mischen. In eine vorgewärmte Servierschüssel füllen, mit Koriandergrün garnieren und servieren.

Extratipp Wenn Sie gern und oft chinesisch kochen, dann sollten Sie Reiswein zum Würzen und Abschmecken im Haus haben. Eine gute Alternative zu Reiswein ist trockener Sherry, den Sie vielleicht ohnehin in Ihrer Hausbar stehen haben.

Asia-Nudeln mit Schweinefleisch

Chow Mein heißt dieses Gericht, bei dem pfannengerührtes Gemüse mit Cashews, Schweinefleisch und Nudeln aufs Köstlichste kombiniert wird. Die Zubereitung dauert nur Minuten, und das selbst hergestellte Chow Mein ist mit Sicherheit gesünder als ein entsprechendes Fertiggericht.

Für 4 Portionen

- 2 EL Sonnenblumenöl
- 100 g Cashewkerne
- 4 Knoblauchzehen, zerdrückt
- 5 cm frischer Ingwer, geschält und fein gewürfelt
- 500 g TK-Asia-Gemüse
- 250 g gegarter Schweinebraten, in Streifen geschnitten
- 250 g Instant-Wok-Nudeln
- 2 EL Sojasauce
- 1 EL Reiswein oder trockener Sherry
- 2 TL geröstetes Sesamöl

Nährwerte pro Portion etwa

- 655 kcal • 37 g Eiweiß
- 27 g Fett, davon 4 g gesättigte Fettsäuren • 70 g Kohlenhydrate

1 **Den Wok** oder eine große Pfanne bei mittlerer Hitze heiß werden lassen. 1 EL Sonnenblumenöl hineingeben und durch Schwenken verteilen. Cashews darin unter Rühren in 2 Minuten goldbraun rösten. Zum Abkühlen auf einen Teller geben; den Wok auswischen.

2 **Das restliche Öl** im Wok bzw. in der Pfanne bei mittlerer Hitze heiß werden lassen. Knoblauch und Ingwer darin 10 Sekunden pfannenrühren. Das Gemüse zugeben und bei stärkerer Hitze 1 Minute pfannenrühren, dann den Schweinebraten zufügen und unter Rühren in etwa 3 Minuten heiß werden lassen.

3 **Nudeln, Sojasauce**, Reiswein bzw. Sherry sowie Salz und Pfeffer zugeben. Alles 3 Minuten rühren, dann das Sesamöl untermischen. Das Gericht in eine vorgewärmte Schüssel füllen, mit den Cashews bestreuen und sofort servieren.

Nudeln mit Huhn und Austernpilzen

300 g Hähnchenbrustfilet in dünne Scheiben schneiden. **2 EL Sojasauce** und **2 EL Reiswein oder Sherry** mit **1 TL geriebenem Ingwer** verrühren. Das Fleisch darin wenden, bis die Scheiben mit der Marinade überzogen sind; falls genug Zeit ist, das Fleisch im Kühlschrank bis zu 8 Stunden marinieren. **2 Knoblauchzehen** in dünne Scheiben schneiden, **1 rote Chilischote** (ohne Samen) quer in dünne Streifen schneiden. **200 g Austernpilze** in Streifen schneiden. Wok oder Pfanne erhitzen. **2 EL Sonnenblumenöl** hineingeben und durch Schwenken verteilen. Knoblauch und Chili darin 1 Minute pfannenrühren, dann das Fleisch zugeben und 3 Minuten unter Rühren braten. Anschließend Pilze, **4 EL Pflaumensauce** und **100 ml Hühner- oder Gemüsebrühe** unterrühren. 3–4 Minuten köcheln lassen, **250 g Instant-Wok-Nudeln** untermischen.

... Variante

Vegetarisches Chow Mein Ⓥ

2–3 Knoblauchzehen fein hacken, **5 cm Ingwer** schälen und fein würfeln. **1 rote Zwiebel** in schmale Spalten, **1 Zucchini** und **150 g Champignons** in Scheiben schneiden, **1 Aubergine** und **200 g geräucherten Tofu** würfeln. Im Wok oder in einer Pfanne **2 EL Sonnenblumenöl** heiß werden lassen. Knoblauch und Ingwer darin 10 Sekunden pfannenrühren, dann Zwiebelspalten und Auberginenwürfel zufügen. 4 Minuten rühren, bis das Gemüse weich ist. Zucchini und Pilze zugeben und unter Rühren in 4 Minuten weich werden lassen, dann den Tofu, **250 g Instant-Wok-Nudeln** und **3 EL Schwarze-Bohnen-Sauce** untermischen. Alles weitere 3 Minuten pfannenrühren. Servieren.

... Variante

Nudeln und Garnelen auf Singapur-Art

Garnelen, Mungobohnensprossen und Nudeln erhalten hier durch Kokosmilch und Currypaste eine authentische asiatische Note – und das in kürzester Zeit, ohne große Mühe.

Vorbereiten 10 Minuten **Garen 13 Minuten**

Für 4 Portionen

1 EL Sonnenblumenöl

1 Zwiebel, fein gewürfelt

3 Knoblauchzehen, zerdrückt

1 EL gelbe Thai-Currypaste

400 ml Kokosmilch

250 ml Gemüsebrühe oder Fischfond

200 – 250 g Reisnudeln

200 g geschälte rohe Riesengarnelen, frisch oder TK-Ware

4 Frühlingszwiebeln, in Stücke geschnitten

300 g Mungobohnensprossen

2 Limetten

Nährwerte pro Portion etwa

• 365 kcal • 16 g Eiweiß • 5 g Fett, davon 1 g gesättigte Fettsäuren
• 63 g Kohlenhydrate

1 **Den Wok** oder eine Pfanne heiß werden lassen. Das Öl hineingeben und durch Schwenken verteilen. Zwiebel und Knoblauch darin unter häufigem Rühren 2 Minuten dünsten. Die Currypaste zufügen und 2 Minuten mitbraten. Kokosmilch und Brühe bzw. Fond zugeben. Aufkochen und 5 Minuten köcheln lassen.

2 **In der Zwischenzeit** die Nudeln nach Packungsangabe kochen oder einweichen, dabei mit einer Gabel oder mit Essstäbchen vorsichtig voneinander trennen.

3 **Die Garnelen** in die Kokossauce geben und unter häufigem Rühren darin 3 – 4 Minuten garen, bis sie rosa und nicht mehr glasig sind. Frühlingszwiebeln und Sprossen untermischen und den Saft von 1 Limette dazupressen. Die Sauce abschmecken und die zweite Limette vierteln.

4 **Die Nudeln** in ein Sieb schütten und abtropfen lassen. Auf vier Servierschalen verteilen, die Garnelensauce darüberschöpfen. Mit den Limettenvierteln garnieren und sofort servieren.

Nudeln mit Seeteufel auf thailändische Art

Den Wok oder eine Pfanne heiß werden lassen. **1 EL Sonnenblumenöl** hineingeben und durch Schwenken verteilen. **1½ EL grüne Thai-Currypaste** darin 2 Minuten pfannenrühren. **400 ml Kokosmilch** und **250 ml Gemüsebrühe** unterrühren. Aufkochen und 5 Minuten köcheln lassen. **250 g grüne Bohnen** halbieren und zufügen; 5 Minuten in der köchelnden Flüssigkeit garen. Inzwischen **300 g Seeteufel** würfeln und zugeben. Alles weitere 5 Minuten köcheln lassen. Während der Fisch gart, **350 g frische chinesische Eiernudeln** in einem Topf nach Packungsangabe kochen oder einweichen. In ein Sieb schütten und abtropfen lassen, dann auf vier Servierschalen verteilen. Die Sauce darüberschöpfen und das Gericht sofort servieren.

... Variante

Chinesische Nudelsuppe mit Rindfleisch und Shiitakepilzen

Dies könnte bald Ihr Lieblingsgericht sein: kurz gebratenes Rindfleisch, Nudeln und asiatisches Gemüse in einer aromatischen Brühe.

Vorbereiten 10 Minuten

Garen 10 Minuten

Für 4 Portionen

2 EL Sojasauce

1 EL geröstetes Sesamöl

2 EL Reiswein oder trockener Sherry

300 g Rinderlende, in sehr dünne Streifen geschnitten

1 l Rinderbrühe

4 Frühlingszwiebeln, in Streifen oder Ringe geschnitten

150 g Shiitakepilze, in dicke Scheiben geschnitten

200 g Pak Choi, die Blätter halbiert

200–250 g asiatische Instant-Eiernudeln

1 EL Sonnenblumenöl

Nährwerte pro Portion etwa
• 430 kcal • 26 g Eiweiß • 15 g Fett, davon 4 g gesättigte Fettsäuren
• 51 g Kohlenhydrate

1 Die Sojasauce in einer Schüssel mit Sesamöl und Reiswein bzw. Sherry zu einer Marinade verrühren. Die Fleischstreifen hineingeben und darin wenden, bis sie ganz mit der Marinade überzogen sind.

2 Die Brühe in einem großen Topf aufkochen und anschließend köcheln lassen. Frühlingszwiebeln, Pilze und Pak Choi darin 2 Minuten garen. Die Nudelnester zufügen und in 2–3 Minuten weich werden lassen.

3 In der Zwischenzeit den Wok oder eine Pfanne heiß werden lassen. Das Öl hineingeben und durch Schwenken verteilen. Das Fleisch aus der Marinade nehmen und im heißen Öl 2 Minuten braten, bis es braun ist. Den Wok- bzw. Pfanneninhalt in die köchelnde Brühe schütten. Aufkochen lassen, dann mit schwarzem Pfeffer abschmecken, in Servierschalen schöpfen und servieren.

Alternative Anstelle von Rindfleisch können Sie **Hähnchenbrustfilet** verwenden. Ersetzen Sie in diesem Fall die Rinderbrühe durch **Hühnerbrühe**.

Extratipp Es ist sehr praktisch, getrocknete Shiitakepilze im Vorrat zu haben. Sie müssen allerdings eingeweicht werden, bevor man sie an ein Gericht geben kann. Zuerst für 3 Minuten in kaltes Wasser legen, dann gründlich abspülen, um Verunreinigungen zu entfernen. Anschließend die Pilze 30 Minuten in warmem Wasser einweichen. Die Stiele abschneiden und wegwerfen, dann die Pilze weiter so wie frische Shiitakepilze behandeln. (Das Einweichwasser können Sie filtern und zur Brühe geben.)

Reis, Bohnen und Getreide

Basmati-Pilaw mit gegrilltem Hähnchenfleisch

Für diesen Pilaw wird Basmati-Reis mit Curry und Rosinen ähnlich wie ein Risotto zubereitet. Das kurz marinierte Hähnchenfleisch wird in der Grillpfanne gebraten. Servieren Sie das Gericht mit erfrischendem Gurken-Minze-Joghurt.

Vorbereiten **10** Minuten

Garen **20** Minuten

Dazu passt eine Gurken-Raita. Dafür ½ **Salatgurke** raspeln oder fein würfeln. Mit **150 g Joghurt**, **1 EL gehackter Minze** und ¼ TL gemahlenem Kreuzkümmel mischen.

Für 4 Portionen
500 g Hähnchenbrustfilet
1 große Knoblauchzehe, gehackt
1 EL mildes Currypulver
3 EL Öl
1 Zwiebel, in Ringe geschnitten
250 g Basmati-Reis, abgespült
600 ml heiße Gemüse- oder Hühnerbrühe
50 g Rosinen
1 EL gehacktes Koriandergrün
100 g Cocktailtomaten, halbiert
25 g Pinienkerne, geröstet
Zitronenschnitze zum Servieren

Nährwerte pro Portion etwa
• 510 kcal • 37 g Eiweiß • 12 g Fett, davon 1 g gesättigte Fettsäuren
• 63 g Kohlenhydrate

1 **Die Hähnchenbrustfilets** in dicke Streifen schneiden. In einer Schüssel mit der Hälfte des Knoblauchs, des Currypulvers und des Öls mischen. Bis zur Weiterverwendung durchziehen lassen, dabei die Fleischstreifen nach 10 Minuten wenden.

2 **Das restliche Öl** in einem großen Topf bei schwacher Hitze heiß werden lassen. Die Zwiebelringe und den restlichen Knoblauch darin unter gelegentlichem Rühren 3 Minuten dünsten. Den Reis und das restliche Currypulver unterrühren. Eine Grillpfanne heiß werden lassen.

3 **Die heiße Brühe** zum Reis gießen. ½ TL Salz und die Rosinen zufügen. Aufkochen und zugedeckt bei schwacher Hitze 10 Minuten köcheln lassen (den Deckel nicht abnehmen), bis der Reis alle Flüssigkeit aufgenommen hat und sich auf der Oberfläche kleine Dämpflöcher gebildet haben. Falls nötig, den Reis noch weitere 2 Minuten zugedeckt garen. Koriander und Tomaten unterrühren. Den Topf vom Herd nehmen, den Pilaw 5 Minuten ruhen lassen. Die Pinienkerne zufügen und mit einer Gabel locker unterheben.

4 **Während der Reis** gart, die Hähnchenbruststreifen in der Pfanne 6–8 Minuten braten, bis sie durchgegart sind, dabei einmal wenden. Den Pilaw in eine Servierschüssel geben und das Fleisch darauf anrichten. Mit Zitronenschnitzen servieren.

Alternative Verwenden Sie **Lachsfilets** oder **Lammkoteletts** anstelle der Hähnchenbrust. In diesem Fall unter die Marinade in Schritt 1 zusätzlich noch **1 TL geriebenen frischen Ingwer** mischen.

Schnelles Rindfleisch-Pilaw

Das Hähnchenfleisch weglassen. **300 g Rinderhackfleisch** mit Zwiebelringen und Knoblauch sowie **1 TL geriebenem Ingwer** in **1 EL Öl** krümelig braten. Reis, **2 Prisen Safranfäden**, Currypulver und **1 grüne Chilischote** (von den Samen befreit und in dünne Streifen geschnitten) zugeben. **750 ml heiße Brühe** zugießen und die Rosinen unterrühren. Den Pilaw wie in Schritt 3 beschrieben garen, anschließend die Pinienkerne unterheben.

... Variante

Gebackener Pilz-Pilaw mit Würstchen

Für dieses rustikale Gericht werden einfach nur Bohnen mit Würstchen und Pilzen kombiniert. Das geht schnell, und anschließend gart der Pilaw in aller Ruhe im Ofen. Als Beilage bietet sich ein Blattsalat an.

Vorbereiten **20** Minuten

Garen im Ofen **20** Minuten

Für 4 Portionen

1 Dose rote Kidneybohnen (400 g)
2 EL Olivenöl
1 Stange Sellerie, in Scheiben
1 Zwiebel, gewürfelt
250 g Champignons, in Scheiben
250 g Basmati-Reis
800 ml heiße Gemüsebrühe
250 g Wiener Würstchen oder Bockwurst, in mundgerechte Stücke geschnitten
3 Streifen unbehandelte Orangenschale
2 Lorbeerblätter
1–2 EL gehackte Petersilie

Nährwerte pro Portion etwa

• 540 kcal • 20 g Eiweiß • 23 g Fett, davon 6 g gesättigte Fettsäuren
• 65 g Kohlenhydrate

1 **Den Backofen** auf 190 °C vorheizen. Die Bohnen in ein Sieb schütten, kalt abspülen und abtropfen lassen. Öl in einem backofenfesten Schmortopf heiß werden lassen. Sellerie und Zwiebel darin unter gelegentlichem Rühren 2 Minuten dünsten. Die Pilze zugeben und 3 Minuten mitgaren.

2 **Den Reis** zufügen und untermischen. Brühe, Bohnen, Wurst, Orangenschale, Lorbeerblätter sowie ½ TL Salz und schwarzen Pfeffer aus der Mühle unterrühren; aufkochen lassen.

3 **Den Schmortopf** mit dem Deckel verschließen. Den Pilaw im heißen Ofen 20 Minuten garen, bis der Reis alle Flüssigkeit aufgenommen hat und weich ist. Die Lorbeerblätter entfernen. Vor dem Servieren die Petersilie zufügen und mit einer Gabel untermischen.

Alternativen • Bereiten Sie den Pilaw einmal mit anderen Pilzen, z.B. **Shiitake, Austernpilzen oder Pfifferlingen**, zu. • Anstelle der roten Kidneybohnen können Sie auch **kleine weiße Bohnen** (z.B. Cannellini-Bohnen) verwenden. • Wenn Sie 150 ml Brühe durch **Apfel- oder Weißwein** ersetzen, bekommt das Gericht noch mehr Aroma.

Paella mit Meeresfrüchten und Speck

Dieses beeindruckende Gericht ist wirklich unwiderstehlich – dabei ist es schnell und ohne großen Aufwand zubereitet. Servieren Sie es mit grünem Salat oder gedämpftem grünem Gemüse.

Zubereiten 30 Minuten

Für 4 Portionen
2 EL Olivenöl

1 große Zwiebel, gewürfelt

1 grüne Paprikaschote, gehackt

2 große Knoblauchzehen, gewürfelt

200 g durchwachsener Speck, in Streifen geschnitten

1 große Tomate, gewürfelt, oder 200 g gehackte Tomaten aus der Dose

300 g Paella-Reis

½ TL Safranfäden

1,2 l heiße Hühnerbrühe oder heißer Fischfond

400 g TK-Meeresfrüchtemischung

Limettenschnitze zum Garnieren (nach Belieben)

Nährwerte pro Portion etwa
• 520 kcal • 29 g Eiweiß • 15 g Fett, davon 5 g gesättigte Fettsäuren
• 73 g Kohlenhydrate

1 Das Öl in einer großen beschichteten Pfanne bei schwacher Hitze heiß werden lassen. Zwiebel, Paprika, Knoblauch und Speck darin unter gelegentlichem Rühren 5 Minuten braten. Die Tomatenwürfel oder die gehackten Tomaten zugeben und 2 Minuten mitgaren.

2 Den Reis zufügen und rühren, bis die Körner mit Öl überzogen sind. Den Safran zugeben, einige Sekunden später die Brühe oder den Fond zugießen. Das Ganze aufkochen, dann kurz durchrühren und 5 Minuten köcheln lassen.

3 Die gefrorenen Meeresfrüchte untermischen. Alles erneut zum Köcheln bringen und unter gelegentlichem Rühren etwa 10 Minuten garen, bis der Reis weich ist und die Flüssigkeit aufgenommen hat. Die Paella nach Belieben mit Limettenschnitzen garnieren und servieren.

Kochtipp Falls kein Paella-Reis erhältlich ist, können Sie **Risotto-Reis** nehmen.

Goldgelbe Kichererbsen-Paella Ⓥ
In Schritt 1 im heißen Öl gewürfeltes Gemüse anbraten, z. B. **1 Fenchelknolle oder 3 Stangen Sellerie**, **1 gelbe Paprikaschote**, **1 Zwiebel** und **1 zerdrückte Knoblauchzehe**. Den Speck weglassen. Wie im Rezept beschrieben, Tomaten, Reis und Safran zugeben und **1 TL edelsüßes Paprikapulver** untermischen. **1 gewürfelte Zucchini**, **900 ml heiße Gemüsebrühe** und **125 ml Weißwein** zufügen und alles wie in Schritt 2 beschrieben etwa 5 Minuten köcheln lassen. **Kichererbsen aus der Dose (400 g)** in ein Sieb schütten, kalt abspülen und abtropfen lassen. Die Kichererbsen statt der Meeresfrüchte in Schritt 3 untermischen und die Paella noch 10 Minuten garen.

Paella mit Chorizo und Schweinefleisch
Den Speck und die Meeresfrüchte weglassen. **150 g Koch-Chorizo** in Scheiben und **250 g Schweineschnitzel** in Streifen schneiden. Chorizo und Fleisch in Schritt 1 mit dem Gemüse anbraten, bis die Wurst knusprig und das Fleisch leicht gebräunt ist. Anstelle von Paprikawürfeln und Safran nach Belieben **1 TL edelsüßes Paprikapulver** zugeben (möglicherweise ist die Wurst bereits würzig genug). 5 Minuten vor Ende der Garzeit **125 g gefrorene Erbsen** unter die Paella rühren.

Traditionell wird Paella in einer großen, flachen Pfanne zubereitet, die man während des Garens gelegentlich hin und her rüttelt. Auch in einer haushaltsüblichen Pfanne lässt sich Paella prima zubereiten; allerdings muss die Mischung dann ab und zu gerührt werden.

... Kochtipp

... Varianten

Thai-Kokosreis mit Garnelen und Koriander

Aromatischer Duftreis verträgt sich bestens mit Kokosmilch, Chili, Koriandergrün, Garnelen und Limetten. Als Beilage ist gedämpftes Gemüse genau das Richtige.

Vorbereiten 10 Minuten

Garen 20 Minuten

Dazu passt gedämpftes Gemüse. Sie können vorbereitetes Wok-Gemüse nehmen (gibt es im Beutel im Kühlregal des Supermarkts) wie **Mini-Maiskolben, Zuckerschoten und Möhren oder in Stücke geschnittener grüner Spargel.** Es ist in wenigen Minuten gedämpft – besonders schnell in einem Spezialbeutel im Mikrowellengerät.

Für 4 Portionen

2 EL Öl

1 große Schalotte oder kleine Zwiebel, gewürfelt

2 Knoblauchzehen, zerdrückt

1 große rote Chilischote, von den Samen befreit und in Streifen geschnitten

350 g Duftreis oder Langkornreis

600 ml heiße Gemüse- oder Hühnerbrühe

200 ml Kokosmilch

½ Salatgurke, längs halbiert und quer in Scheiben geschnitten

400 g geschälte Riesengarnelen

1 TL gemahlener Kreuzkümmel

Saft von 1 Limette

1 Bund Koriandergrün

Limettenschnitze zum Servieren

Nährwerte pro Portion etwa
• 630 kcal • 26 g Eiweiß • 25 g Fett, davon 16 g gesättigte Fettsäuren
• 81 g Kohlenhydrate

1 Die Hälfte des Öls in einer großen beschichteten Pfanne heiß werden lassen. Schalotte bzw. Zwiebel, Knoblauch und Chili darin unter gelegentlichem Rühren etwa 3 Minuten dünsten. Reis, Brühe und Kokosmilch unterrühren; mit Salz und Pfeffer abschmecken.

2 Die Reismischung aufkochen lassen. Einmal durchrühren, dann zudecken und bei schwacher Hitze 10 Minuten köcheln lassen, bis der Reis alle Flüssigkeit aufgenommen hat. (Den Deckel dabei nicht abheben.) Falls nötig, die Reismischung zugedeckt weitere 2 Minuten garen. Die Gurkenscheiben untermischen und zugedeckt 1 Minute mitgaren. Den Topf vom Herd nehmen und den Reis noch 5 Minuten ausquellen lassen.

3 In der Zwischenzeit das restliche Öl im Wok oder in einem großen Topf heiß werden lassen und die Garnelen darin braten (rohe Garnelen 3 Minuten pfannenrühren, bis sie rosa und nicht mehr glasig sind, gegarte in 1–2 Minuten unter Rühren heiß werden lassen). Den Kreuzkümmel über die Garnelen streuen und einige Sekunden mitbraten, dann den Limettensaft zufügen.

4 Einige Korianderzweige für die Garnitur beiseitelegen, das restliche Koriandergrün (auch die Stiele) grob hacken. Zu den Garnelen geben und unterrühren. Den Reis auf vier Teller verteilen, die Garnelen darauf anrichten. Mit Koriandergrün garnieren und mit Limettenschnitzen servieren.

Scharfer indonesischer Reissalat

Bohnensprossen und Cashews oder Erdnüsse sorgen in diesem pikanten Reissalat für Extrabiss. Er wird mit ungeschältem Basmati-Reis zubereitet und auf einem knackigen grünen Salatbett serviert.

Für 4 Portionen Ⓥ

250 g Natur-Basmati-Reis, gewaschen

2 EL Olivenöl

2 EL Limetten- oder Zitronensaft

1 große Knoblauchzehe, zerdrückt

1 große rote Chilischote, von den Samen befreit und in dünne Streifen geschnitten

2 EL Sojasauce, 2 TL flüssiger Honig

2 EL Reis- oder Weißweinessig

4 Frühlingszwiebeln, in dünne Ringe geschnitten

2 Stangen Sellerie, in dünne Scheiben geschnitten

250 g Mungobohnensprossen

100 g ungesalzene Cashew- oder Erdnusskerne

Kopfsalat- und Spinatblätter zum Anrichten

Nährwerte pro Portion etwa
• 460 kcal • 11 g Eiweiß • 20 g Fett, davon 4 g gesättigte Fettsäuren
• 63 g Kohlenhydrate

Zubereiten **30** Minuten

1 Den Reis in einen Topf mit reichlich kochendem Salzwasser geben. Durchrühren und 25 Minuten bei schwacher Hitze köcheln lassen.

2 In der Zwischenzeit für das Dressing Öl, Limetten- bzw. Zitronensaft, Knoblauch, Chili, Sojasauce, Honig und Essig in eine Salatschüssel geben. Schwarzen Pfeffer zufügen und alles mit einem Schneebesen verrühren.

3 Frühlingszwiebeln, Sellerie, Sprossen und Nüsse zum Dressing geben und alles gründlich mischen.

4 Den nur knapp weich gegarten Reis in ein Sieb schütten, kalt abspülen, bis er lauwarm ist; abtropfen lassen. Unter den Salat in der Schüssel mischen. Salatschalen mit Salatblättern und Spinat auslegen. Den Salat darauf anrichten.

Extratipp Reste vom Sonntagsbraten können Sie in Streifen schneiden und unmittelbar vor dem Servieren unter den Salat mischen.

Mehr Schärfe erhält der Salat, wenn Sie eine aufgeschlitzte Chilischote oder ½–1 TL Chiliflocken zum Dressing geben. Die Schote vor dem Servieren entfernen.

… Kochtipp

● Gegarten Reis sollten Sie nicht warm halten, weil sich darin schädliche Bakterien vermehren können. Den Reis also garen und sofort servieren. Eventuelle Reste, die Sie noch verwenden wollen, rasch abkühlen lassen und im Kühlschrank aufbewahren.

● Sie können Reis im Voraus garen oder gleich die doppelte Menge kochen; er sollte innerhalb von 2 Tagen gegessen werden.

… aufbewahren

5 unwiderstehliche Risottos

Mit Risotto-Reis im Vorrat können Sie jederzeit im Handumdrehen ein köstliches Hauptgericht zubereiten – ein cremiger Risotto ist einfach lecker. Halten Sie sich an das Grundrezept für Risotto milanese, oder fügen Sie nach Lust und Laune weitere Zutaten hinzu. Alle Rezepte gelten für 4 Portionen.

● Die Brühe muss ständig köcheln, während Sie den Risotto zubereiten – nur so behält der Reis die richtige Temperatur. ● Indem Sie die Brühe schöpfkellenweise zufügen, wird die Flüssigkeit vom Reis aufgenommen und er wird nicht matschig.
● Der Reis ist gar, wenn er weich und cremig ist, die Körner im Inneren aber noch etwas Biss haben.

... Kochtipps

Risotto milanese

1 l Gemüsebrühe
50 g Butter
1 EL Olivenöl
1 Zwiebel, gewürfelt
1 Knoblauchzehe, zerdrückt
300 g Risotto-Reis
150 ml Weißwein
2 EL gehackte Petersilie oder Schnittlauchröllchen
50 g Parmesan, gehobelt

Nährwerte pro Portion etwa
● 485 kcal ● 12 g Eiweiß ● 18 g Fett, davon 9 g gesättigte Fettsäuren
● 60 g Kohlenhydrate

Vorbereiten 5 Minuten
Garen 25 Minuten

1 Die Brühe erhitzen und köcheln lassen. Die Butter mit dem Olivenöl in einem großen Topf bei mittlerer Hitze heiß werden lassen. Die Zwiebel darin mit dem Knoblauch in 4–5 Minuten unter Rühren glasig dünsten.

2 Den Reis zugeben und mit einem Kochlöffel rühren, bis die Körner mit der Zwiebelmischung überzogen sind. Wein angießen und köcheln lassen, bis er fast völlig verdampft ist. Eine Schöpfkelle voll Brühe zugeben. Unter gelegentlichem Rühren köcheln lassen, bis der Reis die Brühe aufgenommen hat.

3 In den folgenden 20 Minuten weiter schöpfkellenweise Brühe zufügen und vom Reis aufnehmen lassen, bis der Risotto weich und cremig ist (dabei immer wieder rühren!). Petersilie oder Schnittlauch unterrühren; Risotto abschmecken. Mit Parmesan bestreuen. Ⓥ

Hähnchenfleisch und Spinat

Schritt 1 wie beschrieben durchführen. Den Reis unterrühren (Schritt 2), dann den Wein zugießen und fast völlig verdampfen lassen. Nach und nach etwa **900 ml Hühnerbrühe** zugeben (Schritte 2 und 3). 5 Minuten vor Ende der Garzeit **200 g Blattspinat** untermischen. 2 Minuten vor Ende der Garzeit **300 g gegartes Hähnchenfleisch** (in Stückchen geschnitten) und **2 EL Mascarpone** unterrühren. Sobald der Risotto weich und cremig ist, Petersilie unterrühren; mit Salz, Pfeffer und etwas Muskat abschmecken. Mit Parmesan bestreuen.

Nährwerte pro Portion etwa ● 665 kcal
● 35 g Eiweiß ● 28 g Fett, davon 15 g gesättigte Fettsäuren ● 61 g Kohlenhydrate

Vorbereiten 5 Minuten
Garen 25 Minuten

Aus übrig gebliebenem Risotto können Sie Puffer zubereiten. Dafür den Risotto rasch abkühlen lassen und innerhalb von 24 Stunden verbrauchen. Pro Puffer 4–5 EL Risotto zu einer Kugel formen. Diese in frischen Weißbrotkrumen wenden, etwas flach drücken und in Öl braten. Passen zu gegrilltem Fleisch oder Fisch und Salat.

... Risottopuffer

Pilze und Räucherspeck

Risotto milanese wie links beschrieben zubereiten. Während er gart, **6 Scheiben durchwachsenen Speck ohne Schwarte** in einer beschichteten Pfanne ohne zusätzliches Fett knusprig braten. Auf Küchenpapier abkühlen lassen; in kleine Stücke brechen. Die Pfanne auswischen, aber etwas Fett darin lassen. **300 g Champignons** in Scheiben schneiden und in der Pfanne in **2 TL Olivenöl** in 4–5 Minuten weich braten. Mit der Hälfte des Specks und der Garflüssigkeit unter den fertigen Risotto rühren. Mit restlichem Speck und dem Parmesan bestreuen.

Nährwerte pro Portion etwa
• 595 kcal • 18 g Eiweiß • 28 g Fett, davon 12 g gesättigte Fettsäuren • 60 g Kohlenhydrate

Vorbereiten 5 Minuten • Garen 25 Minuten

Garnelen, Tomaten und Erbsen

6–8 getrocknete Tomaten zerkleinern. Schritte 1 und 2 für Risotto milanese durchführen, mit der ersten Portion Brühe die Tomatenstücke zugeben. In Schritt 3 während der letzten 2 Minuten **250 g geschälte gegarte Garnelen** und **200 g Erbsen** mitgaren (TK-Erbsen vorher in einem Sieb mit kochendem Wasser begießen).

Nährwerte pro Portion etwa
• 610 kcal • 36 g Eiweiß • 19 g Fett, davon 9 g gesättigte Fettsäuren • 65 g Kohlenhydrate

Vorbereiten 5 Minuten • Garen 25 Minuten

Spargel, Zucchini und Bohnen

Schritt 1 für Risotto milanese wie beschrieben durchführen. Inzwischen **250 g grünen Spargel** von den holzigen Enden befreien. Spargelstangen und **1 Zucchini** in Scheiben schneiden (Spargelköpfe beiseitelegen). Die Spargelscheiben in Schritt 2 mit der ersten Portion Brühe zufügen. In Schritt 3 nach 12 Minuten Spargelköpfe und Zucchini untermischen. Mit der letzten Brühe **125 g junge Dicke-Bohnen-Kerne oder Sojabohnenkerne** (TK-Ware auftauen, wie oben beschrieben) zugeben. Nach Belieben noch **Artischockenherzen aus der Dose** vierteln und mit den Bohnen unterrühren. Mit Parmesan bestreuen.

Nährwerte pro Portion etwa
• 515 kcal • 15 g Eiweiß • 19 g Fett, davon 9 g gesättigte Fettsäuren • 64 g Kohlenhydrate

Vorbereiten 5 Minuten • Garen 25 Minuten

Sie können einen Risotto auch in einem zugedeckten Topf im Backofen garen. Dafür den Backofen auf 200 °C vorheizen. Zwiebel und Knoblauch in einem backofenfesten Topf in der Butter-Öl-Mischung wie beschrieben dünsten. Den Reis und den Wein zufügen; aufkochen lassen. Die Brühe zugeben und alles verrühren. Den Topf mit dem Deckel fest verschließen und den Risotto im Ofen 25 Minuten garen, bis der Reis weich und cremig ist. Die Kräuter untermischen und den Risotto vor dem Servieren mit Parmesan bestreuen.

... Ofen-Methode

Wok-Reis mit Gemüse und Cashews

Basmati-Reis ist so schnell gar, dass Sie ihn kochen können, während Sie das Gemüse pfannenrühren. Kerne und Samen machen aus diesem Gericht eine komplette Mahlzeit, doch es eignet sich auch als Beilage zu gegrilltem Fleisch oder Fisch.

Für 4 Portionen Ⓥ

250 g Basmati-Reis, gewaschen

2 EL Sojasauce, 1 EL trockener Sherry

2 TL geröstetes Sesamöl

2 EL Öl

250 g Möhren, geschält, längs halbiert und quer in dünne Scheiben geschnitten

300 g Lauch, in dünnen Scheiben

150 g Wirsing, in dünnen Streifen

1 große Knoblauchzehe, zerdrückt

1 große rote Chilischote, von den Samen befreit und in Streifen geschnitten, oder ½ TL Chiliflocken

75 g Cashewkerne

75 g Sesamsamen und Sonnenblumenkerne, gemischt

Nährwerte pro Portion etwa
• 560 kcal • 15 g Eiweiß • 27 g Fett, davon 4 g gesättigte Fettsäuren
• 64 g Kohlenhydrate

1 **Den Reis** in reichlich sprudelnd kochendem Wasser 10 Minuten garen, bis die Körner weich sind. In ein Sieb schütten und abtropfen lassen. Die Sojasauce in einer kleinen Schüssel mit Sherry und Sesamöl verrühren.

2 **Inzwischen den Wok** oder eine große Pfanne heiß werden lassen. Das Öl hineingeben und durch Schwenken verteilen. Möhren und Lauch darin 2–3 Minuten pfannenrühren. Kohl, Knoblauch und Chili zufügen und alles weitere 2–3 Minuten rühren. Die Sojamischung und die Cashews zugeben.

3 **Den heißen Reis** untermischen. Das Gericht abschmecken. Die Samen darüberstreuen und unterheben.

Alternativen Je nach Saison können Sie die unterschiedlichsten Gemüse verwenden, z. B. **in Streifen geschnittene Zucchini, Auberginen, Paprikaschoten oder Fenchel. Gemischtes TK-Gemüse** ist ebenfalls eine gute Wahl.

Libanesischer Bulgur-Feta-Salat

Bulgur ist eine leckere Basis für einen schnellen Salat. Hier wird er mit Kräutern, Oliven, knackigem Gemüse und zerbröckeltem Feta sowie einem aromatischen Dressing gemischt. Reichen Sie dazu Eisbergsalat und Sesambrot.

Für 4 Portionen Ⓥ

200 g Bulgur

125 g grüne Bohnen, halbiert

2 EL Olivenöl

Saft von 1 Zitrone

je 1 TL gemahlener Zimt, Kreuzkümmel und Koriander

2 EL Schnittlauchröllchen

1 EL gehacktes Koriandergrün

1 EL gehackte Minze

12 entsteinte schwarze Oliven, in Scheiben geschnitten

3 EL in Streifen geschnittene Paprikastücke in Öl

1 Fleischtomate, gewürfelt, oder 250 g Cocktailtomaten, halbiert

150 g Feta, zerbröckelt

Nährwerte pro Portion etwa
• 360 kcal • 12 g Eiweiß • 16 g Fett, davon 6 g gesättigte Fettsäuren
• 42 g Kohlenhydrate

1 **Den Bulgur** mit 1 TL Salz in eine große Schüssel geben und mit 400 ml kochend heißem Wasser bedecken. 15–20 Minuten quellen lassen, bis der Bulgur das Wasser aufgenommen hat, dann mit einer Gabel auflockern.

2 **In der Zwischenzeit** die grünen Bohnen 1–2 Minuten in kochendem Wasser garen. In ein Sieb schütten, kalt abspülen und abtropfen lassen.

3 **Das Öl** in einer kleinen Schüssel mit Zitronensaft und Gewürzen sowie etwas Salz und Pfeffer zu einem Dressing verrühren. Das Dressing unter den Bulgur mischen.

4 **Die grünen Bohnen** mit Kräutern, Oliven, Paprika und Tomaten zur Bulgurmischung geben. Den Feta zufügen und alles mit einer Gabel unterrühren.

Alternative Statt der grünen Bohnen können Sie **Brokkoliröschen** oder **TK-Sojabohnenkerne** verwenden. Letztere in Schritt 2 etwa 4 Minuten garen.

Warmer Bulgursalat mit Huhn und Mandeln
1 Möhre raspeln und **¼ Salatgurke** würfeln; statt Oliven, Paprika, Tomaten und Feta unter den Bulgur mischen. **400 g Hähnchenbrustfilet** in Streifen schneiden. **1 EL Olivenöl** im Wok heiß werden lassen. Das Fleisch darin mit **1 zerdrückten Knoblauchzehe** und **1 TL geriebenem Ingwer** 7–8 Minuten pfannenrühren, bis es gerade eben gar ist. **3 EL griechischen Sahnejoghurt** und **3 EL geröstete Mandelblättchen** untermischen und das Ganze mit Salz und Pfeffer abschmecken. Zum Servieren auf dem Salat anrichten und mit gerösteten Mandelblättchen bestreuen.

... Variante

Lammfleisch
mit Aprikosen-Couscous

Mit Chili, Kreuzkümmel und Zitrone gewürztes Lammfleisch wird hier von einem
Couscous mit getrockneten Aprikosen begleitet. Das Gericht lässt sich superschnell
zubereiten und schmeckt besonders gut mit gedämpften Bohnen oder Zucchini.

Zubereiten
20
Minuten

Für 4 Portionen

200 g Couscous

**50 g getrocknete Aprikosen
(Soft-Früchte), gewürfelt**

550 ml kochend heiße Brühe

2 EL Olivenöl

**400 g Lammrückenfilets (Lamm-
lachse), in dünne Scheiben
geschnitten**

2 Knoblauchzehen, zerdrückt

**1 große rote Chilischote, von
den Samen befreit und in
dünne Streifen geschnitten**

1 TL gemahlener Kreuzkümmel

**1 TL edelsüßes Paprikapulver,
mehr zum Bestreuen**

Saft von 1 Zitrone

4 EL Crème fraîche

**4 EL geröstete Pinienkerne,
mehr zum Garnieren**

2 EL gehacktes Koriandergrün

Nährwerte pro Portion etwa

• 465 kcal • 26 g Eiweiß • 26 g Fett,
davon 3 g gesättigte Fettsäuren
• 32 g Kohlenhydrate

500 g Couscous in 800 ml heißem
Wasser oder heißer Brühe quellen
lassen; die Hälfte davon kalt stellen oder einfrieren (bis zu 3 Monate haltbar). Vor dem Servieren
gefrorenen Couscous im Mikrowellengerät 4–5 Minuten bei
stärkster Leistung erhitzen, dabei
einmal mit einer Gabel auflockern.

... klug vorbereiten

1 Den Couscous mit den Aprikosen in eine Schüssel
geben. 400 ml Brühe, 1 EL Öl und 1 TL Salz untermischen;
beiseitestellen und 10 Minuten quellen lassen.

2 In der Zwischenzeit das restliche Öl in einer großen
beschichteten Pfanne heiß werden lassen und das Fleisch
darin mit Knoblauch, Chili, Kreuzkümmel und Paprikapulver etwa 7 Minuten braten, bis es schön gebräunt ist.
Die restliche Brühe angießen und aufkochen lassen, dabei
den Bratsatz vom Pfannenboden schaben. Mit Salz,
Pfeffer und Zitronensaft abschmecken, dann die Crème
fraîche unterrühren.

3 Den Couscous kräftig mit einer Gabel auflockern.
Pinienkerne und Koriander untermischen und den Couscous auf vier Teller verteilen. Das Fleisch mit der Sauce
darauf anrichten und das Gericht mit Pinienkernen und
Paprikapulver bestreuen.

Couscous mit Curry-Gemüse

Diese Variante ist eine hervorragende Gelegenheit, Reste vom
Vortag zu verarbeiten. Dafür **übrig gebliebenen Braten**
in kleine Würfel und **Reste von Gemüse und Kartoffeln**
(pro Portion etwa 100 g) in kleine Stücke schneiden. Den
Couscous mit den Aprikosen wie in Schritt 1 beschrieben
quellen lassen. **2 cm Ingwer** schälen und reiben, **1 große
Chilischote** von den Samen befreien und hacken. Im Wok
1 EL Olivenöl erhitzen und das Fleisch darin mit Ingwer,
Chili, **1 zerdrückten Knoblauchzehe** und **1 EL mildem
Currypulver** 2–3 Minuten pfannenrühren. Kartoffeln und
Gemüse zugeben und heiß werden lassen. Die Mischung
abschmecken und unter den Couscous heben.

Marokkanischer Couscous (V)

Den Couscous quellen lassen wie in Schritt 1 beschrieben, die
Aprikosen jedoch weglassen. In der Zwischenzeit **1 Zwiebel**
in Ringe schneiden, **2 cm Ingwer** schälen und reiben. **Kichererbsen aus 2 Dosen (je 400 g)** in ein Sieb schütten, abspülen
und abtropfen lassen. Die Zwiebelringe mit **2 zerdrückten
Knoblauchzehen** und dem Ingwer in **2 EL Olivenöl** 5 Minuten braten. Salzen, pfeffern und **1–2 TL Harissa** (scharfe
nordafrikanische Würzpaste) unterrühren. Die Kichererbsen
und in Streifen geschnittene, eingelegte **gegrillte Paprika
aus dem Glas (280 g)** untermischen. Alles 3 Minuten köcheln
lassen, dann unter den Couscous heben.

... Varianten

Italienische Käse-Polenta mit schneller Ratatouille

Bereiten Sie eine scharfe Ratatouille zu, und genießen Sie diese mit einer cremigen Polenta, die mit würzigem Parmesan aromatisiert wird.

Für 4 Portionen Ⓥ

2 EL Olivenöl

1 rote Zwiebel, in dünne Spalten geschnitten

2 Knoblauchzehen, zerdrückt

1 rote oder gelbe Paprikaschote, in Streifen geschnitten

1 Zucchini, in kleine Stücke geschnitten

1 kleine Aubergine, in Stücke geschnitten

1 große rote Chilischote, von den Samen befreit und in Streifen geschnitten

200 g Maisgrieß (Polenta)

50 g Parmesan, gerieben

1 Dose gehackte Tomaten mit Basilikum (400 g)

1 EL zerkleinerte Basilikumblätter, mehr zum Garnieren

Nährwerte pro Portion etwa

• 425 kcal • 14 g Eiweiß • 19 g Fett, davon 9 g gesättigte Fettsäuren
• 49 g Kohlenhydrate

Polentaschnitten mit Pilzen Ⓥ

Gebratene Polenta zubereiten, wie im Extratipp beschrieben. **250 g braune Champignons** und **100 g Austern- oder Shiitakepilze** in Scheiben schneiden. Die Pilze in **1 EL Olivenöl** und **etwas Butter** weich braten. **1 zerdrückte Knoblauchzehe, 2 Thymianzweige** und **2 EL trockenen Sherry oder Wermut** sowie **2 EL Crème fraîche oder Mascarpone** unterrühren; abschmecken. Die Pilze auf den gebratenen Polentastücken anrichten und mit **geriebenem Parmesan** bestreuen.

... Variante

1 **Das Öl** in einem großen Topf erhitzen. Zwiebel, Knoblauch, Paprikastreifen, Zucchini- und Auberginenstücke und Chili zufügen. Zugedeckt unter gelegentlichem Rühren etwa 10 Minuten garen. Mit Salz und schwarzem Pfeffer aus der Mühle würzen.

2 **In der Zwischenzeit** 1 l Wasser mit 1 TL Salz in einem großen beschichteten Topf aufkochen lassen. Die Polenta mit einer Hand einrieseln lassen, mit der anderen Hand mit einem Kochlöffel unterrühren.

3 **Bei schwächerer Hitze** kräftig weiterrühren, bis die Polenta andickt und leicht brodelt; es sollen keine Klümpchen mehr vorhanden sein. Die Polenta bei halb aufgelegtem Deckel 5 Minuten unter häufigem Rühren quellen lassen. Vom Herd nehmen und den Parmesan untermischen. Die Polenta mit schwarzem Pfeffer aus der Mühle würzen.

4 **Die Tomaten** unter die Gemüsemischung rühren und das Ganze weitere 10 Minuten garen, bis das Gemüse weich ist. Das zerkleinerte Basilikum zufügen. Die Polenta auf Teller verteilen und die Ratatouille darauf anrichten. Nach Belieben mit Basilikum garnieren und servieren.

Alternative Statt Parmesan können Sie **150 g milden Käse wie Fontina oder Dolcelatte** verwenden.

Extratipp Bereiten Sie die doppelte Menge Polenta zu, und verwenden Sie die Hälfte davon für dieses Gericht. Den Rest in eine große Auflaufform füllen und glatt streichen. Abkühlen lassen, bis die Polenta fest ist, dann zudecken und kalt stellen. Am nächsten Tag in Rauten oder Quadrate schneiden und diese in Olivenöl oder Butter knusprig braten.

Zubereiten
30
Minuten

Sommerlicher Couscous-Salat

Einfach nur locker-leichten Couscous, gegrilltes Gemüse, zarte Bohnenkerne und Hähnchenfleisch mit etwas Vinaigrette anmachen, und fertig
ist ein herrlicher lauwarmer Salat. Dazu passt Blattsalat.

Für 4 Portionen

200 g Couscous

400 ml kochend heiße Brühe

2 grüne oder rote Paprikaschoten,
geviertelt

1 Zucchini, längs geviertelt

150 g TK-Dicke-Bohnen-Kerne oder
TK-Erbsen

5 EL Vinaigrette (siehe S. 31)

1–2 EL Zitronensaft (nach
Geschmack)

1 Zimtstange, angedrückt

4 EL geröstete Mandelblättchen

400 g gegartes Hähnchenfleisch,
gewürfelt

1 EL gehackte Petersilie oder
gehacktes Koriandergrün

Zitronenschnitze zum Garnieren
(nach Belieben)

Nährwerte pro Portion etwa
• 475 kcal • 39 g Eiweiß • 22 g Fett,
davon 3 g gesättigte Fettsäuren
• 32 g Kohlenhydrate

1 **Den Backofengrill** auf höchster Stufe vorheizen. Den
Couscous mit der Brühe und 1 TL Salz verrühren. Beiseitestellen und etwa 10 Minuten oder nach Packungsangabe
quellen lassen.

2 **In der Zwischenzeit** Paprika und Zucchini 15 Minuten
grillen, bis sie gebräunt und bissfest sind, dabei nach Bedarf
wenden. Das Gemüse in Stücke schneiden.

3 **Während das Gemüse** im Ofen gart, die gefrorenen
Dicke-Bohnen-Kerne oder die Erbsen in kochendes Wasser
geben und etwa 3 Minuten kochen lassen; in ein Sieb schütten, kalt abspülen und abtropfen lassen, dann trocken
tupfen. Wenn es die Zeit erlaubt, die Bohnenkerne aus den
Hülsen drücken.

4 **Den Couscous** mit einer Gabel auflockern. Vinaigrette,
Zitronensaft, Zimt, Mandelblättchen, Gemüse und Hähnchenfleisch zufügen und untermischen. Petersilie oder Koriandergrün unterrühren und den Salat mit Salz und Pfeffer abschmecken. Nach Belieben mit Zitronenschnitzen garnieren
und sofort servieren.

Alternative Für Vegetarier ist das Gericht geeignet, wenn
Sie das Hähnchenfleisch durch **weiße Bohnen aus der Dose
(400 g)** ersetzen. Diese in ein Sieb schütten, abspülen und
abtropfen lassen, dann mit **2 EL Vinaigrette** (siehe S. 31)
oder **1 EL Olivenöl** und **1 EL Zitronensaft** mischen und mit
schwarzem Pfeffer würzen.

Couscous mit scharfem Fisch

Das Gericht wie im Rezept oben beschreiben zubereiten, das
Hähnchenfleisch jedoch weglassen. **4 Fischfilets (je etwa
125 g)** mit **½–1 TL Harissa** bestreichen und mit **etwas Olivenöl und Zitronensaf**t beträufeln. Bei mittlerer bis starker
Hitze 8–10 Minuten grillen, bis sie durchgegart sind, dann
salzen und pfeffern. Den Couscous-Salat auf eine große
Servierplatte häufen und die Fischfilets darauf anrichten.

Extratipp Harissa ist eine scharfe nordafrikanische Würzpaste. Der Geschmack ist je nach Hersteller unterschiedlich
intensiv, deshalb sollten Sie zunächst nur ½–1 TL verwenden.

... Variante

Mais-Erbsen-Quinoa mit Gemüsespießen

Quinoa, das nährstoffreiche Wunderkorn der Inkas, wird hier wie ein Pilaw zubereitet und mit würzigen Gemüsespießen serviert.

Zubereiten 30 Minuten

Für 4 Portionen Ⓥ

150 g Quinoa, abgespült

400 ml heiße Gemüsebrühe

500 g gemischtes Gemüse (z. B. Zwiebelspalten, Paprikastreifen, Zucchini- und Kürbisstücke)

2 EL Sonnenblumenöl

2–3 Thymianzweige

1 Dose Maiskörner (200 g)

15 g Butter

125 g TK-Erbsen

250 g marinierter Tofu, in mundgerechte Stücke geschnitten

1 TL mildes Chilipulver oder einige Spritzer Tabasco (nach Geschmack)

3 EL gehackte Petersilie

2 EL Balsamico-Essig

Nährwerte pro Portion etwa
• 340 kcal • 15 g Eiweiß • 15 g Fett, davon 3 g gesättigte Fettsäuren
• 39 g Kohlenhydrate

Man kann gegartes Quinoa abkühlen lassen und bis zu 3 Monate einfrieren. Zum Servieren im Mikrowellengerät bei stärkster Leistung 5 Minuten auftauen, dabei einmal mit einer Gabel auflockern.

... aufbewahren

---

1 Den Backofen auf 200 °C vorheizen. Das Quinoa mit der Brühe, ½ TL Salz und etwas schwarzem Pfeffer in einen großen Topf geben. Aufkochen und zugedeckt 10 Minuten schwach köcheln lassen.

2 In der Zwischenzeit das Gemüse auf acht Metallspieße stecken, mit Öl bestreichen und mit einigen abgezupften Thymianblättchen bestreuen. (Sie können auch Holzspieße nehmen; diese müssen jedoch vor der Verwendung 15–30 Minuten eingeweicht werden, damit sie im Ofen nicht verbrennen.) Die Spieße in eine Auflaufform legen, salzen und pfeffern. Das Gemüse im heißen Ofen 10–12 Minuten backen, bis es beginnt, weich zu werden.

3 Den Mais abtropfen lassen und unter das Quinoa mischen. Butter, gefrorene Erbsen und Tofu sowie Chilipulver oder Tabasco zufügen. Zudecken und weitere 5 Minuten köcheln lassen. Die Petersilie mit einer Gabel untermischen.

4 Die Gemüsespieße mit dem Balsamico-Essig beträufeln und weitere 5 Minuten rösten, bis das Gemüse weich, aber noch bissfest ist. Die Spieße mit dem Mais-Erbsen-Quinoa servieren.

Extratipp Quinoa muss vor der Verwendung gründlich gespült werden: Die Körner sind von einer natürlichen Schutzhülle aus Saponin umhüllt, die einen etwas bitteren Geschmack hat.

Blumenkohlauflauf mit Buchweizen

Buchweizen ist nicht mit Reis, Weizen und anderen Getreidesorten verwandt, sondern gehört zur Familie der Knöterichgewächse. Er schmeckt nussig-aromatisch und harmoniert gut mit Gemüse und Käse.

Vorbereiten 15 Minuten

Garen im Ofen 20 Minuten

Für 4 Portionen Ⓥ

150 g Buchweizenkörner

400 ml heiße Brühe

200 ml fettarme Milch, mit 200 ml Wasser gemischt

1 Blumenkohl, in kleine Röschen geteilt

1 große Stange Lauch, in dünne Scheiben geschnitten

100 g junger Blattspinat

2½ EL Speisestärke

15 g Butter

150 g Emmentaler, geraspelt

12 Cocktailtomaten, halbiert

Nährwerte pro Portion etwa

• 470 kcal • 20 g Eiweiß • 19 g Fett, davon 11 g gesättigte Fettsäuren • 58 g Kohlenhydrate

Extratipp Zur Abwechslung können Sie **gewürfelten Bacon** ohne zusätzliches Fett knusprig braten und auf das Gemüse streuen, bevor Sie die Sauce darübergeben.

1 Den Buchweizen mit der Brühe, ½ TL Salz und etwas schwarzem Pfeffer in einen großen Topf geben. Aufkochen, dann zugedeckt 10 Minuten köcheln lassen, bis die Körner die Flüssigkeit aufgenommen haben. Vom Herd nehmen und zugedeckt 5 Minuten ausquellen lassen, anschließend die Körner mit einer Gabel auflockern.

2 In der Zwischenzeit die verdünnte Milch mit etwas Salz in einen Topf geben. Blumenkohl und Lauch darin 7 Minuten garen. Das Gemüse mit einem Schaumlöffel herausnehmen und in eine große vorgewärmte Auflaufform füllen. Buchweizen und Spinat untermischen.

3 Den Backofen auf 200 °C vorheizen. Die Speisestärke mit 3 EL kaltem Wasser verrühren. Mit einem Schneebesen in die heiße Milch rühren. Bei mittlerer Hitze weiterschlagen, bis die Sauce anzudicken beginnt. Die Butter untermischen, dann den Topf vom Herd nehmen. Zwei Drittel des Käses zufügen und rühren, bis er geschmolzen ist. Die Sauce abschmecken, auf die Gemüsemischung gießen und leicht unterheben.

4 Die halbierten Tomaten auf das Gemüse setzen und den restlichen Käse darüberstreuen. Im heißen Ofen etwa 20 Minuten garen, bis die Oberfläche gebräunt ist. Sofort servieren.

Kochtipp Abgekühlten gegarten Buchweizen können Sie auch für einen Salat verwenden. Einfach klein geschnittenes Gemüse untermischen und den Salat mit einer Vinaigrette (siehe S. 31) anmachen.

Gegarten Buchweizen können Sie bis zu 1 Monat einfrieren. Vor der Weiterverwendung im Mikrowellengerät halb zugedeckt bei stärkster Leistung 4–5 Minuten (dabei einmal mit einer Gabel auflockern) oder bei Raumtemperatur in 2–3 Stunden auftauen lassen.

... aufbewahren

5 Ideen für unkomplizierte Gerichte mit Baked Beans

Mittlerweile stehen sie auch in den Regalen unserer Supermärkte: Baked Beans, Bohnen in Tomatensauce. Sie sind unglaublich vielseitig, und wer eine Dose davon im Vorrat hat, kann jederzeit eine leckere Mahlzeit zubereiten. Probieren Sie einmal die folgenden Rezepte aus, die alle für 4 Portionen gelten.

Bohnen-Kartoffel-Auflauf mit Käse

Den Backofen auf 200 °C vorheizen. **1 Zwiebel** und **2 Möhren** würfeln. Mit **500 g magerem Rinderhackfleisch** braten, bis alles leicht gebräunt ist. **300 ml Rinderbrühe**, **1–2 EL Worcestersauce** und **1 Lorbeerblatt** zufügen; 15 Minuten köcheln lassen. Inzwischen **600 g Kartoffeln** (geschält und in Scheiben geschnitten) 8 Minuten vorgaren. Das Lorbeerblatt aus der Fleischmischung entfernen. **Baked Beans aus der Dose (etwa 400 g)** zufügen. Die Hälfte der Fleisch-Bohnen-Mischung in eine Auflaufform geben und mit der Hälfte der Kartoffelscheiben belegen. Mit der restlichen Fleischmischung und den restlichen Kartoffelscheiben ebenso verfahren. Das Ganze mit **50 g geraspeltem Cheddar, Gouda oder Emmentaler** bestreuen und im Ofen 20 Minuten backen.

Nährwerte pro Portion etwa
• 435 kcal • 39 g Eiweiß • 12 g Fett, davon
6 g gesättigte Fettsäuren • 47 g Kohlenhydrate

Vorbereiten **25** *Minuten* *Garen im Ofen* **20** *Minuten*

Bohnentopf mit Chorizo

1 Zwiebel, **2 Möhren**, **2 Stangen Sellerie**, **1 gelbe Paprikaschote** und **75 g Chorizo** würfeln. **1 EL Öl** in einem großen backofenfesten Topf erhitzen. Gemüse und Wurst darin unter gelegentlichem Rühren 5 Minuten braten, bis alles Farbe angenommen hat. **400 ml Hühnerbrühe**, **Baked Beans aus der Dose (etwa 400 g)**, **50 g gewürfelte getrocknete Tomaten**, **1 TL getrockneten Thymian** und **1 TL edelsüßes Paprikapulver** zufügen. Aufkochen und zugedeckt 15 Minuten köcheln lassen. In der Zwischenzeit **300 g Wiener Würstchen** in mundgerechte Stücke schneiden und zugeben. **75 g Brotkrumen** in einer Schüssel mit **1 EL gehackter Petersilie** und **1 EL Öl** verrühren. Die Mischung auf dem Gericht verteilen und das Ganze vor dem Servieren 4–5 Minuten unter dem heißen Grill gratinieren.

Nährwerte pro Portion etwa
• 500 kcal • 22 g Eiweiß • 30 g Fett, davon
10 g gesättigte Fettsäuren • 39 g Kohlenhydrate

Zubereiten **30** *Minuten*

Bohnen-Tortillas auf Tex-Mex-Art

1 Zwiebel und **1 rote Paprikaschote** würfeln. **1 Chilischote** von den Samen befreien und hacken. In einem Topf **1 EL Sonnenblumenöl** heiß werden lassen. Zwiebel, Paprika und Chili darin mit **1 zerdrückten Knoblauchzehe** 4–5 Minuten braten. **Baked Beans aus der Dose** (etwa 400 g) und **½ TL getrockneten Oregano** zugeben. Sobald alles heiß ist, die Mischung mit einem Kartoffelstampfer grob zerdrücken. Nacheinander **8 Weizentortillas** in einer Pfanne pro Seite 30 Sekunden aufbacken. **1 Romanasalatherz** in Streifen schneiden, **125 g Cheddar oder Emmentaler** raspeln. Salat und Käse in getrennte Schüsseln geben. In eine weitere Schüssel **150 g Joghurt**, in eine andere **Tomatensalsa** (Fertigprodukt) füllen. Mit den Tortillas und der Bohnenmischung auf den Tisch stellen. Gegessen wird so: etwas Bohnenmischung mittig auf eine Tortilla geben, darauf etwas von den restlichen Zutaten verteilen und die Tortilla aufrollen. Ⓥ

Nährwerte pro Portion etwa • 500 kcal • 22 g Eiweiß • 16 g Fett, davon 8 g gesättigte Fettsäuren • 72 g Kohlenhydrate

Zubereiten 25 Minuten

Gemüsecurry mit Chapatis

1 Zwiebel würfeln. In einem Topf **1 EL Öl** erhitzen und die Zwiebel darin in 4–5 Minuten glasig dünsten. **1 EL mildes Currypulver** unterrühren und 1 Minute mitdünsten. **350 g Gemüse** (z. B. Reste vom Vortag oder TK-Ware, 3 Minuten vorgegart) in kleine Stücke schneiden und zufügen. **Baked Beans aus der Dose (etwa 400 g)** und **1 EL Rosinen** zugeben. Alles langsam heiß werden lassen. **8 große oder 12 kleine Chapatis (indisches Fladenbrot)** nach Packungsangabe im Mikrowellengerät erwärmen. Das Curry sofort servieren, die Chapatis sowie **griechischen Sahnejoghurt und/oder Mango-Chutney** dazu reichen. Ⓥ

Nährwerte pro Portion etwa
• 400 kcal • 17 g Eiweiß • 5 g Fett, davon 0,5 g gesättigte Fettsäuren
• 76 g Kohlenhydrate

Zubereiten 20 Minuten

Würzige Bohnensuppe

1 Zwiebel, **1 Möhre**, **2 Stangen Sellerie** und **2 Scheiben Schinkenspeck** würfeln. In einem großen Topf **1 EL Sonnenblumenöl** heiß werden lassen. Gemüse und Speck darin 10 Minuten braten und etwas Farbe annehmen lassen. **Baked Beans aus der Dose (etwa 400 g)**, **je 300 ml Gemüsebrühe und Tomatensaft**, **1 Spritzer Worcestersauce** sowie **je 1 Prise edelsüßes Paprikapulver und getrocknete Kräuter** zufügen; zugedeckt 10 Minuten köcheln lassen, bis das Gemüse weich ist; sofort servieren. Dazu passen knusprige Brötchen oder Baguette.

Nährwerte pro Portion etwa • 160 kcal • 9 g Eiweiß • 4 g Fett, davon 1 g gesättigte Fettsäuren • 23 g Kohlenhydrate

Kochtipp Wer mag, kann die Suppe mit dem Stabmixer pürieren und, falls nötig, mit etwas Wasser verdünnen.

Vorbereiten 10 Minuten **Garen 20 Minuten**

Bohneneintopf mit Kassler

Butternusskürbis, grüne Bohnen und Mais gehören in dieses schmackhafte Gericht, das auf einem Rezept nordamerikanischer Ureinwohner basiert. Als Beilage passt dazu am allerbesten knuspriges Brot.

Vorbereiten 10 Minuten

Garen 20 Minuten

Für 4 Portionen
- 2 EL Olivenöl
- 1 rote Zwiebel, grob gewürfelt
- 1 Knoblauchzehe, zerdrückt
- 1 kg Butternusskürbis, das Fruchtfleisch in 2 cm große Würfel geschnitten
- 1 Dose gehackte Tomaten (400 g)
- 6–8 halb getrocknete Tomaten, grob zerkleinert
- 300 ml Gemüsebrühe
- 2 EL Öl
- 4 Kassler-Koteletts ohne Knochen
- 250 g TK-Maiskörner
- 250 g TK-grüne-Bohnen
- 2 EL gehackte Petersilie

Nährwerte pro Portion etwa
- 420 kcal • 25 g Eiweiß • 23 g Fett, davon 6 g gesättigte Fettsäuren
- 27 g Kohlenhydrate

1 Das Olivenöl in einem großen Topf bei schwacher Hitze heiß werden lassen. Die Zwiebelwürfel mit Knoblauch und Kürbis darin unter gelegentlichem Rühren in 5 Minuten glasig dünsten.

2 Tomaten und Brühe zufügen. Aufkochen, dann zugedeckt 10 Minuten köcheln lassen.

3 In der Zwischenzeit das Öl in einer großen Pfanne erhitzen. Die Kassler-Koteletts darin pro Seite etwa 4 Minuten braten, bis sie heiß sind und etwas Farbe angenommen haben.

4 Mais und Bohnen unter die Tomatenmischung rühren. Das Ganze aufkochen, dann zugedeckt weitere 5 Minuten köcheln lassen, bis das Gemüse gar ist; abschmecken.

5 Die Koteletts auf den Eintopf legen; mit Petersilie bestreuen und sofort servieren.

Extratipp Falls Sie halb getrocknete Tomaten in Öl verwenden, können Sie in Schritt 1 das Einlegöl anstelle des Olivenöls verwenden.

Falls von diesem Eintopf etwas übrig bleibt, können Sie aus dem Rest eine köstliche Suppe herstellen. Dafür den restlichen Eintopf einfach in der Küchenmaschine oder im Mixer stückig oder glatt pürieren. Mit geriebenem Käse bestreuen und servieren.

... Extratipp

Aromatischer Salat mit dreierlei Bohnen

Bohnen in der Dose sind äußerst praktisch, denn daraus lässt sich in wenigen Minuten eine gesunde Mahlzeit zubereiten. Hier werden zweierlei Dosenbohnen, frische grüne Bohnen und Mozzarella mit einem aromatischen Dressing angemacht. Reichen Sie dazu warmes Knoblauchbrot.

Für 4 Portionen Ⓥ

125 g grüne Bohnen
2 EL Olivenöl
2 EL Weißweinessig
1 TL mildes Currypulver
1 Knoblauchzehe, zerdrückt
1 Dose weiße Bohnen oder rote Kidneybohnen (400 g)
1 Dose Perl- oder Augenbohnen (400 g)
6 Frühlingszwiebeln, in dünne Ringe geschnitten
150 g Mozzarella, gewürfelt
2 große Tomaten, in dünne Scheiben geschnitten
4 EL grob gehackte Petersilie

Nährwerte pro Portion etwa
• 285 kcal • 17 g Eiweiß • 14 g Fett, davon 6 g gesättigte Fettsäuren
• 21 g Kohlenhydrate

Alternative Statt Mozzarella können Sie **Feta** verwenden.

1 **Die grünen Bohnen** 3 – 5 Minuten in kochendem Salzwasser garen. In ein Sieb schütten und kalt abspülen, dann abtropfen lassen und in eine große Schüssel füllen.

2 **Für das Dressing** das Öl mit Essig, Currypulver und Knoblauch sowie ½ TL Meersalzflocken und etwas schwarzem Pfeffer in ein Schraubdeckelglas geben. Das Glas verschließen und schütteln.

3 **Die Dosenbohnen** in ein Sieb schütten, abspülen und abtropfen lassen. Mit Frühlingszwiebeln und Mozzarella zu den grünen Bohnen geben und alles mit dem Dressing anmachen.

4 **Eine Servierplatte** mit den Tomatenscheiben auslegen. Den Salat darauf anrichten und mit der Petersilie bestreuen.

Extratipp Sie können den Salat mit **1 Avocado** ergänzen: diese halbieren, schälen, entsteinen, in Stücke schneiden und dann untermischen.

Chinesische Garnelen mit Bohnenkeimlingen

Diese schnelle Nudelpfanne ist ideal für Menschen, die viel Energie brauchen: Aus Garnelen, Bohnensprossen, Gemüse, Eiern und Nudeln entsteht ein nährstoffreiches buntes Gericht.

Zubereiten
20
Minuten

Für 4 Portionen

200 g asiatische Eiernudeln

2 TL geröstetes Sesamöl

3 EL Öl

4 Frühlingszwiebeln, in Ringen

2 große Knoblauchzehen, zerdrückt

1 große grüne Chilischote, halbiert, von den Samen befreit und in dünne Streifen geschnitten

250 g Wok-Gemüse (TK-Ware, im Frischhaltebeutel oder vakuumverpackt)

300 ml Hühner- oder Gemüsebrühe

150 g Champignons, in Scheiben geschnitten

150 g Mungobohnensprossen

2 EL Sojasauce

300 g geschälte gegarte Garnelen

3 Eier, verquirlt

Nährwerte pro Portion etwa
• 475 kcal • 32 g Eiweiß • 20 g Fett, davon 4 g gesättigte Fettsäuren
• 43 g Kohlenhydrate

1 Die Nudeln nach Packungsangabe kochen. In ein Sieb schütten und abtropfen lassen, dann in einer Schüssel mit dem Sesamöl mischen.

2 Den Wok oder eine große Pfanne heiß werden lassen. 4 TL Öl hineingeben und durch Schwenken verteilen. Zwiebeln, Knoblauch, Chili und Gemüse darin 3 Minuten pfannenrühren. Die Brühe zugeben und aufkochen. Pilze und Sprossen zufügen; alles noch 2–3 Minuten pfannenrühren.

3 Die Sojasauce zugeben, dann die Garnelen zufügen und 1–2 Minuten (frische Garnelen) oder 3–4 Minuten (TK-Ware) mitgaren. Die Nudeln untermischen und heiß werden lassen.

4 Das restliche Öl in einer Pfanne heiß werden lassen. Die Eier mit Salz und Pfeffer würzen. In die Pfanne gießen und unter behutsamem Rühren gerade eben stocken lassen. Das Rührei unter das Nudelgericht mischen; sofort servieren.

Alternative Das Gericht eignet sich für Vegetarier, wenn Sie die Garnelen weglassen und stattdessen **100 g grob gehackte Cashewkerne** untermischen.

Puy-Linsen mit Jakobsmuscheln

Die kleinen dunkelgrünen Puy-Linsen gelten als die feinsten Linsen. Zudem sind sie sehr schnell gar. Hier bekommen sie eine frische Zitronennote und werden mit currywürzigen Jakobsmuscheln serviert. Dazu passt Reis oder Brot.

Zubereiten **30** Minuten

Für 4 Portionen
200 g Puy-Linsen, 400 ml heiße Brühe
1 Möhre, geschält und gewürfelt
½ kleine Fenchelknolle, in dünne Scheiben geschnitten
1 Schalotte, in Ringe geschnitten
1 TL mildes Currypulver
400 g ausgelöste Jakobsmuscheln, abgespült und mit Küchenpapier trocken getupft
2 EL Olivenöl
1 TL abgeriebene unbehandelte Zitronenschale
2 EL Zitronensaft
3 EL gehackte Petersilie
200 g Rucola

Nährwerte pro Portion etwa
• 340 kcal • 37 g Eiweiß • 9 g Fett, davon 1 g gesättigte Fettsäuren
• 30 g Kohlenhydrate

> Für einen Salat die Linsen wie in Schritt 1 beschrieben garen. Mit 3 EL Vinaigrette (siehe S. 31) anmachen und abkühlen lassen. Mit Reis, Gemüse oder Nudeln mischen.
>
> ### ... Kochtipp

1 Die Linsen mit Brühe, Möhre, Fenchel und Schalotte in einen Topf geben. Aufkochen, dann zugedeckt 12–15 Minuten köcheln lassen, bis die Linsen knapp gar sind und den Großteil der Brühe aufgenommen haben. Abgießen, dabei noch etwas Flüssigkeit zurücklassen, damit die Linsen nicht austrocknen.

2 In der Zwischenzeit das Currypulver mit etwas Salz auf einen Teller geben und die Jakobsmuscheln in dieser Mischung wenden.

3 Die Linsen salzen, pfeffern und mit 1 EL Olivenöl mischen. Zitronenschale und -saft sowie die Petersilie unterrühren. Die Linsen auf vier vorgewärmte Teller verteilen und den Rucola daraufgeben.

4 Das restliche Öl in einer großen beschichteten Pfanne heiß werden lassen. Die Jakobsmuscheln kreisförmig hineinlegen. 1–2 Minuten braten, dann in der Reihenfolge, wie sie hineingegeben wurden, wenden (so garen sie gleichmäßig) und noch 1 Minute braten. Aus der Pfanne nehmen und auf dem Salat anrichten; sofort servieren.

Extratipp Puy-Linsen stammen aus der Region Puy-de-Dôme in der Auvergne und tragen das Gütesiegel A.O.C. Es gibt jedoch andere grüne Linsen, die sich für dieses Gericht ebenso eignen. Sie können auch gewöhnliche Tellerlinsen verwenden; sie sind preiswerter, haben aber eine längere Garzeit (je nach Größe bis zu 25 Minuten). Linsen – egal, welche Sorte – müssen vor dem Kochen nicht eingeweicht werden.

Französischer Eintopf mit weißen Bohnen, Ente und Wurst

Das klassische französische Cassoulet köchelt stundenlang vor sich hin. Diese Version mit Dosenbohnen und saftiger Entenbrust ist viel schneller gar und schmeckt besonders gut mit knusprigem Knoblauchbrot und gedämpftem Wirsing.

Vorbereiten 10 Minuten

Garen 25 Minuten

Für 4 Portionen

2 EL Olivenöl

3 grobe Bratwürste (vorzugsweise Saucisse de Toulouse; Feinkostgeschäft)

2 Entenbrustfilets ohne Haut, in mundgerechte Stücke geschnitten

125 g durchwachsener Speck, in Streifen geschnitten

1 Dose Cannellini-Bohnen oder andere weiße Bohnenkerne (400 g)

1 Zwiebel, gewürfelt

3 Knoblauchzehen, zerdrückt

1 Dose gehackte Tomaten mit Kräutern (400 g)

2 Thymianzweige

Nährwerte pro Portion etwa

• 345 kcal • 26 g Eiweiß • 19 g Fett, davon 5 g gesättigte Fettsäuren
• 17 g Kohlenhydrate

1 In einem großen Schmortopf 1 EL Öl heiß werden lassen und die Würste darin rundherum 5 Minuten anbraten; herausheben. Entenfleisch und Speck in den Topf geben und rundherum kräftig anbraten. Bohnen in ein Sieb schütten, abspülen und abtropfen lassen.

2 Zwiebel und Knoblauch mit dem restlichen Olivenöl in den Topf geben und 5 Minuten mitbraten. Die Würste in je vier Stücke schneiden. Erst die Wurststücke, dann Bohnen, Tomaten, Thymian, Salz und Pfeffer zufügen und untermischen.

3 Das Ganze aufkochen und 15–20 Minuten köcheln lassen, bis die Flüssigkeit etwas eingekocht ist.

Cassoulet mit Bohnen und Seeteufel

Entenfleisch und Wurst weglassen. **400 g Seeteufelfilet** in 3 cm große Stücke schneiden. Die Fischstücke im ersten Schritt 2–3 Minuten etwas anbraten. Die **Speckmenge** auf **200 g** erhöhen und **1 Dose kleine weiße Bohnen (400 g)** anstelle der Cannellini-Bohnen verwenden. Das Cassoulet 15 Minuten garen, dabei die Fischstücke 5–7 Minuten vor Ende der Garzeit zufügen. Dazu passt gedämpfter Mangold oder Spinat.

Vegetarischer Bohneneintopf Ⓥ

Wurst, Entenfleisch und Speck weglassen. **1 Fenchelknolle** würfeln, **1 Möhre** schälen und ebenfalls würfeln. In Schritt 2 zur Zwiebelmischung geben und **je 2 Dosen Tomaten und Bohnen** verwenden. Nahrhafter wird das Gericht, wenn Sie **200 g geräucherten oder eingelegten Tofu** würfeln und unter den Eintopf mischen.

... Varianten

Karibischer Bohnentopf mit Paprika und Reis

Dies ist ein köstlicher, sättigender Eintopf, der seine Wurzeln in der Karibik hat. Wie viele Chilischoten Sie verwenden, hängt davon ab, was Sie und Ihre Gäste an Schärfe vertragen. Spinatsalat passt gut zu diesem Gericht.

Für 4 Portionen

2 EL Öl

1 große Zwiebel, gewürfelt

1 rote Paprikaschote, gewürfelt

2 große Knoblauchzehen, zerdrückt

1–2 rote Chilischoten (oder nach Geschmack), von den Samen befreit und gehackt

150 g scharfe Koch-Chorizo, gewürfelt

250 g Basmati-Reis, gewaschen

1 Dose Kokosmilch (400 ml)

600 ml heiße Hühnerbrühe

2 Thymianzweige, mehr Thymian zum Garnieren

1 Lorbeerblatt

1 Dose Augen- oder rote Kidney-bohnen (400 g)

Nährwerte pro Portion etwa

• 605 kcal • 25 g Eiweiß • 26 g Fett, davon 8 g gesättigte Fettsäuren
• 66 g Kohlenhydrate

1 **Das Öl** in einem großen Topf heiß werden lassen. Die Zwiebelwürfel darin mit Paprika, Knoblauch und Chili in etwa 5 Minuten glasig dünsten.

2 **Erst die gewürfelte Wurst**, dann den Reis untermischen und alles 1–2 Minuten pfannenrühren. Kokosmilch und Brühe angießen. Salzen, pfeffern und aufkochen lassen. Thymian und Lorbeer unterrühren und das Ganze zugedeckt 10 Minuten köcheln lassen. Die Bohnen in ein Sieb schütten, abspülen und abtropfen lassen.

3 **Die Bohnen** in den Topf geben und 5 Minuten mitgaren, bis sie heiß sind und der Reis weich ist. Das Lorbeerblatt entfernen. Das Gericht auf eine Servierplatte geben, mit Thymian bestreuen und sofort servieren.

Extratipp Chilischoten werden in unterschiedlicher Schärfe angeboten. Die Sorten Scotch bonnet, Habanero und Vogelaugenchilis zählen zu den schärfsten Schoten.

Zubereiten
30
Minuten

Fisch

Blätterteigtaschen mit Lachs und Zaziki

Diese knusprigen Teigtaschen sind rasch gefüllt und gefaltet. Zum Essen werden sie in knoblauchwürziges Zaziki getunkt. Sehr gut schmecken Pellkartoffeln und grüner Salat dazu.

Für 4 Portionen

1 Rolle gekühlter Blätterteig (etwa 275 g)

150 g Lachsfilet ohne Haut, in 1–2 cm große Würfel geschnitten

25 g Fenchelgrün oder Dillspitzen, gehackt

25 g Schnittlauchröllchen

100 g TK-Dicke-Bohnen-Kerne

1 Ei, verquirlt

100 g Ricotta

½ Salatgurke

1 Knoblauchzehe, zerdrückt

200 g griechischer Sahnejoghurt

Nährwerte pro Portion etwa

• 520 kcal • 23 g Eiweiß • 34 g Fett, davon 19 g ungesättigte Fettsäuren
• 31 g Kohlenhydrate

Vorbereiten 15 Minuten

Garen im Ofen 20 Minuten

---

1 Den Blätterteig aus dem Kühlschrank nehmen und (so es die Zeit erlaubt) in der Verpackung in 20 Minuten Raumtemperatur annehmen lassen. Den Backofen auf 240 °C vorheizen. Für die Füllung die Lachsstücke mit den Kräutern und den gefrorenen Bohnen in eine Schüssel geben. Salz und Pfeffer zufügen und alles gut mischen.

2 Den Teig entrollen und in 4 knapp 20 × 15 cm große Rechtecke schneiden. Die Teigrechtecke mit dem verquirlten Ei bestreichen. Die Füllung mittig so auf die Teigstücke häufen, dass oben und unten ein schmaler Streifen sowie an den Längsseiten links und rechts ein breiter Rand frei bleiben. Auf die Lachsmischung Ricottatupfen setzen. Die breiten Ränder über die Füllung schlagen und fest zusammendrücken. Die offenen Teigränder ebenfalls zusammendrücken.

3 Die Teigtaschen auf ein mit Wasser befeuchtetes Backblech legen und im Ofen 20 Minuten backen, bis sie aufgegangen und goldbraun sind.

4 In der Zwischenzeit für das Zaziki die halbe Gurke schälen und in ein Sieb raspeln. Überschüssige Flüssigkeit über dem Spülbecken ausdrücken. Die Gurkenraspel mit dem Knoblauch unter den Joghurt mischen. Das Zaziki in eine Servierschale füllen und zu den Blätterteigtaschen servieren.

Alternativen • Anstelle von Lachsfilet können Sie **geschälte gegarte Garnelen oder zerpflückte Räuchermakrele** verwenden. • Die Dicken Bohnen lassen sich durch **TK-Erbsen oder TK-Maiskörner** ersetzen.
• Nehmen Sie zur Abwechslung einmal **Brunnenkresse** statt Fenchelgrün oder Dillspitzen.

• Wenn Sie das Backblech mit Backpapier oder Alufolie belegen, ersparen Sie sich das Abwaschen.
• Statt Zaziki selbst herzustellen, können Sie gekauftes verwenden.

... Zeit sparen

Gedämpfte Schollenfilets mit jungem Gemüse

Zarte Fischfilets werden hier in einem aromatischen Sud aus Limettensaft und Olivenöl gedämpft. Dazu gibt es feines Gemüse – ein elegantes und trotzdem unkompliziertes Essen.

Vorbereiten 15 Minuten
Garen 15 Minuten

Für 4 Portionen

500 g kleine neue Kartoffeln, gwaschen und gebürstet
2 Stangen Lauch, in Scheiben geschnitten
250 g Baby-Möhren
1 unbehandelte Limette
4 Schollenfilets (je etwa 100 g)
12 dünne Gurkenscheiben
4 Lorbeerblätter
8 TL Olivenöl
4 kleine Zucchini, längs halbiert
30 g Sauerampferblätter, in dünne Streifen geschnitten

Nährwerte pro Portion etwa
• 310 kcal • 24 g Eiweiß • 11 g Fett, davon 1 g ungesättigte Fettsäuren
• 30 g Kohlenhydrate

1 **Die Kartoffeln** in etwa 10 Minuten gar kochen oder dämpfen. In der Zwischenzeit einen großen Topf mit kochendem Wasser und einem Dämpfeinsatz vorbereiten. Vier Stücke Alufolie zurechtschneiden, in denen je ein zusammengeklapptes Fischfilet Platz hat.

2 **Lauchscheiben und Möhren** möglichst nebeneinander in den Dämpfeinsatz geben; beiseitestellen. Die Limettenschale abreiben oder mit einem Zestenreißer abziehen und in eine kleine Schüssel füllen. Die Frucht vierteln.

3 **Auf jedes Folienstück** ein Fischfilet mit der Hautseite nach unten legen. Auf die breiten Enden jeweils 3 Gurkenscheiben und 1 Lorbeerblatt legen; salzen und pfeffern. Auf jedes Filet etwas Saft aus einem Limettenviertel pressen; das schmale Ende des Filets über das belegte klappen. Die ausgedrückten Limettenviertel daraufsetzen und jedes Filet mit 2 TL Olivenöl beträufeln. Die Folie über den Filets zusammenfalten, sodass Päckchen entstehen, die in den Dämpfeinsatz passen.

4 **Lauch und Möhren** 5 Minuten dämpfen. Zucchinihälften mit den Schnittflächen nach oben darauflegen. Folienpäckchen zufügen; alles weitere 10 Minuten dämpfen, bis das Gemüse weich und der Fisch gar ist. Gemüse salzen und pfeffern.

5 **Die Folienpäckchen** vorsichtig öffnen. In jedes etwas Limettenschale und ein wenig Sauerampfer streuen. Gemüse und Kartoffeln auf vier Teller verteilen. Den Fisch dazulegen und den Garsud aus den Päckchen darübergießen.

Alternativen • Anstelle von Schollenfilets können Sie **Filets von Rotbarben, Rotzungen oder Wolfsbarsch** verwenden.
• Der Sauerampfer lässt sich durch **Petersilie oder eine Mischung aus Petersilie, Dill und etwas Estragon** ersetzen.

Wolfsbarsch auf chinesische Art
Nach dem Hauptrezept vorgehen, allerdings Wolfsbarschfilet verwenden und die Limette weglassen. Gurke und Lorbeer ebenfalls weglassen. Stattdessen **1 Frühlingszwiebel** in Streifen schneiden und mit **1 TL geriebenem Ingwer** auf die Fischfilets geben. Die Filets statt mit Olivenöl mit je **1 TL geröstetem Sesamöl, trockenem Sherry und heller Sojasauce** beträufeln. In Schritt 4 anstelle von Lauch und Möhren **200 g Mini-Maiskolben, Baby-Möhren und Zuckerschoten** sowie **200 g grünen Spargel** (von den holzigen Enden befreit) dämpfen. Zucchini weglassen. 4 Minuten vor Ende der Garzeit **200 g Pak Choi** (halbiert) darauflegen. Den Sauerampfer weglassen und den Fisch nach Belieben mit etwas **gehacktem Koriandergrün** bestreuen. Dazu passt Reis.

... Variante

Gegrilltes Schollenfilet mit Fenchel und Couscous

Gegrilltes Fischfilet mit buttrigem Garsud wird hier auf einem Bett aus kurkumagelbem Couscous mit Fenchel angerichtet – ein erstaunlich schnell zubereitetes Gericht, das fantastisch aussieht und genauso schmeckt.

Zubereiten 20 Minuten

Für 4 Portionen

200 g Couscous
1 TL gemahlene Kurkuma
2 EL Olivenöl
4 Schollenfilets mit heller Haut (je etwa 150 g)
2 Fenchelknollen
2 Frühlingszwiebeln, in Ringe geschnitten
1 EL Kapern
1 unbehandelte Zitrone
40 g Butter

Nährwerte pro Portion etwa
• 450 kcal • 32 g Eiweiß • 16 g Fett, davon 6 g ungesättigte Fettsäuren
• 42 g Kohlenhydrate

1 **In einem Topf** 400 ml Wasser mit Salz aufkochen. Den Couscous mit Kurkuma hineinrühren. 5–10 Minuten oder nach Packungsangabe quellen lassen.

2 **In der Zwischenzeit** den Backofengrill auf höchster Stufe vorheizen. Ein Backblech dünn mit etwas Olivenöl fetten. Die Schollenfilets mit den Hautseiten nach oben darauflegen und dünn mit Olivenöl bestreichen.

3 **Den Fenchel** putzen, etwas Fenchelgrün für die Garnitur beiseitelegen. Die Knollen in dünne Scheiben und diese in Streifen schneiden. In eine Schüssel geben. Frühlingszwiebeln, Kapern und das restliche Olivenöl zufügen und alles gut mischen.

4 **Den Fisch** 3–4 Minuten grillen, bis die Haut zu bräunen beginnt. Die Filets vorsichtig wenden. Die Zitronenschale abreiben oder mit einem Zestenreißer abziehen und den Fisch damit bestreuen. Die Zitrone in 8 Spalten schneiden und diese auf das Backblech legen. Die Butter in Flöckchen auf dem Fisch verteilen, die Filets salzen und pfeffern. 1–2 Minuten grillen, bis der Fisch fest und durchgegart ist.

5 **Die Fenchelmischung** unter den Couscous rühren. Den Couscous auf vier Teller verteilen. Fischfilets und Zitronenspalten darauf anrichten. Das Ganze mit dem Garsud beträufeln, mit Fenchelgrün garnieren und sofort servieren.

Alternative Statt mit Scholle können Sie dieses Gericht mit **Forellenfilets** (1 großes oder 2 kleine pro Portion), **Seehechtkoteletts oder Seehechtfilets** zubereiten; diese auf der zweiten Seite 2–4 Minuten grillen.

Selbst hergestellte Würzbutter sollten Sie immer im Tiefkühlvorrat haben. Sie verleiht gegartem Fisch sofort Aroma und verwandelt sich beim Schmelzen in eine köstliche Sauce. Die Butter mit den würzenden Zutaten mischen, zu einer etwa 3 cm dicken Rolle formen, in Frischhaltefolie im Kühlschrank fest werden lassen. Die Rollen in 5 mm dicke Scheiben schneiden. Diese nebeneinander auf einem Tablett einfrieren, dann in Gefrierbeutel geben. Die folgenden Zutaten gelten für je 250 g weiche Butter.

• abgeriebene Schale von 1 unbehandelten Zitrone, 1 EL Zitronensaft, 6 EL gehackte Petersilie;
• 1 EL mittelscharfer Senf und 4 EL gehackter Estragon;
• 2 EL fein gewürfelter Ingwer, 2 fein zerkleinerte Frühlingszwiebeln, abgeriebene Schale von 1 unbehandelten Limette;
• 1 grüne Chilischote (von den Samen befreit und gehackt), 4 EL Schnittlauchröllchen und 4 EL gehacktes Koriandergrün.

... Würzbutter zu Fisch

Rotzunge mit Senfmayonnaise und Estragon-Orangen-Zucchini

Schlichtes Seezungenfilet wird zu etwas Besonderem, wenn man es vor dem Garen mit Senfmayonnaise bestreicht. Sehr gut dazu schmecken mit Orangenschale und Estragon aromatisierte Zucchini sowie knuspriges Baguette.

Für 4 Portionen

1 EL Olivenöl
4 Zucchini, längs halbiert
4 Rotzungenfilets mit Haut (je etwa 100 g)
4 EL Mayonnaise
2 TL Dijonsenf
Blätter von 2 Zweigen Estragon
grob abgeriebene Schale von 1 unbehandelten Orange
Orangenschnitze zum Servieren

Nährwerte pro Portion etwa
• 230 kcal • 18 g Eiweiß • 16 g Fett, davon 2 g ungesättigte Fettsäuren
• 2 g Kohlenhydrate

1 **Den Backofengrill** auf höchster Stufe vorheizen. Eine Auflaufform dünn mit etwas Öl fetten. Die Zucchinihälften mit den Schnittflächen nach unten hineinlegen, mit etwas Öl bestreichen und 3 Minuten grillen. Wenden, erneut mit Öl bestreichen und weitere 4–5 Minuten grillen, bis sie braun und weich sind. Die Form aus dem Ofen nehmen und beiseitestellen.

2 **In der Zwischenzeit** den Fisch vorbereiten. Ein Backblech dünn mit Öl fetten und die Filets mit den Hautseiten nach unten darauflegen. Die Mayonnaise mit dem Senf verrühren und die Filets gleichmäßig mit dieser Mischung bestreichen. Die Fischfilets etwa 5 Minuten unter dem Grill bräunen, bis sie gar sind. Falls die Filets in den ersten 1–2 Minuten zu schnell Farbe annehmen sollten, das Backblech etwas tiefer in den Ofen schieben.

3 **Die Zucchini** mit Estragon und Orangenschale bestreuen. Die Fischfilets auf vorgewärmte Teller geben und die Zucchini daneben anrichten. Mit Orangenschnitzen garnieren und servieren.

Alternative Statt der Rotzungenfilets können Sie **Seezungenfilets** verwenden. Ihre Haut ist zäh und wird nicht mitgegessen, die Filets selbst sind dünn und daher schnell gar.

Zubereiten **20** Minuten

Geräucherter Schellfisch mit Senf

4 Stücke geräuchertes Schellfischfilet in eine Schale legen. Mit reichlich kochend heißem Wasser bedecken und 5 Minuten ziehen lassen. Die Filets anschließend mithilfe einer Palette oder eines Pfannenwenders auf das dünn gefettete Backblech legen und wie beschrieben weiterverfahren, die Mayonnaise allerdings durch **3 EL Ricotta** und den Dijonsenf durch **körnigen Senf** ersetzen.

… Variante

Lachs in der Honigkruste mit weißen Bohnen und Blattspinat

Lachsfilet wird zu einer Delikatesse, wenn es vor dem Braten kurz in einer süß-pikanten Marinade durchzieht. Die perfekte Ergänzung zum aromatischen Fisch sind weiße Bohnenkerne (aus dem Vorrat) und junger Spinat. Reichen Sie Brot oder kleine Kartoffeln dazu.

Für 4 Portionen

1 EL Öl

1 EL Sojasauce

2 TL flüssiger Honig

2 TL körniger Senf

abgeriebene Schale und Saft von 1 unbehandelten Zitrone

4 Stücke Lachsfilet ohne Haut (je etwa 125 g)

2 Dosen weiße Bohnen (je 400 g)

1 große Knoblauchzehe, zerdrückt

2 EL Olivenöl

1 Prise Chiliflocken

200 g junger Blattspinat, abgespült

12 Cocktail-Rispentomaten

Nährwerte pro Portion etwa

• 410 kcal • 32 g Eiweiß • 22 g Fett, davon 4 g ungesättigte Fettsäuren • 21 g Kohlenhydrate

Alternative Wer mag, kann statt Lachsfilet **Makrelenfilet** verwenden.

Vorbereiten 5 Minuten

Garen 8 Minuten

1 Das Öl in einer Schale mit Sojasauce, Honig, Senf und 1 EL Zitronensaft zu einer Marinade verrühren. Die Lachsfilet-stücke darin wenden.

2 Die Bohnen in ein Sieb schütten, kalt abspülen und abtropfen lassen. Mit dem Knoblauch, dem Olivenöl, dem restlichen Zitronensaft, der Zitronenschale und den Chiliflocken in einen Topf geben.

3 Eine Grillpfanne oder eine Pfanne heiß werden lassen. Inzwischen den tropfnassen Spinat in einen Topf geben. Bei starker Hitze im zugedeckten Topf in 1–2 Minuten zusammenfallen lassen, dann in einem Sieb abtropfen lassen. Die Bohnen abgießen und bei schwacher Hitze erwärmen.

4 Den Lachs in der heißen Pfanne pro Seite 2–3 Minuten braten, bis er rosa und nicht mehr glasig ist. Nach 1–2 Minuten die Cocktailtomaten zugeben.

5 Die Bohnen mit einem Kartoffelstampfer oder einer Gabel grob zerdrücken. Den Spinat untermischen und das Ganze mit Salz und Pfeffer abschmecken. Die Bohnenmischung auf vier Teller verteilen. Die Lachsfilets darauf anrichten und die Tomaten dazulegen. Sofort servieren.

Extratipps • Falls möglich, sollten Sie den Lachs über Nacht im Kühlschrank marinieren und erst am nächsten Tag garen. • Statt frischem Spinat können Sie TK-Blattspinat nehmen.

Ofen-Lachs mit Avocado-Salsa

Den Backofen auf 220 °C vorheizen. Den Lachs mit der Marinade in eine flache Auflaufform geben. Im heißen Ofen 15 Minuten backen, bis sich der Fisch leicht zerpflücken lässt (an einer Stelle mit einer Gabel testen) und stellenweise Farbe angenommen hat. Für die Salsa das Fruchtfleisch von **2 vollreifen Avocados** würfeln. **2 EL Weißweinessig**, **2 EL gehackten kandierten Ingwer** und **1 zerdrückte Knoblauchzehe** zufügen. **4 Frühlingszwiebeln** in Ringe schneiden und **25 g Koriandergrün** hacken. Zur Salsa geben und alles mischen. Den Lachs mit der Bohnenmischung servieren und die Salsa anstelle der Tomaten dazu reichen.

... Variante

Spinat waschen, dann die Blätter im Spülbecken mit kochend heißem Wasser begießen – so fällt der Spinat in wenigen Minuten zusammen, ohne dass man später einen Topf abwaschen muss.

... Zeit sparen

5 würzige Ergänzungen für gegrillten und gebratenen Fisch

Fisch ist wie geschaffen für die Feierabendküche, weil er so schnell gar ist. Mit knusprigen Bröseln belegt oder mit leckeren Saucen kombiniert, werden einfache Fischfilets zu einer köstlichen Mahlzeit, die im Nu zubereitet ist. Probieren Sie die folgenden Rezepte auch einmal zu gedämpftem oder im Ofen gegarten Fisch aus! Alle Rezepte gelten für 4 Portionen.

Buttrige Knoblauch-Kräuter-Brösel

4 Scheiben Vollkorn- oder Weißbrot in der Küchenmaschine zu groben Krumen verarbeiten (oder ein großes Stück Brot auf der Küchenreibe raspeln). **25 g Petersilie** und **4 Stängel Dill oder Fenchelgrün** hacken, **1 Bund Schnittlauch** in Röllchen schneiden. **50 g Butter** in einem Topf zerlassen. **1 Knoblauchzehe** fein würfeln und mit Krumen und Kräutern unter die Butter mischen; vom Herd nehmen.

Nährwerte pro Portion etwa
- 175 kcal • 3 g Eiweiß
- 11 g Fett, davon 7 g ungesättigte Fettsäuren
- 17 g Kohlenhydrate

Zubereiten **10** Minuten

● Weißfleischige Fischfilets auf einer Seite grillen, dann wenden und die Brösel für eine dicke Kruste daraufhäufen. Unter dem Grill goldbraun werden lassen. ● Weißfleischige Fischfilets oder -koteletts mit den Bröseln bestreuen; im Ofen garen. ● Krumenmischung braten, bis die Brösel knusprig sind. Auf den gegarten Fisch streuen und servieren.
● Die Mischung auf einem mit Alufolie belegten Backblech verteilen. Einfrieren und gefroren in einen Gefrierbeutel füllen. Die Brösel halten sich im Tiefkühlgerät bis zu 6 Monate und lassen sich gefroren wie oben beschrieben verwenden.

... Verwendung

Einfache Senf-Dill-Sauce

2 TL Zucker mit einem Schneebesen mit **2 EL körnigem Senf** und **3 EL Apfelessig** verrühren. Nach und nach **6 EL Olivenöl** darunterschlagen. **4 EL gehackte Dillspitzen** und **2 EL Kapern** untermischen.

Nährwerte pro Portion etwa
• 170 kcal • 1 g Eiweiß • 17 g Fett, davon 2 g ungesättigte Fettsäuren • 3 g Kohlenhydrate

Zubereiten **10** Minuten

• Gebratene oder gegrillte Lachs- oder Forellenfilets.
• Fisch- und Meeresfrüchtespieße, besonders mit Lachs und weißfleischigem Fisch; Stücke aufspießen und grillen, bis sie fest und nicht mehr glasig sind.
• Stremellachs auf Blattsalaten.
• Ausgebackene Tintenfischringe oder Garnelen in Knusperteig (aus dem Kühlregal oder TK-Ware, nach Packungsangabe gegart).

... das passt dazu

Sardellen-Oliven-Tapenade

Sardellenfilets aus der Dose (50 g) mit dem Öl in eine Schüssel geben. **100 g entsteinte schwarze Oliven, 2 Knoblauchzehen, 1 EL Kapern** sowie die **abgeriebene Schale und den Saft von 1 kleinen unbehandelten Zitrone** zufügen und alles mit dem Stabmixer oder im Blitzhacker pürieren. Die Sauce zu gebratenen weißfleischigen Fischfilets oder -koteletts oder zu gegrilltem Thun- oder Schwertfisch reichen.

Nährwerte pro Portion etwa
• 50 kcal • 4 g Eiweiß • 4 g Fett, davon 1 g ungesättigte Fettsäuren • 0,5 g Kohlenhydrate

Zubereiten **10** Minuten

• Die Sardellen-Oliven-Sauce mit dem Fisch-Bratsatz in der Pfanne verrühren; etwas davon auf oder neben dem Fisch anrichten. • Dicke Fischfilets oder -koteletts vor dem Grillen mit der Sauce bestreichen. • Halbierte Cocktail- oder Eiertomaten in der Sauce wenden, dann kurz grillen oder braten, bis sie heiß sind. Vor dem Servieren auf gegrillten Fisch (z. B. Pangasius, Thunfisch oder Makrele) geben. • Baguettescheiben rösten, mit der Sauce bestreichen und zu gegrilltem Fisch oder gegrillten Meeresfrüchten reichen. • Die Sauce zu in Weizentortillas gewickelten gegrillten oder gebratenen Garnelen, Jakobsmuscheln oder Thunfischstäbchen (Wraps) servieren.

... Verwendung

Schnelle Remoulade

1 Frühlingszwiebel in dünne Ringe schneiden und **1 kleine Gewürzgurke** fein würfeln. Zu **150 g Joghurt** und **150 g Mayonnaise** geben und alles verrühren. Dann **3 EL Schnittlauchröllchen** und **2 EL gehackte Kapern** zufügen und untermischen.

Nährwerte pro Portion etwa
• 280 kcal • 2 g Eiweiß • 29 g Fett, davon 4 g ungesättigte Fettsäuren • 4 g Kohlenhydrate

Zubereiten **10** Minuten

• Seezunge, Lachs oder Merlan vom Grill.
• Fischfrikadellen oder ausgebackener Fisch.
• Gebratene panierte Fischfilets und in Teig ausgebackene Garnelen oder Tintenfischringe.

... das passt dazu

Kräuter-Joghurt-Sauce

Die Blätter von **25 g Petersilie** mit **20 g Dillspitzen, 20 g Schnittlauch** und **75 g Brunnenkresse** im Mixer oder mit dem Stabmixer fein hacken. **300 g griechischen Sahnejoghurt** zufügen und in Intervallen kurz untermischen. Mit einem kräftigen **Spritzer Zitronensaft** sowie Salz und Pfeffer abschmecken.

Nährwerte pro Portion etwa
• 120 kcal • 6 g Eiweiß • 9 g Fett, davon 5 g ungesättigte Fettsäuren • 4 g Kohlenhydrate

Zubereiten **5** Minuten

• Die Sauce zu gebratenem paniertem Fisch servieren.
• Seehecht-, Schellfisch- oder Thunfischfilets grillen und die Sauce daraufgeben; dazu schmecken Pellkartoffeln.
• Gegarte Lachs- oder Forellenfilets mit etwas Sahne beträufeln und etwas von der Sauce daraufgeben.

... Verwendung

Schellfisch mit Tomaten-Zwiebel-Salat

Hier wird mild-aromatischer Fisch mit scharf-würzigem Salat kombiniert – zusammen mit Pellkartoffeln und Erbsen ein ungewöhnliches Gericht.

Für 4 Portionen

1 rote Zwiebel, halbiert und in sehr dünne Halbringe geschnitten

4 Tomaten, halbiert, von Stielansätzen und Samen befreit

¼ TL Chiliflocken

1 EL kandierter Ingwer

1 TL Zucker

1 EL Tomatenmark

1 EL Rotweinessig

3 EL Olivenöl

4 dicke Stücke Schellfisch ohne Haut (je etwa 125 g)

Kresse zum Garnieren

Nährwerte pro Portion etwa • 215 kcal • 24 g Eiweiß • 9 g Fett, davon 1 g ungesättigte Fettsäuren • 10 g Kohlenhydrate

Alternative Statt Schellfisch können Sie **Seehecht oder Merlan** verwenden.

Zubereiten
15
Minuten

1 Die Zwiebelringe in eine Schüssel geben. Die Tomaten in dünne Streifen schneiden und zufügen. Chiliflocken, Ingwer und Zucker daraufstreuen, dann Tomatenmark und Essig unterrühren. Abschmecken und 2 EL Öl untermischen.

2 Den Backofengrill auf höchster Stufe vorheizen. Ein Backblech dünn fetten. Die Schellfischstücke mit den Hautseiten nach oben darauflegen und mit etwas von dem restlichen Öl bestreichen. 3 Minuten grillen, dann wenden, mit dem restlichen Öl bestreichen und weitere 3 Minuten grillen, bis der Fisch gar ist.

3 Den Salat auf vier Teller verteilen und die Fischstücke darauf anrichten. Mit etwas Salz und grob gemahlenem Pfeffer bestreuen, mit Kresse garnieren und sofort servieren.

Thunfisch mit Gurken-Brunnenkresse-Salsa

Für die Salsa **½ Salatgurke** schälen und würfeln, **2 Stangen Sellerie** würfeln, **1 grüne Chilischote** von den Samen befreien und fein würfeln sowie **50 g Brunnenkresseblätter** in dünne Streifen schneiden. Alles in eine Schüssel geben und mit der **abgeriebenen Schale und dem Saft von 1 unbehandelten Limette** und **2 EL Olivenöl** mischen. Anstelle von Schellfisch **4 Thunfischsteaks** grillen oder in der Grillpfanne braten und mit der Salsa servieren. Dazu passen Couscous und gegrillte oder gebratene Zucchini.

... Variante

Schellfisch-Garnelen-Gratin mit jungem Spinat

Mit Garnelen aus dem Tiefkühlvorrat und ein wenig Fisch können Sie im Nu ein leckeres Gericht zubereiten. Kommen noch Kartoffelpüree und grüne Bohnen hinzu, wird daraus ein unwiderstehliches Essen.

Vorbereiten 12 Minuten

Garen im Ofen 15 Minuten

Für 4 Portionen

300 g junger Blattspinat
250 g Schellfischfilet ohne Haut
4 EL Speisestärke
600 ml fettarme Milch
75 g Emmentaler, geraspelt
4 Frühlingszwiebeln, in dünne Ringe geschnitten
etwas geriebene Muskatnuss
200 g küchenfertige TK-Garnelen
25 g Petersilie, gehackt
6 Grissini

Nährwerte pro Portion etwa

• 410 kcal • 35 g Eiweiß • 12 g Fett, davon 7 g ungesättigte Fettsäuren
• 44 g Kohlenhydrate

1 Den Backofen auf 220 °C vorheizen. Den Spinat in einer hohen Auflaufform verteilen, die so groß ist, dass die Fischstücke nebeneinander hineinpassen. Das Fischfilet in 4 gleich große Stücke schneiden; diese auf den Spinat legen.

2 Für die Sauce die Speisestärke in einen Topf geben und mit etwas Milch zu einer glatten, dünnflüssigen Paste verrühren. Nach und nach die restliche Milch unterrühren. Die Flüssigkeit unter ständigem Schlagen mit einem Schneebesen bei schwacher Hitze heiß werden lassen, bis sie angedickt ist und brodelt. (Möglicherweise erscheint die Sauce zu dick, doch beim Backen wird sie dünnflüssiger.)

3 Drei Viertel des Käses, die Frühlingszwiebeln und etwas Muskatnuss unter die Sauce schlagen; abschmecken. Vom Herd nehmen und die gefrorenen Garnelen sowie die Petersilie untermischen. Die Sauce auf den Fisch gießen und gleichmäßig verteilen.

4 Die Grissini in kurze Stücke brechen und diese grob zerbröckeln. Auf die Sauce streuen und etwas andrücken, bis sie fast eingetaucht sind. Das Gratin mit dem restlichen Käse bestreuen und im heißen Ofen 15 Minuten backen, bis die Oberfläche goldbraun ist.

Alternativen • Für dieses Gratin können Sie fast jede Art Fischfilet nehmen, z. B. **Kabeljau, Seelachs, Merlan oder Lachs**. • Falls Sie TK-Kabeljaufilets verwenden, diese im Mikrowellengerät kurz antauen lassen; in Stücke schneiden und auf dem Spinat verteilen. • Eine andere Möglichkeit: Sie lassen **Thunfisch aus der Dose** abtropfen und nehmen ihn anstelle von Schellfisch oder ersetzen die Garnelen damit. • Statt Spinat eignet sich auch eine **TK-Gemüsemischung**.

• Um sich das Käseraspeln zu sparen, können Sie anstelle von Käse und Petersilie 3–4 EL Pesto unter die Sauce rühren.
• Mit einer Küchenschere lässt sich ein ganzes Bund Frühlingszwiebeln auf einmal in Ringe schneiden.
• Sie können das Gratin in Portionsförmchen garen und darin servieren. Die Garzeit ist dieselbe, aber Sie haben ein Stück Geschirr weniger abzuwaschen.

... Zeit sparen

Kabeljaupäckchen mit Chorizo

Pikante spanische Wurst wird hier mit gefrorenem Kabeljau und Paprika in Folie gewickelt und dann einfach im Ofen gegart. Reichen Sie dazu Ofentomaten und reichlich Baguette zum Auftunken der Sauce.

Vorbereiten 10 Minuten

Garen im Ofen 30 Minuten

Für 4 Portionen

Sonnenblumenöl für die Folie

4 TK-Kabeljaufilets ohne Haut (je etwa 125 g)

50–60 g Koch-Chorizo, in dünne Scheiben geschnitten

1 rote Paprikaschote, in Streifen geschnitten

1 gelbe Paprikaschote, in dünne Streifen geschnitten

2 TL Balsamico- oder Sherry-Essig

1 EL gehackte Petersilie (nach Belieben)

Nährwerte pro Portion etwa

• 315 kcal • 29 g Eiweiß • 12 g Fett, davon 6 g ungesättigte Fettsäuren • 23 g Kohlenhydrate

Alternative Statt Kabeljaufilets können Sie **Filets von Schellfisch oder Seelachs** verwenden.

1 Den Backofen auf 200 °C vorheizen. Aus Alufolie vier 30 cm große Quadrate ausschneiden und diese dünn mit Öl fetten.

2 Auf jedes Folienstück mittig ein gefrorenes Kabeljaufilet legen. Wurstscheiben und Paprikastreifen darauf verteilen, mit je ½ TL Essig beträufeln und mit schwarzem Pfeffer würzen.

3 Die Alufolie über dem Inhalt zusammenschlagen und locker zu Päckchen zusammenfalten. Die Päckchen in eine große Auflaufform legen. In den heißen Ofen geben und 25–30 Minuten garen, bis der Fisch nicht mehr glasig ist und sich leicht zerpflücken lässt.

4 Die Päckchen auf Teller setzen und vorsichtig öffnen. Den Fisch vor dem Servieren nach Belieben mit gehackter Petersilie bestreuen.

Schieben Sie 10–15 Minuten vor Ablauf der Garzeit ein Knoblauchbaguette (aus dem Kühlregal oder TK-Ware) in den Ofen, und geben Sie 5 Minuten vor Ende der Garzeit noch 12 Kirschtomaten in die Auflaufform zu den Päckchen.

... Beilagen

Mit 300 g Paprikaringen oder -streifen aus dem Tiefkühlvorrat ist das Gericht noch schneller zubereitet.

... Zeit sparen

Schollenpäckchen mit Zitrone und Thymian

Den Backofen auf 220 °C vorheizen. Die Folienstücke wie beschrieben vorbereiten, **je 1 Schollenfilet ohne Haut** darauflegen. **Je 2 Zweige Thymian**, etwas abgeriebene unbehandelte Zitronenschale und **ein Stückchen Butter** daraufgeben. Die Schwanzenden über die breiteren oberen Enden klappen. Die Päckchen falten und in eine Auflaufform setzen; 10 Minuten im Ofen garen. **1 Baguette** in 1 cm dicke Scheiben schneiden. Diese auf einem Backblech verteilen, mit **Tomatenscheiben** belegen und mit **Chiliöl** beträufeln. 5 Minuten vor Ende der Garzeit des Fisches in den Ofen geben und mitbacken. Mit **gehackter Petersilie** bestreuen, zum Fisch servieren.

... Variante

Kabeljau und Paprika auf baskische Art

Zubereiten 30 Minuten

Für 4 Portionen

- 2 EL Olivenöl
- 1 Zwiebel, halbiert und in dünne Halbringe geschnitten
- 2 große rote Paprikaschoten, in kurze dünne Streifen geschnitten
- 2 große grüne Paprikaschoten, in kurze dünne Streifen geschnitten
- 2 Zweige Oregano
- 3 Knoblauchzehen, zerdrückt
- 400 g vollreife große Tomaten, gewürfelt
- 50 g entsteinte schwarze Oliven, halbiert
- 1 TL Zucker
- 1 gute Prise Cayennepfeffer
- 1 EL Weinessig
- 400 g dickes Kabeljaufilet ohne Haut
- 30 g Petersilie, gehackt

Nährwerte pro Portion etwa
- 225 kcal • 22 g Eiweiß • 9 g Fett, davon 1 g ungesättigte Fettsäuren
- 16 g Kohlenhydrate

Dieses Gericht macht dank der Farben und Aromen von Paprikaschoten, Tomaten und Oliven so richtig Appetit. Dazu passen italienisches Landbrot und knackiger Endiviensalat.

1 **Das Olivenöl** in einer großen Pfanne mit hohem Rand heiß werden lassen. Zwiebel und Paprika darin mit Oregano und Knoblauch unter gelegentlichem Rühren in etwa 5 Minuten etwas weich werden lassen.

2 **Tomaten und Oliven** mit Zucker, Cayennepfeffer und Essig zugeben. Das Ganze bei mittlerer bis starker Hitze unter häufigem Rühren garen, bis die Tomatenwürfel weich sind; abschmecken.

3 **Das Fischfilet** in 4 gleich große Stücke schneiden. In die Pfanne geben und leicht in das Gemüse drücken. Die Pfanne mit Alufolie verschließen (dabei die Folie in der Pfanne am Rand festdrücken) und den Fisch bei schwacher Hitze etwa 5 Minuten mitgaren. Der Fisch soll fest, saftig und nicht mehr glasig sein und sich leicht zerpflücken lassen. Das Gericht mit Petersilie bestreuen und in tiefen Tellern servieren. Dazu passt körnig gekochter Reis oder Kartoffelpüree.

Alternativen • Statt Kabeljau können Sie **Seehecht** verwenden. • Bestreuen Sie das Gericht zur Abwechslung vor dem Servieren mit **gehackten Salzmandeln** (dann aber zuvor nur mit sehr wenig Salz abschmecken).

Extratipp Wenn Sie mögen, können Sie etwa 3 Minuten vor Ende der Garzeit noch **200 g ausgelöste gegarte Miesmuscheln** auf dem Fisch verteilen.

- Paprikastreifen aus dem Tiefkühlvorrat oder aus dem Glas verkürzen die Zubereitungszeit.
- Anstelle der gewürfelten frischen Tomaten können Sie gehackte Tomaten aus der Dose (400 g) nehmen.

... Zeit sparen

Gebackener Seeteufel mit Rosmarin, Tomaten und Limette

Rosmarin, Knoblauch und Limette verleihen den im Ofen gegarten Seeteufel-filets ein würzig-frisches Aroma. Dazu passen zerdrückte kleine Pellkartoffeln, die mit Olivenöl beträufelt und mit Schnittlauch und Petersilie bestreut sind.

Vorbereiten 15 Minuten

Garen im Ofen 20 Minuten

Für 4 Portionen
Olivenöl für die Folie
500 g küchenfertiges Seeteufelfilet, in 2 Stücken
2 große Knoblauchzehen, längs geviertelt
2 Zweige Rosmarin, in Stücke gebrochen
1 unbehandelte Limette
25 g Butter
4 Tomaten, halbiert

Nährwerte pro Portion etwa
• 170 kcal • 20 g Eiweiß • 9 g Fett, davon 4 g ungesättigte Fettsäuren
• 3 g Kohlenhydrate

Alternative Statt Seeteufel können Sie **Seehecht oder Lachs** verwenden.

1 Den Backofen auf 200 °C vorheizen. Zwei Stücke Alu-folie zurechtschneiden, die so groß sind, dass sich jeweils ein Fischfilet hineinwickeln lässt. Die Folie auf der Innenseite dünn mit Olivenöl bepinseln.

2 Auf jedes Folienstück ein Seeteufelfilet legen und dieses rundum mehrmals einritzen. In die Schlitze Knoblauchviertel und Rosmarinstückchen stecken.

3 Anschließend die Limettenschale über den Fischfilets abreiben. Die Enden von der Frucht abschneiden und die Limette in 4 dicke Scheiben schneiden. Etwas Saft daraus auf den Fisch träufeln und die Scheiben anschließend auf den Fisch legen. Die Butter in Flöckchen auf den Fisch geben und die Filets mit Salz und Pfeffer würzen.

4 Die halbierten Tomaten mit den Schnittflächen nach oben neben den Fisch legen. Die Folienränder über der Fül-lung zusammenschlagen und die Ränder zusammenfalten.

5 Die vorbereiteten Fischpäckchen auf ein Backblech legen und 10 Minuten im heißen Ofen garen. Die Päckchen öffnen und den Fisch weitere 10 Minuten garen, bis er nicht mehr glasig ist und sich leicht zerpflücken lässt (an einer Stelle mit einer Messerspitze testen). Die Filets längs halbieren und mit den Tomaten auf Tellern anrichten. Mit dem Garsud aus den Päckchen beträufeln und sofort servieren.

Seeteufel-Paprika-Spieße
500 g Seeteufel und **4 rote Paprikaschoten** in mundgerechte Stücke schneiden. Die Stücke mit **4 halbierten Tomaten** abwechselnd auf vier Metallspieße stecken. Auf ein mit geölter Alufolie belegtes Backblech geben. Mit Knoblauch, Rosmarin und Limettenschale bestreuen und wie beschrieben würzen. Limettenscheiben und Butter darauf verteilen. Folienränder nach oben klappen, damit nichts auslaufen kann, aber nicht zusammenfalten. Die Spieße 15–20 Minuten im Ofen garen, bis der Fisch nicht mehr glasig und das Gemüse weich und alles stellenweise gebräunt ist.

Heilbutt mit Ingwer und Paprika
500 g Heilbuttfilet (grätenfrei) in 4 gleich große Stücke schneiden. Je 2 Stücke wie oben beschrieben auf ein Stück Alufolie legen. **25 g weiche Butter** mit **1 TL gerie-benem Ingwer, einer guten Prise getrocknetem Thymian** und **4 EL gehackter Petersilie** gründlich mischen. Diese Würzbutter in Flöckchen auf dem Fisch verteilen und das Ganze mit Salz, Pfeffer und etwas **edelsüßem Paprikapulver** bestreuen. Wie beschrieben einwickeln und backen.

... Varianten

Saftiger Seehecht mit Walnuss-Zitronen-Kruste

Zartes weißfleischiges Fischfilet erhält hier durch eine knoblauchwürzige Kruste ein einzigartiges Aroma. Nudelsalat (aus kleinen Muschelnudeln und Frischkäse) und gemischter Salat sind die idealen Begleiter dazu.

Vorbereiten 10 Minuten

Garen im Ofen 15 Minuten

Für 4 Portionen
- 2 Scheiben Vollkornbrot, in kleine Würfel geschnitten
- 3 EL fettarme Milch
- 1 EL Olivenöl
- 1 unbehandelte Zitrone
- 2 Frühlingszwiebeln, in dünne Ringe geschnitten
- 1–2 große Knoblauchzehen, zerdrückt
- 50 g Walnusskernhälften, gehackt
- 25 g Petersilie, gehackt
- 4 Stücke Seehechtfilet (je etwa 125 g)

Nährwerte pro Portion etwa
- 270 kcal • 26 g Eiweiß • 15 g Fett, davon 2 g ungesättigte Fettsäuren
- 9 g Kohlenhydrate

1 **Den Backofen** auf 220 °C vorheizen. Das Brot in eine Schüssel geben und mit Milch und Olivenöl beträufeln. Die Zitronenschale abreiben oder mit einem Zestenreißer abziehen und zur Brotmischung geben. Frühlingszwiebeln, Knoblauch, Nüsse und Petersilie zufügen und alles mischen, dabei mit dem Löffelrücken daraufdrücken, um das Brot unterzutauchen.

2 **Die Seehechtfilets** in eine Auflaufform geben (die Stücke sollen dicht nebeneinander darin liegen) und mit etwas Salz und Pfeffer würzen. Die Brotmischung auf die Fischstücke häufen und ziemlich fest andrücken, damit nichts herunterrutscht. Das Ganze im heißen Ofen 15 Minuten backen, bis das Gericht oben gebräunt und knusprig ist und der Fisch sich leicht zerpflücken lässt (an einer Stelle mit einer Messerspitze testen).

3 **Vor dem Servieren** die Zitrone in Schnitze schneiden. Den Fisch auf vier Tellern mit den Zitronenschnitzen anrichten.

Alternative Anstelle von Seehecht können Sie **Kabeljau, Schellfisch, Seelachs oder Lachs** verwenden.

Brot, Zitronenschale, Frühlingszwiebeln, Knoblauch, Walnussstücke und Petersilie im Mixer zerkleinern. Milch und Öl zufügen und alles in wenigen Sekunden mixen.

... Zeit sparen

Für 4 Portionen
- 4 Makrelenfilets (je etwa 80 g)
- 4 TL Olivenöl
- 2 Äpfel, geschält
- Blätter von 1 Zweig Rosmarin
- 3 EL Orangenmarmelade
- 3 EL Apfelessig

Nährwerte pro Portion etwa
- 250 kcal • 15 g Eiweiß • 14 g Fett, davon 3 g ungesättigte Fettsäuren
- 16 g Kohlenhydrate

Alternativen • Anstelle von Makrelenfilets können Sie **Lachsfilets** verwenden; Äpfel und Rosmarin dann weglassen. • Statt Orangenmarmelade eignet sich auch **Pflaumenmus**; die Äpfel in diesem Fall durch **halbierte entsteinte Pflaumen** ersetzen.

Vorbereiten 10 Minuten   **Garen 5 Minuten**

Fettfische, wie Makrele, gelten als äußerst gesundheitsfördernd – es wird empfohlen, ein- bis zweimal pro Woche Fettfisch zu essen. Makrele ist nicht nur gesund, sondern auch relativ preiswert – gut für Ihren Geldbeutel und Ihr Wohlbefinden.

... Gesundheitsplus

Makrelenfilets mit Orangenglasur und Äpfeln

Frische Makrelenfilets schmecken besonders gut, wenn man sie mit ganz anderen Aromen kombiniert – in diesem schnellen, unkomplizierten Gericht sind es Orangenmarmelade und Äpfel. Zusätzlich passen Bohnen, Brokkoli und Kartoffeln sehr gut dazu.

1 Falls nötig, die Makrelenfilets entgräten. Den Backofengrill auf höchster Stufe vorheizen. Eine flache Auflaufform mit etwas Öl ausfetten und die Makrelenfilets mit den Hautseiten nach oben hineinlegen (Sie können die Filets auch auf ein Backblech geben). Die Haut der Filets je dreimal einritzen, damit sich die Filets beim Garen nicht aufrollen.

2 Die Äpfel vierteln. Die Viertel von den Kerngehäusen befreien und in je 3–4 Scheiben schneiden. Die Filets mit den Apfelstücken umlegen. Fisch und Äpfel mit dem restlichen Öl bestreichen und mit dem Rosmarin bestreuen.

3 Anschließend die Filets 2–3 Minuten grillen, bis die Haut stellenweise Farbe angenommen hat. Inzwischen die Marmelade in einer Schüssel mit dem Essig verrühren. Filets und Apfelstücke wenden, damit die gerösteten Seiten unten sind. Etwas von der Marmeladenmischung auf die Äpfel streichen, den Rest gleichmäßig auf dem Fisch verteilen. Alles weitere 2 Minuten grillen, bis Äpfel und Fisch stellenweise gebräunt sind. Der Fisch soll nun fest und nicht mehr glasig sein und sich leicht zerpflücken lassen. Sofort servieren.

5 Superideen für Thunfisch aus der Dose

Weil er so vielseitig verwendbar ist, sollte Thunfisch in Dosen in keinem Vorratsschrank fehlen. Natürlich kann man ihn pur genießen, doch mit Kräutern, Gewürzen und Gemüse lässt er sich rasch in eine Vielzahl unwiderstehlicher Gerichte verwandeln. Alle Rezepte gelten für 4 Portionen.

Kartoffel-Thunfisch-Küchlein

700 g mehligkochende Kartoffeln schälen und in 2 cm große Würfel schneiden. In kochendem, leicht gesalzenem Wasser etwa 10 Minuten garen, bis sie weich sind. **200 g TK-Maiskörner** zufügen. Das Wasser erneut aufkochen lassen, alles in ein Sieb schütten. Kartoffeln und Mais wieder in den Topf geben und die Hälfte der Kartoffelwürfel mit einer Gabel etwas zerdrücken. **Thunfisch in Olivenöl aus der Dose (185 g)** in einem Sieb abtropfen lassen. Das Öl auffangen und die Hälfte zur Kartoffelmischung geben. Thunfisch, **2 EL gehackten frischen oder 1 TL getrockneten Oregano** sowie **4 fein zerkleinerte Frühlingszwiebeln** zufügen; alles mischen. Das restliche Olivenöl in einer Pfanne erhitzen. Die Kartoffelmischung hineingeben, flach drücken. Etwa 5 Minuten braten, bis sie unten braun ist. Pfanne unter den Grill stellen, bis auch die Oberfläche gebräunt ist. Zum Servieren in Dreiecke schneiden und dazu gemischten Salat mit Tomaten reichen.

Nährwerte pro Portion etwa • 355 kcal • 15 g Eiweiß
• 16 g Fett, davon 2 g ungesättigte Fettsäuren • 39 g Kohlenhydrate

Zubereiten 30 Minuten

Schneller Thunfischauflauf

Den Backofen auf 220 °C vorheizen. **400 g Tagliatelle** in kochendem Salzwasser bissfest garen. Inzwischen **200 g Champignons** halbieren, **1 Bund Frühlingszwiebeln** in Ringe schneiden. **1 EL Olivenöl** in einer großen Pfanne heiß werden lassen. Pilze und Zwiebeln darin 5 Minuten dünsten. **200 g fettreduzierten Frischkäse mit Kräutern, 4 EL fettarme Milch, 200 g TK-Brokkoliröschen** und **150 g TK-Erbsen** unterrühren. Behutsam unter Rühren erhitzen, bis der Käse geschmolzen und das Gemüse aufgetaut ist. **Thunfisch aus der Dose (185 g)** abtropfen lassen; untermischen. Die Nudeln abtropfen lassen. In einer Auflaufform mit der Sauce mischen und mit **75 g geraspeltem Emmentaler** bestreuen. 10 Minuten backen, bis die Oberfläche gebräunt ist.

Nährwerte pro Portion etwa
• 600 kcal • 32 g Eiweiß • 17 g Fett, davon
7 g ungesättigte Fettsäuren • 75 g Kohlenhydrate

Vorbereiten 15 Minuten **Garen im Ofen 10 Minuten**

Paprika mit Thunfisch und Pilzen

1 Zwiebel würfeln, **250 g braune Champignons** halbieren oder vierteln. In einer Pfanne **2 EL Olivenöl** erhitzen. Die Zwiebelwürfel im Öl in 5 Minuten glasig dünsten. Pilze, Salz und Pfeffer zufügen. Alles unter gelegentlichem Rühren braten, bis Flüssigkeit aus den Pilzen austritt. **1 EL körnigen Senf, abgeriebene Schale von 1 unbehandelten Zitrone, 1 zerdrückte Knoblauchzehe** und **4 EL trockenen Sherry** zugeben. Rühren, bis die Pilze mit der Sauce überzogen sind. Inzwischen **Paprika in Öl aus dem Glas (280 g)** abtropfen lassen und in Streifen schneiden. Unter die Pilzmischung rühren und in 1 Minute heiß werden lassen. Abgetropften **Thunfisch aus der Dose (185 g)** und **25 g gehackte Petersilie** untermischen. Sofort servieren. Dazu passen Blattsalat und körnig gekochter Reis.

Nährwerte pro Portion etwa • 190 kcal • 12 g Eiweiß
• 11 g Fett, davon 2 g ungesättigte Fettsäuren • 5 g Kohlenhydrate

Zubereiten 20 Minuten

Tomatenomelett mit Thunfisch

8 Tomaten würfeln. **6 Eier** mit Salz und Pfeffer verquirlen, die Tomaten untermischen. **10 große Basilikumblätter** in Streifen schneiden; zufügen. Den Backofengrill auf höchster Stufe vorheizen. **1 EL Olivenöl** in einer beschichteten backofenfesten Pfanne (etwa 25 cm ⌀) bei mittlerer Hitze heiß werden lassen. Die Eimischung hineingießen, Tomatenwürfel gleichmäßig darin verteilen. Im Öl backen. Die gestockten Ränder anheben, damit flüssiges Ei darunterlaufen kann; die Hitze herunterschalten, falls das Ei zu schnell stockt. Sobald das Ei zu drei Vierteln gestockt ist, das Omelett unter dem Grill rösten, bis es oben fest ist. Inzwischen **Thunfisch aus der Dose (185 g)** abtropfen lassen. Den Fisch mit **3 EL Mayonnaise, 3 EL Joghurt** und **25 g Schnittlauchröllchen** mischen. Omelett vierteln und auf vier Teller verteilen. Die Thunfischmischung daraufgeben und mit **Croûtons** (Fertigprodukt) bestreuen. **Brunnenkresse, Rucola oder Salatblätter** auf den Tellern anrichten und das Ganze mit knusprigem Brot servieren.

Nährwerte pro Portion etwa
• 345 kcal • 24 g Eiweiß • 25 g Fett, davon
5 g ungesättigte Fettsäuren • 7 g Kohlenhydrate

Zubereiten 20 Minuten

Warmer Thunfisch-Feta-Salat

225 g Basmati-Reis nach Packungsangabe garen. Inzwischen **4 Eier** 10 Minuten kochen. In kaltem Wasser etwas abkühlen lassen, dann schälen und vierteln. **8 Cocktailtomaten** halbieren. **Thunfisch aus der Dose (185 g)** abtropfen lassen und in eine Schüssel geben. **2 cm frischen Ingwer** schälen und fein würfeln, **4 Frühlingszwiebeln** in feine Ringe schneiden und beides mit **2 EL gehacktem Koriandergrün** zum Fisch geben. **200 g Feta** würfeln und zufügen. Die Thunfischmischung unter den gegarten Reis heben. Den Salat auf Servierschalen verteilen und mit Eivierteln und Tomatenhälften garnieren. Mit etwas **Cayennepfeffer** bestreuen und sofort servieren.

Nährwerte pro Portion etwa
• 490 kcal • 29 g Eiweiß • 20 g Fett, davon
9 g ungesättigte Fettsäuren • 47 g Kohlenhydrate

Pikante Thunfischfrikadellen

Thunfisch und Mais, etwas Meerrettich und ein paar Frühlingszwiebeln – das sind die wichtigsten Zutaten für diese Frikadellen, die garantiert jedem schmecken. Gedämpfte grüne Bohnen und kurz gebratene Tomatenhälften passen gut dazu.

Zubereiten 30 Minuten

Für 4 Portionen

600 g mehligkochende Kartoffeln, geschält und in Stücke geschnitten
25 g Butter
1 Dose Maiskörner (etwa 200 g)
1 Dose Thunfisch (185 g)
1 EL Tafelmeerrettich
2 EL gehackte Petersilie
3 Frühlingszwiebeln, gewürfelt
2 EL Mehl
2 EL Sonnenblumenöl

Nährwerte pro Portion etwa
• 360 kcal • 16 g Eiweiß • 16 g Fett, davon 5 g ungesättigte Fettsäuren
• 41 g Kohlenhydrate

Extratipps • Geben Sie **1 gehackte grüne Chilischote, abgeriebene Limettenschale** und **gehacktes Koriandergrün** zum Fischteig. • Oder mischen Sie **abgeriebene Zitronenschale, gehackte Petersilie** und **Kapern** darunter.

Alternative Statt Petersilie können Sie **2 EL Pesto** zum Fischteig geben.

1 **Die Kartoffeln** in kochendem Wasser in 15–20 Minuten weich garen. In einem Sieb abtropfen lassen, dann im Topf mit der Butter zu einem glatten Püree zerdrücken.

2 **Mais und Thunfisch** abtropfen lassen. Mit Tafelmeerrettich, gehackter Petersilie und Frühlingszwiebeln unter das Kartoffelpüree mischen. Die Masse abschmecken und etwas abkühlen lassen.

3 **Aus dem Fischteig** 8 Frikadellen (je etwa 7 cm Ø) formen und diese auf beiden Seiten mit Mehl bestäuben.

4 **Das Öl** in einer großen Pfanne bei mittlerer Hitze heiß werden lassen. Die Frikadellen darin pro Seite 3–4 Minuten braten, bis sie schön gebräunt sind; mithilfe einer Palette wenden. Falls die Pfanne nicht groß genug ist, können Sie die Frikadellen in zwei Portionen braten und die erste Portion warm halten, während die zweite gart. Sofort servieren.

Extratipp Wenn es die Zeit erlaubt, können Sie die geformten Fischfrikadellen noch für 30 Minuten in den Kühlschrank stellen, damit sie fest werden und sich leichter braten lassen.

Schnelle Fischburger

Den Backofen auf 240 °C vorheizen. Eine große flache Auflaufform mit **etwas Öl** ausfetten. **400 g weißfleischiges Fischfilet** in 4 große Stücke schneiden. **4 Frühlingszwiebeln** in Stücke schneiden und diese mit **3 Scheiben Weizenvollkornbrot** in der Küchenmaschine oder im Mixer zu groben Krumen verarbeiten. Den Fisch zugeben und in wenigen Sekunden in Intervallen grob zerkleinern. **1 Ei** sowie Salz und Pfeffer zufügen und nur kurz untermischen. Die Masse in einer Schüssel mit den Händen durchmischen, dann in 4 Portionen teilen und diese zu Kugeln formen. Die Kugeln in die Form geben und flach drücken. Mit etwas Olivenöl bestreichen und etwa 15 Minuten backen, bis sie fest sind. Die Frikadellen mit Salatblättern und Gurkenscheiben (oder mit **Ketchup**, **Mayonnaise** und **Tomatenscheiben**) in aufgeschnittene aufgebackene Hamburgerbrötchen geben.

... Variante

Scharfe Tintenfischringe mit Zuckerschoten

Chiliwürzige Tintenfischringe werden hier auf pfannengerührtem Gemüse angerichtet – fertig ist ein fantastisches Essen, zu dem Nudeln am besten passen.

Zubereiten **20** Minuten

Für 4 Portionen

- 300 g Tintenfischringe
- ¼ – ½ TL Cayennepfeffer
- 1 EL gemahlener Koriander
- 2 EL Sonnenblumenöl
- 250 g Zuckerschoten
- 50 g frischer Ingwer, geschält und fein gewürfelt
- 2 Knoblauchzehen, in Scheiben geschnitten
- 2 Stangen Sellerie, in Scheiben geschnitten
- 1 rote Paprikaschote, in kurze Streifen geschnitten
- 25 g Basilikumblätter
- 25 g Koriandergrün
- 6 Frühlingszwiebeln, in Ringe geschnitten
- 6 EL trockener Sherry

Nährwerte pro Portion etwa
- 185 kcal • 15 g Eiweiß • 7 g Fett, davon 1 g ungesättigte Fettsäuren
- 9 g Kohlenhydrate

1 **Die Tintenfischringe** in eine Schüssel geben. Cayennepfeffer und Koriander zufügen und alles gut mischen.

2 **Den Wok** oder eine große Pfanne bei starker Hitze heiß werden lassen. 1 EL Öl hineingeben und durch Schwenken verteilen. Die Zuckerschoten darin 1 Minute pfannenrühren, bis sie kräftig grün sind. Ingwer, Knoblauch, Sellerie, Paprikastreifen, Salz und Pfeffer zufügen; alles weitere 3 – 4 Minuten pfannenrühren. Vom Herd nehmen. Basilikum, Koriandergrün und Frühlingszwiebeln untermischen und das Gemüse auf vier tiefe Teller verteilen.

3 **Das restliche Öl** im Wok bzw. in der Pfanne heiß werden lassen. Die Tintenfischringe darin 2 Minuten pfannenrühren, bis sie gerade eben fest sind (nicht zu lange braten, damit sie nicht zäh werden). Salzen, pfeffern und auf dem Gemüse anrichten. Den Sherry in den Wok bzw. die Pfanne gießen und 1 Minute kochen lassen, dabei den Bratsatz losschaben. Die Portionen mit der Flüssigkeit beträufeln und sofort servieren.

Alternativen • Sie können statt Tintenfisch **geschälte rohe Riesengarnelen** verwenden. • Oder Sie nehmen **gewürfeltes festes Fischfilet ohne Haut**, z. B. Schwertfisch, Seehecht, Seeteufel oder Lachs. • Anstelle von Sellerie und Paprika können Sie eine **Wok-Gemüse-Mischung** pfannenrühren – gefrorenes Gemüse braucht 1 Minute länger als frisches.

Schneller Nizza-Salat

Dieser klassische französische Salat besteht aus ganz einfachen Zutaten. Für das Dressing werden Sardellen mit Olivenöl, Zitronensaft, Senf und Knoblauch gemixt. Reichen Sie nach Belieben Baguette dazu.

Für 4 Portionen
400 g sehr kleine Frühkartoffeln, gewaschen und gebürstet
200 g dünne grüne Bohnen
3 Eier
1 Dose Sardellenfilets (50 g)
1 Knoblauchzehe, zerdrückt
1 TL Dijonsenf
1 EL Zitronensaft
5 EL Olivenöl
1 Dose Thunfisch (185 g)
1 Romanasalat, in Stücke gezupft
8 Cocktail-Eiertomaten, halbiert
12 entsteinte schwarze Oliven

Nährwerte pro Portion etwa
• 390 kcal • 22 g Eiweiß • 25 g Fett, davon 4 g ungesättigte Fettsäuren
• 20 g Kohlenhydrate

> • Damit die Kartoffeln gleichmäßig garen, sollten Sie größere Exemplare halbieren, damit alle Stücke etwa gleich groß sind. • Sie können das Dressing bereits am Vortag zubereiten und in einem Kännchen oder in einer Schüssel im Kühlschrank aufbewahren. Vor der Verwendung mit einer Gabel aufschlagen.
>
> **... Kochtipps**

1 Die Kartoffeln in kochendem Salzwasser in 10–12 Minuten weich garen. Die Bohnen nach 6–8 Minuten Garzeit zugeben und mitkochen. Kartoffeln und Bohnen in ein Sieb schütten, kalt abspülen und gut abtropfen lassen.

2 In der Zwischenzeit die Eier in 5–6 Minuten wachsweich kochen. Abgießen und abschrecken, dann schälen und längs vierteln.

3 Für das Dressing die Sardellen abtropfen lassen und mit Knoblauch, Senf, Zitronensaft und Olivenöl im Mixer oder im Blitzhacker pürieren. Die Hälfte des Dressings zu Kartoffeln und Bohnen geben und behutsam untermischen.

4 Den Thunfisch in einem Sieb abtropfen lassen und zerpflücken. Den Romanasalat in eine Schüssel füllen. Erst Kartoffeln und Bohnen daraufgeben, dann Eier und Tomaten und zum Schluss Thunfisch und Oliven. Den Salat mit dem restlichen Dressing beträufeln und servieren.

Alternativen • Nehmen Sie statt Thunfisch doch einmal **200 g geschälte gegarte Garnelen**. • Die grünen Bohnen können Sie durch **200 g grünen Spargel** ersetzen. Die Stangen von den holzigen Enden befreien und in kurze Stücke schneiden, diese über den Kartoffeln 4–5 Minuten dämpfen oder kurz im Wasser mitkochen.

Für 4 Portionen
4 Thunfischsteaks (je etwa 100 g)
4 TL Ras-el-Hanout
300 g grüne Bohnen
2 EL flüssiger Honig
abgeriebene Schale und Saft von 2 unbehandelten Zitronen
1 Dose Flageolet-Bohnen (400 g)
4 Tomaten, in Scheiben geschnitten
2 EL Olivenöl
1 kleine Zwiebel, halbiert und in Halbringe geschnitten
2 große rote Paprikaschoten, in Streifen geschnitten
2 große Knoblauchzehen, in Scheiben geschnitten

Nährwerte pro Portion etwa
• 335 kcal • 32 g Eiweiß • 11 g Fett, davon 2 g ungesättigte Fettsäuren
• 28 g Kohlenhydrate

Alternative Die Flageolet-Bohnen können sie durch **Cannellini- oder Borlotti-Bohnenkerne** ersetzen.

> • Den Salat können Sie 4–5 Stunden im Voraus zubereiten: abkühlen lassen, zudecken und im Kühlschrank aufbewahren.
> • Fisch mit der Gewürzmischung bestreuen, zudecken, kalt stellen.
>
> **... klug vorbereiten**

> • Ras-el-Hanout gibt es im Supermarkt oder im Gewürzladen.
> • Wenn Sie TK-Thunfisch verwenden, diesen mit der Gewürzmischung bestreuen und auftauen lassen (am besten über Nacht im Kühlschrank).
>
> **... Extratipps**

Thunfisch mit marokkanischen Gewürzen und Bohnensalat

Die marokkanische Gewürzmischung Ras-el-Hanout verleiht in diesem Gericht kurz gebratenem Thunfisch eine orientalische Note. Der süßsaure Bohnensalat rundet das Ganze wunderbar ab. Reichen Sie dazu Fladenbrot und Rucolasalat mit Koriandergrün.

1 **Die Thunfischsteaks** auf einen Teller legen und auf beiden Seiten mit Ras-el-Hanout bestreuen.

2 **In einem Topf** Wasser zum Kochen bringen. Die grünen Bohnen hineingeben (sie sollten knapp mit Wasser bedeckt sein). Das Wasser erneut aufkochen und die Bohnen 2 Minuten darin garen. In ein Sieb schütten, kalt abspülen, abtropfen lassen und in eine Schüssel füllen. Sofort Honig, Zitronenschale und Zitronensaft zufügen und gründlich untermischen. Die Flageolet-Bohnenkerne in einem Sieb abtropfen lassen. Mit den Tomaten zu den grünen Bohnen geben.

3 **Etwa 1 EL Öl** in einer Pfanne bei starker Hitze heiß werden lassen. Zwiebel, Paprikastreifen und Knoblauch darin 1 Minute unter Rühren braten (nicht weich braten!). Zum Salat geben und alles gut mischen.

4 **Das restliche Öl** in der Pfanne erhitzen. Den gewürzten Thunfisch hineingeben; Gewürzmischung, die am Teller haftet, zufügen. Die Fischsteaks 2 Minuten braten, dann wenden und weitere 2–3 Minuten braten, dabei leicht mit einer Palette daraufdrücken. Sie sollten innen noch rosa sein.

5 **Zum Servieren** den Bohnensalat auf vier Teller verteilen. Den Thunfisch in Streifen schneiden und auf dem Salat anrichten. Bratsatz und Gewürze aus der Pfanne schaben und auf den Fisch geben. Sofort servieren.

Alternativen • Statt Ras-el-Hanout können Sie folgende Gewürzmischung verwenden: **4 TL gemahlener Koriander, ½ TL gemahlener Zimt, ¼ TL gemahlene Muskatblüte oder -nuss** und **1 gute Prise Cayennepfeffer**. • Oder Sie lassen die Gewürzmischung weg und bestreichen die Steaks einfach mit **2–4 TL Harissa** (nordafrikanische Würzpaste).

Wraps mit Meeresfrüchten und Zucchini-Gurken-Salat

Diese Wraps müssen Sie unbedingt probieren – sie schmecken einfach hervorragend. Die saftige Füllung ist unglaublich schnell fertig, und der Salat aus zarter Zucchini und knackiger Gurke passt mit seinem scharf-sauren Dressing perfekt dazu.

Vorbereiten 15 Minuten · **Garen im Ofen 20 Minuten**

Für 4 Portionen

- 4 Frühlingszwiebeln, in dünne Ringe geschnitten
- 4 große Tomaten, gewürfelt
- 150 g fettreduzierter Frischkäse mit Kräutern und Knoblauch
- 250 g gegarte Meeresfrüchtemischung mit Miesmuscheln, Garnelen und Tintenfisch
- 4 große Weizentortillas
- 1 EL Olivenöl
- 50 g Emmentaler, geraspelt
- 2 kleine Zucchini, in dünne Scheiben geschnitten
- ½ Salatgurke, in dünne Scheiben geschnitten
- 150 g Rucola
- 1 unbehandelte Limette
- etwas Chiliöl

Nährwerte pro Portion etwa
- 360 kcal • 24 g Eiweiß • 12 g Fett, davon 6 g ungesättigte Fettsäuren
- 41 g Kohlenhydrate

1 Den Backofen auf 200 °C vorheizen. Für die Füllung die Frühlingszwiebeln mit den Tomaten in eine Schüssel geben. Den Frischkäse und etwas schwarzen Pfeffer untermischen. Die Meeresfrüchte zufügen und behutsam unterheben.

2 Die Tortillas auf der Arbeitsfläche ausbreiten und die Füllung mittig daraufstreichen. Die Tortillas fest aufrollen und in eine große Auflaufform legen. Mit etwas Öl bestreichen, mit dem Käse bestreuen und locker mit Alufolie bedecken. Im heißen Ofen 20 Minuten backen, bis die Füllung gar ist. 5 Minuten vor Ende der Backzeit die Folie entfernen, damit der Käse leicht bräunt.

3 In der Zwischenzeit die Zucchini- und die Gurkenscheiben in einer Schüssel mit dem Rucola mischen; auf vier Schalen verteilen. Die Limettenschale abreiben oder mit einem Zestenreißer abziehen und auf den Salat streuen. Die Portionen mit etwas Chiliöl beträufeln, die Limetten in acht Spalten schneiden und auf die Salate legen.

4 Die Wraps halbieren und auf oder neben dem Salat anrichten. Sofort servieren.

Garnelen-Avocado-Wraps
Verwenden Sie statt der Meeresfrüchtemischung **geschälte gegarte Garnelen** (TK-Ware auftauen und abtropfen lassen). Anstelle der Tomaten das gewürfelte Fruchtfleisch von **2 Avocados** zufügen und den Zucchini-Gurken-Salat durch **Tomaten-Rucola-Salat** ersetzen.

... Variante

Reistopf mit Räucherfisch, Chili und Koriander

Dies ist ein traditionelles Gericht aus England, wo es Kedgeree heißt. Dort wird es mit geräuchertem Schellfisch zubereitet. Weil dieser bei uns aber schwer erhältlich ist, hier eine Variante mit Räuchermakrele.

Zubereiten 30 Minuten

Für 4 Portionen

4 Eier
200 g Basmati-Reis
½ TL gemahlene Kurkuma
1 unbehandelte Zitrone
150 g TK-Maiskörner
150 g TK–Erbsen
400 g Makrelenfilet ohne Haut, in 2–3 cm große Würfel geschnitten
40 g Butter in Stückchen
1 grüne Chilischote, von den Samen befreit und in Streifen geschnitten
1–2 EL gehacktes Koriandergrün

Nährwerte pro Portion etwa
• 485 kcal • 34 g Eiweiß • 17 g Fett, davon 7 g ungesättigte Fettsäuren
• 50 g Kohlenhydrate

1 **Die Eier** in einem Topf mit kochendem Wasser in 10 Minuten hart kochen. Abgießen und in kaltem Wasser abschrecken, dann schälen und grob hacken.

2 **In der Zwischenzeit** den Reis in einen Topf geben und die gemahlene Kurkuma unterrühren. 600 ml kochend heißes Wasser zugießen und aufkochen lassen. Einmal umrühren, dann den Topf schließen und den Reis 5 Minuten bei schwacher Hitze köcheln lassen. Währenddessen die Zitronenschale abreiben oder mit einem Zestenreißer abziehen und in eine Schüssel geben. Die Zitrone in Spalten schneiden.

3 **Die gefrorenen Maiskörner** und Erbsen auf den Reis streuen. Die Fischwürfel gleichmäßig darauf verteilen. Das Wasser ohne zu rühren erneut aufkochen lassen. Sobald es sprudelt, den Deckel fest auflegen und alles bei schwacher Hitze 10 Minuten garen, bis der Reis die gesamte Flüssigkeit aufgenommen hat.

4 **Die Butterstückchen** auf den Fisch geben und alles mit einer Gabel kurz mischen. Das Gericht auf vier vorgewärmte tiefe Teller verteilen. Mit gehacktem Ei, Chilistreifen, Koriandergrün und Zitronenschale bestreuen, mit Zitronenspalten garnieren und z. B. mit Gurken-Rucola-Salat servieren.

Gedämpfte Jakobsmuscheln

Zartes Jakobsmuschelfleisch wird mit Gemüse und einer aromatischen Sauce in Folie gewickelt und gedämpft – ein fantastisches Essen ganz ohne Aufwand. Servieren Sie dazu in Olivenöl gegarte Instant-Wok-Nudeln.

Vorbereiten 12 Minuten

Garen 10 Minuten

Für 4 Portionen

- 8 Frühlingszwiebeln, in Ringe geschnitten
- 300 g ausgelöste Jakobsmuscheln ohne Rogen
- 2 EL trockener Sherry
- 1 EL helle Sojasauce
- 1 EL geröstetes Sesamöl
- 250 g Zuckerschoten
- 200 g grüne Spargelspitzen
- 25 g frischer Ingwer, geschält und fein gewürfelt

Nährwerte pro Portion etwa

- 165 kcal • 21 g Eiweiß • 4 g Fett, davon 1 g ungesättigte Fettsäuren
- 8 g Kohlenhydrate

1 Aus Alufolie vier 30 cm große Quadrate zuschneiden. In einem Topf mit Dämpfeinsatz Wasser aufkochen lassen (siehe Kochtipps).

2 Die Hälfte der Frühlingszwiebelringe mit Jakobsmuscheln, Sherry, Sojasauce und Sesamöl in eine Schüssel geben. Alles gründlich mischen und die Muscheln kurz marinieren.

3 Zuckerschoten und Spargelspitzen auf die Folienstücke verteilen. Mit dem Ingwer und den restlichen Frühlingszwiebelringen bestreuen. Die Folie locker um das Gemüse falten, sodass Nester entstehen; die Enden etwas verdrehen. Die offenen Päckchen in den Dämpfeinsatz geben und das Gemüse 5 Minuten dämpfen.

4 Die Jakobsmuscheln auf das Gemüse legen und mit der Marinade beträufeln. Den Dämpftopf wieder verschließen und alles weitere 3–5 Minuten dämpfen, bis die Jakobsmuscheln gerade eben gar und nicht mehr glasig sind. Sofort servieren.

Alternative Lassen Sie die Jakobsmuscheln weg, und schneiden Sie stattdessen **Rotzungenfilets** (1 pro Portion) quer in 1–2 cm breite Streifen. Wie beschrieben marinieren, dann in Schritt 4 locker kreuz und quer auf das Gemüse legen und wie die Muscheln garen.

● Wenn Sie keinen Dämpftopf besitzen, stellen Sie einfach eine hitzebeständige Schüssel oder eine Souffléform in einen großen Topf mit Deckel. Bis 2 cm unter den Rand der Schüssel oder der Form kochend heißes Wasser in den Topf gießen. Das Wasser köcheln lassen. Einen hitzebeständigen Teller auf die Schüssel oder die Form setzen, die Päckchen darauflegen und den Topf mit dem Deckel fest verschließen. ● Sie können die Päckchen auch in einen Dämpfkorb aus Bambus legen und Gemüse und Muscheln im Wok dämpfen. Dafür den Wok 1–2 cm hoch mit Wasser füllen – der Dämpfkorb darf das Wasser nicht berühren.

... Kochtipps

Marinierter Lachs mit grünem Spargel und Sesam

Statt der Jakobsmuscheln **4 Stücke Lachsfilet (je 125 g)** marinieren. **400 g grüne Spargelspitzen** verwenden und die Zuckerschoten weglassen. In Schritt 3 den Spargel dämpfen, in Schritt 4 die Lachsfilets mitsamt der Marinade zufügen. 5–8 Minuten dämpfen, bis der Fisch fest, innen aber noch etwas rosa ist. **2 EL Sesamsamen** in einer Pfanne ohne Fett hellbraun rösten, die Pfanne dabei häufig rütteln. Gemüse und Fisch vor dem Servieren mit dem Sesam bestreuen.

... Variante

Jakobsmuscheln mit Wok-Gemüse, Nudeln und Brunnenkresse

Während das Gemüse gebraten wird, zieht das Muschelfleisch in einer senf-würzigen Marinade durch. Aus dem Bratsatz entsteht eine köstliche Sauce, die dieses Gericht zusammen mit der Brunnenkresse wunderbar abrundet.

Zubereiten
20
Minuten

Für 4 Portionen

200 g dünne asiatische Eiernudeln

1 Knoblauchzehe, zerdrückt

abgeriebene Schale von 1 unbehan-delten Zitrone

1 TL mittelscharfer Senf

Blätter von 4 Stängeln Estragon

3 EL Olivenöl

300 g ausgelöste Jakobsmuscheln ohne Rogen

600 g Wok-Gemüse-Mischung (z. B. Brokkoli, Paprikaschoten und Weißkohl)

150 g Brunnenkresse

Nährwerte pro Portion etwa

• 415 kcal • 28 g Eiweiß • 14 g Fett, davon 2 g ungesättigte Fettsäuren • 47 g Kohlenhydrate

1 **Die Nudeln** nach Packungsangabe in kochend heißem Wasser einweichen oder weich kochen.

2 **Knoblauch, Zitronenschale, Senf** und Estragon mit 2 EL Öl in einer Schale zu einer Marinade verrühren. Die Jakobsmuscheln in dicke Scheiben schneiden. Diese in die Marinade legen und darin wenden.

3 **Den Wok** oder eine große Pfanne heiß werden lassen. Das restliche Öl hineinge-ben und durch Schwenken verteilen. Das Gemüse darin 5 Minuten pfannenrühren.

4 **Die Nudeln** in ein Sieb schütten und abtropfen lassen. In eine vorgewärmte Schüssel füllen und das Wok-Gemüse untermischen.

5 **Die Muscheln** mit der gesamten Marinade in den Wok oder die Pfanne geben und 2–3 Minuten braten, dabei einmal wenden. Die Nudel-Gemüse-Mischung, die gebratenen Muscheln und die Brunnenkresse nebeneinander auf einer Platte oder auf Tellern anrichten.

6 **In den Wok** bzw. die Pfanne 4 EL heißes Wasser geben und einige Sekunden sprudelnd kochen lassen. Die Flüssigkeit mit einem Löffel auf die Brunnenkresse träufeln und das Gericht sofort servieren.

Alternative Anstelle von Jakobsmuscheln können Sie **350 g Seeteufelfilet** (vom dicken Ende des Filets) verwen-den. Die dunkle Haut mit einem scharfen Messer entfernen und das Filet in 1 cm dicke Scheiben schneiden.

> Für dieses Gericht können Sie auch das Gemüse nehmen, das Sie ge-rade im Haus haben, z. B. Möhren, Selleriestangen, Zucchini und Pap-rika. Alles in gleich große Stifte oder Scheiben schneiden, damit es gleichzeitig gar wird.
>
> **... Extratipp**

Geflügel

Hähnchenpfanne mit Cashews

Frisches Basilikum verleiht diesem Pfannengericht mit Hähnchenfleisch, Cashewkernen und Aprikosen sommerliches Flair. Mit Reisnudeln oder körnig gekochtem Reis wird daraus eine gesunde, rasch zubereitete Mahlzeit.

Zubereiten 25 Minuten

Für 4 Portionen

2 EL Olivenöl

500 g Hähnchenbrustfilet, in Streifen geschnitten

50 g Cashewkerne

1 große gelbe Paprikaschote, in Streifen geschnitten

4 Stangen Sellerie, in dünne Scheiben geschnitten

4 Frühlingszwiebeln, in Ringe geschnitten

2 Zucchini, längs halbiert und quer in dünne Scheiben geschnitten

50 g getrocknete Aprikosen (Soft-Früchte), in Streifen geschnitten

4 EL trockener Sherry

abgeriebene Schale und Saft von 1 unbehandelten Limette

1 TL geröstetes Sesamöl

½ Chinakohl, in dünne Streifen geschnitten oder gehobelt

25 g Basilikum

Nährwerte pro Portion etwa

• 350 kcal • 34 g Eiweiß • 16 g Fett, davon 3 g gesättigte Fettsäuren
• 12 g Kohlenhydrate

1 **Den Wok oder eine große Pfanne** heiß werden lassen. Das Öl hineingeben und durch Schwenken verteilen. Hähnchenfleischstreifen und Cashews darin 2–3 Minuten pfannenrühren, bis das Fleisch gar ist und die Cashews leicht gebräunt sind.

2 **Paprika, Sellerie und Frühlingszwiebeln** zufügen und alles 1–2 Minuten pfannenrühren, bis das Gemüse etwas weicher geworden ist. Zucchini und Aprikosen untermischen. Alles noch 1–2 Minuten rühren, bis das Gemüse knapp gar ist.

3 **Sherry, Limettenschale und Limettensaft** sowie das Sesamöl zugeben. 30–60 Sekunden unter Rühren kochen lassen, damit der Alkohol weitestgehend verdampft. Zum Schluss Chinakohl und Basilikum kurz untermischen. Das Gericht abschmecken und sofort servieren.

Im gut sortierten Supermarkt finden Sie im Kühlregal und in der Tiefkühltruhe fix und fertig geschnittenes Wok-Gemüse. Für vier Personen benötigen Sie davon etwa 500 g.

... Zeit sparen

Knusprige Hähnchenspieße mit pikanter Mayonnaise

Nektarinen, Paprikaschoten und Hähnchenfleisch, Knoblauch und Kurkuma – die kontrastierenden Aromen dieser Zutaten sind hier in einem attraktiven Gericht vereint. Dazu passen Focaccia oder Couscous sowie gemischte Blattsalate.

Vorbereiten 15 Minuten

Garen 10 Minuten

Für 4 Portionen

2 EL Olivenöl
2 TL gemahlene Kurkuma
2 Knoblauchzehen, zerdrückt
4 Hähnchenbrustfilets (je etwa 125 g)
3 Nektarinen, halbiert und entsteint
6 kleine Paprikaschoten, geviertelt
100 g Mayonnaise
75 g Joghurt
2 Frühlingszwiebeln, fein zerkleinert
abgeriebene Schale von 1 unbehandelten Zitrone
1 Prise Cayennepfeffer
Zitronensaft (nach Geschmack)

Nährwerte pro Portion etwa

• 465 kcal • 31 g Eiweiß • 30 g Fett, davon 5 g gesättigte Fettsäuren
• 19 g Kohlenhydrate

1 In einer Schüssel das Olivenöl mit Kurkuma, Knoblauch, Pfeffer und Salz verrühren. Die Hähnchenbrustfilets in je 6 Stücke schneiden und in der Marinade wenden.

2 Den Backofengrill auf höchster Stufe vorheizen. Die Nektarinenhälften in je 4 Spalten schneiden. Fleisch, Nektarinen und Paprika auf acht Metallspieße stecken, und zwar in dieser Reihenfolge: Fleisch, Nektarine, Paprika, Fleisch, Nektarine, Paprika, Fleisch. Die Spieße in eine Auflaufform oder auf ein Backblech legen.

3 Anschließend die Spieße pro Seite 5 Minuten grillen, bis das Fleisch durchgegart ist und die Nektarinen und die Paprika kräftig gebräunt sind.

4 Für die Sauce die Mayonnaise in einer kleinen Schüssel mit Joghurt, Frühlingszwiebeln und Zitronenschale verrühren. Mit Cayennepfeffer und Zitronensaft abschmecken. Die Sauce mit den Spießen auf Tellern anrichten.

Alternativen • Verwenden Sie doch einmal statt Hähnchenfleisch **Puten- oder Entenbrust**. • Statt Nektarinenspalten können Sie **Papaya- oder Mangostücke** auf die Spieße stecken. • Falls Sie **Baby-Paprikaschoten** bekommen können, kaufen Sie 12 Stück statt 6 kleiner Paprikaschoten und halbieren Sie sie (statt sie zu vierteln).

Thai-Spieße

Das Hähnchenfleisch mit **2 EL grüner Thai-Currypaste** bestreichen; die Ölmischung weglassen. Die Spieße mit Hähnchenfleisch, Nektarinen (oder Pfirsichen) und Paprika bestücken und grillen, wie in den Schritten 2 und 3 beschrieben. Dazu passt eine Erdnusssauce: **4 EL Erdnusscreme** mit **2 zerdrückten Knoblauchzehen**, 4 in feine Ringe geschnittenen Frühlingszwiebeln, **¼–½ TL Chiliflocken**, dem **Saft von 1 Zitrone** und **2 EL kochend heißem Wasser** verrühren.

... Variante

Hähnchenfleisch in Kokos-Mandel-Sauce

Hier wird das Fleisch ganz einfach in der Sauce gegart. Das Gericht erfordert nur wenige Minuten Vorbereitung und wird dann in den Backofen geschoben. Die cremige Sauce harmoniert gut mit Basmati-Reis oder warmem indischem Fladenbrot (Naan).

Vorbereiten 15 Minuten

Garen im Ofen 60 Minuten

Für 4 Portionen

- 1 EL Sonnenblumenöl
- 1 Zwiebel, gewürfelt
- 1 TL fein gewürfelter frischer Ingwer
- 2 EL milde Currypaste oder mildes Currypulver
- 600 g Hähnchenbrustfilet, in dicke Streifen geschnitten
- 150 ml heiße Hühnerbrühe
- 400 ml Kokosmilch
- 50 g gemahlene Mandeln
- 2 EL in Streifen geschnittene Korianderblätter (nach Belieben)

Nährwerte pro Portion etwa

- 475 kcal • 40 g Eiweiß • 32 g Fett, davon 14 g gesättigte Fettsäuren
- 6 g Kohlenhydrate

1 Den Backofen auf 180 °C vorheizen und eine Auflaufform in den Ofen stellen, um sie vorzuwärmen. Das Öl in einer Pfanne erhitzen. Die Zwiebelwürfel darin mit dem Ingwer unter gelegentlichem Rühren in 4–5 Minuten glasig dünsten. Currypaste oder -pulver zufügen und unter Rühren 1 Minute mitdünsten – nicht anbrennen lassen!

2 Die Fleischstreifen zugeben und mit der Zwiebelmischung verrühren. Brühe und Kokosmilch zugießen und aufkochen lassen. Die Flüssigkeit abschmecken. Das Ganze in die warme Auflaufform füllen. Die Form fest verschließen und das Fleisch im Ofen 45 Minuten bis 1 Stunde garen.

3 Unmittelbar vor dem Servieren die Form aus dem Ofen nehmen. Die gemahlenen Mandeln unterrühren, um die Sauce anzudicken, und das Gericht nach Belieben mit Koriandergrün bestreuen.

- Wenn das Gericht sehr schnell auf dem Tisch stehen soll, garen Sie das Fleisch im zweiten Arbeitsschritt 20 Minuten auf dem Herd statt 1 Stunde im Ofen. Weiterverfahren, wie in Schritt 3 beschrieben.
- Sie können einen backofenfesten Topf statt der Pfanne verwenden, das erspart das Umfüllen in die Auflaufform, und Sie haben weniger Abwasch.

... Zeit sparen

Hähnchen auf indische Art mit Champignons und Paprikaschoten

Pilze, Paprika und Hähnchenfleisch sind schnell gar und eignen sich hervorragend für ein Feierabendessen. Indische Gewürze runden das Gericht perfekt ab. Als Beilage passen in Streifen geschnittene Pitabrote.

Vorbereiten 15 Minuten

Garen 15 Minuten

Für 4 Portionen

8 Hähnchenbrustfilets (600–700 g)

3 EL Tandoori-Gewürzmischung

3 EL Sonnenblumenöl

500 g große Champignons, von den Stielen befreit

4 große Paprikaschoten, in Stücke geschnitten

4 EL gehacktes Koriandergrün

Zitronenschnitze zum Garnieren

Nährwerte pro Portion etwa

• 355 kcal • 36 g Eiweiß • 21 g Fett, davon 5 g gesättigte Fettsäuren
• 6 g Kohlenhydrate

Dazu passt Gurken-Raita (siehe S. 140); oder servieren Sie zu diesem Gericht fertig gekauftes **Zaziki**.

1 Den Backofengrill auf höchster Stufe vorheizen. Die Hähnchenbrustfilets dicht nebeneinander in eine große Auflaufform legen. Mit der Gewürzmischung bestreuen und mit 1 EL Öl beträufeln. Mit einem Löffel und einer Gabel mehrmals wenden, bis sie gleichmäßig von Gewürz und Öl überzogen sind.

2 Die Filets auf den oberen Seiten 5 Minuten grillen, dann wenden. Die Pilzhüte mit den Lamellen nach unten und die Paprikastücke mit den Hautseiten nach oben dazulegen und mit 1 EL Öl bestreichen. Alles 5 Minu-ten grillen, bis Pilze und Paprika etwas Farbe angenommen haben; dann Hähnchenbrustfilets und Gemüse wenden, Pilze und Paprika mit dem restlichen Öl bestreichen und das Ganze weitere 4–5 Minuten grillen.

3 Zum Servieren Fleisch, Pilze und Paprika auf großen Tellern anrichten, mit der Garflüssigkeit beträufeln, mit Koriander bestreuen und mit Zitronenschnitzen garnieren.

Teriyaki-Hähnchen

Anstelle von Tandoori-Gewürz **6–8 EL Teriyaki-Sauce** verwenden. **1–2 Auberginen** in 1 cm dicke Scheiben schneiden, **1 Bund Frühlingszwiebeln** putzen, von den dunkelgrünen Teilen befreien und in feine Ringe schneiden. Auberginen und Frühlingszwiebeln mit **250 g Mini-Maiskolben** statt mit Champignons und Paprika zum Fleisch geben. Dazu Salat aus in Streifen geschnittenem **Pak Choi** und **dünnen Reisnudeln** (nach Packungsangabe gegart) reichen, der mit einem Dressing aus **1 EL Reisessig**, **2 EL heller Sojasauce** und **½ TL Zucker** angemacht ist.

... Variante

Grünes Hähnchen-Curry

Grüne Thai-Currypaste verwandelt Hähnchenfleisch, Auberginen und Zucchini in eine exotische Mahlzeit – und das mit geringstem Aufwand. Servieren Sie zu diesem Gericht cremigen Kokosreis.

Vorbereiten 10 Minuten
Garen 20 Minuten

Für 4 Portionen

4 Hähnchenbrustfilets
  (je etwa 125 g)
4 EL grüne Thai-Currypaste
3 EL Olivenöl
2 Zwiebeln, in Ringe geschnitten
2 Knoblauchzehen, zerdrückt
1 rote Paprikaschote, in Streifen geschnitten
250 g Mini-Auberginen, halbiert
200 g Mini-Zucchini, im Ganzen
1 gehäufter EL in breite Streifen geschnittenes Basilikum
1 gehäufter EL grob gehacktes Koriandergrün

Nährwerte pro Portion etwa

• 290 kcal • 32 g Eiweiß • 13 g Fett, davon 2 g gesättigte Fettsäuren
• 12 g Kohlenhydrate

1 **Die Hähnchenbrustfilets** in eine Schale legen. Die Currypaste zugeben und das Fleisch durch mehrmaliges Wenden damit überziehen.

2 **In einer großen Pfanne** mit hohem Rand 2 EL Öl bei mittlerer bis starker Hitze heiß werden lassen. Die Filets darin pro Seite 1 Minute kräftig anbraten; aus der Pfanne nehmen.

3 **Das restliche Öl** in die Pfanne geben. Zwiebeln, Knoblauch, Paprika und Auberginen darin unter Rühren 1 Minute braten. Die Filets zufügen und zwischen das Gemüse schieben. Flüssigkeit und Currypaste aus der Schale darübergeben.

4 **Salz, Pfeffer** und 500 ml kochend heißes Wasser zufügen. Die Flüssigkeit bis kurz unter den Siedepunkt erhitzen, dann die Pfanne mit einem Deckel oder Alufolie fest verschließen und das Ganze bei schwächerer Hitze 10 Minuten köcheln lassen.

5 **Die Zucchini** in die Pfanne geben und diese wieder verschließen. Alles weitere 5 Minuten garen; vom Herd nehmen und abschmecken. Basilikum und Koriandergrün unterrühren und das Gericht sofort servieren.

Zu diesem Curry passt cremiger Kokosreis sehr gut – er hat eine ähnliche Konsistenz wie ein Risotto. Dafür **200 g Langkornreis** in reichlich kochendem Wasser 7 Minuten vorgaren; in ein Sieb schütten, abtropfen lassen und wieder in den Topf geben. **400 ml Kokosmilch aus der Dose, 200 ml kochend heißes Wasser** und eine Prise Salz unterrühren. Das Ganze aufkochen und den Reis bei sehr schwacher Hitze fest zugedeckt 12–15 Minuten quellen lassen, dabei gelegentlich umrühren. Der Reis soll weich und die Kokosmilch cremig sein. Vor dem Servieren abschmecken.

... Beilage

Kreolischer Reis mit Hähnchen und Garnelen

Aussehen und Geschmack dieses Reistopfs mit Garnelen, Hähnchenfleisch und würziger Wurst sind spektakulär. Dabei ist das Gericht im Handumdrehen zubereitet. Der Trick: Sie verwenden fertig gekaufte Tomaten-Salsa. Servieren Sie dazu Blattsalat.

Zubereiten 30 Minuten

Für 4 Portionen

- 100 g Koch-Chorizo, in kleine Stücke geschnitten
- 300 g Hähnchenbrustfilet, in mundgerechte Stücke geschnitten
- 350 g Langkornreis
- 1 l heiße Hühner- oder Gemüsebrühe
- 1 Lorbeerblatt
- 200 g Tomaten-Salsa (Fertigprodukt)
- 200 g geschälte rohe Riesengarnelen
- 3 EL gehackte Petersilie
- Tabasco (nach Geschmack)

Nährwerte pro Portion etwa

- 530 kcal • 37 g Eiweiß • 9 g Fett, davon 3 g gesättigte Fettsäuren
- 78 g Kohlenhydrate

1 **Eine große Pfanne** mit hohem Rand bei mittlerer Hitze heiß werden lassen. Die Wurststücke darin 2–3 Minuten braten, bis sie beginnen, Farbe anzunehmen, dann mit einem Schaumlöffel herausheben. Das Hähnchenfleisch im ausgetretenen Fett in der Pfanne unter Rühren 1–2 Minuten braten; herausnehmen.

2 **Den Reis** in die Pfanne geben und unter Rühren 1 Minute braten. Die heiße Brühe und das Lorbeerblatt zufügen und den Reis bei schwacher Hitze zugedeckt 5 Minuten in der köchelnden Flüssigkeit vorgaren.

3 **Chorizo** und Hähnchenfleisch unter den Reis rühren und alles zugedeckt 10 Minuten köcheln lassen. Salsa, Garnelen und Petersilie zufügen und das Ganze noch 3–4 Minuten köcheln lassen, bis die Garnelen gerade eben gar sind, der Reis die Flüssigkeit aufgenommen hat und weich ist.

4 **Das Lorbeerblatt** entfernen und das Gericht nach Geschmack mit Tabasco würzen; sofort servieren.

Extratipp Wenn Sie **rohe TK-Garnelen** (nicht auftauen) verwenden, diese in Schritt 3 zufügen, nachdem Wurst, Fleisch und Reis 8 Minuten geköchelt haben; die 2 restlichen Minuten mitköcheln lassen. Dann Salsa und Petersilie zufügen und das Gericht wie beschrieben fertigstellen. Falls Sie **gegarte Garnelen** verwenden, diese in Schritt 3 erst zufügen, nachdem Salsa und Petersilie bereits 1 Minute gekocht haben.

Meeresfrüchte-Jambalaya

Chorizo und Hähnchenfleisch weglassen. Mit den Garnelen **350 g Lachsfilet ohne Haut**, in mundgerechte Stücke geschnitten, unterrühren. Statt der Petersilie **2 EL Schnittlauchröllchen** verwenden und das Gericht vor dem Servieren mit etwas **Zitronensaft** beträufeln.

... Variante

Zimt-Senf-Hähnchen mit Süßkartoffeln und Paprikaschoten

Apfelsaft verleiht der Zimt-Senf-Marinade einen Hauch von Süße. Süßkartoffeln, Paprika und Zwiebeln sind ruck, zuck vorbereitet und garen dann mit dem Hähnchenfleisch im Ofen – ein Gericht, das der ganzen Familie schmecken wird.

Für 4 Portionen

2 EL körniger Senf
2 TL gemahlener Zimt
200 ml Apfelsaft
8 Hähnchenschenkel (etwa 1 kg), gehäutet und entbeint
4 Süßkartoffeln (etwa 800 g), geschält und in dicke Spalten geschnitten
4 Zwiebeln, geviertelt
2 rote Paprikaschoten, längs geviertelt
2 gelbe Paprikaschoten, längs geviertelt
2 EL Olivenöl

Nährwerte pro Portion etwa
• 585 kcal • 38 g Eiweiß • 19 g Fett, davon 5 g gesättigte Fettsäuren
• 69 g Kohlenhydrate

1 **Den Backofen** auf 240 °C vorheizen. Senf, Zimt und Apfelsaft in einer großen Auflaufform zu einer Marinade verrühren. Die Hähnchenschenkel darin wenden, um sie mit der Marinade zu überziehen.

2 **Die Süßkartoffelspalten** in einen großen Topf geben und mit kochend heißem Wasser bedecken. Das Wasser 5 Minuten sprudelnd kochen lassen.

3 **Die Süßkartoffeln** in ein Sieb schütten und abtropfen lassen. Mit Zwiebeln und Paprika unter das Fleisch mischen. Das Hähnchenfleisch so wenden, dass die gehäuteten Seiten oben sind.

4 **Das Ganze** nach Geschmack würzen, dann mit dem Öl beträufeln. Im heißen Ofen 20 Minuten backen, bis alles gar

und schön gebräunt ist. Zur Garprobe mit einer Messerspitze in die dickste Stelle eines Hähnchenschenkels stechen; die austretende Flüssigkeit muss klar sein. Das Gericht sofort servieren.

Alternative Besonders fruchtig schmeckt das Gericht, wenn Sie für die Marinade statt Apfelsaft **Mangosaft** verwenden und das in Scheiben geschnittene Fruchtfleisch von **1 Mango** nach der Hälfte der Garzeit in die Form geben.

Kartoffelgratin mit Hähnchen und Tomaten

Zartes Hähnchenfleisch, das mit Oregano und Tomatenmark aromatisiert wird, gart hier mit saftigen Cocktailtomaten auf gerösteten Kartoffelscheiben. Dazu passt Paprikasalat mit Frühlingszwiebeln und knoblauchwürzigem Dressing.

Für 4 Portionen

750 g große Kartoffeln, geschält und in 5–10 mm dicke Scheiben geschnitten

2 EL Olivenöl

8 Hähnchenbrustfilets (etwa 650 g)

8 TL Tomatenmark

8 Zweige Oregano

300 g kleine Cocktailtomaten

Blätter von 2 Kopfsalatherzen zum Anrichten

Nährwerte pro Portion etwa
• 455 kcal • 37 g Eiweiß • 18 g Fett, davon 4 g gesättigte Fettsäuren
• 37 g Kohlenhydrate

Alternative Anstelle von Kartoffelscheiben können Sie ganze **sehr kleine Pellkartoffeln** verwenden.

1 **Den Backofen** auf 240 °C vorheizen. Die Kartoffelscheiben in einen Topf geben und mit kochend heißem Wasser bedecken. Das Wasser aufkochen lassen, dann die Hitze etwas herunterschalten und die Kartoffeln etwa 5 Minuten kochen, bis sie knapp gar sind.

2 **Eine große Auflaufform** mit 1 TL Öl ausfetten. Die Kartoffeln in einer Schicht leicht überlappend hineinlegen.

3 **Die Hähnchenbrustfilets** horizontal auf-, aber nicht durchschneiden. Aufklappen, mit dem Tomatenmark bestreichen, salzen, pfeffern und mit je 1 Oreganozweig belegen. Die Filets zusammenklappen, auf die Kartoffeln setzen und mit den Tomaten umlegen.

4 **Das Ganze** mit Salz und Pfeffer bestreuen und mit dem restlichen Öl beträufeln. Im heißen Ofen 15–20 Minuten backen, bis das Hähnchenfleisch gebräunt und durchgegart ist und die Ränder der Kartoffelscheiben braun und knusprig werden. Mit Salatblättern auf Tellern anrichten und sofort servieren.

Würziges Joghurt-Hähnchen
Die Kartoffeln in der Form mit **Kreuzkümmelsamen** bestreuen. **8 EL Joghurt** mit **1 EL Currypulver** und **1 zerdrückten Knoblauchzehe** verrühren. Die Hälfte dieser Mischung statt des Tomatenmarks auf das Fleisch streichen und **gehackte Frühlingszwiebeln** daraufstreuen. Fleisch und Tomaten auf die Kartoffeln geben und mit der restlichen Joghurtmischung bestreichen.

... Variante

5 köstliche Gerichte mit Hähnchenbrustfilets

Es ist faszinierend, wie schnell man aus Hähnchenbrust (die Sie immer im Tiefkühlgerät haben sollten) ein tolles Gericht zaubern kann. Nur noch ein paar weitere Zutaten aus dem Vorrat dazu, und fertig ist eine Feierabendmahlzeit, die nichts zu wünschen übrig lässt. Alle Rezepte gelten für 4 Portionen.

Hähnchen mit gerösteten Mandeln

4 EL Mehl mit **einer guten Prise edelsüßem Paprikapulver** mischen. **4 Hähnchenbrustfilets (je etwa 125 g)** darin wenden, bis sie gleichmäßig damit überzogen sind. Eine Pfanne erhitzen und **50 g gehobelte Mandeln** darin ohne Fett unter häufigem Rühren in 2–3 Minuten goldbraun rösten. Herausnehmen und zum Abkühlen auf einen Teller geben. **2 EL Olivenöl** in der Pfanne bei mittlerer Hitze heiß werden lassen. Das Fleisch darin pro Seite etwa 4 Minuten braten, bis es gebräunt und durchgegart ist. Mit **Zitronenschnitzen** anrichten, mit den Mandeln bestreuen und sofort servieren. Dazu passen Pommes frites und grüner Salat.

Nährwerte pro Portion etwa
- 330 kcal • 35 g Eiweiß • 14 g Fett, davon 2 g gesättigte Fettsäuren • 16 g Kohlenhydrate

 Vorbereiten 10 Minuten

 Garen 11 Minuten

Hähnchen mit Lauch und Pilzen

300 g Hähnchenbrustfilet würfeln, **250 g Lauch** in Scheiben schneiden. In einer großen Pfanne **2 EL Olivenöl** bei mittlerer Hitze heiß werden lassen. Das Fleisch und **250 g kleine Champignons** darin unter Rühren 3–5 Minuten braten, bis das Fleisch knapp gar und stellenweise gebräunt ist. Den Lauch zufügen und unter Rühren 3–5 Minuten mitbraten. **3 EL Mehl** zugeben und sorgfältig untermischen, dann **200 ml Hühnerbrühe**, **200 ml Milch** sowie Salz und Pfeffer nach Geschmack unterrühren. Unter Rühren aufkochen, dann 5 Minuten schwach köcheln lassen. **4 EL gehackte Petersilie**, **2 EL gehackten Estragon** sowie die **abgeriebene Schale von 1 unbehandelten Zitrone** untermischen und das Gericht mit Reis oder Nudeln servieren.

Nährwerte pro Portion etwa
- 225 kcal • 23 g Eiweiß • 8 g Fett, davon 2 g gesättigte Fettsäuren • 16 g Kohlenhydrate

 Vorbereiten 10 Minuten

 Garen 15 Minuten

Hähnchenbruststreifen aus dem Ofen

Den Backofen auf 240 °C vorheizen. Ein Backblech mit Backpapier belegen. **500 g Hähnchenbrustfilet** längs in dünne Streifen schneiden. In einer Schüssel **1 Ei** mit **1 EL Olivenöl**, **1 EL Milch**, Salz und Pfeffer verquirlen. Hähnchenstreifen untermischen. **175 g Semmelbrösel** auf einem großen Teller verteilen. Die Hähnchenstreifen darin rollen, um sie zu umhüllen. Auf das vorbereitete Blech legen, mit den restlichen Brotkrumen bestreuen und im Ofen etwa 15 Minuten backen, bis sie knusprig sind. Sie können auch Öl zum Frittieren auf 190 °C erhitzen – ein kleiner Brotwürfel bräunt dann darin in 20 Sekunden. Die Hähnchenstreifen darin portionsweise je 3–4 Minuten frittieren, bis sie knusprig und goldbraun sind. Mit **Zitronenschnitzen** servieren. Dazu passen kleine Pellkartoffeln und Salat.

Wenn es sehr schnell gehen muss, können Sie die Fleischstreifen nur in kräftig gewürztem Mehl wenden und wie beschrieben backen.

... Zeit sparen

Nährwerte pro Portion etwa • 285 kcal • 36 g Eiweiß • 7 g Fett, davon 1 g gesättigte Fettsäuren • 22 g Kohlenhydrate

Marinierte Hähnchenbrust

Den Backofengrill auf mittlerer Stufe vorheizen. **1 EL Sonnenblumenöl** mit **2 EL Dijonsenf**, **2 EL Tomatenmark**, **1 EL Zucker**, **2 zerdrückten Knoblauchzehen** und **einer guten Prise Cayennepfeffer** (oder nach Geschmack) verrühren. In **4 Hähnchenbrustfilets (je etwa 125 g)** jeweils drei Schlitze schneiden. Das Fleisch in eine ofenfeste Form legen. Auf beiden Seiten mit der Senfmischung bestreichen und kräftig salzen und pfeffern. Unter dem heißen Grill pro Seite 4 Minuten garen. Als Beilage **einige ganze Frühlingszwiebeln** mitgrillen. Dazu passen knuspriges Brot und Salat. Übrigens: Das Fleisch schmeckt auch kalt sehr gut.

Nährwerte pro Portion etwa
• 200 kcal • 31 g Eiweiß • 5 g Fett, davon 1 g gesättigte Fettsäuren • 8 g Kohlenhydrate

Hähnchen in scharfer Tomatensauce

500 g Hähnchenbrustfilet, **1 Zwiebel** und **2 Stangen Sellerie** würfeln. **2 grüne Chilischoten** von den Samen befreien und fein hacken (**oder 1 TL Chiliflocken** verwenden). **2 EL Olivenöl** in einem Topf heiß werden lassen. Fleisch, Zwiebel, Sellerie, **2 zerdrückte Knoblauchzehen** und die Chilischoten darin unter Rühren 5 Minuten braten. **Gehackte Tomaten aus 2 Dosen (je 400 g)** untermischen. Aufkochen und bei halb aufgelegtem Deckel 15 Minuten köcheln lassen. Mit Penne oder Rigatoni servieren. Mit Parmesan zum Bestreuen und schwarzem Pfeffer zum Nachschärfen servieren.

Nährwerte pro Portion etwa
• 230 kcal • 33 g Eiweiß • 7 g Fett, davon 1 g gesättigte Fettsäuren • 9 g Kohlenhydrate

Thymian-Huhn mit Kartoffeln und Möhren

Ein tolles, unkompliziertes Essen, das durch Thymian und Orange ein besonderes Aroma erhält. Reichen Sie dazu Erbsen, Brokkoli oder grüne Bohnen.

Vorbereiten 15 Minuten

Garen im Ofen 60 Minuten

Für 4 Portionen

800 g mehligkochende Kartoffeln, geschält und in große Stücke geschnitten

4 kleine Pastinaken, geschält und längs geviertelt

4 Möhren, geschält und längs geviertelt

1 rote Zwiebel, geviertelt

4 EL Olivenöl

1 EL flüssiger Honig

1 unbehandelte Orange, geviertelt

4 Hähnchenbrustfilets mit Haut (je etwa 125 g)

einige Thymianzweige oder ½ TL getrockneter Thymian

Nährwerte pro Portion etwa

• 515 kcal • 35 g Eiweiß • 19 g Fett, davon 4 g gesättigte Fettsäuren

• 55 g Kohlenhydrate

1 Den Backofen auf 190 °C vorheizen. Die Kartoffeln in kochendem Wasser 5 Minuten vorgaren; abgießen.

2 Kartoffeln, Pastinaken, Möhren und Zwiebel in eine große Auflaufform geben. Das Öl in einer kleinen Schüssel mit dem Honig und dem ausgedrückten Saft aus den Orangenvierteln verrühren. Das Gemüse damit beträufeln, alles gut mischen. Die Haut der Hähnchenbrustfilets mehrmals mit einem scharfen Messer einritzen. Die Filets mit den Orangenvierteln zwischen Gemüse und Kartoffeln legen und das Ganze mit Salz, Pfeffer und Thymian bestreuen.

3 Fleisch, Kartoffeln und Gemüse im heißen Ofen 1 Stunde garen, bis die Hähnchenbrustfilets goldbraun und durchgegart sowie Kartoffeln und Gemüse weich sind, dabei Gemüse und Kartoffeln gelegentlich wenden.

Dazu passt eine Sauce, die Sie wie folgt zubereiten können: Fleisch, Gemüse und Kartoffeln aus der Form nehmen und auf eine vorgewärmte Servierplatte geben, zudecken und warm halten. Die Form auf den Herd stellen, **1 EL Mehl** in die Garflüssigkeit geben und 2 Minuten unter Rühren erhitzen. Nach und nach **300 ml Hühnerbrühe** zugießen und unter Rühren köcheln lassen, bis die Flüssigkeit andickt.

Paprika-Zitronen-Huhn mit Halloumi-Auberginen

Zu würzigen Hähnchenbrustfilets gibt es hier mit zyprischem Käse belegte Auberginen. Dicke-Bohnen-Kerne und in kräftige Scheiben geschnittenes Krustenbrot sind eine fabelhafte Ergänzung zu diesem Gericht.

Vorbereiten 10 Minuten

Garen 10 Minuten

Für 4 Personen

2 Auberginen (etwa 350 g)

150 g Halloumi (zyprischer Käse), in 8 Scheiben geschnitten

4 Hähnchenbrustfilets (je 125 g)

2 TL edelsüßes Paprikapulver

abgeriebene Schale von 1 unbehandelten Zitrone

2 EL Olivenöl

Zitronenschnitze zum Servieren

Nährwerte pro Portion etwa

• 340 kcal • 39 g Eiweiß • 19 g Fett, davon 2 g gesättigte Fettsäuren
• 4 g Kohlenhydrate

1 **Die Auberginen** in je 8 Scheiben schneiden. Die Halloumi-scheiben quer halbieren.

2 **Den Backofengrill** auf höchster Stufe vorheizen. In der Zwischenzeit die Hähnchenbrustfilets nebeneinander in eine große Auflaufform legen. Mit Paprikapulver, Salz, Pfeffer und der Zitronenschale bestreuen und mit 1 EL Öl beträufeln. Die Filets einige Male wenden, um die Gewürze gleichmäßig zu verteilen.

3 **Die Auberginenscheiben** in die Form geben und mit dem restlichen Öl beträufeln. Alles 5 Minuten grillen, bis das Hähnchenfleisch oben gebräunt ist. Fleisch und Auberginen-scheiben wenden und weitere 2 Minuten grillen.

4 **Die Auberginenscheiben** mit je einer Käsescheibe belegen. Alles weitere 3 Minuten grillen, bis die Hähnchenbrust-filets und die Auberginenscheiben gar und die Ränder der Käsescheiben gebräunt sind. Mit Zitronenschnitzen servieren.

● Halloumi-Käse ist salzig; salzen Sie die Auberginen deshalb nicht.
● Falls Sie im Handel Mini-Auber-ginen finden, sollten Sie zugreifen. Die Früchte für dieses Gericht bis zum Stiel zuerst längs halbieren, dann die Hälften jeweils noch ein-mal horizontal durchschneiden (der Stiel soll die vier Schichten zu-sammenhalten) und die Aubergi-nen wie in Schritt 3 beschrieben grillen. In Schritt 4 die Käsescheiben in die Auberginen geben, da-bei die Auberginenschichten dach-ziegelartig verschieben, damit der Käse besser bräunen kann. Wie beschrieben grillen.

... Kochtipps

Jamaikanisches Hähnchen mit Kochbananen und Chilis

Die Filets statt mit Paprikapulver mit Jerk-Gewürz (kreolische Gewürzmischung) bestreuen; die Zitronenschale weglassen. **4 kleine Kochbananen** längs halbieren und anstelle der Auberginen verwenden; den Halloumi weglassen. **Jalapeños, ersatzweise milde grüne Peperoni, aus dem Glas (500 g)** abtropfen lassen und nach dem Wenden von Hähnchenfleisch und Kochbananen in die Auflaufform geben. **200 g saure Sahne** mit **4 EL Schnittlauchröllchen** verrühren und als Sauce zum Fleisch servieren. Für die Beilage **500 g gegarte Süßkartoffeln** in einem Topf zerdrücken. **250 g jungen Blattspinat** und **40 g Butter** untermischen und alles bei schwacher Hitze 1–2 Minuten rühren.

... Variante

Hähnchentopf mit cremiger Sherrysauce

Das Fleisch wird nur kurz angebraten und dann zusammen mit Minikartoffeln, zarten Rübchen, dünnen grünen Bohnen und kleinen Lauchstangen gegart – ein idealer Eintopf für den Feierabend.

Vorbereiten 5 Minuten

Garen 25 Minuten

Für 4 Portionen

8 Hähnchenbrustfilets (etwa 650 g)

2 EL Olivenöl

250 g Champignons

200 g sehr kleine dünne Stangen Lauch

4 kleine Mairübchen, geschält und geviertelt

450 g sehr kleine Kartoffeln (Drillinge), gewaschen und gebürstet

600 ml Hühnerbrühe

4 EL Sherry, medium oder süß

200 g grüne Bohnen

200 g fettarmer Joghurt

1 EL Speisestärke

abgeriebene Schale von 1 unbehandelten Zitrone

Nährwerte pro Portion etwa
• 475 kcal • 40 g Eiweiß • 19 g Fett, davon 5 g gesättigte Fettsäuren
• 34 g Kohlenhydrate

1 **Die Hähnchenbrustfilets** salzen und pfeffern. Das Öl in einem großen Topf bei starker Hitze heiß werden lassen. Die Filets darin pro Seite 1 Minute scharf anbraten; herausheben, auf einen Teller legen und beiseitestellen.

2 **Anschließend die Champignons** in den Topf geben und unter Rühren 1 Minute braten. Die Hitze herunterschalten. Die Pilze an den Rand schieben und die Lauchstangen mittig auf den Topfboden legen. Kartoffeln und Rübchen in einer Schicht darauf verteilen.

3 **Die Hühnerbrühe** und den Sherry angießen; aufkochen lassen. Die Hähnchenbrustfilets mitsamt dem ausgetretenen Fleischsaft auf Kartoffeln und Gemüse legen. Den Deckel auflegen und die Flüssigkeit bei schwächerer Hitze 10 Minuten kräftig köcheln, aber nicht sprudelnd kochen lassen.

4 **Den Deckel vom Topf nehmen** und die Bohnen in den Topf geben. Die Flüssigkeit weitere 5 Minuten im geschlossenen Topf köcheln lassen, bis alles gar ist. Fleisch, Pilze, Kartoffeln und Gemüse mit einem Schaumlöffel aus dem Topf heben und auf vier vorgewärmte Teller verteilen oder in eine Servierschüssel füllen; warm halten.

5 **Die Garflüssigkeit** offen 5 Minuten sprudelnd kochen lassen, um sie einzukochen und so den Geschmack zu intensivieren. Inzwischen den Joghurt mit Speisestärke und Zitronenschale glatt rühren.

6 **Nach und nach** erst etwas, dann den Großteil der Flüssigkeit unter die Joghurtmischung rühren. Das Ganze in den Topf gießen und unter Rühren aufkochen und andicken lassen. (Die Speisestärke stabilisiert den Joghurt und verhindert, dass er gerinnt.) Die Sauce abschmecken und etwas davon über Fleisch, Pilze, Kartoffeln und Gemüse geben, den Rest separat dazu reichen.

Marokkanischer Hähnchentopf

In Schritt 2 mit den Pilzen **2 zerdrückte Knoblauchzehen** und **1 EL marokkanisches Gewürz** (z. B. Ras-el-Hanout oder Harissa) in den Topf geben. **2 rote Paprikaschoten** (in Streifen geschnitten) und **450 g gewürfelten Butternusskürbis** anstelle von Rübchen und Kartoffeln zufügen. Statt Hühnerbrühe und Sherry **300 ml kochend heißes Wasser** zugießen. **Kichererbsen aus 2 Dosen (je 400 g)** in ein Sieb schütten, abtropfen lassen und nach dem Fleisch in den Topf geben; grüne Bohnen weglassen. Die Garflüssigkeit nicht einkochen lassen. Das Gericht vor dem Servieren mit **gehacktem Koriandergrün** und **Zitronenschale** bestreuen.

... Variante

Gebratene Hähnchenbrust mit Pilzen und Heidelbeeren

Ein paar gute Zutaten und wenig Arbeit – das zeichnet dieses elegante und dabei doch unkomplizierte Gericht aus. Die Beeren verleihen der Pilz-Senf-Sauce fruchtige Süße. Kartoffelpüree und Salat passen perfekt dazu.

Zubereiten 25 Minuten

Für 4 Portionen

1 EL Mehl

4 Hähnchenbrustfilets (je 125 g)

2 EL Olivenöl

2 dicke Scheiben Frühstücksspeck, in Streifen geschnitten

250 g Egerlinge, in Scheiben geschnitten

1 EL Dijonsenf

200 g Heidelbeeren

Saft von ½ Zitrone

3 EL fein gehackte Petersilie

Petersilienblätter und Zitronenschnitze zum Garnieren (nach Belieben)

Nährwerte pro Portion etwa

• 275 kcal • 35 g Eiweiß • 11 g Fett, davon 2 g gesättigte Fettsäuren • 8 g Kohlenhydrate

Dazu passt Kartoffelpüree. Dafür gekochte Kartoffeln mit Salz, Pfeffer und gehackter Petersilie zerstampfen; auf Teller verteilen, Fleisch darauf anrichten.

1 **Das Mehl** in einem tiefen Teller mit Salz und Pfeffer würzen. Die Hähnchenbrustfilets darin wenden; überschüssiges Mehl abschütteln.

2 **Anschließend das Olivenöl** in einer großen Pfanne bei mittlerer bis starker Hitze heiß werden lassen. Die Hähnchenbrustfilets darin bei mittlerer Hitze 2–3 Minuten braten, bis die Unterseiten gebräunt und knusprig sind. Wenden und auf der anderen Seite 4–5 Minuten braten. Falls das Fleisch zu schnell bräunt, die Hitze weiter herunterschalten. Gelegentlich mit einem Pfannenwender auf die Filets drücken, damit sie gleichmäßig braun werden. Mit einer Messerspitze in die Mitte eines Filets stechen, um zu prüfen, ob das Fleisch durchgegart und nicht mehr rosa ist.

3 **Das Fleisch** in eine Servierschüssel füllen und warm stellen. Den Speck in die Pfanne geben und 2 Minuten unter Rühren braten. Die Pilze zufügen und unter Rühren bei recht starker Hitze 2 Minuten mitbraten – nicht länger, damit sie nicht zu weich werden. Den Senf zugeben und alles rasch gut verrühren. Die Heidelbeeren behutsam untermischen, den Zitronensaft zufügen und die Pfanne sofort vom Herd nehmen, bevor die Beeren weich werden.

4 **Die Heidelbeermischung** mit der Petersilie bestreuen und ohne weiteres Rühren auf das Fleisch geben. Das Gericht nach Belieben mit Petersilie und Zitronenschnitzen garnieren.

Alternativen • Anstelle der Hähnchenbrust können Sie **Fasanen- oder Entenbrust oder Putenschnitzel** verwenden. • Bereiten Sie das Gericht doch einmal mit **300 g gemischten Pilzen (z. B. Egerlingen, Shiitake- und Austernpilzen)** anstatt mit Egerlingen zu. • Die Heidelbeeren lassen sich durch halbierte **kernlose blaue oder rote Trauben** ersetzen.

Sesam-Hähnchenleber auf knackigem Kräutersalat

Hähnchenleber schmeckt wunderbar und lässt sich vielseitig für superschnelle, gesunde Gerichte verwenden. Diese Version hier verdankt ihren besonderen Reiz asiatischen Gewürzen. Servieren Sie dazu Reis oder knuspriges Brot.

Vorbereiten **15** Minuten   Garen **10** Minuten

Für 4 Portionen
- ½ Chinakohl, in Streifen geschnitten
- 2 rote Paprikaschoten, gewürfelt
- 150 g Rucola
- 25 g Koriandergrün, gehackt
- 10 Frühlingszwiebeln, in dünne Ringe geschnitten
- 1 EL Olivenöl
- 1 EL geröstetes Sesamöl
- 250 g Hähnchenleber, in je 3–4 Stücke geschnitten
- 2 Knoblauchzehen, zerdrückt
- ½ TL Fünf-Gewürze-Pulver
- 175 g gekochter Schinken in dicken Scheiben, in kurze Streifen geschnitten
- 2 EL Sojasauce
- 4 EL trockener Sherry
- 2 EL Sesamsamen

Nährwerte pro Portion etwa
- 265 kcal • 24 g Eiweiß
- 13 g Fett, davon 3 g gesättigte Fettsäuren • 9 g Kohlenhydrate

1 **Den Chinakohl** in einer großen Schüssel mit Paprikawürfeln, Rucola, Koriandergrün und der Hälfte der Frühlingszwiebeln mischen. Den Salat auf vier Teller verteilen.

2 **Das Olivenöl** mit dem Sesamöl in einer Pfanne bei mittlerer Hitze heiß werden lassen. Die Hähnchenleberstücke mit Knoblauch und Fünf-Gewürze-Pulver darin unter Rühren und häufigem Wenden braten, bis sie fest sind. Den Schinken zufügen und 1 Minute unter behutsamem Rühren mitbraten.

3 **Sojasauce** und Sherry in die Pfanne gießen. Aufkochen und einige Sekunden sprudelnd kochen lassen, damit der Alkohol verdampft; dabei vorsichtig rühren, damit die Leberstücke nicht auseinanderbrechen. Die restlichen Frühlingszwiebeln untermischen und die Pfanne vom Herd nehmen.

4 **Die Lebermischung** auf die Salatportionen verteilen und die Flüssigkeit als Dressing darüberträufeln. Mit den Sesamsamen bestreuen und servieren.

Hähnchenleber mit Senf und Estragon
Den Salat wie beschrieben zubereiten, das Koriandergrün dabei nach Belieben durch **Petersilie** ersetzen. Sesamöl weglassen, stattdessen **2 EL Olivenöl** verwenden. Die Hähnchenleber darin mit dem Knoblauch und **¼ TL gemahlener Muskatblüte oder etwas frisch geriebener Muskatnuss** statt des Fünf-Gewürze-Pulvers braten. Den Schinken mit **1 EL körnigem Senf** zufügen. Sojasauce weglassen, den Sherry mit der **abgeriebenen Schale von 1 unbehandelten Zitrone** zugeben. In Schritt 3 mit den restlichen Frühlingszwiebeln **2 EL gehackten Estragon** untermischen. Abschmecken und sofort servieren.

... Variante

Reissalat mit Orangenhähnchen

Gegartes Hähnchenfleisch und Reis werden in diesem Gericht raffiniert mit Pistazien, knackigen Möhren, Orangensaft und würzigem Schnittlauch kombiniert – eine gesunde, köstliche Mahlzeit.

Zubereiten 30 Minuten

Für 4 Portionen

200 g Langkornreis

300 g Möhren, geschält und geraspelt

Saft von 1 großen Orange

2 TL mittelscharfer Senf

2 EL Olivenöl

6 EL Schnittlauchröllchen

400 g gegartes Hähnchenbrustfilet, in mundgerechte Stücke geschnitten

4 EL Pistazienkerne

200 g Feldsalat

Orangenschnitze zum Garnieren (nach Belieben)

Nährwerte pro Portion etwa
• 465 kcal • 38 g Eiweiß • 13 g Fett, davon 2 g gesättigte Fettsäuren
• 52 g Kohlenhydrate

1 **Den Reis** in einem großen Topf mit reichlich kochend heißem Wasser bedecken. Das Wasser aufkochen lassen und den Reis einmal durchrühren. Anschließend den Reis bei schwacher Hitze im leicht köchelnden Wasser 10–12 Minuten quellen lassen, bis die Körner knapp gar sind, dann in ein Sieb schütten und abtropfen lassen.

2 **In der Zwischenzeit** die Möhren in eine große Schüssel geben. Orangensaft, Senf, Öl und Schnittlauch sowie Salz und Pfeffer zufügen. Hähnchenfleisch und Pistazien zugeben und alles mischen.

3 **Den Reis** zum Salat geben und locker unterheben. Die kalten Zutaten und das Dressing kühlen den Reis etwas ab, und es entsteht ein köstlicher lauwarmer Salat. Den Feldsalat untermischen und den Salat zum Servieren nach Belieben mit Orangenschnitzen garnieren.

Alternativen • Nehmen Sie für den Salat statt Reis einmal **Orzo** (griechische reiskornförmige Nudeln) **oder kleine Suppennudeln.** • Das Hähnchenfleisch können Sie durch **gegartes Putenfleisch, Schinken oder geräucherte Schweinelende** ersetzen. • Der Salat lässt sich auch mit **geraspeltem Knollensellerie** statt mit Möhren sowie dem **Saft und der Schale von 1 unbehandelten Limette** anstelle von Orangensaft zubereiten.

Den Salat können Sie schon einige Stunden vor dem Essen zubereiten. Dafür den Reis kochen, abtropfen und abkühlen lassen. Die restlichen Zutaten vorbereiten, mischen und den kalten Reis unterheben. Den Salat zudecken und kalt stellen. Etwa 20 Minuten vor dem Servieren aus dem Kühlschrank nehmen.

... klug vorbereiten

Wenn die Zeit es erlaubt, können Sie den Salat mit Naturreis zubereiten. Dessen Garzeit beträgt etwa 30 Minuten.

... Kochtipp

Aromatischer Hähnchentopf mit Nudeln und Gemüse

Eine extraschnelle Variante des Mongolischen Feuertopfs: Hähnchenbruststücke werden mit Gemüse und Reisnudeln in einer aromatischen Brühe gegart, die ganz zum Schluss serviert wird.

Zubereiten 30 Minuten

Für 4 Portionen

500 g Hähnchenbrustfilet, in dünne Streifen geschnitten

½ TL Fünf-Gewürze-Pulver

2 EL helle Sojasauce

3 cm frischer Ingwer, geschält und gewürfelt

1 Stange Sellerie, in dünne Scheiben geschnitten

1 Knoblauchzehe, in dünne Scheiben geschnitten

1 Stängel Zitronengras oder 1 Streifen unbehandelte Zitronenschale

1,5 l Hühnerbrühe

1 große rote Paprikaschote, in Stücke geschnitten

250 g Mini-Maiskolben

200 g Brokkoliröschen

2 Frühlingszwiebeln, in dünne Ringe geschnitten

250 g Reisbandnudeln oder Instant-Wok-Nudeln

250 g Pak Choi, längs geviertelt

Nährwerte pro Portion etwa
• 315 kcal • 37 g Eiweiß • 6 g Fett, davon 1 g gesättigte Fettsäuren
• 29 g Kohlenhydrate

1 Das Fleisch in einer Schüssel mit dem Fünf-Gewürze-Pulver und der Sojasauce mischen.

2 Den Ingwer mit Sellerie, Knoblauch, Zitronengras bzw. -schale und der Brühe in einen großen Topf geben. Aufkochen und zugedeckt 5 Minuten köcheln lassen.

3 Erst das Fleisch, dann Paprikastücke, Mais und Brokkoli zufügen. Die Brühe erneut aufkochen und 3 Minuten köcheln lassen, bis das Fleisch durch und das Gemüse gar, aber noch bissfest ist.

4 Frühlingszwiebeln und Nudeln zufügen und behutsam unterrühren. Die Brühe aufkochen lassen. Den Pak Choi in den Topf legen und etwa 2 Minuten in der köchelnden Brühe garen, bis er zusammengefallen ist.

5 Den Topf auf den Tisch stellen und das Gericht folgendermaßen servieren: Die gegarten Zutaten mit etwas Brühe in Suppenschalen schöpfen. Die restliche Brühe als Abschluss der Mahlzeit servieren.

Alternative Die Nudeln können Sie auch einmal durch **Schnellkochreis** ersetzen.

Geflügelsalat mit Datteln und Minzjoghurt

Ein knuspriger Körnermix sowie Datteln und Knoblauch machen diesen Salat mit gegrillter Hähnchenbrust und einem Joghurt-Minze-Dressing zu einem Geschmackserlebnis. Reichen Sie zum Salat Fladenbrot oder warmes Baguette.

Vorbereiten
15 Minuten

Garen
10 Minuten

Für 4 Portionen

4 Hähnchenbrustfilets (je 125 g)

2 Knoblauchzehen, zerdrückt

1 TL gemahlene Muskatblüte

3 EL Olivenöl

1 Dose Artischockenherzen (400 g)

1 Romana- oder Eisbergsalat, in Stücke gezupft

150 g Rucola

4 Frühlingszwiebeln, in Ringe geschnitten

2 EL in Streifen geschnittene Minzeblätter, mehr zum Garnieren

200 g Joghurt

4 EL gemischte Samen (z. B. Sonnenblumen- und Kürbiskerne, Sesam- und Leinsamen)

100 g entsteinte Datteln, zerkleinert

Nährwerte pro Portion etwa

• 410 kcal • 39 g Eiweiß • 17 g Fett, davon 3 g gesättigte Fettsäuren
• 29 g Kohlenhydrate

Alternativen • Anstelle von Datteln können Sie **getrocknete Feigen (Soft-Früchte)** verwenden. • Das Hähnchenfleisch lässt sich durch **Puten- oder Fasanenbrust** ersetzen.

• Die Auflaufform sollte gerade so groß sein, dass die Hähnchenbrustfilets dicht nebeneinander hineinpassen und die Garflüssigkeit nicht verdampft.
• Gemischte und bereits geröstete Samen in Tüten finden Sie im Bioladen und im gut sortierten Supermarkt bei pikanten Knabbereien. Die gerösteten Samen sind nach wenigen Sekunden unter dem Grill knusprig und braun.

... Kochtipps

---

1 **Den Backofengrill** auf höchster Stufe vorheizen. Die Hähnchenbrustfilets in eine flache Auflaufform legen. Etwas Salz und Pfeffer sowie Knoblauch, Muskatblüte und Öl daraufgeben. Die Filets mehrmals wenden, bis sie gleichmäßig mit Öl und Gewürzen überzogen sind.

2 **Das Fleisch** unter dem Grill 10 Minuten auf beiden Seiten rösten, bis es durchgegart ist. Aus dem Ofen nehmen und mit einer Messerspitze in die dickste Stelle der Filets stechen: Die herausfließende Flüssigkeit muss klar und das Fleisch darf innen nicht mehr rosa sein. Das Fleisch in der Form beiseitestellen.

3 **In der Zwischenzeit** die Artischockenherzen in ein Sieb schütten und abtropfen lassen. Anschließend mit Romana- oder Eisbergsalat, Rucola und Frühlingszwiebeln mischen. Den Salat auf vier große Teller verteilen. Minze unter den Joghurt rühren.

4 **Die Hähnchenbrustfilets** auf der oberen Seite mit den Samen bestreuen, diese mit einem Löffel andrücken. Das Fleisch 10–20 Sekunden grillen, bis die Samen gebräunt sind. Die Datteln zufügen und mit der Garflüssigkeit und den Samen zwischen dem Fleisch verrühren.

5 **Das Fleisch** in Scheiben schneiden und diese mit Datteln und Samen auf den Salatportionen anrichten. Die Portionen mit dem Minzjoghurt beträufeln, mit Minze garnieren und sofort servieren.

Putengeschnetzeltes mit Orangen

Für dieses Gericht wird das in Streifen geschnittene Fleisch sautiert, also bei starker Hitze unter Rühren in der Pfanne gebraten. So gart es in kurzer Zeit – perfekt für die schnelle Küche. Zum Geschnetzelten passt Reis oder Couscous.

Vorbereiten 10 Minuten

Garen 8 Minuten

Für 4 Portionen

2 EL Olivenöl

1 kleine Zwiebel, gewürfelt

500 g Putengeschnetzeltes

350 g Champignons, in Scheiben geschnitten

4 EL Weinbrand

abgeriebene Schale und Saft von 2 unbehandelten Orangen

1 TL Zucker

8 EL gehackte Petersilie

4 EL Joghurt

Nährwerte pro Portion etwa
• 270 kcal • 32 g Eiweiß • 8 g Fett, davon 5 g gesättigte Fettsäuren
• 8 g Kohlenhydrate

Alternativen • Statt Putengeschnetzeltem können Sie in Streifen geschnittene **Hähnchenbrust** nehmen. • Der Weinbrand lässt sich durch **Apfelwein oder trockenen Sherry** ersetzen.

● Das Putengeschnetzelte können Sie auch als Füllung für Lasagne verwenden. Dazu das Geschnetzelte mit Tomatensauce, Lasagneblättern und Käsesauce in eine Form schichten.
● Ebenso eignet es sich zum Füllen von Pfannkuchen. Dafür das Geschnetzelte auf Pfannkuchen verteilen. Diese aufrollen und in eine gefettete Auflaufform legen. Mit Käse bestreuen, mit Alufolie bedecken und im 200 °C heißen Ofen etwa 15 Minuten erhitzen bzw. überbacken.

... Extratipps

1 Das Olivenöl in einer Pfanne bei starker Hitze heiß werden lassen. Die Zwiebelwürfel darin unter häufigem Rühren 1 Minute braten.

2 Das Fleisch zufügen und unter häufigem Rühren und Wenden 2–4 Minuten mitbraten, bis es gebräunt und knapp gar ist.

3 Die Champignons zugeben und unterrühren, dann bei mittlerer bis starker Hitze 1 Minute mitgaren, bis sie beginnen, Farbe anzunehmen.

4 Erst den Weinbrand angießen (Vorsicht, das spritzt und zischt!), dann Orangenschale und -saft sowie den Zucker zugeben. 1 Minute kochen lassen, dabei rühren, bis alles von der Sauce überzogen ist. Das Gericht abschmecken. Auf vier Teller verteilen, mit der Petersilie bestreuen und mit je 1 EL Joghurt garnieren. Sofort servieren.

Putengeschnetzeltes mit Mascarpone

In Schritt 1 mit den Zwiebelwürfeln **2 zerdrückte Knoblauchzehen** anbraten. **2 eingelegte rote Paprikaschoten** (Konserve) in Streifen schneiden und in Schritt 2 mit dem Fleisch in die Pfanne geben. Weinbrand sowie Orangenschale und -saft weglassen. Stattdessen mit dem Zucker **200 g passierte Tomaten** zufügen. Den Joghurt weglassen. **3–4 EL Mascarpone** unter die Sauce rühren und die Sauce mit **50 g in Scheiben geschnittenen schwarzen Oliven** und **Basilikum** statt Petersilie vollenden. Das Gericht vor dem Servieren mit **Parmesanspänen** bestreuen. Dazu passen Gnocchi.

... Variante

5 Gerichte aus übrig gebliebenem Hähnchen- oder Putenfleisch

Das Beste an gegrilltem Huhn oder gebratener Pute ist das zarte Fleisch, von dem meist etwas übrig bleibt. Mit einigen frischen Zutaten und ein paar aus dem Vorrat entstehen daraus rasch leckere Gerichte. Alle Rezepte gelten für 4 Portionen.

Reispfanne mit Putenfleisch und Currymayonnaise

4 Frühlingszwiebeln und **100 g getrocknete Aprikosen (Soft-Früchte)** zerkleinern und in eine Schüssel geben. **100 g Salatmayonnaise** und **100 g Joghurt** zufügen und alles verrühren. Nach Geschmack **1–3 TL Currypaste** sowie Salz und Pfeffer untermischen. **300 g gegartes Putenfleisch** würfeln und unterheben. In einer großen Pfanne **600–700 g TK-Gemüsereis** nach Packungsangabe garen. Die Geflügelmischung zufügen und unter häufigem Rühren bei schwacher Hitze heiß werden lassen. Sofort servieren.

Nährwerte pro Portion etwa
• 510 kcal • 34 g Eiweiß • 22 g Fett, davon
4 g gesättigte Fettsäuren • 45 g Kohlenhydrate

Zubereiten
20
Minuten

Paprikaschoten mit Couscous-Geflügel-Füllung

150 g Couscous mit **2 EL Korinthen** und **1 gehackten Knoblauchzehe** in eine Schüssel geben und mit **300 ml kochend heißer Gemüsebrühe** übergießen. Zudecken und quellen lassen. Inzwischen **4 rote oder grüne Paprikaschoten** halbieren und putzen. 5 Minuten in kochendem Wasser garen, dann in ein Sieb schütten, abtropfen lassen und mit den Schnittflächen nach oben in eine Auflaufform setzen. **250 g gegartes Hähnchenfleisch** würfeln und mit **1 EL gehacktem Oregano** unter den Couscous rühren. Die Mischung abschmecken, auf die Paprikahälften verteilen und mit **100 g zerbröckeltem Feta** bestreuen. 10 Minuten bei mittlerer Hitze unter dem Grill rösten, bis die Füllung goldbraun ist.
Mit Salat servieren.

Nährwerte pro Portion etwa
• 320 kcal • 27 g Eiweiß • 8 g Fett, davon
4 g gesättigte Fettsäuren • 37 g Kohlenhydrate

Vorbereiten
10
Minuten

Garen
15
Minuten

Huhn mit Kichererbsen und Paprika

1 große Zwiebel in Ringe schneiden, **1 Knoblauchzehe** hacken. **Je 1 rote, grüne und gelbe Paprikaschote** in Streifen schneiden. **200 g gegartes Hähnchenfleisch** klein schneiden. **Kichererbsen aus 2 Dosen (je 400 g)** abgießen, kalt abspülen und abtropfen lassen. In einem großen Topf **2 EL Olivenöl** erhitzen. Die Zwiebelringe darin mit dem Knoblauch und **1 EL geriebenem Ingwer** glasig dünsten. Paprika zufügen und 3 Minuten garen. Fleisch und Kichererbsen untermischen, heiß werden lassen; abschmecken. **2 EL gehacktes Koriandergrün** und die **abgeriebene Schale von 1 unbehandelten Zitrone** unterrühren. Dazu passt Joghurt mit Schnittlauch.

Nährwerte pro Portion etwa
• 320 kcal • 26 g Eiweiß • 11 g Fett, davon
2 g gesättigte Fettsäuren • 30 g Kohlenhydrate

Zubereiten **25** Minuten

Asia-Pfannkuchen mit Hähnchen

In eine kleine Pfanne **1 EL Olivenöl**, **4 EL Sojasauce** und **4 EL trockenen Sherry** geben. **½ TL Fünf-Gewürze-Pulver**, **2 zerdrückte Knoblauchzehen** und **1 EL Zucker** zufügen. Alles erwärmen, bis sich der Zucker aufgelöst hat, dann aufkochen und 1 Minute sprudelnd kochen lassen. **300 g gegartes Hähnchenfleisch** in Streifen schneiden. Untermischen und unter Rühren in 3–4 Minuten heiß werden lassen. **1 Bund Frühlingszwiebeln** und **½ Chinakohl** in Streifen, **1 Salatgurke** in Scheiben schneiden; auf einer Platte anrichten. **8 kleine Pfannkuchen aus dem Kühlregal** nach Packungsangabe aufwärmen. Das Fleisch mit Frühlingszwiebeln, Gurke, Chinakohl und Pfannkuchen servieren. Jeder am Tisch gibt etwas Fleisch und reichlich Gemüse auf seine Pfannkuchen und rollt diese zum Essen auf.

Nährwerte pro Portion etwa
• 410 kcal • 32 g Eiweiß • 11 g Fett, davon
2 g gesättigte Fettsäuren • 41 g Kohlenhydrate

Zubereiten **25** Minuten

Geflügelsalat mit Granatapfelkernen

200 g gegartes Putenfleisch und **100 g gekochten Schinken** würfeln und mischen. In einer Schüssel **2 EL Balsamico-Essig** mit **1 TL Zucker** und **4 EL Olivenöl** zu einem Dressing verquirlen. **1 rote Zwiebel** in Ringe schneiden. Mit **100 g Brunnenkresse** und **Blättern von 1 Kopfsalat** in die Schüssel geben; mit dem Dressing mischen. Mit den **Kernen von 1 Granatapfel oder 200 g Heidelbeeren oder halbierten kernlosen blauen Trauben**, **4 EL gehackten Walnusskernen** und **75 g zerbröckeltem Blauschimmelkäse** bestreuen. Auf Teller geben, Fleischmischung darauf verteilen.

Nährwerte pro Portion etwa • 415 kcal • 30 g Eiweiß
• 27 g Fett, davon 7 g gesättigte
Fettsäuren • 5 g Kohlenhydrate

Zubereiten **20** Minuten

> Sie können für jedes Rezept Hähnchen- oder Putenfleisch nehmen.
>
> **... Kochtipp**

Putensteak mit Mandarinen und Sprossen-Brunnenkresse-Salat

In einer Pfanne gebraten, sind Putensteaks schnell gar. Hier werden sie pikant gewürzt und mit fruchtig-süßen Mandarinen kombiniert. Ein Salat aus Mungobohnensprossen und Brunnenkresse sowie warmes indisches Fladenbrot (Naan) passen bestens dazu.

Für 4 Portionen

4 Putensteaks (je etwa 150 g)
2 EL gehackter Rosmarin
1 TL Chiliflocken
1 EL Koriandersamen, geschrotet
2 EL Olivenöl
4 Mandarinen
400 g Mungobohnensprossen
75 g Brunnenkresse
8 Frühlingszwiebeln, in Ringe
  geschnitten
4 TL Zucker
8 EL Mayonnaise
Cayennepfeffer (nach Geschmack)

Nährwerte pro Portion etwa
• 480 kcal • 39 g Eiweiß • 30 g Fett,
davon 5 g gesättigte Fettsäuren
• 14 g Kohlenhydrate

1 **Die Putensteaks** in eine flache Auflaufform legen. Mit Rosmarin, Chiliflocken und Koriander bestreuen und mit 1 EL Öl beträufeln. Salzen und pfeffern, dann mehrmals wenden, um sie mit Gewürzen und Öl zu überziehen.

2 **Die Mandarinen** schälen, quer halbieren und eventuell vorhandene Kerne entfernen.

3 **Sprossen**, Brunnenkresse und Frühlingszwiebeln mischen und auf vier Teller verteilen.

4 **Eine Grillpfanne** oder eine Bratpfanne bei starker Hitze heiß werden lassen. Die Putensteaks mit dem restlichen Öl bestreichen. Pro Seite 1½–2 Minuten braten, bis sie durchgegart und schön gebräunt sind. Mit einer Messerspitze hineinstechen: Die herausfließende Flüssigkeit muss klar und darf nicht mehr rosa sein. Die Steaks auf die Teller geben.

5 **Die Mandarinenhälften** mit den Schnittflächen nach unten in die Pfanne geben und 30–60 Sekunden braten, bis sie heiß und an den Schnittflächen gebräunt sind. Mit den Schnittflächen nach oben auf die Teller legen und jede Hälfte mit ½ TL Zucker bestreuen. Auf jeden Teller 2 EL Mayonnaise geben und nach Geschmack mit Cayennepfeffer bestreuen.

Alternativen • Statt der Putensteaks können Sie **Entenbrustfilets ohne Haut** verwenden. Diese zwischen zwei Bögen Backpapier oder Frischhaltefolie legen und mit einer Teigrolle dünn rollen. • Auch **dünne Schweineschnitzel** eignen sich für dieses Gericht.

Für ein vegetarisches Gericht können Sie in Schritt 1 **Tofu** anstelle von Putenfleisch marinieren. Für 1 Portion **½ Block festen Tofu (etwa 125 g)** horizontal halbieren. Mit **½ TL fein gehacktem Rosmarin**, **1 Prise Chiliflocken** und **1 TL gemahlenem Koriander** bestreuen und mit **1 TL Olivenöl** beträufeln. (Für 4 Personen benötigen Sie 2 Blöcke Tofu und die vierfache Menge an Gewürzen und Öl. Hacken Sie den Rosmarin sehr fein.) Den Tofu in eine Auflaufform legen und pro Seite 3–4 Minuten grillen; die Scheiben mithilfe eines Pfannenwenders umdrehen. (Es ist besser, Tofu zu grillen, als ihn in der Pfanne zu braten, darin kann er ansetzen und zerbrechen.)

... Kochtipp

Hamburger mit Putenfrikadellen

Die aus Putenfleisch zubereiteten Frikadellen sind reich an Geschmack und arm an Fett. Zusammen mit Brötchen werden daraus im Nu Hamburger, die (nicht nur) Kinder gern essen.

Vorbereiten 15 Minuten · **Garen 10 Minuten**

Für 4 Portionen

500 g Putenhackfleisch

4 Frühlingszwiebeln, in dünne Ringe geschnitten

2 TL getrocknete gemischte Kräuter

1 TL gemahlene Muskatblüte

1 EL Tomatenmark

1 EL Sonnenblumenöl

4 große Hamburger- oder Ciabatta- brötchen

2 EL Mayonnaise

8 Salatblätter

½ Zwiebel, in dünne Halbringe geschnitten (nach Belieben)

etwa 20 Cocktailtomaten zum Servieren

Nährwerte pro Portion etwa

• 455 kcal • 37 g Eiweiß • 15 g Fett, davon 3 g gesättigte Fettsäuren
• 45 g Kohlenhydrate

1 **Das Hackfleisch** in eine Schüssel geben und mit Frühlingszwiebeln, Kräutern, Muskatblüte, Tomatenmark sowie reichlich Salz und Pfeffer gründlich verkneten.

2 **Den Fleischteig** in 4 Portionen teilen. Jede zu einer Kugel formen und diese zu einer etwa 10 cm großen dünnen Frikadelle flach drücken. Auf eine Platte oder ein Schneidbrett legen.

3 **Eine möglichst** große Pfanne bei starker Hitze heiß werden lassen. Das Öl hineingeben und durch Schwenken verteilen. Bei mittlerer Hitze die Frikadellen hineinlegen und mit einer Palette etwas flach drücken. 4–5 Minuten braten, bis die Unterseiten gut gebräunt sind. Wenden, flach drücken und weitere 4–5 Minuten braten.

4 **In der Zwischenzeit** die Brötchen horizontal auf- schneiden und die unteren Hälften mit der Mayonnaise bestreichen. Mit je 2 Salatblättern belegen und je eine fertig gebratene Frikadelle, nach Belieben mit etwas Zwiebel, daraufgeben. Die oberen Brötchenhälften darauf- setzen und die Burger mit Cocktailtomaten servieren.

Alternative Sie können die Frikadellen auch mit **gehacktem Hähnchenfleisch** zubereiten.

Extratipp Wenn Sie mögen, können Sie die Brötchen vor dem Belegen auf den Schnittflächen goldbraun rösten.

Der Fleischteig für die Klößchen (siehe rechts) eignet sich auch für Frikadellen. Servieren Sie diese, bestrichen mit Tomatensalsa oder scharfer Tomatensauce, auf gebra- tenen Polentascheiben (fertig ge- kauft oder selbst gemacht; siehe S. 151). Dazu passt Salat oder pfannengerührtes Kohlgemüse.

... Kochtipp

Putenfleisch-Klößchen

Das Putenhackfleisch mit **2 EL gehacktem frischem Estragon oder Salbei** (anstelle der getrockneten Kräuter) verkneten. Das Tomatenmark weglassen, **100 g gewürfelten Kochschinken**, **1 verquirltes Ei** und **4 EL Haferflocken** zum Fleischteig geben. Alles mischen und aus dem Teig etwa walnussgroße Klöße formen. Die Klöße im Öl bei mittlerer Hitze braten, dabei mit Löffel und Gabel immer wieder wenden, damit sie ihre Form behalten. Sobald die Klößchen gebräunt sind, **gehackte Tomaten aus 2 Dosen (je 400 g)**, **4 EL Sherry**, Salz und Pfeffer dazugeben. Alles aufkochen und zugedeckt unter gelegentlichem Rühren 20 Minuten köcheln lassen, bis die Klößchen gar sind. Mit Reis servieren.

... Variante

Puten-Käse-Taschen mit Wirsing und Walnüssen

Mit Blauschimmelkäse, Ingwer und Apfelraspeln gefüllte Putenschnitzel sind ein ideales Feierabendessen. Servieren Sie außer dem schnell gegarten Wirsing kleine Frühkartoffeln dazu.

Für 4 Portionen

25 g frischer Ingwer, gerieben

1 Apfel, geschält, vom Kerngehäuse befreit und geraspelt

4 dicke Putenschnitzel (je 175 g)

150 g Blauschimmelkäse (z. B. Bavaria Blue), in 4 Spalten geschnitten

3 EL Olivenöl

500 g Wirsing, in feine Streifen geschnitten oder gehobelt

8 Frühlingszwiebeln, in Ringe geschnitten

50 g Walnusskerne, gehackt

Nährwerte pro Portion etwa

• 510 kcal • 52 g Eiweiß • 30 g Fett, davon 9 g gesättigte Fettsäuren
• 9 g Kohlenhydrate

1 **Den Backofen** auf 240 °C vorheizen. Ingwer und Apfelraspel mischen. Die Putenschnitzel horizontal ein-, aber nicht durchschneiden. Die Apfelmischung in die aufgeschnittenen Schnitzel füllen und in jedes ein Stück Käse schieben. Die Schnitzel so zusammendrücken, dass die Füllung eingeschlossen ist.

2 **Die Fleischtaschen** nebeneinander in eine flache Auflaufform legen und mit 1 EL Öl bestreichen; salzen und pfeffern. Im heißen Ofen 15 Minuten garen, bis das Fleisch braun und durchgegart ist und die Füllung teilweise herausläuft.

3 **In der Zwischenzeit** das restliche Öl in einem großen Topf bei mittlerer Hitze heiß werden lassen. Den Kohl darin mit Frühlingszwiebeln und Nüssen bei mittlerer Hitze 5 Minuten garen, bis er zusammengefallen und fast gar ist; abschmecken.

4 **Die Fleischtaschen** auf Tellern anrichten, den Garsud und den ausgelaufenen Käse mit einem Löffel dazugeben. Den Kohl danebenlegen; sofort servieren.

Vorbereiten
15 Minuten

Garen im Ofen
15 Minuten

Mozzarella-Tomaten-Schnitzel mit Käsekruste

4 dünne Putenschnitzel (600 g) salzen und pfeffern. Nebeneinander in eine flache Auflaufform legen. **4 Eiertomaten** und **200 g Mozzarella** in Scheiben und **8 Salbeiblätter** in Streifen schneiden. Tomaten und Salbei auf die Schnitzel geben. Die Mozzarellascheiben darauflegen und mit **1 EL Olivenöl** bestreichen. **50 g frische Brotkrumen** mit **15 g geriebenem Parmesan** mischen. Auf den Mozzarella geben und andrücken; die Schnitzel sollten ganz damit bedeckt sein. Wie beschrieben 15 Minuten backen, bis die Kruste knusprig und goldbraun und der Mozzarella geschmolzen ist.

... Variante

Entenbrust mit Johannis-beerensauce und Pastinaken

Die mit den Möhren verwandten, leicht süßlichen Pastinaken passen perfekt zu knuspriger Entenbrust, und die fruchtige Sauce setzt frische Akzente. Als Beilage bieten sich gedämpfte grüne Bohnen und Baguette an.

Für 4 Portionen

250 g Pastinaken, geschält und in 5 mm dicke Scheiben geschnitten

2 Zwiebeln, in je 8 Spalten geschnitten

4 Entenbrustfilets (je etwa 200 g)

8 EL Weinbrand

4 EL Schwarze-Johannisbeeren-Sirup

Saft von 1 Zitrone

Petersilie zum Garnieren

Nährwerte pro Portion etwa
- 770 kcal • 29 g Eiweiß • 55 g Fett, davon 16 g gesättigte Fettsäuren
- 23 g Kohlenhydrate

Vorbereiten 10 Minuten

Garen 20 Minuten

Entenbrust in Orangen-Sherry-Sauce

Pastinaken, Zwiebelspalten und Johannisbeersauce weglassen. **1 rote Zwiebel** in dünne Ringe schneiden. Diese 5 Minuten bevor die Entenbrustfilets gar sind in die Pfanne geben und mit dem Fleisch herausnehmen. Die **abgeriebene Schale und den Saft von 2 unbehandelten Orangen**, **4 EL Sherry**, **1 EL Sherry- oder Balsamico-Essig**, **1 TL braunen Zucker** und den **Saft von 1 Zitrone** in die Pfanne geben. Aufkochen, dabei den Bratsatz vom Pfannenboden schaben. Die Sauce auf das Fleisch gießen und das Gericht mit kleinen Pellkartoffeln servieren.

... Variante

1 **Pastinaken** und Zwiebeln in einen großen Topf geben und mit kochend heißem Wasser bedecken; aufkochen und zugedeckt 5 Minuten köcheln lassen, dann in ein Sieb schütten, gut abtropfen lassen und wieder in den Topf geben.

2 **In der Zwischenzeit** die Haut der Entenbrustfilets mehrmals einstechen, ohne das Fleisch zu verletzen. Eine Pfanne stark erhitzen. Die Filets mit den Hautseiten nach unten darin bei mittlerer Hitze etwa 5 Minuten braten, bis das Fett ausgetreten und die Haut knusprig und kräftig gebräunt ist; dabei gelegentlich mit einem Pfannenwender daraufdrücken, die Filets aber nicht umdrehen.

3 **Pastinaken** und Zwiebeln im Topf mit 2 EL Entenfett beträufeln. Alles mischen und das Gemüse unter gelegentlichem Rühren braten, während die Entenbrustfilets garen (Schritt 4); abschmecken und auf vorgewärmte Teller verteilen.

4 **Das Fett** aus der Pfanne gießen. Die Entenbrustfilets wenden und bei schwacher bis mittlerer Hitze 10–15 Minuten braten, dabei noch einmal wenden. Nach 10 Minuten sind sie innen noch ziemlich roh, nach 15 Minuten sollten sie gar, innen aber noch hellrosa und saftig sein. Die Filets in Scheiben schneiden; auf dem Gemüse anrichten.

5 **Weinbrand**, Sirup und Zitronensaft in die Pfanne gießen. Bei starker Hitze aufkochen und 30 Sekunden sprudelnd kochen lassen, dabei den Bratsatz vom Pfannenboden schaben. Die Sauce mit einem Löffel auf das Fleisch geben. Die Portionen mit Petersilie garnieren und sofort servieren.

Knusprige Entenbrust mit Knoblauch-Rosmarin-Kartoffeln

Dieses Gericht hat alles, was einen festlichen Braten auszeichnet, ist jedoch viel schneller zubereitet. Genießen Sie das knusprige Geflügel und die würzigen Kartoffeln mit gedämpften Blumenkohlröschen und grünem Salat.

Zubereiten 30 Minuten

Für 4 Portionen

600 g sehr kleine Kartoffeln, gebürstet und gewaschen

8 Knoblauchzehen, geschält

2 EL gehackter Rosmarin

4 Entenbrustfilets (je etwa 200 g)

8 frische Lorbeerblätter, mehr zum Garnieren

Johannisbeergelee, Hagebuttenkonfitüre oder Preiselbeerkompott zum Servieren

Nährwerte pro Portion etwa
• 685 kcal • 30 g Eiweiß • 52 g Fett, davon 16 g gesättigte Fettsäuren
• 25 g Kohlenhydrate

1 **Den Backofen** auf 240 °C vorheizen. Kartoffeln und Knoblauch für 5 Minuten in sprudelnd kochendes Wasser geben. Abgießen und abtropfen lassen. In eine flache Auflaufform geben und mit Rosmarin, Salz und Pfeffer bestreuen.

2 **In der Zwischenzeit** die Entenbrüste auf der Hautseite mehrmals einstechen, mit den Hautseiten nach oben in eine kleine ofenfeste Form legen. Die Lorbeerblätter etwas zusammendrücken und die Entenbrüste damit abreiben. Unter jede Entenbrust 2 Blätter schieben. Salzen, pfeffern und im Ofen 5 Minuten garen.

3 **Etwas Entenfett** aus der Form zu den Kartoffeln geben und diese darin schwenken. Die Form ebenfalls in den Backofen stellen und die Kartoffeln mit der Entenbrust 20 Minuten rösten, bis alles gar und gebräunt ist. Die Entenbrustfilets dabei zweimal wenden und mit Garflüssigkeit beschöpfen. Falls nötig, mehr Entenfett zu den Kartoffeln geben.

4 **Vor dem Servieren** das überschüssige Fett aus der Form gießen und die Lorbeerblätter entfernen. Die Entenbrustfilets mit frischen Lorbeerblättern garnieren und mit Gelee, Konfitüre oder Kompott sowie den Kartoffeln servieren.

Alternativen • Sie können den Knoblauch weglassen und stattdessen **Thymianzweige** zu den Kartoffeln geben. • Anstelle von oder mit den Lorbeerblättern können Sie unter die Entenbrüste **in breiten Streifen abgeschnittene Schale von 2 Orangen** legen. Das Fleisch mit Orangenschnitzen servieren, aus denen man nach Belieben Saft auf das Fleisch pressen kann. • Auf die gleiche Weise können Sie **Hähnchenbrustfilets mit Haut** garen. Den Backofen dann auf 220 °C vorheizen, **Thymianzweige** und **Zitronenschale** unter das Fleisch legen, die Filets mit **Olivenöl** bestreichen und großzügig salzen und pfeffern.

Ente süßsauer

Knackige Erbsen werden in diesem reichhaltigen Asia-Gericht mit Nudeln und Entenbrust kombiniert. Dazu gibt es eine süß-saure Sauce mit Honig, Sojasauce und Limettensaft.

Für 4 Portionen
4 Entenbrustfilets (je etwa 200 g)
2 EL Sojasauce
2 EL flüssiger Honig
1 EL Limettensaft
1 EL Erdnussöl
200 g junge Erbsen
600 g Instant-Wok-Nudeln
süße Chilisauce zum Servieren

Nährwerte pro Portion etwa
• 870 kcal • 38 g Eiweiß • 54 g Fett, davon 16 g gesättigte Fettsäuren
• 60 g Kohlenhydrate

Alternativen • Anstelle von jungen Erbsen können Sie **200 g Brokkoliröschen** verwenden. Oder Sie nehmen **150 g Zuckerschoten** und **1 Möhre** (in sehr dünne Stifte geschnitten).
• **TK-Sojabohnenkerne** eignen sich ebenfalls für dieses Rezept.

Für 4 Portionen
3 EL Fisch- oder Sojasauce
2 EL geröstetes Sesamöl
1 EL brauner Zucker
50 g frischer Ingwer, geschält und fein gewürfelt
4 Entenbrustfilets (je etwa 200 g)
250 g Mini-Maiskolben
200 g asiatische Eiernudeln
400 g Mungobohnensprossen
200 g Pak Choi, in Streifen geschnitten
8 Frühlingszwiebeln, in Ringe geschnitten
1 rote Chilischote, halbiert, von den Samen befreit und in dünne Streifen geschnitten
2 EL Erdnusscreme
abgeriebene Schale und Saft von 1 unbehandelten Limette
1 Knoblauchzehe, zerdrückt

Nährwerte pro Portion etwa
• 980 kcal • 42 g Eiweiß • 69 g Fett, davon 19 g gesättigte Fettsäuren
• 50 g Kohlenhydrate

1 Den Backofen auf 200 °C vorheizen. Dabei eine flache ofenfeste Form, in die die Entenbrustfilets nebeneinander hineinpassen, im Ofen erwärmen. Die Entenbrustfilets auf den Hautseiten rautenförmig einschneiden, ohne das Fleisch zu verletzen. Eine große Pfanne bei mittlerer Hitze heiß werden lassen. Die Entenbrüste mit den Hautseiten nach unten hineinlegen.

2 Die Sojasauce mit Honig und Limettensaft zu einer Marinade verrühren. Die Entenbrustfilets auf den Fleischseiten mit etwas Marinade bestreichen; 3–4 Minuten auf der Hautseite kräftig braten, dann wenden und noch 1 Minute braten. Die Filets aus der Pfanne nehmen und mit den Hautseiten nach oben in die vorgewärmte Form legen.

3 Die Marinade mit 2 EL kaltem Wasser verrühren und die Filets damit beträufeln. Das Fleisch im heißen Ofen 8–10 Minuten braten, bis es gar und die Flüssigkeit eingekocht ist.

4 In der Zwischenzeit das Entenbratfett aus der Pfanne gießen und die Pfanne mit Küchenpapier auswischen. Das Öl hineingeben und durch Schwenken verteilen. Die Erbsen darin 3–4 Minuten pfannenrühren, bis sie weich sind. Falls nötig, 2 EL Wasser zufügen und die Erbsen zugedeckt noch 1–2 Minuten dämpfen.

5 Die Sauce von den Entenbrustfilets aus der Form zu den Erbsen gießen. Die Nudeln zufügen und unter Rühren 3–4 Minuten garen. Die Entenbrustfilets in Scheiben schneiden und zu den Nudeln geben. Alles bei starker Hitze einige Sekunden rühren; sofort servieren. Die Chilisauce dazu reichen.

Vorbereiten 10 Minuten

Garen im Ofen 20 Minuten

Zubereiten 30 Minuten

Das abgegossene Entenfett können Sie für Brat- oder Ofenkartoffeln verwenden. Im Kühlschrank hält es sich etwa 1 Woche.

... aufbewahren

Wenn Sie Gäste bewirten, können Sie noch Alternativen zur Entenbrust anbieten. Garen Sie beispielsweise **einen oder mehrere Blöcke Tofu (je etwa 250 g)** in der Marinade. Oder bestreichen Sie **Lachsfiletstücke (je etwa 125 g)** damit. Entenbrust, Tofu und Lachs getrennt voneinander im Ofen garen.

... Kochtipp

Nudelsalat mit würzigem Erdnussdressing und Ingwer-Entenbrust

Dieser exotische, delikate Salat mit Nudeln, Sprossen, Maiskölbchen und Pak Choi wird auf thailändische Art gewürzt und mit knusprig gebratener Entenbrust angerichtet.

1 **Den Backofen** auf 240 °C vorheizen. 2 EL Fisch- bzw. Sojasauce mit dem Sesamöl und dem Zucker in einer flachen Auflaufform, die so groß ist, dass die Entenbrustfilets nebeneinander darin Platz haben, zu einer Marinade verrühren. Die Hälfte des Ingwers untermischen.

2 **Die Haut** und das Fett der Entenbrustfilets rautenförmig einschneiden, ohne das Fleisch zu verletzen. Die Filets in die Form geben und mehrmals in der Marinade wenden, bis sie gleichmäßig davon überzogen sind. Mit den Hautseiten nach oben im heißen Ofen 18–20 Minuten garen, bis sie oben knusprig und kräftig gebräunt sind (nach 15 Minuten prüfen). Das Fleisch sollte gar, aber innen noch hellrosa sein.

3 **In der Zwischenzeit** die Maiskölbchen in reichlich sprudelnd kochendes Wasser geben. Nach 2 Minuten die Nudeln zufügen und 2 Minuten mitgaren. Alles in ein Sieb schütten und einige Sekunden kalt abspülen. Gut abtropfen lassen

und in eine große Schüssel füllen. Sprossen, Pak Choi, Frühlingszwiebeln (bis auf ein paar Ringe zum Garnieren) und die Hälfte der Chilistreifen zugeben. Alles sorgfältig mischen und den Salat auf vier Schalen oder tiefe Teller verteilen.

4 **Die Erdnusscreme** mit Limettenschale und -saft, Knoblauch, der restlichen Fisch- bzw. Sojasauce sowie 1 EL Wasser zu einem Dressing verrühren.

5 **Die Entenbrustfilets** auf einen Teller legen. Das Fett sorgfältig vom Garsud in der Form abschöpfen und den Sud mit 1 EL heißem Wasser verrühren. Die Filets nach Belieben in Scheiben schneiden. Das Dressing auf die Salatportionen träufeln. Die Fleischscheiben bzw. die ganzen Filets auf dem Salat anrichten, mit dem Garsud (es ist nur wenig, dafür ist er aber hocharomatisch) beträufeln, mit dem restlichen Ingwer sowie den restlichen Chilistreifen und Frühlingszwiebelringen bestreuen; sofort servieren.

Fleisch

Rumpsteaks mit italienischer Sauce

Saftig gebratene Steaks schmecken besonders gut mit einer Tomatensauce, die mit Wein, Knoblauch, Kapern und Oliven zubereitet wurde. Dazu passen Tagliatelle und Blattsalat mit dünnen grünen Paprikastreifen.

Vorbereiten 10 Minuten

Garen 20 Minuten

Für 4 Portionen

4 Rumpsteaks (je etwa 3 cm dick)
2 EL Olivenöl
1 Zwiebel, fein gewürfelt
2 Knoblauchzehen, zerdrückt
1 Dose gehackte Tomaten (400 g)
100 ml Weiß- oder Rotwein
300 g Tagliatelle
1 EL Kapern
12 entsteinte schwarze oder grüne Oliven, halbiert
2 EL in Streifen geschnittenes Basilikum
Basilikumblättchen zum Garnieren (nach Belieben)

Nährwerte pro Portion etwa
• 585 kcal • 48 g Eiweiß • 17 g Fett, davon 4 g gesättigte Fettsäuren
• 56 g Kohlenhydrate

Extratipp Sie können **200 g Champignons** in Scheiben schneiden und in die Pfanne geben, sobald die Zwiebeln glasig sind.

1 Die Steaks auf beiden Seiten mit 1 EL Olivenöl und etwas schwarzem Pfeffer einreiben. Eine große Pfanne heiß werden lassen. Falls nötig, die Steaks darin in zwei Portionen braten: für „rare" (blutig) pro Seite etwa 2½ Minuten, für „medium" (halb durchgebraten) etwa 4 Minuten. Durchgebraten sind die Steaks nach 6–7 Minuten pro Seite. Die Steaks aus der Pfanne nehmen und warm halten.

2 Das restliche Öl in die Pfanne geben. Die Zwiebelwürfel mit dem Knoblauch darin bei schwacher Hitze in etwa 5 Minuten unter gelegentlichem Rühren glasig werden lassen. Tomaten und Wein unterrühren und die Sauce 5–10 Minuten köcheln lassen, die Tomatenstücke dabei mit dem Löffel zerdrücken.

3 In der Zwischenzeit die Tagliatelle in reichlich sprudelnd kochendem Salzwasser nach Packungsangabe bissfest garen. In ein Sieb schütten und abtropfen lassen. Kapern, Oliven und Basilikum unter die Sauce rühren und die Sauce abschmecken.

4 Die Steaks in die Sauce geben und darin heiß werden lassen. Die Tagliatelle auf vier Teller verteilen und nach Belieben mit Basilikumblättchen garnieren. Die Steaks mit der Sauce dazu servieren.

Alternativen • Anstelle von gehackten Tomaten können Sie auch **400 ml passierte Tomaten** verwenden. • Vegetarier können statt der Steaks **Halloumi** (zyprischer Käse) nehmen. Diesen in Scheiben schneiden, mit Öl bestreichen und grillen oder goldbraun braten.

Sie können die Steaks mit einer Gewürzmischung einreiben und 30 Minuten durchziehen lassen.
● Für eine indische Note ½ TL Salz und ½ TL Zucker mit **1 TL Chiliflocken** und **1 zerdrückten Knoblauchzehe** mischen.
● Für Steaks auf Südstaatenart das Fleisch mit einer Mischung aus **1 TL edelsüßem Paprikapulver, 2 TL geschrotetem schwarzem Pfeffer, ½ TL grobem Meersalz, 1 zerdrückten Knoblauchzehe,** der abgeriebenen Schale von **1 unbehandelten Zitrone, 2 TL getrocknetem Salbei** und **1 Prise Cayennepfeffer** marinieren.

... Kochtipps

Die italienische Sauce passt auch prima zu gegrilltem **Schweine- oder Lammfleisch** und schmeckt zu **Fisch** ebenfalls gut. Es lohnt sich also, gleich die doppelte Menge zuzubereiten und eine Hälfte für später einzufrieren. Die Sauce dafür in Gefrierdosen füllen. Sie hält sich im Tiefkühlgerät etwa 1 Monat. Zum Servieren auftauen, aufkochen und 3 Minuten köcheln lassen.

... klug vorbereiten

Rinderlende aus dem Wok

In Streifen geschnittene Rinderlende wird pfannengerührt und mit Wein und Meerrettich aromatisiert. Grüne Bohnen und Kartoffelpüree mit Butter und Petersilie passen perfekt dazu.

Vorbereiten 15 Minuten **Garen 15 Minuten**

Für 4 Portionen

2 EL Sonnenblumenöl

1 Zwiebel, in dünne Ringe geschnitten

1 große rote Paprikaschote, in dünne Streifen geschnitten

600 g Rinderlende, von sichtbarem Fett befreit und in dünne Streifen geschnitten

4 EL Rotwein

1–1½ EL geriebener Meerrettich aus dem Glas

1 EL dunkle Sojasauce

Nährwerte pro Portion etwa

• 265 kcal • 32 g Eiweiß
• 11 g Fett, davon 3 g gesättigte Fettsäuren • 7 g Kohlenhydrate

1 **Den Wok** oder eine große Pfanne heiß werden lassen. 1 EL Öl hineingeben und durch Schwenken verteilen. Die Zwiebelringe mit den Paprikastreifen 3–4 Minuten pfannenrühren, bis die Zwiebeln glasig sind. Aus der Pfanne nehmen und warm halten.

2 **Das restliche Öl** im Wok bzw. in der Pfanne heiß werden lassen. Die Fleischstreifen darin 4–5 Minuten pfannenrühren, bis sie gleichmäßig gebräunt sind und die Flüssigkeit verdampft ist.

3 **Den Rotwein** zufügen und 1–2 Minuten sprudelnd kochen lassen, um die Flüssigkeit etwas zu reduzieren. Meerrettich und Sojasauce unterrühren und das Gericht abschmecken.

4 **Zwiebelringe** und Paprikastreifen in die Pfanne geben. Alles noch einmal aufkochen lassen und sofort servieren.

Alternativen Statt Rotwein können Sie **dunkles (Stark-)Bier** verwenden, und die Sojasauce lässt sich durch **Worcestersauce** ersetzen.

> Beim Pfannenrühren sollte die Hitze so stark wie möglich sein, und die Zutaten müssen in ständiger Bewegung gehalten werden. Nur so gart alles gleichmäßig, und die Nährstoffe bleiben weitestgehend erhalten.
>
> **… Kochtipp**

Für 4 Portionen

500 g Rinderlende

2 TL schwarze Pfefferkörner

80 g Pekannusskernhälften

10 g Butter

2 EL Olivenöl

1 Zwiebel, in dünne Ringe geschnitten

350 g Champignons, in Scheiben geschnitten

4 EL Weinbrand

150 g saure Sahne

80 g Rucola

Nährwerte pro Portion etwa

• 500 kcal • 33 g Eiweiß
• 34 g Fett, davon 10 g gesättigte Fettsäuren • 6 g Kohlenhydrate

Vorbereiten 15 Minuten **Garen 15 Minuten**

Pfannengerührtes Rindfleisch mit Blätterteiggebäck

Eine Rolle **gekühlten Blätterteig (etwa 275 g)** entrollen und in 8 Rechtecke schneiden. Diese mit verquirltem **Ei** bestreichen und im heißen Ofen bei 220 °C 12–15 Minuten backen, bis sie goldbraun und knusprig sind. Das Rindfleisch wie beschrieben zubereiten, dabei den geriebenen Meerrettich durch **Sahnemeerrettich** ersetzen. Sojasauce weglassen und kurz vor dem Servieren **2–3 EL Sahne** unter die Sauce rühren. Das Gericht abschmecken, auf Teller verteilen und mit je 2 Blätterteig-Rechtecken servieren.

… Variante

Gepffefertes Rindfleisch mit Pekannüssen

Wenn Ihnen der Sinn nach etwas Besonderem steht, das sich aber ganz einfach zubereiten lässt, ist dies das ideale Gericht. Geschroteter Pfeffer und geröstete Nüsse verleihen der Rinderlende das gewisse Etwas. Als Beilage bietet sich Kartoffelpüree mit Knoblauch an.

1 **Das Fleisch** in dünne Streifen schneiden, sichtbares Fett dabei wegschneiden. Die Pfefferkörner im Mörser (oder mit der Teigrolle) grob zerkleinern. In eine große Schüssel geben und mit den Fleischstreifen mischen.

2 **Anschließend die Nüsse** in eine große Pfanne geben. Bei mittlerer bis starker Hitze ohne Fett unter häufigem Rühren 2–3 Minuten rösten; herausnehmen und hacken.

3 **Die Butter** mit 1 EL Öl in der Pfanne bei mittlerer Hitze heiß werden lassen. Die Zwiebelringe darin unter Rühren in 2–3 Minuten glasig dünsten. Die Pilze zufügen und bei starker Hitze 3–4 Minuten mitgaren, bis sie etwas weicher geworden sind; salzen.

4 **Pilze und Zwiebelringe** aus der Pfanne nehmen und auf einen Teller geben. Das restliche Öl in die Pfanne geben und das Fleisch bei ziemlich starker Hitze darin unter Rühren 2–3 Minuten braten.

5 **Den Weinbrand** angießen und aufkochen lassen. Zwiebeln und Pilze wieder in die Pfanne geben und die saure Sahne unterrühren. Das Ganze heiß werden lassen und rühren, bis die Sauce glatt ist. Den Rucola zufügen und unter Rühren zusammenfallen lassen. Das Gericht mit den gehackten Nüssen bestreuen und sofort servieren.

Alternative Statt Weinbrand können Sie **Rinderbrühe** verwenden.

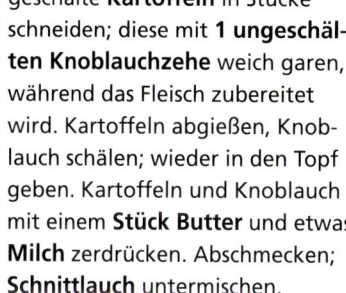

Für Kartoffelpüree mit Knoblauch geschälte **Kartoffeln** in Stücke schneiden; diese mit **1 ungeschälten Knoblauchzehe** weich garen, während das Fleisch zubereitet wird. Kartoffeln abgießen, Knoblauch schälen; wieder in den Topf geben. Kartoffeln und Knoblauch mit einem **Stück Butter** und etwas **Milch** zerdrücken. Abschmecken; **Schnittlauch** untermischen.

... Beilage

Senffleisch mit Nüssen

Die Pfefferkörner und die Pilze weglassen. **1 rote Zwiebel** in dünne Ringe und **2 Stangen Sellerie** in dünne Scheiben schneiden. Beides anstelle der Pilze verwenden. Das Fleisch in der Butter-Öl-Mischung braten. Weinbrand und saure Sahne weglassen. In Schritt 5 **100 ml Rotwein** angießen und in 2–3 Minuten etwas einkochen lassen. **2 EL körnigen Senf** und **150 g Sahne** unterrühren. Aufkochen lassen, abschmecken und den Rucola untermischen. Vor dem Servieren mit **80 g grob gehackten Walnusskernen** statt mit Pekannüssen bestreuen.

... Variante

Hackfleischragout mit Püreehaube

Dies ist ein ideales Gericht für kalte Tage. Das Hackfleischragout ist in Minutenschnelle gar, und die Püreehaube wird rasch unter dem Backofengrill gratiniert. Servieren Sie dazu Erbsen, grüne Bohnen oder Brokkoli.

Zubereiten 30 Minuten

Für 4 Portionen

500 g Rinderhackfleisch

1 Zwiebel, fein gewürfelt

1 große Möhre, geschält und geraspelt

1 Stange Sellerie, fein gewürfelt

1 EL Tomatenmark

1 TL Worcestersauce

1 TL getrocknete gemischte Kräuter

350 ml heiße Rinderbrühe

1 EL Mehl

1 kg mehligkochende Kartoffeln, in kleine Stücke geschnitten

100 ml fettarme Milch, angewärmt

25 g Butter

Nährwerte pro Portion etwa

• 550 kcal • 36 g Eiweiß • 25 g Fett, davon 12 g gesättigte Fettsäuren
• 43 g Kohlenhydrate

1 **In einer hohen beschichteten Pfanne** Hackfleisch und Gemüse unter gelegentlichem Rühren braten, bis alles leicht gebräunt ist; Fleischklümpchen dabei mit einem Kochlöffel zerdrücken. Inzwischen Tomatenmark, Worcestersauce und Kräuter in die Brühe rühren. Fleisch und Gemüse mit dem Mehl bestäuben.

2 **Die aromatisierte Brühe** unter die Hackfleischmischung rühren. Aufkochen und zugedeckt 15 Minuten köcheln lassen; abschmecken.

3 **In der Zwischenzeit** die Kartoffeln in sprudelnd kochendem Wasser in 10 Minuten weich garen. Abgießen, dann mit der warmen Milch und der Butter zerdrücken; abschmecken. Den Backofengrill auf mittlerer Stufe vorheizen.

4 **Die Hackfleischmischung** in eine große vorgewärmte Auflaufform füllen. Das Kartoffelpüree darauf verteilen und mit einer Gabel auflockern. Unter dem Grill kurz gratinieren.

Alternativen • Zur Abwechslung können Sie einen Teil der Kartoffeln durch **Steckrübenstücke, Knollensellerie, Möhren oder Pastinaken** ersetzen. • Oder Sie schneiden ein paar **Frühlingszwiebeln** in Ringe und mischen diese unter das Püree. Sie können auch **kurz gegarten Lauch** unterrühren.

Extratipp Anstatt das Gericht kurz zu gratinieren, kann es auch etwa 20 Minuten bei 200 °C im Backofen überbacken werden, bis das Püree oben schön gebräunt ist.

Gefüllte Fleischtomaten

Das Hackfleischragout wie beschrieben zubereiten. 5 Minuten köcheln lassen, vom Herd nehmen. Inzwischen von **8 Fleischtomaten** Deckel abschneiden und beiseitelegen. Falls nötig, von den Tomaten unten eine dünne Scheibe abschneiden, damit sie gerade stehen. Das Innere mit einem Teelöffel herausnehmen; wegwerfen. Die Tomaten mit den Öffnungen nach unten abtropfen lassen. Anschließend aufrecht in eine Auflaufform setzen und das Hackfleischragout mit einem Schaumlöffel hineinfüllen. Die Deckel aufsetzen und die Tomaten bei 200 °C im Backofen etwa 15 Minuten garen. Die Tomatendeckel abnehmen und die Füllung mit **50 g geriebenem Parmesan oder Emmentaler** bestreuen. Ohne Deckel weitere 5 Minuten garen, bis die Tomaten ganz weich sind. Dazu passen Reis und grüner Salat.

... Variante

● Hackfleisch können Sie in einer beschichteten Pfanne ohne zusätzliches Fett anbraten.
● Kaufen Sie möglichst hochwertiges Hackfleisch: Preiswertes ist oft recht fettreich. Wählen Sie im Zweifelsfall ein mageres Stück Fleisch und bitten Sie den Fleischer, es für Sie durchzudrehen.

… Gesundheitsplus

● Sie können das Gericht (oder auch nur das Ragout) im Voraus zubereiten; abkühlen lassen und im Kühlschrank aufbewahren. Zum Aufwärmen mit Alufolie bedecken und im Backofen in 45 Minuten bei 190 °C erhitzen. Die Folie 10–15 Minuten vor Ende der Garzeit entfernen.
● Bereiten Sie vom Hackfleischragout die dreifache Menge zu. Ein Drittel für dieses Gericht verwenden, den Rest rasch abkühlen lassen und in 2 Portionen einfrieren. Nach Bedarf im Kühlschrank auftauen lassen und für Gefüllte Fleischtomaten (siehe links), Soufflés alla Bolognese (siehe S. 102) oder für eine Schnellversion der Brötchen mit Hackfleischfüllung (siehe S. 232) verwenden.

… klug vorbereiten

Brötchen mit Hackfleischfüllung

Überraschen Sie Ihre Lieben einmal mit dieser Hackfleischsauce, die mit Salat in Vollkornbrötchen gefüllt wird. Das Gericht ist ideal für Familien, denn es schmeckt Groß und Klein gleichermaßen gut.

Vorbereiten 10 Minuten

Garen 20 Minuten

Für 4 Portionen

500 g Rinderhackfleisch

1 Zwiebel, fein gewürfelt

1 rote oder grüne Paprikaschote, fein gewürfelt

200 g Tomaten, gewürfelt

1 EL Mehl

1 EL Tomatenmark

150–200 ml Rinderbrühe

einige Tropfen Tabasco

1 EL in Streifen geschnittenes Basilikum

4 große Vollkornbrötchen

8 Kopf- oder Eisbergsalatblätter, in Streifen geschnitten

scharfe Chilisauce zum Würzen (nach Belieben)

Nährwerte pro Portion etwa
• 500 kcal • 37 g Eiweiß • 17 g Fett, davon 6 g gesättigte Fettsäuren
• 53 g Kohlenhydrate

1 **Einen großen Topf** bei mittlerer Hitze heiß werden lassen. Hackfleisch und Zwiebel darin unter gelegentlichem Rühren in etwa 7 Minuten kräftig anbraten; Fleischklümpchen dabei mit einem Kochlöffel zerdrücken. Paprika und Tomaten zufügen und 3 Minuten mitbraten, dann das Ganze mit dem Mehl bestreuen.

2 **Das Tomatenmark** in die Brühe rühren, Tabasco und Basilikum untermischen. 150 ml von der aromatisierten Brühe zur Hackfleischmischung gießen. Aufkochen und zugedeckt 10 Minuten köcheln lassen. Falls nötig, mehr Brühe angießen. Die Sauce abschmecken.

3 **Zum Servieren** die Brötchen aufschneiden und leicht anrösten. Auf die unteren Hälften etwas Salat geben und die Fleischsauce darauflöffeln. Wer mag, kann das Ganze noch mit Chilisauce würzen. Mit den oberen Brötchenhälften belegen.

Chili con Carne

Für ein klassisches Chili das Fleisch wie beschrieben mit der Zwiebel sowie mit **1 zerdrückten Knoblauchzehe**, **2 TL Chilipulver** und **1 TL gemahlenem Kreuzkümmel** anbraten. In Schritt 2 mit der aromatisierten Brühe und **gehackten Tomaten aus der Dose (400 g)** köcheln lassen. **Kidneybohnen aus der Dose (400 g)** in ein Sieb schütten, kalt abspülen, abtropfen lassen und zufügen. In 5 Minuten heiß werden lassen und das Chili abschmecken. Mit **Reis**, **saurer Sahne** und **geriebenem Käse** servieren.

... Variante

Gegartes Rinderhackfleisch lässt sich gut einfrieren. Dafür rasch abkühlen lassen und dann in eine Gefrierdose füllen. Das Fleisch hält sich im Tiefkühlgerät bis zu 1 Monat. Vor der Verwendung über Nacht im Kühlschrank auftauen lassen. Aufkochen und 10–15 Minuten köcheln lassen.

... aufbewahren

Scharfer Rindfleischsalat

Dieser warme Salat ist rasch zubereitet und kommt wie gerufen, wenn die Zeit knapp ist. Reichen Sie dazu saure Sahne oder griechischen Joghurt, um die Schärfe zu lindern.

Zubereiten 30 Minuten

Für 4 Portionen

500 g Tatar oder fein gehacktes Steakfleisch

2 Knoblauchzehen, zerdrückt

1 TL Chiliflocken

2 EL Tomatenmark

3 EL gehackter frischer oder 1 TL getrockneter Oregano

Saft von 1 Zitrone

¼ Eisbergsalat, in Stücke gezupft

2 reife Avocados, halbiert, entsteint und in Scheiben geschnitten

1 rote Zwiebel, in dünne Ringe geschnitten

3 Tomaten, gewürfelt

75 g Tortilla-Chips

Nährwerte pro Portion etwa

- 480 kcal • 32 g Eiweiß
- 31 g Fett, davon 9 g gesättigte Fettsäuren • 20 g Kohlenhydrate

1 Eine große Pfanne heiß werden lassen. Das Fleisch darin unter Rühren 2–3 Minuten braten; Fleischklümpchen dabei mit einem Kochlöffel zerdrücken.

2 Knoblauch und Chiliflocken zufügen und alles unter häufigem Rühren weitere 6–8 Minuten braten, bis das Fleisch gebräunt ist. Tomatenmark, Oregano und Zitronensaft unterrühren und die Mischung 2–3 Minuten köcheln lassen; abschmecken.

3 In der Zwischenzeit Eisbergsalat, Avocadoscheiben, Zwiebelringe und Tomatenwürfel in eine große Salatschüssel geben. Die Fleischmischung zufügen und sorgfältig unterheben. Den Salat mit einigen Tortilla-Chips garnieren, die restlichen Chips separat dazu reichen.

Alternativen • Anstelle von Chiliflocken und Tomatenmark können Sie **2–3 EL süße Chilisauce** verwenden und den Oregano durch **gehacktes Koriandergrün** ersetzen. • Nehmen Sie doch einmal **Limettensaft** statt Zitronensaft.

Dazu passen geröstete Pitabrote. Oder reichen Sie mehr **Tortillachips** dazu, wenn jemand am Tisch sehr hungrig ist.

● Wenn mehr als vier Personen satt werden sollen, können Sie abgeschüttete und abgetropfte **Kidneybohnen aus der Dose (400 g)** am Ende von Schritt 2 untermischen und heiß werden lassen.
● Tatar ist teurer als Rinderhackfleisch, weil es aus zartem, besonders magerem Rindfleisch hergestellt wird.

... Extratipps

5 internationale Gerichte mit Hackfleisch

Hackfleisch ist schnell gar und unglaublich wandlungs-fähig. Inzwischen sind diverse Sorten im Handel, vom deftigen Schweinehackfleisch über aromatisches Rinder-hack bis zu magerem Tatar und gehacktem Putenfleisch. Hier ist eine Auswahl von Hackfleischrezepten aus aller Welt, die jeweils für 4 Portionen gelten.

Indien: Lamm in Tomatensauce

1 große Zwiebel und **1 Kartoffel** würfeln. **2 EL Erdnussöl** bei mittlerer Hitze heiß werden lassen. Die Zwiebelwürfel darin mit **1 zerdrückten Knoblauch-zehe** in 3 Minuten glasig dünsten. **500 g mageres Lamm- oder Rinder-hackfleisch** und die **Kartoffelwürfel** untermischen. **Je 1 TL gemahlenen Koriander, Kreuzkümmel** und **Cayennepfeffer** sowie **1 TL gemahlene Kurkuma** und **1 EL Garam masala** zufügen und unter Rühren 1 Minute mit-braten. **100 ml Rinderbrühe, gehackte Tomaten aus der Dose (400 g)** so-wie Salz und Pfeffer zugeben und das Ganze zugedeckt 13 Minuten köcheln lassen, bis die Kartoffelwürfel weich sind. **150 g TK-Erbsen** unterheben; 3 Mi-nuten mitgaren. Das Gericht mit **gehacktem Koriandergrün** bestreuen und mit Naan (indischem Fladenbrot) und Gurken-Raita (siehe S. 140) servieren.

Nährwerte pro Portion etwa
• 340 kcal • 30 g Eiweiß • 16 g Fett, davon
6 g gesättigte Fettsäuren • 19 g Kohlenhydrate

Zubereiten
30
Minuten

Thailand: Rindfleisch mit Kokossauce

3 Schalotten, 2 Knoblauchzehen und **2 cm frischen Ingwer** fein würfeln. Im Wok **2 EL Sonnenblumenöl** erhitzen. Gewürfelte Zutaten mit **500 g Tatar** darin anbraten. **1 EL rote Currypaste, 1 EL Fischsauce** und **1 EL Sojasauce** untermischen. **2–3 getrocknete Kaffirlimettenblätter** zerkleinern und zu-geben; **100 ml Rinderbrühe** und **3 EL Kokosmilch** unterrühren; 6 Minuten köcheln lassen. Mit **Kokosraspeln** und **gehacktem Koriandergrün** bestreuen. Dazu passen asiatische Nudeln oder Thai-Duftreis.

Nährwerte pro Portion etwa • 300 kcal • 29 g Eiweiß
• 19 g Fett, davon 9,5 g gesättigte Fettsäuren • 3 g Kohlenhydrate

Zubereiten
20
Minuten

• Wer gern thailändisch kocht, sollte **getrocknete Kaffirlimetten-blätter** im Vorrat haben. Sie kön-nen für dieses Gericht auch frische, in Streifen geschnittene verwen-den. • Eine gute Alternative zu getrockneten Kaffirlimettenblät-tern sind **getrocknete Curryblätter**.

... Extratipps

Nordafrika: Lammhack mit Rosinen

In einem großen weiten Topf **500 g mageres Lammhackfleisch** mit **2 zerdrückten Knoblauchzehen** und **1 gewürfelten Zwiebel** ohne zusätzliches Fett 3 Minuten anbraten. **1 EL Baharat** unterrühren und 1 Minute mitbraten. **100 g Rosinen**, **2 gewürfelte Tomaten**, **1 EL Tomatenmark**, **1 EL gehackte Minze** sowie Salz und Pfeffer nach Geschmack untermischen. Das Ganze bei mittlerer Hitze 5 Minuten unter gelegentlichem Rühren offen köcheln lassen. Zum Servieren das Lammhack mit in Streifen geschnittenem Eisbergsalat und etwas Joghurt (mit gehackter Minze verrührt) in aufgebackene Fladenbrote füllen.

Nährwerte pro Portion etwa • 285 kcal • 27 g Eiweiß • 10 g Fett, davon 4 g gesättigte Fettsäuren • 24 g Kohlenhydrate

Alternative Baharat ist eine nordafrikanische Gewürzmischung. Sie können sie durch **1½ EL Harissa** (nordafrikanische Würzpaste) oder **1 EL Ras-el-Hanout** (marokkanische Gewürzmischung) ersetzen.

Zubereiten **20** Minuten

China: Pfannengerührtes Schweinefleisch

100 g Cashewkerne im Wok oder in einer großen Pfanne bei mittlerer Hitze ohne Fett unter Rühren goldbraun rösten; zum Abkühlen auf einen Teller geben. Im Wok bzw. in der Pfanne **1 EL Erdnussöl** erhitzen. **500 g mageres Schweinehackfleisch** darin 3 Minuten anbraten. **1 zerdrückte Knoblauchzehe** und **2–3 TL Fünf-Gewürze-Pulver** unterrühren. **1 Bund Frühlingszwiebeln** (gewürfelt) zufügen. Alles 1 Minute pfannenrühren, dann **100 g Mini-Maiskolben** und **100 g Zuckerschoten** zugeben; weiterrühren, bis das Gemüse knapp gar ist. Den **Saft von 1 Limette**, **200 ml Brühe** und **250 g Instant-Wok-Nudeln** zufügen, aufkochen lassen, dann unter gelegentlichem Rühren die Nudeln in etwa 3–4 Minuten weich werden lassen. Cashewkerne untermischen und das Gericht servieren.

Nährwerte pro Portion etwa
• 460 kcal • 38 g Eiweiß • 21 g Fett, davon
5 g gesättigte Fettsäuren • 31 g Kohlenhydrate

Zubereiten **20** Minuten

Für gebackene Kartoffelspalten **800 g ungeschälte Kartoffeln** der Länge nach in gleich große Spalten schneiden. In einer großen Schüssel mit **2 EL Olivenöl** mischen. Anschließend die Spalten locker nebeneinander auf einem Backblech verteilen. Mit Salz bestreuen und im auf 220 °C vorgeheizten Ofen in 20–25 Minuten goldbraun und knusprig backen.

... Beilage

USA: Kreolische Fleischbällchen

1 Zwiebel und **½ grüne Paprikaschote** fein würfeln. **½ EL Olivenöl** erhitzen, Zwiebel und Paprika darin 5 Minuten braten. Abkühlen lassen und in einer Schüssel mit **500 g magerem Schweine- oder Rinderhackfleisch**, **2 TL Cajun-Gewürzmischung**, **1 EL gehackter Minze** sowie gemahlenem schwarzem Pfeffer zu einem Fleischteig verkneten. Daraus walnussgroße Bällchen formen und diese in **Semmelbröseln** wälzen. Die Fleischbällchen auf ein Backblech legen und im auf 220 °C vorgeheizten Ofen in etwa 15 Minuten goldbraun backen. Dazu Tomatensalat mit Zwiebeln und gebackene Kartoffelspalten reichen.

Nährwerte pro Portion etwa
• 235 kcal • 29 g Eiweiß • 7 g Fett, davon
2 g gesättigte Fettsäuren • 14 g Kohlenhydrate

Vorbereiten **15** Minuten Garen im Ofen **15** Minuten

Leber mit Lauchcreme und Speck

Kalbsleber schmeckt mild und ist so zart, dass sie in kürzester Zeit gar ist. Diese Variante bietet die klassische Kombination „Leber mit Zwiebeln" auf zeitgemäße Art: schnell und raffiniert zubereitet. Dazu passen Brat- oder Pellkartoffeln.

Zubereiten
25
Minuten

Für 4 Portionen

150 g gewürfelter Frühstücksspeck oder 6 Scheiben durchwachsener Speck ohne Schwarte, gewürfelt

450 g Kalbsleber, in dünne Scheiben geschnitten

300 g sehr dünne Stangen Lauch, schräg in Stücke geschnitten

15 g Butter oder 2 TL Öl, falls nötig

350 ml Rinderbrühe

2 EL Balsamico-Essig

4 EL Crème légère

Nährwerte pro Portion etwa
• 325 kcal • 35 g Eiweiß • 16 g Fett, davon 7 g gesättigte Fettsäuren
• 10 g Kohlenhydrate

1 **Eine große hohe Pfanne** heiß werden lassen. Den Speck darin in 4–5 Minuten goldbraun braten; mit einem Schaumlöffel herausheben.

2 **Die Leber** in die Pfanne geben und pro Seite etwa 2 Minuten braten, bis die Scheiben gleichmäßig Farbe angenommen haben. Herausheben und mit dem Speck warm halten.

3 **Nun den Lauch** – falls nötig, mit Butter oder Öl – in die Pfanne geben und unter Rühren 30 Sekunden braten. Die Brühe zugießen. Aufkochen und 2–3 Minuten köcheln lassen, bis der Lauch bissfest gegart ist.

4 **Den Balsamico** unterrühren. Leber und Speck wieder in die Pfanne geben. Die Crème légère unterrühren und die Sauce aufkochen lassen. Abschmecken und servieren.

Alternativen
• Statt Kalbsleber können Sie **Lammleber** verwenden.
• Falls Sie nur **dicke Lauchstangen** im Vorrat haben, schneiden Sie diese einfach in dünne Scheiben.

Aromatisches Lammcurry

Für dieses Gericht stand *Rogan Josh* Pate, ein beliebtes indisches Lammcurry. Die Zubereitung ist unkompliziert – bis zum Servieren gart das Gericht auf dem Herd vor sich hin. Dazu schmeckt Naan (indisches Fladenbrot).

Für 4 Portionen

2 EL Erdnuss- oder Sonnenblumenöl

1 Zwiebel, grob gewürfelt

1 orangefarbene Paprikaschote, gewürfelt

1 Süßkartoffel, geschält und gewürfelt

1 Knoblauchzehe, zerdrückt

1 EL Currypulver

500 g Lammfleisch (Nacken), in mundgerechte Stücke geschnitten

200 ml Lammfond oder Rinderbrühe

2 EL Tomatenmark

4 EL Joghurt

2 EL gehacktes Koriandergrün

2 TL gehobelte Mandeln

Zubereiten 30 Minuten

Nährwerte pro Portion etwa
• 435 kcal • 30 g Eiweiß • 28 g Fett, davon 10 g gesättigte Fettsäuren
• 18 g Kohlenhydrate

1 **Das Öl** in einem großen Topf heiß werden lassen. Die Zwiebelwürfel mit Paprika, Süßkartoffel und Knoblauch darin unter gelegentlichem Rühren in 4–5 Minuten glasig dünsten.

2 **Anschließend das Currypulver** untermischen und 1 Minute mitdünsten, dann das Fleisch zugeben und sorgfältig unterrühren.

3 **Fond oder Brühe** mit dem Tomatenmark zufügen und aufkochen lassen. Das Ganze zugedeckt bei schwacher Hitze 15 Minuten köcheln lassen, bis Fleisch und Gemüse weich sind. Joghurt und Koriandergrün unterrühren. Das Curry abschmecken, mit Mandelblättchen bestreuen und servieren.

Alternative Die Süßkartoffeln kann man durch **Kürbisfruchtfleisch** ersetzen.

Sie können das Fleisch auch weglassen. Stattdessen **1 kleinen Blumenkohl** in Röschen teilen. In Schritt 1 Zwiebel, Paprika, Süßkartoffel und Knoblauch wie beschrieben dünsten. Das Currypulver unterrühren und 1 Minute mitbraten, dann Blumenkohlröschen, **200 ml Gemüsebrühe** und **2 EL Erdnusscreme mit Stückchen** zugeben. Aufkochen und 10 Minuten köcheln lassen, bis der Blumenkohl weich ist. **100 g Blattspinat** untermischen und zusammenfallen lassen. Anstelle von Joghurt **4 EL Crème fraîche** unterrühren und das Gericht statt mit gehobelten Mandeln mit **gerösteten Cashew- oder Erdnusskernen** bestreuen.

... Kochtipp

Provenzalische Lammsteaks

Eine schnell gekochte Sauce mit vielen bunten Gemüsestückchen verleiht saftigen Lammsteaks mediterranes Flair. Servieren Sie dazu knuspriges Baguette, um die köstlichen Saucenreste aufzutunken.

Vorbereiten 15 Minuten · **Garen 15 Minuten**

Für 4 Portionen

2 EL Olivenöl

1 große rote Zwiebel, gewürfelt

1 große grüne Paprikaschote, gewürfelt

2 Zucchini, gewürfelt

1 kleine Fenchelknolle, gehackt

2 Knoblauchzehen, fein gewürfelt

4 TL Kräuter der Provence

4 magere Lammsteaks aus der Keule (je etwa 125 g)

4 große Eiertomaten, gewürfelt

6–8 entsteinte schwarze Oliven, grob gehackt

Nährwerte pro Portion etwa

• 315 kcal • 29 g Eiweiß • 18 g Fett, davon 5 g gesättigte Fettsäuren
• 11 g Kohlenhydrate

Die Gemüsesauce können Sie bis zu 2 Tage im Voraus zubereiten; abkühlen lassen, zudecken und im Kühlschrank aufbewahren (der Geschmack wird mit der Zeit immer besser). Vor dem Servieren einmal aufkochen lassen – oder einfach kalt servieren.

… klug vorbereiten

---

1 **Das Öl** bis auf 2 TL in einer großen Pfanne mit hohem Rand bei mittlerer Hitze heiß werden lassen. Zwiebel, Paprika, Zucchini, Fenchel und Knoblauch mit den Kräutern darin unter gelegentlichem Rühren 10 Minuten braten, bis das Gemüse weich und leicht gebräunt ist.

2 **In der Zwischenzeit** die Lammsteaks mit dem restlichen Öl bestreichen und leicht salzen und pfeffern. Eine Pfanne heiß werden lassen und die Steaks darin je nach Dicke 5–8 Minuten braten, bis sie gar, aber innen noch etwas rosa sind, dabei einmal wenden; vom Herd nehmen.

3 **Tomaten** und Oliven zum Gemüse geben und die Sauce 3–4 Minuten köcheln lassen, bis die Tomaten weich sind. Die Sauce mit Salz und Pfeffer abschmecken. Die Lammsteaks in der Sauce servieren.

Alternativen • Statt Lammsteaks können Sie **Lammkoteletts (Lammchops)** verwenden. • Eiertomaten kann man einfach durch **gewöhnliche Tomaten oder gehackte Tomaten aus der Dose (400 g)** ersetzen. • Wenn Sie anstelle von Kräutern der Provence **2–3 TL Fenchelsamen** zum Gemüse geben, bekommt das Gericht eine angenehme Anisnote. • Die Oliven lassen sich durch **2 EL Tapenade aus schwarzen Oliven** ersetzen. Oder Sie rühren **2 EL Pesto** unter die Tomatensauce.

Lammfleisch auf marokkanische Art

Gemüse zubereiten wie in Schritt 1 beschrieben, statt der Kräuter jedoch **1 TL Harissa** (nordafrikanische Würzpaste) verwenden. Fleisch nach Rezept braten. Bei der Sauce Tomaten und Oliven weglassen. Stattdessen **8 getrocknete Aprikosen (Soft-Früchte)** vierteln und mit **250 ml Orangensaft** zufügen; 3–4 Minuten köcheln lassen. **3 EL gehacktes Koriandergrün** unterrühren.

… Variante

Gegrillte Lammkoteletts mit Rosmaringlasur

Zartes Lammfleisch wird hier mit einer pikanten, fruchtig-süßen Glasur bestrichen und mit Auberginen und Ciabatta auf dem Grill gegart – Sie können aber auch alles nacheinander in der Grillpfanne braten. Als Beilage passt Blattsalat bestens.

 **Vorbereiten 10 Minuten**

 **Garen 15 Minuten**

Für 4 Portionen

2 EL rotes Johannisbeergelee

2 TL Dijonsenf

4 TL gehackter Rosmarin

4 magere Lammkoteletts (Lamm-chops; je etwa 175 g)

3 – 4 EL Olivenöl

1 Aubergine, in dicke Scheiben geschnitten

8 Scheiben Ciabatta

Rote Johannisbeeren zum Garnieren (nach Belieben)

Nährwerte pro Portion etwa

• 475 kcal • 30 g Eiweiß • 21 g Fett, davon 6 g gesättigte Fettsäuren
• 43 g Kohlenhydrate

1 Das Gelee in einem kleinen Topf mit Senf und Rosmarin verrühren. Den Grill auf höchster Stufe vorheizen. Die Lammkoteletts dünn mit Olivenöl bestreichen, salzen, pfeffern und auf den Grill legen. Die Auberginenscheiben mit Olivenöl bestreichen und ebenfalls auf den Rost geben. Alles in 6 – 8 Minuten goldbraun grillen, dabei das Fleisch einmal und die Auberginenscheiben mehrmals wenden.

2 Die Geleemischung erwärmen. Die Koteletts mit einem Teil der Geleemischung bestreichen und weitere 2 Minuten grillen. Anschließend wenden und auf der anderen Seite ebenfalls mit Glasur bestreichen; noch 1–2 Minuten grillen.

3 Sobald das Fleisch fast gar ist, die Ciabattascheiben mit etwas Öl bestreichen und ebenfalls auf den Grillrost legen. (Die Auberginenscheiben an den Rand des Rosts schieben. Falls sie schon gebräunt sind, vom Grill nehmen und warm halten.) Brotscheiben auf beiden Seiten knusprig grillen.

4 Die restliche Glasur erhitzen. Fleisch und Auberginenscheiben auf Teller verteilen und die Glasur auf das Fleisch geben. Nach Belieben mit Johannisbeeren garnieren und mit den Ciabattascheiben servieren.

Alternative Grillen Sie statt der Auberginenscheiben **4 große Champignons**.

Kartoffel-Lamm-Salat mit getrockneten Tomaten

An diesem außergewöhnlichen Salat kann man sich so richtig satt essen. Die Zutaten werden noch warm mit dem Dressing angemacht und können so die Aromen von Minze, Balsamico-Essig und Senf wunderbar aufnehmen.

Zubereiten **30** Minuten

Für 4 Portionen

4 Lammsteaks (je etwa 125 g)

Olivenöl zum Bestreichen

700 g sehr kleine Frühkartoffeln, gebürstet, gewaschen und halbiert

350 g grüne Bohnen, in 3–4 cm lange Stücke geschnitten

5 Frühlingszwiebeln, in feine Ringe geschnitten

50 g halb getrocknete Tomaten, grob gewürfelt

2 EL gehackte Minze, mehr zum Garnieren

5 EL Olivenöl

1 EL Balsamico-Essig

1 EL Zitronensaft

1 TL Dijonsenf

1 TL flüssiger Honig

Nährwerte pro Portion etwa
- 495 kcal • 31 g Eiweiß • 25 g Fett, davon 7 g gesättigte Fettsäuren
- 37 g Kohlenhydrate

1 Die Lammsteaks dünn mit Öl bestreichen; salzen und pfeffern. Eine große Pfanne erhitzen. Die Steaks darin je nach Dicke 5–8 Minuten braten, bis sie gar, aber innen noch etwas rosa sind, dabei einmal wenden. Vom Herd nehmen, locker mit Alufolie bedecken und 5 Minuten ruhen lassen.

2 In der Zwischenzeit die Kartoffeln in Salzwasser in 10–12 Minuten weich kochen. 4 Minuten vor Ende der Garzeit die Bohnen zufügen.

3 Kartoffeln und Bohnen in einem Sieb abtropfen lassen, dann mit Frühlingszwiebeln und Tomaten in eine große Servierschüssel geben. Die Steaks in Scheiben schneiden und ebenfalls in die Schüssel geben; den ausgetretenen Fleischsaft aufbewahren.

4 Minze, Olivenöl und Essig mit Zitronensaft, Senf und Honig in ein Schraubdeckelglas füllen. Das Glas fest verschließen und kräftig schütteln. Den Fleischsaft unter das Dressing mischen und dieses auf die Salatzutaten gießen. Kurz untermischen; Salat mit gehackter Minze bestreuen und warm servieren.

Alternative Für einen Nudelsalat die Kartoffeln weglassen. **350 g Penne oder Fusilli** garen und noch warm mit dem Dressing anmachen.

Extratipp **2 EL Sonnenblumenkerne** bei mittlerer bis starker Hitze ohne Fett in 1–2 Minuten goldbraun rösten und den Salat damit bestreuen.

Lamm mit Senf-Honig-Glasur

2 EL flüssigen Honig mit **2 TL Senf** und **1 EL fein gehackter Minze** verrühren. **4 Lammkoteletts** wie beschrieben grillen, dabei während der letzten Minuten mit der Senf-Honig-Glasur bestreichen. Die Auberginen weglassen. **4 Rispen Cherrytomaten** mit etwas Olivenöl bestreichen und mit dem Fleisch grillen. Mit den Ciabattascheiben (oder mit aufgebackenen Roggenbrötchen) zum Lamm servieren.

... Variante

Würzige Lammspieße mit Kiwi-Marinade

Kiwis verleihen diesen Spießen ein angenehm süßsäuerliches Aroma. Darüber hinaus enthalten sie ein Enzym, das die Fleischstücke zart macht. Zu den Spießen passen Pitabrot und Zaziki oder Gurken-Raita (siehe S. 140).

Zubereiten 30 Minuten

Für 4 Portionen

- 600 g Lammfleisch aus der Keule, in mundgerechte Stücke geschnitten
- 1 reife Kiwi
- 1 Knoblauchzehe, zerdrückt
- 1 EL geriebener frischer Ingwer
- 1 TL Koriandersamen, geschrotet
- 1 TL Kreuzkümmelsamen, geschrotet
- 2 kleine Zwiebeln, jede in 8 Spalten geschnitten
- 1 Limette, in Spalten geschnitten

Nährwerte pro Portion etwa
- 245 kcal • 36 g Eiweiß • 26 g Fett, davon 8 g gesättigte Fettsäuren
- 4 g Kohlenhydrate

1 Das Fleisch in eine Schüssel geben. Die Kiwi schälen. Das Fruchtfleisch in Stücke schneiden und zu Mus zerdrücken. Kiwimus mit Knoblauch, Ingwer und Gewürzen zum Fleisch geben und alles mischen, bis das Fleisch überzogen ist. Zudecken und 5 Minuten durchziehen lassen.

2 Den Backofengrill auf höchster Stufe vorheizen. Die Fleischstücke abwechselnd mit den Zwiebelspalten auf vier lange Metallspieße stecken. Die Marinade mit einem Löffel daraufgeben, das Fleisch salzen und pfeffern.

3 Sobald der Grill heiß ist, die marinierten Spieße 8–10 Minuten grillen, bis das Fleisch goldbraun und gleichmäßig gegart ist, dabei gelegentlich wenden. Auf jeden Spieß eine Limettenspalte stecken; Spieße servieren.

Alternativen • Statt Lammfleisch können Sie **Rind- oder Kalbfleisch** verwenden. • Ersetzen Sie Ingwer, Koriander und Kreuzkümmel durch **je 1 TL getrockneten Thymian, Estragon und Dill**. Die Limette dann weglassen und die Spieße mit **Sahnemeerrettich** servieren.

> Das Fleisch können Sie bis zum Ende von Schritt 1 vorbereiten und dann bis zu 3 Stunden im Kühlschrank durchziehen lassen. Dies verbessert den Fleischgeschmack und macht das Fleisch noch zarter.
>
> **... Extratipp**

> Diese Spieße eignen sich bestens für einen Grillabend, weil sie sich gut vorbereiten lassen. Zum Grillen im Freien die Spieße statt unter dem Backofengrill auf dem Holzkohle-, Gas- oder Elektrogrill rösten.
>
> **... zum Grillen**

Für 4 Portionen

- 15 g Butter
- 1 EL Olivenöl
- 2 reife saftige Birnen, geviertelt, von den Kerngehäusen befreit und längs in dünne Spalten geschnitten
- 2 Schalotten, fein gewürfelt
- 500 g Schweinefilet, in dünne Scheiben geschnitten
- 150 ml Weißwein
- 4 EL Crème légère
- 2 EL gehackter Estragon

Nährwerte pro Portion etwa
- 315 kcal • 28 g Eiweiß • 17 g Fett, davon 7 g gesättigte Fettsäuren
- 7 g Kohlenhydrate

Alternativen • Ersetzen Sie Birnen und Weißwein einmal durch **Apfelringe** und **Apfelwein**. • Anstelle von Schweinefilet können Sie **Lammsteaks aus der Keule oder Lammkoteletts (Lammchops)** verwenden. Diese in Schritt 3 bei mittlerer Hitze 15–20 Minuten garen, bis das Fleisch weich ist.

Zubereiten 30 Minuten

Schweinefilet mit Birnen und Estragon

Schweinefleisch und Birnen – das ist eine köstliche Kombination. Unterstrichen werden die Aromen hier noch von einer leichten, cremigen Estragonsauce. Zitronenreis und gedämpfter Brokkoli oder grüner Spargel ergänzen das Ganze optimal.

1 Die Hälfte der Butter mit ½ EL Öl in einer Pfanne bei starker Hitze heiß werden lassen. Die Birnenspalten darin etwa 5 Minuten braten, bis sie rundum gebräunt sind, dabei einmal wenden. Auf einen vorgewärmten Teller geben und zudecken.

2 Die restliche Butter und das restliche Öl in die Pfanne geben. Die Schalottenwürfel darin bei mittlerer Hitze unter gelegentlichem Rühren 3–4 Minuten braten, bis sie weich und goldgelb sind.

3 Die Schalottenwürfel an den Rand schieben. Das Fleisch in die Pfanne geben und 5–6 Minuten braten, bis es etwas Farbe angenommen hat, dabei einmal wenden.

4 Den Wein in die Pfanne gießen und in 1–2 Minuten etwas einkochen lassen. Die Crème légère mit dem Estragon zufügen und die Flüssigkeit 1 Minute kochen lassen; abschmecken. Die Filetscheiben mit den Birnenspalten auf Tellern anrichten und die Estragonsauce darauf verteilen.

Dazu passt grüner Spargel oder Brokkoli. Während der Reis für die Beilage kocht, können Sie grünen Spargel oder Brokkoli in einen Dämpfkorb geben und diesen auf den Reistopf setzen. Vor dem Servieren die **abgeriebene Schale von 1 unbehandelten Zitrone** unter den Reis mischen.

Kalbsfilet mit Calvados-Rahmsauce

500 g Kalbsfilet in dünne Scheiben und **1 Zwiebel** in dünne Ringe schneiden. In einer Pfanne **1 EL Olivenöl** mit **15 g Butter** erhitzen. Das Fleisch mit den Zwiebelringen und **200 g kleinen Champignons** darin 5–6 Minuten braten, bis die Zwiebelringe weich sind. **4 EL Calvados** und **1 EL gehackten Thymian** unterrühren und die Flüssigkeit 1–2 Minuten köcheln lassen. **4 EL Crème légère oder Sahne** untermischen. Die Sauce abschmecken und aufkochen lassen. Sofort servieren.

... Variante

5 großartige Burger

Burger können durchaus gesund sein – vorausgesetzt, sie werden am eigenen Herd und mit guten Zutaten zubereitet. Und dass sie nicht nur Kindern und Jugendlichen schmecken, ist kein Geheimnis. Servieren Sie also Burger beispielsweise auch einmal auf einem Grillfest. Alle Rezepte gelten für 4 Portionen.

Formen Sie aus dem Fleischteig gleich große runde Plätzchen von etwa 9 cm ⌀ und 2 cm Höhe. Sind sie aus Rind- oder Lammfleisch, dürfen sie nach dem Braten innen noch etwas rosa sein; Schweinehackfleisch muss durchgegart werden.

... perfekte Burger

Doppel-Burger mit Blauschimmelkäse

1 Zwiebel fein würfeln. Mit **500 g Tatar**, **2 TL getrocknetem Thymian** und **2 TL Dijonsenf** sowie Salz und Pfeffer zu einem Teig verkneten. Daraus 8 gleich große Kugeln formen und diese zu Scheiben flach drücken. Auf 4 Fleischscheiben **je 1 EL zerbröckelten Roquefort** geben, die restlichen Hamburger darauflegen. Ränder zusammendrücken, damit der Käse nicht ausläuft. Die Laibchen mit etwas Öl bestreichen. In einer heißen Pfanne in 10–12 Minuten goldbraun braten, dabei einmal wenden. Mit Rucola und Kirschtomaten in Hamburgerbrötchen anrichten.

Nährwerte pro Portion (nur Hamburger) etwa • 230 kcal • 30 g Eiweiß • 10 g Fett, davon 4 g gesättigte Fettsäuren • 4 g Kohlenhydrate

Für schlichte Hamburger den Käse weglassen. Aus dem Fleischteig 4 flache Küchlein formen; wie beschrieben braten.
... Kochtipp

Vorbereiten 15 Minuten

Garen 12 Minuten

Mediterrane Burger

8 halb getrocknete Tomaten fein würfeln. Mit **500 g magerem gemischtem Hackfleisch**, **2 zerdrückten Knoblauchzehen**, **2 EL fein gehackten Pinienkernen**, **2 EL gehacktem Basilikum** sowie Salz und Pfeffer zu einem Fleischteig verkneten. Daraus 4 gleich große Küchlein formen und diese in einer heißen Pfanne in 10–12 Minuten goldbraun braten, dabei einmal wenden. Mit Paprikastreifen, Zwiebelringen und Oliven in Ciabattabrötchen anrichten.

Nährwerte pro Portion (nur Hamburger) etwa
• 270 kcal • 30 g Eiweiß • 14 g Fett, davon 3 g gesättigte Fettsäuren • 7 g Kohlenhydrate

Vorbereiten 15 Minuten

Garen 12 Minuten

Griechische Lammfleisch-Burger

500 g mageres Lammhackfleisch mit **30 g frischen Weißbrotkrumen**, **1 zerdrückten Knoblauchzehe**, **1 EL frischem gehacktem oder 1 TL getrocknetem Oregano**, **50 g grob zerbröckeltem Feta** sowie Salz und Pfeffer zu einem Fleischteig verkneten. Daraus etwa 12 × 8 cm große Ovale formen, diese mit **Olivenöl** bestreichen. In einer heißen Pfanne in 10–12 Minuten goldbraun braten, dabei einmal wenden. Mit Rote-Zwiebel-Ringen, dicken Gurkenscheiben und griechischem Sahnejoghurt oder Zaziki in große Pitabrote füllen.

Nährwerte pro Portion (nur Hamburger) etwa
• 240 kcal • 28 g Protein • 13 g Fett, davon
2 g gesättigte Fettsäuren • 4 g Kohlenhydrate

Vorbereiten 15 Minuten • **Garen 12 Minuten**

Kalbfleisch-Schinken-Burger

100 g gekochten Schinken sehr fein würfeln. Mit **400 g Kalbshackfleisch**, **2 EL Semmelbröseln**, **1 Eigelb** sowie Salz und Pfeffer zu einem Fleischteig verkneten. Daraus 8 gleich große Kugeln formen und diese zu Scheiben flach drücken. Auf 4 Küchlein **je 1 EL Mango-Chutney** geben. Die restlichen Küchlein darauflegen und die Ränder zusammendrücken, damit nichts auslaufen kann. **4 Scheiben entrindeten durchwachsenen Speck** auf der Arbeitsfläche mit einem Messer dünn ausstreichen, dann je eine Scheibe um die Fleischlaibchen wickeln. Die Laibchen mit **Öl** bepinseln und mit den Nahtstellen nach unten in eine heiße Pfanne legen. In 10–12 Minuten goldbraun braten, dabei einmal wenden. Mit Chutney und Eisbergsalatstreifen in Vollkornbrötchen geben.

Nährwerte pro Portion (nur Hamburger) etwa
• 380 kcal • 30 g Eiweiß • 15 g Fett,
davon 5 g gesättigte Fettsäuren
• 34 g Kohlenhydrate

Vorbereiten 15 Minuten • **Garen 12 Minuten**

Salbei-Zwiebel-Burger

1 Zwiebel fein würfeln. Mit **350 g magerem Schweinehackfleisch**, **150 g Bratwurstbrät**, **1 EL Worcestersauce**, **2 EL gehacktem Salbei** sowie Salz und Pfeffer zu einem Fleischteig verkneten. Daraus 4 Küchlein formen und diese dünn mit Mehl bestäuben. In einer Pfanne **1–2 EL Sonnenblumenöl** bei mittlerer bis starker Hitze heiß werden lassen. Die Fleischküchlein darin in 10–12 Minuten goldbraun braten, dabei einmal wenden. Abtropfen lassen und mit Krautsalat und Apfelscheiben in Hamburger-Brötchen anrichten.

Nährwerte pro Portion (nur Hamburger) etwa
• 290 kcal • 24 g Eiweiß • 17 g Fett, davon
5 g gesättigte Fettsäuren • 10 g Kohlenhydrate

Vorbereiten 15 Minuten • **Garen 12 Minuten**

Frikadellen auf thailändische Art

Ihre thailändische Note verdanken die kleinen Frikadellen typischen Gewürzen wie Currypaste und Zitronengras. Dazu gibt es Pak Choi und Austernpilze in Kokossauce. Als Beilage bieten sich Thai-Duftreis oder Kokosreis (siehe S. 198) an.

Vorbereiten 15 Minuten

Garen 12 Minuten

Für 4 Portionen

500 g mageres Schweinehackfleisch

4 Frühlingszwiebeln, in feine Ringe geschnitten

1½ TL grüne Thai-Currypaste

2 TL Zitronengraspaste

1 Eiweiß

2 EL Erdnuss- oder Sonnenblumenöl

200 g Pak Choi, längs in Streifen geschnitten

200 g Austernpilze, in Streifen geschnitten

200 ml Kokosmilch

1 TL Fischsauce

1 EL Sesamsamen

Nährwerte pro Portion etwa

• 500 kcal • 28 g Eiweiß • 42 g Fett, davon 16 g gesättigte Fettsäuren
• 6 g Kohlenhydrate

1 **Das Hackfleisch** mit Frühlingszwiebeln, Currypaste, Zitronengras und Eiweiß zu einem glatten Teig verkneten. Daraus 12 gleich große runde Küchlein formen.

2 **In einer Pfanne** 1 EL Öl heiß werden lassen. Die Fleischplätzchen darin 8–10 Minuten braten, bis sie goldbraun und durchgegart sind, dabei einmal wenden.

3 **In der Zwischenzeit** das restliche Öl in einer großen Pfanne oder im Wok bei starker Hitze heiß werden lassen. Darin den Pak Choi mit den Pilzen 2–3 Minuten pfannenrühren, bis er zusammengefallen ist.

4 **Kokosmilch** und Fischsauce unterrühren; aufkochen und 1 Minute köcheln lassen. Die Frikadellen mit der Pak-Choi-Mischung auf vier Tellern anrichten, mit Sesam bestreuen und servieren.

Fleischplätzchen mit rotem Curry und Gemüse

3 Frühlingszwiebeln fein zerkleinern. Mit **500 g Tatar**, **1½ TL roter Thai-Currypaste**, **1 zerdrückten Knoblauchzehe** und **1 Eiweiß** zu einem glatten Fleischteig verkneten. Daraus 12 gleich große runde Plätzchen formen und diese wie in Schritt 2 beschrieben braten. **350 g gemischtes Gemüse, z. B. Brokkoliröschen, Zuckerschoten** und **Mini-Maiskolben**, in **2 EL Öl** pfannenrühren, bis es knapp gar ist. Abgetropfte **Bambussprossen aus der Dose (120 g)** und **200 ml Kokosmilch** unterrühren; aufkochen lassen. **2 EL gehacktes Koriandergrün** untermischen.

... Variante

Wenn Sie nur selten mit Zitronengras kochen, lohnt es sich nicht, frisches zu kaufen. Praktischer ist es, **Zitronengraspaste** (in Sonnenblumenöl eingelegtes Zitronengras) anzuschaffen; sie hält sich lange im Kühlschrank. **Getrocknetes Zitronengras** ist eine gute Alternative. Man kann es direkt in das Gericht krümeln. Für dieses Rezept brauchen Sie etwa 1 TL.

... Kochtipp

Koteletts mit Roquefort

Diese Schweinekoteletts verbergen würzigen Blauschimmel-käse mit einem Hauch von Zitrone in ihrem Inneren. Sie schmecken fantastisch und sind im Nu zubereitet. Dazu passen Nudeln und Blattspinat.

Vorbereiten 10 Minuten

Garen 15 Minuten

Für 4 Portionen

4 dicke Schweinekoteletts (je etwa 220 g)

50 g Roquefort, zerbröckelt

abgeriebene Schale von ½ un-behandelten Zitrone

1 EL Sonnenblumenöl

2 EL gehackter Rosmarin

250 g junger Blattspinat

1 TL geriebene Muskatnuss

Zitronenschnitze zum Servieren

Nährwerte pro Portion etwa
• 585 kcal • 38 g Eiweiß • 47 g Fett, davon 18 g gesättigte Fettsäuren • 1 g Kohlenhydrate

1 In die Koteletts mit einem scharfen Messer auf den Fettseiten je einen Schlitz schneiden. Die Schlitze zu Taschen auseinanderdrücken.

2 Den Roquefort mit der Zitronenschale mischen. Je ein Viertel davon in die Taschen geben und die Fleischränder fest zusammendrücken.

3 Die gefüllten Koteletts auf beiden Seiten dünn mit Öl bestreichen. Eine Pfanne sehr heiß werden lassen. Das Fleisch bei mittlerer Hitze darin pro Seite 6–7 Minuten braten, bis es goldbraun und durchgegart ist. Die Koteletts mit Rosmarin bestreuen, dann wenden, bis sie vollständig mit Rosmarin bedeckt sind. Aus der Pfanne nehmen und warm halten.

4 Den Spinat in die Pfanne geben, unter Rühren zusammenfallen lassen und mit Salz und Pfeffer würzen. Anschließend auf vier Teller verteilen.

5 Auf jeden Teller ein Kotelett legen und mit etwas geriebener Muskatnuss bestreuen. Sofort mit Zitronenschnitzen servieren.

Alternativen • Anstelle von Roquefort können Sie **Gorgonzola** verwenden. • Statt Roquefort und Zitronenschale können Sie auch eine der folgenden Kombinationen in die Koteletts füllen:
• **Brie oder Camembert** mit **1 TL süßer Sojasauce.**
• Geriebener **Emmentaler** mit **1 EL Mango-Chutney.** • **Ricotta** mit **15 g gehacktem Basilikum.**
• Zerbröckelter **Feta** mit **1 EL gehacktem Thymian.**

> Braten Sie die Koteletts nicht zu lange, damit sie nicht zäh werden.
>
> **... Kochtipp**

Schinken mit Mango-Ingwer-Salsa

Die Mango-Salsa mit Ingwernote ist rasch gemacht und schmeckt hervorragend zu dem Schinken, der vor dem Grillen mit Ahornsirup und Limettensaft bestrichen wird. Reichen Sie dazu Brunnenkresse und Fladenbrot.

Vorbereiten 15 Minuten

Garen 8 Minuten

Für 4 Portionen
1 vollreife Mango
2 Tomaten, fein gewürfelt
1 Frühlingszwiebel, fein zerkleinert
1 EL geriebener frischer Ingwer
Saft von 1 Limette
2 EL Ahornsirup
4 dicke Scheiben gekochter Schinken (je etwa 200 g), von den Fetträndern befreit
1 Bund Brunnenkresse zum Servieren

Nährwerte pro Portion etwa
• 175 kcal • 17 g Eiweiß • 7 g Fett, davon 2 g gesättigte Fettsäuren
• 12 g Kohlenhydrate

1 Für die Salsa die Mango halbieren, entsteinen und schälen. Das Fruchtfleisch fein würfeln und mit Tomaten- und Frühlingszwiebelstückchen mischen.

2 Den Ingwer und die Hälfte des Limettensafts zur Mangomischung geben. Alles sorgfältig vermengen.

3 Den Backofengrill auf mittlerer Stufe vorheizen. Den restlichen Limettensaft mit dem Ahornsirup verrühren und die Schinkenscheiben damit bestreichen.

4 Die Schinkenscheiben auf den Backofenrost legen und pro Seite 3–4 Minuten grillen, bis sie goldbraun sind. Brunnenkresse auf Teller verteilen und den Schinken darauflegen. Je einen Löffel von der Salsa dazu anrichten.

> • Sie können die Zutaten für die Salsa im Mixer oder mit dem Stabmixer grob zerkleinern – nicht zu fein, damit die Salsa nicht musig wird. • Die Salsa lässt sich bis zu einem Tag im Voraus zubereiten; im Kühlschrank aufbewahren.
>
> **... klug vorbereiten**

Würstchen in Chiliteig

Diese Variante der beliebten „Würstchen im Schlafrock"
ist besonders würzig und aromatisch, dank scharfer Chilisauce und fruchtig-süßer Cocktailtomaten. Als Beilage
empfiehlt sich pfannengerührter Weißkohl oder Brokkoli.

Zubereiten 30 Minuten

Für 4 Portionen
2 EL Sonnenblumenöl
24 Cocktailwürstchen
200 g Cocktailtomaten, halbiert
120 g Mehl
2 Eier
300 ml fettarme Milch
1½ TL Chilisauce

Nährwerte pro Portion etwa
• 345 kcal • 17 g Eiweiß • 17 g Fett,
davon 5 g gesättigte Fettsäuren
• 33 g Kohlenhydrate

1 Den Backofen auf 220 °C vorheizen. Die Mulden eines 12er-Muffinblechs
mit dem Öl ausfetten und das Blech im Ofen heiß werden lassen. In jede Mulde
2 Würstchen legen; im heißen Ofen 5 Minuten braten. Die Würstchen wenden.
Die Tomatenhälften auf die Mulden verteilen und alles noch 2 Minuten garen.

2 In der Zwischenzeit das Mehl mit Eiern, Milch, Chilisauce, Salz und Pfeffer
in eine Schüssel geben und alles mit einem Schneebesen zu einem glatten,
schaumigen Teig aufschlagen.

3 Das Muffinblech aus dem Ofen nehmen. Würstchen und Tomaten rasch
mit dem Teig begießen. Das Ganze im heißen Ofen 20 Minuten backen, bis der
Teig aufgegangen und goldbraun ist. Sofort servieren.

Alternativen • Anstelle von Cocktailwürstchen können Sie **12 kleine dünne
Bratwürstchen (z. B. Chipolatas)** verwenden. Diese halbieren und je 2 Hälften in die Mulden legen. • Soll der Teig leichter werden, ersetzen Sie einfach
die Hälfte der Milch durch Wasser.

Für 4 Portionen
1 EL Olivenöl
1 rote Zwiebel, in dünne Ringe
geschnitten
2 TL Zucker
1 kg mehligkochende Kartoffeln,
geschält und in kleine Stücke
geschnitten
8 kleine oder 4 große Bratwürste
1 EL Mehl
300 ml heiße Rinderbrühe
100 ml Rotwein
1 EL Worcestersauce
100 ml warme Milch
50 g Butter
2–3 TL körniger Senf

Nährwerte pro Portion etwa
• 640 kcal • 22 g Eiweiß • 36 g Fett,
davon 15 g gesättigte Fettsäuren
• 57 g Kohlenhydrate

Alternativen • Experimentieren Sie
mit unterschiedlichen Bratwurstsorten,
nehmen Sie beispielsweise einmal
grobe Schweinsbratwurst, ein anderes Mal **feine Kalbsbratwurst**. • Statt
Püree passt auch **Couscous** zur Bratwurst. • Anstelle von Senf können Sie
Tafelmeerrettich verwenden.

Zubereiten 30 Minuten

Hackfleisch mit Teighaube
Würstchen und Tomaten weglassen. **1 kleine rote Zwiebel** in Ringe schneiden. Mit **350 g magerem Rinderhackfleisch** in einer Pfanne braten, bis das
Fleisch etwas Farbe angenommen hat. Salzen, pfeffern und **1 TL getrocknete
gemischte Kräuter** unterrühren. Die Mischung auf die gefetteten Mulden
des Muffinblechs verteilen und im heißen Ofen 5 Minuten garen. Den Teig wie
in Schritt 2 beschrieben zubereiten, dabei die Chilisauce durch **1 EL Worcestersauce** ersetzen. Den Teig auf die Fleischmischung in den Mulden gießen und
das Ganze 20–25 Minuten backen.

... Variante

Wenn Sie Kartoffelpüree einige
Minuten warm halten müssen,
legen Sie statt des Deckels ein sau-
beres Geschirrhandtuch auf den
Topf. So bleibt das Püree locker.

... Extratipp

Bratwurst mit Senf-Kartoffelpüree und roter Zwiebelsauce

Für dieses Rezept können Sie jede Art von Bratwurst nehmen – Hauptsache, die Qualität stimmt. Das Püree wird mit körnigem Senf gewürzt, und die kräftige Sauce wird mit Rotwein aromatisiert. Dazu passt grünes Gemüse der Saison.

1 **Das Olivenöl** in einer großen Pfanne heiß werden lassen. Die Zwiebelringe hineingeben und mit dem Zucker bestreuen. Bei schwacher Hitze unter gelegentlichem Rühren 10–12 Minuten dünsten, bis die Zwiebeln etwas karamellisiert sind.

2 **In der Zwischenzeit** die Kartoffeln in leicht gesalzenem Wasser in etwa 15 Minuten weich garen. Während die Kartoffeln garen, die Bratwürste braten.

3 **Das Mehl** auf die karamellisierten Zwiebeln streuen und unter Rühren 1 Minute anschwitzen, dann nach und nach Brühe, Wein und Worcestersauce unterrühren. Aufkochen und bei schwacher Hitze köcheln lassen.

4 **Die Kartoffeln** abgießen und gut abtropfen lassen. Im Topf mit der warmen Milch, der Butter und Senf nach Geschmack zerdrücken.

5 **Zum Servieren** das Kartoffelpüree auf Teller verteilen. Die Bratwürste darauf anrichten und die Sauce mit einem Löffel darübergeben.

Bratwurst mit Senf-Linsen

Die Zwiebelringe wie in Schritt 1 beschrieben karamellisieren. Die Kartoffeln und die Bratwürste gemäß Schritt 2 garen. Das Mehl weglassen und in Schritt 3 statt des Rotweins, der Worcestersauce und der Brühe **100 ml trockenen Apfelwein** unterrühren. Die Flüssigkeit auf etwa die Hälfte einköcheln lassen. **Grüne Linsen aus der Dose (400 g)** abtropfen lassen und mit **2 EL körnigem Senf** untermischen; alles aufkochen lassen. Die Kartoffeln wie in Schritt 4 zerdrücken, den Senf jedoch weglassen und stattdessen **2 EL gehackte Petersilie** unterrühren. Würste und Püree mit den Linsen servieren.

... Variante

Hirschsteaks mit buntem Gemüse

Mageres Wildfleisch hat einen feinen Geschmack, der sich gut mit Kürbis, Staudensellerie und Kichererbsen verträgt – dieses einfache herbstliche Rezept ist der Beweis. Dazu passt Brot oder gebratene Polenta (siehe S. 151).

Zubereiten
30
Minuten

Für 4 Portionen

2 EL Olivenöl

3 Schalotten, grob gewürfelt

500 g Butternusskürbis, geschält und gewürfelt

2 Stangen Sellerie, in Scheiben geschnitten

300 ml Rinderbrühe

2 EL Worcestersauce

1 Lorbeerblatt

4 Hirschsteaks (je etwa 3 cm dick und 150 g schwer)

1 Dose Kichererbsen (400 g)

1 TL edelsüßes Paprikapulver

Nährwerte pro Person etwa

• 330 kcal • 40 g Eiweiß • 11 g Fett, davon 2 g gesättigte Fettsäuren
• 22 g Kohlenhydrate

Sie können die Steaks auch in 1 EL Öl in der Pfanne braten. Dafür zuerst bei starker Hitze anbraten, anschließend bei mittlerer Hitze in 10–12 Minuten fertig garen.

... Kochtipp

1 Das Olivenöl in einem großen Topf erhitzen. Schalotten, Kürbis und Sellerie darin unter gelegentlichem Rühren 5 Minuten kräftig anbraten. Den Backofengrill auf höchster Stufe vorheizen.

2 Die Brühe mit 1 EL Worcestersauce und dem Lorbeerblatt zum Gemüse geben. Aufkochen und zugedeckt 10 Minuten köcheln lassen, bis das Gemüse knapp gar ist; abschmecken.

3 In der Zwischenzeit die Steaks mit der restlichen Worcestersauce bestreichen und pro Seite 4–5 Minuten grillen, dann nach Belieben in Stücke schneiden.

4 Die Kichererbsen in ein Sieb schütten, kalt abspülen und abtropfen lassen. Unter das Gemüse mischen und alles aufkochen lassen. Das Gemüse auf tiefe Teller verteilen. Das Fleisch darauf anrichten und vor dem Servieren mit Paprikapulver bestreuen.

Alternativen • Je nach Saison können Sie die Gemüsemischung verändern. Verwenden Sie beispielsweise anstelle von Kürbis **Kohlrabi, Rübchen, Pastinaken, Süßkartoffeln oder Steckrübe** und statt Staudensellerie **Lauch**. • Die Kichererbsen können durch **weiße Bohnen** ersetzt werden.

Das Gemüse lässt sich gut einfrieren. Bis zum Ende von Schritt 2 zubereiten, dann rasch abkühlen lassen, in eine Gefrierdose füllen und ins Tiefkühlgerät geben. Dort hält es sich etwa 2 Monate. Zum Servieren auftauen, aufkochen und 3 Minuten köcheln lassen.

... aufbewahren

Gefüllte Kalbsschnitzel mit Aprikosen, Käse und Salbei

Kombiniert man zartes Kalbfleisch mit mildem Käse, Aprikosen, Orangensaft und Salbei, entsteht ein verführerisches Gericht, das völlig unkompliziert ist. Perfekte Beilagen sind Butternudeln und Blattsalat.

**Vorbereiten
10 Minuten**

**Garen im Ofen
25 Minuten**

Für 4 Portionen

4 Kalbsschnitzel (je etwa 5 mm dick und 200 g schwer)
2 EL gehackter Salbei
120 g junger Gouda
12 getrocknete Aprikosen (Soft-Früchte)
2 TL Olivenöl
Saft von 1 Orange

Nährwerte pro Portion etwa
• 400 kcal • 46 g Eiweiß • 14 g Fett, davon 7 g gesättigte Fettsäuren
• 24 g Kohlenhydrate

1 Den Backofen auf 220 °C vorheizen. Die Kalbsschnitzel auf einem Schneidbrett ausbreiten; salzen, pfeffern und mit dem Salbei bestreuen.

2 Den Käse in 4 Scheiben schneiden und je eine quer auf die Mitte der Schnitzel legen. Je 3 Aprikosen daraufgeben und die unbelegten Seiten der Schnitzel leicht überlappend über die Füllung klappen.

3 Die gefüllten Schnitzel mit den Nahtstellen nach unten in eine flache Auflaufform legen, mit dem Öl bestreichen und mit dem Orangensaft begießen. Im heißen Ofen 20–25 Minuten braten, bis das Fleisch durchgegart ist, die Schnitzel dabei nach der Hälfte der Garzeit mit Garsud bestreichen.

Alternativen • Anstelle von Gouda können Sie **einen anderen milden, jungen Käse** verwenden. Auch **Feta** eignet sich für dieses Rezept. • Statt der getrockneten Aprikosen bieten sich im Sommer **frische Aprikosen-, Pfirsich- oder Nektarinenspalten** an.

Sie können die gefüllten Schnitzel einige Stunden vor dem Servieren oder sogar am Vortag vorbereiten. In die Form legen, mit Frischhaltefolie bedecken und im Kühlschrank aufbewahren. Es empfiehlt sich, die Schnitzel etwa 20 Minuten vor dem Braten aus dem Kühlschrank zu nehmen, um die Garzeit etwas zu reduzieren.

... klug vorbereiten

Gemüse

Gebratene Pilze auf italienische Art

Auf diese Weise können Sie nicht nur Champignons, sondern fast alle Speisepilze zubereiten – probieren Sie dieses Rezept z. B. im Herbst mit Pfifferlingen. Die Pilze passen gut zu Pasta mit Sahnesauce und Tomatensalat.

Vorbereiten 10 Minuten

Garen 10 Minuten

Für 4 Portionen Ⓥ

50 g Pinienkerne
1 EL Olivenöl
1 Schalotte, fein gewürfelt
1 Knoblauchzehe, zerdrückt
15 g Butter
450 g Egerlinge, in dicke Scheiben geschnitten
2 TL Balsamico-Essig
1 TL gehackter Thymian

Nährwerte pro Portion etwa
• 155 kcal • 4 g Eiweiß • 15 g Fett, davon 3 g gesättigte Fettsäuren
• 1 g Kohlenhydrate

• **250 g jungen Blattspinat** waschen, tropfnass in einen Topf geben und bei starker Hitze unter gelegentlichem Rühren zusammenfallen lassen. Mit **2 EL Crème fraîche** und etwas **geriebener Muskatnuss** unter frisch gekochte Pasta mischen. Die Pilze darauf anrichten und mit **geriebenem Parmesan** bestreuen.
• Oder eine **Ciabatta** vom Vortag schräg in Scheiben schneiden und diese in einer heißen Grillpfanne pro Seite 1 Minute rösten, bis sie leicht gebräunt sind. Die Pilze zum Servieren daraufgeben.

... Extratipps

---

1 Die Pinienkerne in einer großen beschichteten Pfanne ohne Fett bei mittlerer Hitze unter häufigem Rühren in 2–3 Minuten goldbraun rösten; auf einem Teller abkühlen lassen.

2 Anschließend das Olivenöl in die Pfanne geben und die Schalottenwürfel darin in etwa 2 Minuten glasig werden lassen. Den zerdrückten Knoblauch unterrühren.

3 Die Hitze etwas erhöhen und die Butter in die Pfanne geben. Die Pilze darin unter gelegentlichem Rühren 4–5 Minuten braten, bis die Flüssigkeit verdampft ist und die Pilze weich sind. Essig, Thymian, Salz und Pfeffer zugeben. Alles kurz erhitzen, dann die Pinienkerne untermischen.

Alternative Die Pinienkerne weglassen. **250 g festen geräucherten Tofu** (falls erhältlich, mit Mandeln oder Sesam) fein würfeln und 2–3 Minuten in **2 TL Olivenöl** braten. In eine Schüssel geben und mit **1 TL Sojasauce** beträufeln. Zum Schluss unter die gebratenen Pilze mischen.

Vorbereiten 20 Minuten

Garen im Ofen 15 Minuten

Für 6 Portionen Ⓥ

1 Rolle gekühlter Blätterteig (275 g)
150 g gehackte Walnusskerne
15 g Butter
150 g kleine weiße Champignons, gehackt
150 g Egerlinge, in Scheiben geschnitten
2 EL Sahne
1 Knoblauchzehe, zerdrückt
½ TL getrocknete gemischte Kräuter
1 Eigelb, mit 1 TL Wasser verquirlt
1 EL Sesamsamen

Nährwerte pro Portion etwa
• 620 kcal • 13 g Eiweiß • 53 g Fett, davon 20 g gesättigte Fettsäuren
• 23 g Kohlenhydrate

Blätterteigtaschen mit Pilzen und Nüssen

Es ist wirklich keine Kunst, diese pikant gefüllten Päckchen zuzubereiten. Servieren Sie sie heiß, mit grünen Bohnen, oder kalt mit Blatt- oder Krautsalat. Die Teigtaschen lassen sich auch gut zur Arbeit oder zum Picknick mitnehmen.

1 **Den Backofen** auf 220 °C vorheizen. Den Blätterteig aus dem Kühlschrank nehmen und, wenn die Zeit es erlaubt, in der Verpackung in etwa 20 Minuten Raumtemperatur annehmen lassen. Die gehackten Nüsse auf einen gefriergeeigneten Teller geben und diesen in das Tiefkühlgerät stellen.

2 **In einer beschichteten Pfanne** die Butter bei mittlerer bis starker Hitze zerlassen. Die Pilze mit 1 EL Sahne, dem Knoblauch und den Kräutern zufügen und 6–7 Minuten garen, bis sie weich sind und die Flüssigkeit vollständig verdampft ist. Den Teller mit den Nüssen aus dem Gefrierfach nehmen und die Pilze daraufgeben. Die restliche Sahne sowie Salz und Pfeffer unterrühren. Die Pilzmischung auf dem eiskalten Teller ausbreiten, damit sie rasch abkühlt.

3 **Den Blätterteig** vorsichtig entrollen. In sechs Quadrate schneiden und die Ränder mit etwas Eigelb bestreichen. Die Pilzmischung auf eine Seite einer gedachten Diagonale geben und die unbelegte Seite so darüberklappen, dass eine dreieckige Teigtasche entsteht. Die Ränder mit den Zinken einer

Gabel fest zusammendrücken, damit nichts auslaufen kann. Die Teigtaschen mit Eigelb bestreichen, mit Sesam bestreuen und oben einschneiden, damit Dampf entweichen kann.

4 **Die gefüllten Teigtaschen** auf ein mit Backpapier belegtes Backblech legen und im heißen Ofen 15 Minuten backen, bis sie aufgegangen und goldbraun sind.

Tomaten-Pinienkern-Taschen ⓥ

1 Zucchini und **6 halb getrocknete Tomaten** würfeln. Wie in Schritt 1 vorgehen, dabei die Walnüsse durch **Pinienkerne** ersetzen. **50 g Langkornreis** mit Zucchini- und Tomatenwürfeln, **1 Prise getrocknetem Oregano** und **150 ml kräftiger Rinderbrühe** in einen Topf geben. Zugedeckt 10–12 Minuten kochen lassen, bis der Reis gar ist und die Flüssigkeit aufgenommen hat. Die Mischung abkühlen lassen und in Schritt 2 mit den Pinienkernen vermengen. Weiterverfahren, wie im Hauptrezept beschrieben.

... Variante

Kürbis, Bohnen und Zucchini aus dem Ofen

Kürbis, rote Zwiebeln und Zucchini werden geröstet und erhalten dank einer Kardamom-Orangen-Glasur noch mehr Süße. Weiße Bohnen ergänzen die Gemüsemischung, die zum Schluss mit Crème fraîche gekrönt wird. Dazu passt knuspriges Brot.

Vorbereiten 10 Minuten

Garen im Ofen 20 Minuten

Für 4 Portionen Ⓥ

2 rote Zwiebeln

1 Butternusskürbis, geschält, geputzt und in 1,5 cm große Stücke geschnitten

2 EL Olivenöl

2 Zucchini, in 1 cm dicke Scheiben geschnitten

4 kleine Zweige Thymian

1 Dose weiße Bohnen (400 g)

2 TL Balsamico-Essig

6 Kardamomkapseln

½ TL brauner Zucker

4 EL Orangensaft

100 g Crème fraîche

Nährwerte pro Portion etwa
• 235 kcal • 9 g Eiweiß • 13 g Fett, davon 5 g gesättigte Fettsäuren
• 20 g Kohlenhydrate

1 **Den Backofen** auf 230 °C vorheizen. Das tiefe Backblech oder eine große Backform darin heiß werden lassen. Jede Zwiebel in 8 Spalten schneiden. Kürbisstücke und Zwiebelspalten in eine Schüssel geben. 1½ EL Öl sowie etwas Salz und Pfeffer zufügen und alles mit den Händen oder einem großen Löffel sorgfältig mischen.

2 **Das Blech** oder die Form aus dem Ofen nehmen. Das Gemüse in einer Schicht hineingeben und 10 Minuten im Ofen rösten. Inzwischen die Zucchinischeiben in die Schüssel füllen. Den Thymian und das restliche Öl zufügen und alles gründlich mischen.

3 **Die Bohnen** in ein Sieb schütten, kalt abspülen und abtropfen lassen. Für die Glasur die Kardamomkapseln im Mörser zerdrücken. Die Samen herauslösen und im Mörser

oder in einer elektrischen Mühle möglichst fein zerkleinern. In einer Schüssel mit Zucker, Orangensaft und Essig mischen. Das Gemüse auf dem Blech oder in der Form wenden. Zucchinischeiben und Bohnen zufügen. Alles mit der Glasur beträufeln und weitere 10 Minuten im Ofen rösten, bis das Gemüse weich und stellenweise gebräunt ist.

4 **Das Gemüse** aus dem Ofen nehmen und in eine vorgewärmte Servierschüssel umfüllen oder auf Teller verteilen. Vor dem Servieren die Crème fraîche tupfenweise auf das Gemüse geben.

Alternativen • Statt Butternusskürbis können Sie **Muskat- oder Hokkaidokürbis** verwenden. • Probieren Sie einmal **grüne Paprikaschoten** anstelle der Zucchini.

Italienischer Auberginenauflauf

Melanzane alla parmigiana – so heißt dieses Gericht in seinem Heimatland. Diese Version ist etwas leichter als das Original, aber mindestens ebenso aromatisch. Focaccia und grüner Salat passen gut dazu.

Vorbereiten **15** Minuten — Garen im Ofen **15** Minuten

Für 4 Portionen Ⓥ

2 große Auberginen (etwa 800 g)
3 TL Olivenöl
2 Knoblauchzehen, zerdrückt
350 ml passierte Tomaten
200 g eingelegte kleine Paprikaschoten (aus der Dose oder dem Glas)
1 TL getrocknete gemischte Kräuter
25 g geriebener Parmesan oder Grana Padano
125 g Mozzarella, in dünne Scheiben geschnitten
25 g Pinienkerne (nach Belieben)

Nährwerte pro Portion etwa
• 190 kcal • 11 g Eiweiß • 11 g Fett, davon 6 g gesättigte Fettsäuren
• 12 g Kohlenhydrate

1 **Eine große (Grill-)Pfanne** sehr heiß werden lassen. Die Auberginen von den Stielen befreien und in 1 cm dicke Scheiben schneiden. Die Scheiben dünn mit Öl bestreichen und 10 Minuten braten, bis sie weich und leicht gebräunt sind, dabei einmal wenden.

2 **In der Zwischenzeit** den Backofen auf 220 °C vorheizen. Für die Sauce das restliche Öl in einem Topf erhitzen und den Knoblauch darin 1 Minute dünsten. Tomaten, abgetropfte Paprika und Kräuter zufügen. Alles verrühren und aufkochen lassen.

3 **Ein Drittel** der gebratenen Auberginenscheiben in eine große Auflaufform legen. Etwa ein Drittel der Tomatensauce darauf verstreichen und mit 1 gehäuften TL Parmesan bestreuen. Den Vorgang zweimal wiederholen, mit Sauce abschließen.

4 **Das Ganze** mit dem restlichen Käse bestreuen und die Mozzarellascheiben darauf anrichten. Das Gericht nach Belieben mit Pinienkernen bestreuen und im heißen Ofen etwa 15 Minuten backen, bis die Auberginenscheiben sehr weich sind und der Käse geschmolzen ist. Sofort servieren.

Ratatouille-Auflauf Ⓥ

2 Zwiebeln (in Ringen) mit 1 zerdrückten Knoblauchzehe in 3 EL Olivenöl glasig dünsten. 1 Aubergine längs halbieren, dann quer in dünne Scheiben schneiden. 1 Zucchini in Scheiben und 1 rote Paprikaschote in Streifen schneiden. Gemüse zu Zwiebeln und Knoblauch geben; 3–4 Minuten mitdünsten. Gehackte Tomaten mit Basilikum aus der Dose (400 g), 1 EL Tomatenmark, 2 TL gehackten Thymian, Salz und Pfeffer untermischen. Zudecken; Gemüse in 15–20 Minuten weich köcheln lassen. Wachtelbohnen aus der Dose (400 g) abgießen, abspülen, abtropfen lassen und untermischen. Alles aufkochen lassen. In eine Auflaufform füllen. Mit 75 g geraspeltem Käse bestreuen und den Auflauf 5 Minuten unter dem Grill gratinieren.

> Statt der passierten Tomaten können Sie die Mediterrane Tomatensauce von Seite 268 verwenden.
>
> **Kochtipp**

... Variante

5 Top-Rezepte mit einer Dose Tomaten

Tomaten in Dosen gehören einfach in den Vorrat! Im Nu lässt sich aus ihnen eine schlichte Suppe oder eine leckere Sauce zubereiten. Doch sie können auch Grundlage für außergewöhnliche Hauptgerichte sein. Alle Rezepte gelten für 4 Portionen.

Scharfe Paprika-Tomaten-Suppe mit Wurst

6 kleine Sojabratwürste in einer Pfanne goldbraun braten; herausnehmen, auf einen Teller geben und beiseitestellen. **1 Zwiebel** grob würfeln, **1 Chilischote** von den Samen befreien und in Streifen schneiden, **2 rote Paprikaschoten** würfeln. **1 EL Olivenöl** in einem Topf heiß werden lassen. Zwiebel, Chili und Paprika darin zugedeckt in 6–7 Minuten weich garen. **Tomaten aus der Dose (400 g)**, **300 ml Gemüsebrühe**, **1 EL Tomatenmark** sowie Salz und Pfeffer untermischen. Aufkochen lassen. Bei mittlerer Hitze und halb aufgelegtem Deckel 10 Minuten köcheln lassen, bis das Gemüse weich ist. Die Bratwürste in Scheiben schneiden. Die Suppe pürieren. In den Topf geben, die Wurst zufügen und alles sehr heiß werden lassen. Etwas **Crème légère** einrühren und die Suppe mit Cayennepfeffer bestreuen. Dazu passt Focaccia. 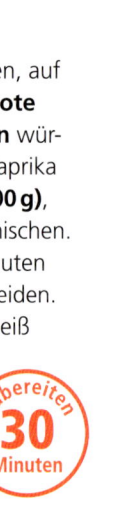 Ⓥ

Nährwerte pro Portion etwa • 175 kcal • 14 g Eiweiß • 6 g Fett, davon 1 g gesättigte Fettsäuren • 16 g Kohlenhydrate

Zubereiten **30** *Minuten*

Tomatensauce mit Kichererbsen

1 fein gewürfelte rote Zwiebel in **1 EL heißem Olivenöl** in einem Topf bei schwacher Hitze in etwa 5 Minuten glasig dünsten (nach Belieben noch **1 Möhre und 1 Stange Sellerie** fein würfeln und mitdünsten). **1 große zerdrückte Knoblauchzehe**, **1 EL Tomatenmark**, **¼ TL Chiliflocken** und **1 TL getrocknete Kräuter der Provence** zufügen und kurz mitdünsten. **Gehackte Tomaten aus der Dose (400 g)**, abgetropfte **Kichererbsen aus der Dose (400 g)**, **100 ml Rotwein oder Gemüsebrühe** und **1 Lorbeerblatt** untermischen. Aufkochen und 10 Minuten köcheln lassen, bis die Sauce etwas eingedickt ist. Das Lorbeerblatt entfernen und **2 EL in Stücke gezupftes Basilikum** unterrühren. Die Sauce abschmecken und mit Pasta (z. B. Penne) und geriebenem Parmesan oder Greyerzer servieren. Ⓥ

Nährwerte pro Portion etwa • 145 kcal • 6 g Eiweiß • 5 g Fett, davon 0,5 g gesättigte Fettsäuren • 17 g Kohlenhydrate

Zubereiten **30** *Minuten*

Ersetzen Sie das gewöhnliche Tomatenmark doch einmal durch Tomatenmark mit Kräutern und/oder Knoblauch. Das beschleunigt die Zubereitung, weil Sie sich das Zerkleinern von Kräutern oder Knoblauch sparen können.

... Zeit sparen

Pilzgulasch mit Fenchel und Bohnen

1 Zwiebel in Ringe, **2 Fenchelknollen** in sehr dünne Scheiben schneiden. **300 g kleine Champignons** halbieren. **Flageolet-Bohnen aus der Dose (400 g)** abspülen und abtropfen lassen. **2 EL Olivenöl** in einem großen beschichteten Topf bei mittlerer Hitze heiß werden lassen. Die Zwiebelringe darin glasig dünsten. Den Fenchel mit **2½ EL edelsüßem Paprikapulver** zufügen. Einige Sekunden rühren, dann die Pilze, **gehackte Tomaten mit Basilikum aus der Dose (400 g)**, **2 EL Tomatenmark**, die Bohnen, **300 ml Gemüsebrühe** sowie Salz und Pfeffer zugeben. Aufkochen und durchrühren. Zugedeckt 20 Minuten köcheln lassen, bis das Gemüse weich ist. Mit Joghurt und Reis oder Brot servieren. ⓥ

Nährwerte pro Portion etwa • 200 kcal
• 11 g Eiweiß • 8 g Fett, davon 1 g gesättigte Fettsäuren
• 22 g Kohlenhydrate

Vorbereiten **10** Minuten Garen **20** Minuten

Indischer Reistopf mit Blumenkohl

2 EL Sonnenblumenöl in einem großen Topf heiß werden lassen. **2 fein gewürfelte Schalotten** darin in 2 Minuten glasig dünsten. **1 zerdrückte Knoblauchzehe** und **200 g kleine Blumenkohlröschen** zufügen und bei starker Hitze unter Rühren anbraten. **½ TL gemahlene Kurkuma**, **1 TL gemahlenen Kreuzkümmel**, **1 TL gemahlenen Koriander**, **1 gute Prise Chiliflocken** und **300 g Basmati-Reis** (gewaschen und abgetropft) zugeben. Bei mittlerer Hitze 1 Minute rühren, dann **gehackte Tomaten aus der Dose (400 g)**, **500 ml heiße Gemüsebrühe**, **150 g TK-Erbsen** sowie Salz und Pfeffer zufügen. Zugedeckt 12–14 Minuten köcheln lassen, bis der Reis gar ist und die Flüssigkeit aufgenommen hat. Nach Belieben **1 EL gehackte Minze** untermischen und das Gericht mit gerösteten Mandelblättchen bestreuen. ⓥ

Nährwerte pro Portion etwa • 465 kcal
• 14 g Eiweiß • 14 g Fett, davon 1 g gesättigte
Fettsäuren • 69 g Kohlenhydrate

Vorbereiten **10** Minuten Garen **20** Minuten

Scharfer Bohnenauflauf mit Käse

Diese Bohnenmischung eignet sich auch zum Füllen von warmen Tortillas. Dazu passt Guacamole, gekauft oder selbst gemacht. Dafür das Fruchtfleisch von **2 großen Avocados** mit **3 EL Zitronensaft** zerdrücken. **1 zerkleinerte Knoblauchzehe**, **3 EL Crème fraîche** sowie Salz und Pfeffer untermischen. Nach Belieben mit **Chiliflocken oder Tabasco** abschmecken; sofort servieren.

... Kochtipp

1 Zwiebel und **1 Stange Sellerie** würfeln. **Kidneybohnen aus der Dose (400 g)** in ein Sieb schütten und abtropfen lassen. **1½ EL Olivenöl** in einem Topf heiß werden lassen. Zwiebel und Sellerie darin 8 Minuten dünsten. **2 zerdrückte Knoblauchzehen** und **1–2 TL Chilipulver** zufügen und 2 Minuten mitdünsten. **Gehackte Tomaten aus der Dose (400 g)**, die Bohnen, **½ TL getrockneten Oregano** sowie Salz und Pfeffer zugeben. Alles verrühren und 5 Minuten offen köcheln lassen. Die Mischung in eine Auflaufform füllen und mit **50 g geraspeltem Käse** bestreuen. Für 3–4 Minuten unter dem heißen Backofengrill gratinieren, bis der Käse geschmolzen ist. Mit knusprigem Brot servieren. ⓥ

Nährwerte pro Portion etwa • 180 kcal • 9 g Eiweiß
• 9 g Fett, davon 3 g gesättigte Fettsäuren • 17 g Kohlenhydrate

Zubereiten **30** Minuten

Cowboy-Pfanne

Wird Gemüse so verführerisch präsentiert, essen es auch Kinder gern. Das Gute an diesem Gericht ist zudem: Es ist rasch vorbereitet, und während es im Ofen gart, kann man andere Dinge erledigen.

Vorbereiten 10 Minuten
Garen im Ofen 30 Minuten

Für 4 Portionen Ⓥ

600 g ungeschälte mehligkochende Kartoffeln, gebürstet, gewaschen und in dünne Scheiben geschnitten
20 g Butter oder 2 EL Olivenöl
1 Dose Maiskörner (etwa 200 g)
1 TL Tomatenmark
1 Dose Baked Beans (400 g)
125 g TK-Erbsen
125 g TK-grüne-Bohnen
2 EL Barbecuesauce
100 g Räucherkäse, grob gewürfelt

Nährwerte pro Portion etwa

• 400 kcal • 17 g Eiweiß • 13 g Fett, davon 7 g gesättigte Fettsäuren
• 58 g Kohlenhydrate

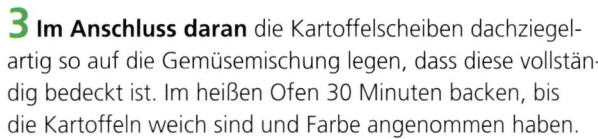

1 Den Backofen auf 200 °C vorheizen. Die Kartoffeln in einen Topf mit kochendem Salzwasser geben. Das Wasser erneut aufkochen, dann bei halb aufgelegtem Deckel 4 Minuten köcheln lassen, bis die Kartoffeln knapp gar sind. Die Kartoffeln in ein Sieb schütten und gut abtropfen lassen, dabei 4 EL Kochwasser im Topf zurückbehalten. Die Kartoffeln in eine Schüssel geben. Butter oder Öl zufügen und die Kartoffelscheiben mit zwei Kochlöffeln wenden, bis sie ganz vom Fett überzogen sind.

2 Die Maiskörner in ein Sieb schütten und abtropfen lassen. Das Tomatenmark mit dem Kochwasser im Topf verrühren. Baked Beans, Erbsen, grüne Bohnen, Mais und Barbecuesauce zufügen. Alles unter Rühren erhitzen, bis Erbsen und grüne Bohnen aufgetaut sind. Die Mischung in eine flache Auflaufform geben, gleichmäßig verteilen und mit den Käsewürfeln bestreuen.

3 Im Anschluss daran die Kartoffelscheiben dachziegelartig so auf die Gemüsemischung legen, dass diese vollständig bedeckt ist. Im heißen Ofen 30 Minuten backen, bis die Kartoffeln weich sind und Farbe angenommen haben.

Alternativen • Für dieses Gericht können Sie **gefrorenes, frisches blanchiertes oder übrig gebliebenes gegartes Gemüse** verwenden. • Soll das Gericht noch eiweißreicher sein, ersetzen Sie Erbsen oder grüne Bohnen einfach durch **TK-Sojabohnenkerne.** • Statt der Kartoffeln können Sie **geschälte Süßkartoffeln** nehmen. Diese nur 3 Minuten garen und dabei **1 TL Zitronensaft** ins Kochwasser geben, damit die Scheiben sich nicht verfärben.

Paprikaschoten auf brasilianische Art

Halbierte gelbe und rote Paprikaschoten werden hier mit pikantem Reis und Wachtelbohnen gefüllt. Darauf kommen noch knackige Nüsse und würziger Käse. Als Beilage reichen Sie am besten grünen Salat.

Für 4 Portionen Ⓥ

4 rote und/oder gelbe Paprika-schoten, längs halbiert und geputzt

2 TL Olivenöl

1 Knoblauchzehe, zerdrückt

1 rote Chilischote, halbiert, von den Samen befreit und fein gewürfelt

½ TL getrockneter Oregano

2 EL Tomatenmark

200 g Schnellkochreis (10-Minuten-Reis)

400 ml heiße Gemüsebrühe

1 Dose Wachtelbohnen (400 g)

50 g alter Cheddar, grob gerieben

50 g Paranusskerne, grob gehackt

Nährwerte pro Portion etwa

• 490 kcal • 17 g Eiweiß • 17 g Fett, davon 6 g gesättigte Fettsäuren
• 70 g Kohlenhydrate

Zubereiten **30** Minuten

1 **Den Backofen** auf 220 °C vorheizen. Die Paprikahälften innen salzen und pfeffern. Mit den Schnittflächen nach unten auf ein dünn gefettetes Backblech legen und im heißen Ofen 12 Minuten rösten.

2 **In der Zwischenzeit** das Öl in einem großen Topf bei schwacher Hitze heiß werden lassen. Knoblauch und Chili darin 30 Sekunden dünsten. Oregano, Tomatenmark, Reis und Brühe zufügen und alles verrühren. Aufkochen und bei mittlerer Hitze zugedeckt 10 Minuten köcheln, bis der Reis knapp gar ist und den Großteil der Flüssigkeit aufgenommen hat – es sollten nicht mehr als 2 EL Flüssigkeit im Topf verbleiben; falls nötig, das Ganze noch 1–2 Minuten offen köcheln lassen. Die Bohnen in ein Sieb schütten, kalt abspülen, abtropfen lassen und unter den Reis mischen; abschmecken.

3 **Die Paprikahälften** aus dem Ofen nehmen und wenden. Die Reismischung auf die Hälften verteilen; sie sollten gut gefüllt sein. Käse und Nüsse mischen und die Füllung damit bestreuen. Die gefüllten Schotenhälften im heißen Ofen etwa 10 Minuten backen, bis sie weich sind und die Füllung Farbe angenommen hat. Sofort servieren.

Pilze mit scharfer Bohnenfüllung Ⓥ

8 große flache Champignons säubern; Stiele entfernen und fein würfeln. Die Lamellen der Hüte mit **1 EL Olivenöl** bestreichen, salzen und pfeffern. Mit den Lamellen nach oben 6 Minuten unter dem heißen Backofengrill rösten. **Rote Kidney-bohnen aus der Dose (400 g)** in ein Sieb schütten, kalt abspülen und abtropfen lassen. Die gehackten Pilzstiele mit **1 zerdrückten Knoblauchzehe** in **1 EL Olivenöl** 2 Minuten braten. **1 geraspelte Möhre** und **½ TL Chilipulver** untermischen. 2–3 Minuten weitergaren, dann die Bohnen und **2 EL Gemüsebrühe** unterrühren. Die Bohnen mit einer Gabel fein zerdrücken; Masse abschmecken und auf die Pilze verteilen. **50 g frische Brotkrumen** mit **50 g geriebenem Emmentaler** mischen. Die Füllung damit bestreuen. Die Pilze in 3–4 Minuten goldbraun grillen.

Tomaten mit Mandel-Couscous-Füllung Ⓥ

Für die Füllung **6 Frühlingszwiebeln** in dünne Ringe schneiden. **1 EL Olivenöl** in einem Topf erhitzen; die Zwiebelringe darin 2 Minuten dünsten. **1 TL gemahlenen Kreuzkümmel** und **1 Prise gemahlene Kurkuma** unterrühren. **250 ml heiße Gemüsebrühe** angießen; aufkochen lassen. Unter ständigem Rühren **125 g Couscous** einrieseln lassen. Vom Herd nehmen, zudecken und 5 Minuten quellen lassen. Von **8 großen Fleischtomaten** Deckel abschneiden; beiseitelegen. Das Innere der Tomaten mit einem Teelöffel herausnehmen. **50 g getrocknete Aprikosen (Soft-Früchte)** würfeln. Mit **75 g gerösteten Mandelblättchen** und **100 g zerbröckeltem Feta** unter den Couscous mischen. Die Füllung in die Tomaten löffeln. Deckel daraufsetzen. Tomaten auf ein Backblech stellen. Im 200 °C heißen Ofen 10 Minuten garen.

... Varianten

Pasta mit gegrilltem Gemüse

In Rekordzeit wird aus einem schlichten Nudelgericht eine kulinarische Sensation. Sie brauchen nur buntes mediterranes Gemüse unter dem Grill zu rösten und anschließend mit Feta und Pinienkernen zu mischen. Dazu passt Blattsalat.

Zubereiten
30
Minuten

Für 4 Portionen Ⓥ

1 große oder 2 kleine Zucchini, in Scheiben geschnitten

1 Aubergine, in Scheiben geschnitten

1 rote Paprikaschote, in breite Streifen geschnitten

1 gelbe Paprikaschote, in breite Streifen geschnitten

1 rote Zwiebel, in schmale Spalten geschnitten

5 EL Olivenöl

2 Knoblauchzehen, zerdrückt

50 g Pinien- oder Walnusskerne

400 g Tagliatelle

4 EL Pesto

200 g Feta, grob gewürfelt

Nährwerte pro Portion etwa
• 795 kcal • 29 g Eiweiß • 47 g Fett, davon 13 g gesättigte Fettsäuren
• 68 g Kohlenhydrate

1 **Den Backofengrill** auf mittlerer bis höchster Stufe vorheizen. Das Gemüse in eine Schüssel füllen und mit dem Olivenöl beträufeln. Knoblauch und Pfeffer zufügen und alles gut mischen. Das Gemüse auf einem Backblech verteilen und 20–25 Minuten grillen, bis es weich und gebräunt ist, dabei gelegentlich wenden; vorzeitig gares Gemüse herausnehmen und beiseitestellen.

2 **In der Zwischenzeit** die Nüsse in einer Pfanne bei mittlerer Hitze ohne Fett in 2–3 Minuten unter Rühren goldbraun rösten; zum Abkühlen auf einen Teller geben.

3 **Gegen Ende** der Grillzeit die Tagliatelle in reichlich sprudelnd kochendem Salzwasser nach Packungsanleitung bissfest garen. In ein Sieb schütten und abtropfen lassen, dann wieder in den Topf geben.

4 **Gemüse und Pesto** zu den Nudeln geben. Feta und Pinien- oder Walnusskerne zufügen und alles behutsam mischen. Sofort servieren.

Grillgemüse mit Käse Ⓥ

Den Backofengrill auf höchster Stufe vorheizen. **2 Zucchini** würfeln, **2 rote Paprikaschoten** in Stücke und **1 rote Zwiebel** in Spalten schneiden, **250 g kleine Champignons** vierteln. Alles auf das tiefe Backblech legen und mit **3 EL Olivenöl** beträufeln. Salz, Pfeffer und **1 EL Rosmarinnadeln** zufügen. Gut mischen und gleichmäßig auf dem Blech verteilen. **Artischockenherzen aus dem Glas oder der Dose (etwa 400 g)** in ein Sieb schütten und abtropfen lassen. Mit **3 gewürfelten gekochten Kartoffeln** (nach Belieben) und **250 g Mozzarella oder Halloumi (gewürfelt)** unter das Gemüse mischen. Das Ganze 10 Minuten grillen, bis das Gemüse Farbe angenommen hat. Mit Reis oder Bulgur servieren.

... Variante

Süß-pikante Kichererbsen

Kichererbsen sind wie geschaffen für die nährstoffreiche, schnelle vegetarische Küche. Hier werden sie pikant gewürzt und mit buntem Gemüse gemischt. Als Beilage bieten sich Chapatis (indische Fladenbrote) und Joghurt an.

Für 4 Portionen Ⓥ

1 Dose Kichererbsen (400 g)

abgeriebene Schale und Saft von 1 unbehandelten Limette

1 TL Zucker

1 TL Garam masala

½ TL gemahlener Zimt

1 TL getrockneter Oregano

2 EL Sonnenblumenöl

2 kleine Zwiebeln, halbiert und in dicke Scheiben geschnitten

2 Paprikaschoten (1 rot, gelb oder orange, 1 grün), halbiert und in breite Streifen geschnitten

12 Cocktailtomaten, halbiert

Nährwerte pro Portion etwa
• 165 kcal • 6 g Eiweiß • 8 g Fett, davon 1 g gesättigte Fettsäuren
• 18 g Kohlenhydrate

1 **Die Kichererbsen** in ein Sieb schütten, kalt abspülen, abtropfen lassen und in eine Schüssel füllen. Limettenschale und -saft, Zucker, Garam masala, Zimt und Oregano zufügen und alles gut verrühren.

2 **Das Sonnenblumenöl** in einer großen Pfanne heiß werden lassen. Die Zwiebeln darin unter Rühren 4 Minuten braten, bis sie beginnen, Farbe anzunehmen; die Hitze herunterschalten. Die Paprikastreifen in die Pfanne geben und unter gelegentlichem Rühren weitere 3–4 Minuten mitgaren, bis sie fast weich sind.

3 **Die Tomaten** untermischen und die Kichererbsen zufügen. Alles weitere 2 Minuten garen, bis das Gemüse weich und heiß ist.

Zubereiten
20
Minuten

Avocado-Mandel-Gratin

Avocados werden mit Tomaten in eine Form geschichtet und mit einer raffinierten Sauce mit Zitrusnote übergossen. Nur noch Mandeln daraufstreuen, und 15 Minuten später ist das Essen fertig. Dazu passen Brot und Salat.

Vorbereiten 15 Minuten

Garen im Ofen 15 Minuten

Für 4 Portionen Ⓥ

400 ml fettarme Milch

1 dicke Zwiebelscheibe, ungeschält

1 unbehandelte Zitrone

1 Lorbeerblatt

4 große oder 6 mittelgroße Avocados, halbiert, entsteint und in dicke Scheiben geschnitten

50 g halb getrocknete Tomaten, grob zerkleinert

2 EL Mehl

1 TL Dijonsenf

75 g gehobelte Mandeln

50 g geriebener Käse (nach Belieben)

¼ TL edelsüßes Paprikapulver

Nährwerte pro Portion etwa

• 590 kcal • 13 g Eiweiß • 51 g Fett, davon 10 g gesättigte Fettsäuren
• 22 g Kohlenhydrate

1 **Den Backofen** auf 180 °C vorheizen. 200 ml Milch in einen Topf gießen. Die äußerste Haut von der Zwiebelscheibe abziehen (die darunterliegenden Häute nicht entfernen, sie verleihen der Sauce Farbe). Von der Zitrone 2 dünne Schalenstreifen abschneiden. Zwiebelscheibe, Zitronenschale und Lorbeerblatt in die Milch geben und diese bis kurz unter den Siedepunkt erhitzen; vom Herd nehmen und den Deckel auflegen.

2 **In der Zwischenzeit** die Avocadoscheiben in eine Schüssel geben. 2 TL Zitronensaft und etwas schwarzen Pfeffer zufügen und untermischen. Die Hälfte der Scheiben in eine Auflaufform legen und mit den Tomatenwürfeln bestreuen. Die restlichen Avocadoscheiben darauflegen.

3 **Die Zwiebelscheibe** (aber nicht Zitronenschale und Lorbeerblatt) aus der Milch nehmen und wegwerfen. Das Mehl mit der restlichen Milch und dem Senf verquirlen. Die Mischung mit einem Schneebesen unter die warme aromatisierte Milch rühren. Unter ständigem Rühren aufkochen lassen, bis die Sauce angedickt und glatt ist. Lorbeerblatt und Zitronenschale entfernen und die Sauce mit etwas Salz abschmecken.

4 **Die Sauce** auf die Avocadoscheiben gießen und das Ganze mit den gehobelten Mandeln, dem Käse (nach Belieben) und dem Paprikapulver bestreuen. Im heißen Ofen 15 Minuten backen, bis die Sauce köchelt und die Mandelblättchen leicht gebräunt sind. Knuspriges Brot 5 Minuten im Ofen aufwärmen und zu dem Gratin servieren.

Alternativen • Bestreuen Sie den Auflauf statt mit den gehobelten Mandeln mit **25 g grob gehackten ungesalzenen Erdnusskernen oder einer knusprigen Samenmischung**. • Anstelle der halb getrockneten Tomaten können Sie abgetropfte **geröstete Paprikaschoten aus dem Glas (450 g)** verwenden.

Verwenden Sie unbedingt vollreife Avocados für dieses Gericht. Unreife Exemplare schmecken leicht bitter. Perfekt gereifte Avocados fühlen sich weich an, wenn man daraufdrückt, und haben cremiges Fruchtfleisch.

... reife Avocados

Gnocchi mit mediterraner Tomatensauce

Warum immer nur Nudeln? Die italienischen Klößchen aus Kartoffeln oder Grieß bringen Abwechslung auf den Tisch. Hier werden Sie unter eine fruchtige Tomatensauce gemischt und mit Pistazien und Parmesan bestreut.

Zubereiten 30 Minuten

Für 4 Portionen (V)

400 g große reife Tomaten

1½ EL Olivenöl

2 Knoblauchzehen, zerdrückt

6 Frühlingszwiebeln, in dünne Ringe geschnitten

½ TL Zucker

1 TL Balsamico-Essig

2 Zweige frische Kräuter (z. B. Rosmarin und Oregano; nach Belieben)

2 EL rotes Pesto

500 g Gnocchi

50 g Pistazienkerne, grob gehackt

25 g Parmesan oder Grana Padano, gerieben

Nährwerte pro Portion etwa
• 415 kcal • 12 g Eiweiß
• 20 g Fett, davon 5 g gesättigte Fettsäuren • 47 g Kohlenhydrate

1 Die Tomaten in eine Schüssel mit kochend heißem Wasser geben. Nach 1 Minute mit einem Schaumlöffel herausheben und kurz kalt abspülen. Die Tomaten anschließend häuten, vierteln, von den Samen befreien und grob würfeln.

2 In einem Topf das Öl bei schwacher Hitze heiß werden lassen. Knoblauch und Frühlingszwiebeln darin unter gelegentlichem Rühren 2–3 Minuten dünsten. Erst Zucker und Essig, dann die Tomatenwürfel und nach Belieben die Kräuter zugeben. Die Sauce offen 10 Minuten köcheln lassen, bis sie etwas reduziert ist. Das Pesto unterrühren und die Sauce abschmecken.

3 Kurz bevor die Sauce fertig ist, einen großen Topf mit kochend heißem Wasser füllen. Das Wasser leicht salzen und aufkochen lassen. Die Gnocchi ins Wasser geben. Das Wasser erneut aufkochen lassen und die Gnocchi darin in 2–3 Minuten (oder nach Packungsangabe) garen, dabei ein- bis zweimal umrühren. Die Gnocchi sind gar, sobald sie an die Wasseroberfläche steigen. In ein Sieb schütten, gut abtropfen lassen und unter die Sauce mischen. Das Gericht auf Teller verteilen, mit Pistazien und Käse bestreuen und servieren.

Für 4 Portionen (V)

750 g festkochende Kartoffeln, in 2,5 cm große Würfel geschnitten

250 g junger Blattspinat

3½ EL Erdnussöl

1 Zwiebel, in dünne Ringe geschnitten

5 cm frischer Ingwer, geschält und fein gewürfelt

1 kleine grüne Chilischote, halbiert, von den Samen befreit und in dünne Streifen geschnitten

1 TL gemahlener Koriander

¼ TL gemahlene Kurkuma

1 Dose Puy-Linsen (500 g)

2 Knoblauchzehen, in dünne Stifte geschnitten

½ TL Kreuzkümmelsamen

2 EL gehacktes Koriandergrün

Nährwerte pro Portion etwa
• 630 kcal • 37 g Eiweiß • 13 g Fett, davon 2 g gesättigte Fettsäuren
• 97 g Kohlenhydrate

Zubereiten 30 Minuten

Kochen Sie gleich mehrere Portionen von der Sauce, um sie einzufrieren. Sie passt z. B. zum Auberginenauflauf (siehe S. 259) oder kann zum Füllen von Ofenkartoffeln verwendet werden (siehe S. 271). Im Tiefkühlgerät hält sich die Sauce bis zu 1 Monat. Zur Verwendung auftauen, aufkochen und 3 Minuten köcheln lassen.

… aufbewahren

Gnocchi aus dem Kühlregal eignen sich gut für den Vorrat, weil sie sich im Kühlschrank in der ungeöffneten Verpackung etwa 1 Monat halten (Mindesthaltbarkeitsdatum beachten). Man kann Gnocchi auch einfrieren.

… Extratipp

Indisches Kartoffelgericht mit Spinat und Linsen

Kartoffeln, Spinat und indische Gewürze ergeben zusammen mit Puy-Linsen ein hocharomatisches vegetarisches Gericht. Eine authentische Beilage ist Gurken-Raita aus kühlem Joghurt (siehe S. 140).

1 Die Kartoffeln in 8–10 Minuten knapp weich garen; in ein Sieb schütten und abtropfen lassen. Währenddessen den Spinat in einen Dämpfeinsatz geben und 3–4 Minuten über den Kartoffeln dämpfen. In ein Sieb geben und abtropfen lassen, überschüssige Flüssigkeit mit einem Löffelrücken herausdrücken.

2 In einer großen Pfanne oder im Wok 3 EL Öl bei mittlerer Hitze heiß werden lassen. Die Zwiebelringe darin 2 Minuten dünsten. Ingwer, Chili, gemahlenen Koriander und Kurkuma unterrühren. Einige Sekunden mitdünsten, dann die Kartoffelwürfel zufügen und 3–4 Minuten pfannenrühren. Die Linsen in ein Sieb schütten und abtropfen lassen. Die Spinatblätter mithilfe von zwei Gabeln auseinanderzupfen und mit den Linsen unter die Kartoffelmischung heben. Das Gericht mit Salz abschmecken und sehr heiß werden lassen.

3 In der Zwischenzeit das restliche Öl in einer Pfanne erhitzen. Knoblauch und Kreuzkümmel darin 1–2 Minuten braten, bis beides etwas Farbe angenommen hat, dann 1 EL Koriandergrün unterrühren. Die Kartoffel-Linsen-Mischung in eine vorgewärmte Schüssel füllen. Mit der Knoblauch-Kreuzkümmel-Mischung und dem restlichen Koriandergrün bestreuen.

Scharfe Möhren mit weißen Bohnen Ⓥ

Kartoffeln weglassen. **Baby-Möhren (aus dem Kühlregal)** in mundgerechte Stücke schneiden, in kochendes Salzwasser geben und in etwa 5 Minuten bissfest garen. Abschütten und abtropfen lassen. Die Zwiebeln mit den Gewürzen dünsten, wie beschrieben. In Schritt 3 die Möhren untermischen. Linsen weglassen, stattdessen **kleine weiße Bohnen aus der Dose (400 g)** unterrühren. Das Ganze heiß werden lassen. Den Spinat unterheben und das Gericht mit Joghurt servieren.

... Variante

5 tolle Füllungen für Ofenkartoffeln

Dampfend heiße Kartoffeln, frisch aus dem Ofen, sind eine wunderbare Beilage. Und wenn es besonders schnell gehen muss, garen Sie die Kartoffeln einfach in der Mikrowelle. Werden sie noch lecker gefüllt, entsteht eine sättigende Mahlzeit. Alle Rezepte gelten für 4 Portionen.

Frühlingszwiebeln und Räucherkäse

1 Bund Frühlingszwiebeln schräg in dicke Ringe schneiden. **1 ungeschälte Knoblauchzehe** halbieren. In einer kleinen Pfanne **25 g Butter** heiß werden lassen. Zwiebelringe und Knoblauch darin 3–4 Minuten dünsten, bis die Zwiebelringe weich sind. Den Knoblauch wegwerfen, die Zwiebeln salzen und pfeffern. Die Ofenkartoffeln aufdrücken und die Hälfte der Frühlingszwiebeln und die gesamte Knoblauchbutter hineingeben. **150 g Räucherkäse** grob würfeln und auf die Kartoffeln streuen. Die restlichen Frühlingszwiebelringe daraufgeben und die Kartoffeln mit Brunnenkresse servieren. Ⓥ

Nährwerte pro Portion etwa
(einschließlich 2 Kartoffeln) • 360 kcal
• 14 g Eiweiß • 15 g Fett, davon
9 g gesättigte Fettsäuren • 45 g Kohlenhydrate

Zubereiten **15** *Minuten*

• Für echte Ofenkartoffeln den Backofen auf 220 °C vorheizen. Für 4 Personen 8 Kartoffeln (je etwa 200 g) abbürsten, waschen und rundum mit einer Gabel einstechen. Durch jede Kartoffel einen Metallspieß schieben (er leitet die Hitze in die Mitte der Kartoffel und verkürzt so die Garzeit). Die Kartoffeln 50–60 Minuten backen; danach oben kreuzweise einschneiden, auf einem Geschirrhandtuch in die Hand nehmen und aufdrücken.

• Eilige können die Kartoffeln im Mikrowellengerät garen. Dafür die tropfnassen, ungeschälten Kartoffeln an mehreren Stellen mit einem Messer einstechen, damit sie nicht platzen. Eine etwa 200 g schwere Kartoffel im Mikrowellengerät auf höchster Stufe 3½ Minuten garen. Wenden und in weiteren 1–2 Minuten weich garen. Vor dem Servieren ein paar Minuten ruhen lassen.

... perfekte Ofenkartoffeln

Kichererbsen mit Curry

1 kleinen Blumenkohl (in Röschen) in **2 EL Sonnenblumenöl** 3 Minuten pfannenrühren. **3 EL Wasser** zufügen und die Röschen weitere 2–3 Minuten garen, bis das Wasser verdunstet ist und sie knapp gar sind. **Kichererbsen aus der Dose (400 g)** abtropfen lassen. Mit **100 ml Curryketchup**, **½ TL Currypulver** sowie **100 g TK-Erbsen** unterrühren. Einmal aufkochen lassen. Die Mischung in die aufgedrückten Kartoffeln füllen. **4 gehäufte EL Joghurt** mit **2 EL gehacktem Koriandergrün** verrühren und die Mischung auf die Ofenkartoffeln verteilen. Ⓥ

Nährwerte pro Portion etwa
(einschließlich 2 Kartoffeln) • 490 kcal
• 22 g Eiweiß • 13 g Fett, davon
6 g gesättigte Fettsäuren • 76 g Kohlenhydrate

Zubereiten
20
Minuten

Schwarze Oliven, Bohnen und Chilis

Rote Kidneybohnen aus der Dose (400 g) in ein Sieb schütten, kalt abspülen und abtropfen lassen. Die Hälfte der Bohnen mit **2 EL Olivenöl** in eine Schüssel geben und mit einer Gabel zerdrücken; mit Salz und Pfeffer abschmecken. Die restlichen Bohnen, **50 g entsteinte, gehackte schwarze Oliven** sowie **1 fein gehackte grüne Chilischote** untermischen. Die Füllung in die aufgedrückten Kartoffeln geben. Nach Belieben **150 g saure Sahne oder Schmand** darauf verteilen. Dazu passt ein Salat aus Avocado- und Tomatenscheiben, angemacht mit einem Dressing aus 1 EL Limettensaft, 2 TL Olivenöl, Salz und Pfeffer.

Nährwerte pro Portion etwa
(einschließlich 2 Kartoffeln) • 475 kcal
• 12 g Eiweiß • 24 g Fett, davon
4 g gesättigte Fettsäuren • 58 g Kohlenhydrate

Zubereiten
15
Minuten

Pastasauce, Pilze und Mangold

In einer Pfanne **1 EL Olivenöl oder 15 g Butter** bei mittlerer bis starker Hitze heiß werden lassen. **150 g sehr kleine Champignons** darin 2–3 Minuten braten, bis sie bräunen und weich werden. Die Hitze etwas herunterschalten und **175 g Pastasauce aus dem Glas** zufügen. (Tomatensauce passt gut, Sie können aber auch eine Cremesauce verwenden.) **150 g Mangold** in Streifen schneiden und untermischen (**oder jungen Spinat** in Stücke zupfen und zugeben). Die Sauce 3–4 Minuten schwach köcheln lassen, bis die Blätter zusammengefallen sind. In die aufgedrückten Kartoffeln geben und **150 g geriebenen Käse** darauf verteilen.

Nährwerte pro Portion etwa
(einschließlich 2 Kartoffeln) • 360 kcal
• 16 g Eiweiß • 12 g Fett, davon
6 g gesättigte Fettsäuren
• 51 g Kohlenhydrate

Zubereiten
15
Minuten

Ziegenkäse, Pinienkerne und Pesto

In einer kleinen beschichteten Pfanne **30 g Pinienkerne** bei mittlerer bis starker Hitze unter ständigem Rühren in 2–3 Minuten goldbraun rösten; zum Abkühlen auf einen Teller geben. Die Ofenkartoffeln aufdrücken und **150 g Ziegenfrischkäse** hineingeben. Je **½ EL Pesto** daraufträufeln; die Pinienkerne daraufstreuen. Dazu passt Rucolasalat.

Nährwerte pro Portion etwa
(einschließlich 2 Kartoffeln) • 495 kcal
• 20 g Eiweiß • 28 g Fett, davon
10 g gesättigte Fettsäuren • 45 g Kohlenhydrate

Zubereiten
10
Minuten

> Inzwischen gibt es zahlreiche Käsesorten, die statt mit Lab aus Kälbermägen mit mikrobiellem Lab hergestellt werden und so auch für Veganer geeignet sind. Erkundigen Sie sich im Zweifelsfall beim Käsehändler oder beim Hersteller, welche Art Lab verwendet wurde.
>
> **... Extratipp**

Indischer Gemüsetopf

Aromatische Gewürze, cremige Kokosmilch, Linsen, frische Tomaten und Zucchini ergeben ein Gericht, das rasch fertig ist. Dazu passen Naan (indisches Fladenbrot) und kühler Joghurt.

Zubereiten
30
Minuten

Für 4 Portionen Ⓥ

225 g rote Spaltlinsen, abgespült und abgetropft

2 EL Erdnussöl

1 Zwiebel, fein gewürfelt

2 Knoblauchzehen, zerdrückt

2,5 cm frischer Ingwer, geschält und gerieben

2 TL gemahlener Kreuzkümmel

2 TL gemahlene Kurkuma

400 ml Kokosmilch

400 ml heiße Gemüsebrühe

4 Tomaten

Saft von ½ Limette oder 1 EL Zitronensaft

2 Zucchini, in 1 cm großen Würfeln

3 EL gehacktes Koriandergrün (nach Belieben)

Nährwerte pro Portion etwa
• 425 kcal • 18 g Eiweiß • 26 g Fett, davon 13 g gesättigte Fettsäuren
• 30 g Kohlenhydrate

Das Gericht lässt sich bis zu 24 Stunden im Voraus zubereiten und im Kühlschrank aufbewahren. Tiefgefroren hält es sich bis zu 3 Monate. Zum Servieren das gekühlte oder aufgetaute Gericht mit 2 EL Gemüsebrühe oder Wasser aufkochen und 1–2 Minuten köcheln lassen.

... klug vorbereiten

1 **Die Linsen** in eine Schüssel geben und 1 cm hoch mit kaltem Wasser bedecken. Das Öl in einem großen Topf heiß werden lassen. Die Zwiebelwürfel darin unter gelegentlichem Rühren in etwa 5 Minuten glasig dünsten. Knoblauch, Ingwer, Kreuzkümmel und Kurkuma zugeben und unter ständigem Rühren 1 Minute mitdünsten.

2 **Die eingeweichten Linsen** in einem Sieb abtropfen lassen. Mit Kokosmilch, Brühe, Salz und Pfeffer in den Topf geben. Aufkochen und bei halb aufgelegtem Deckel 5 Minuten köcheln lassen.

3 **In der Zwischenzeit** die Tomaten in eine Schüssel legen und mit kochend heißem Wasser bedecken. Nach 1 Minute mit einem Schaumlöffel herausheben und kurz kalt abspülen, dann häuten und würfeln.

4 **Die Tomatenwürfel** mit dem Limetten- bzw. Zitronensaft zur Linsenmischung geben. Den Deckel wieder halb auflegen und das Ganze weitere 10 Minuten köcheln lassen. Die Zucchiniwürfel unterrühren und das Gericht unter gelegentlichem Rühren 5 Minuten weiterköcheln lassen, bis die Sauce cremig ist. Vor dem Servieren abschmecken und nach Belieben das Koriandergrün untermischen.

Alternative Linsen und Zucchini weglassen. **Rote Kidneybohnen aus 2 Dosen (je 400 g)** in ein Sieb schütten, kalt abspülen und abtropfen lassen. Die Hälfte der Bohnen mit **100 ml Gemüsebrühe** pürieren und mit der Kokosmilch (Schritt 2) zu den Gewürzen geben. Die restlichen Bohnen untermischen. **250 g Blattspinat** in Streifen schneiden und mit den Tomaten zufügen (Schritt 4). Offen 8–10 Minuten köcheln lassen; mit Mohnsamen bestreuen und servieren.

Lauch mit Pilz-Quinoa

Quinoa ist sehr eiweißreich und verträgt sich bestens mit Champignons, Lauch und einem Hauch von Zitrone. Kürbis- und Sonnenblumenkerne sorgen bei diesem leichten, einfachen Gericht für mehr Biss.

Zubereiten 30 Minuten

Für 4 Portionen Ⓥ

4 EL Kürbis- und Sonnenblumenkerne

25 g Butter

150 g sehr dünne Stangen Lauch, schräg in 2 cm breite Stücke geschnitten

200 g sehr kleine Champignons

1 Knoblauchzehe, zerdrückt

225 g Quinoa, gewaschen

750 ml kräftige Gemüsebrühe

½ TL getrocknete gemischte Kräuter

abgeriebene Schale und Saft von 1 unbehandelten Zitrone

3 EL gehackte Petersilie

Nährwerte pro Portion etwa
• 335 kcal • 13 g Eiweiß • 16 g Fett, davon 5 g gesättigte Fettsäuren
• 36 g Kohlenhydrate

1 **Kürbis- und Sonnenblumenkerne** in einem großen Topf ohne Fett 2–3 Minuten rösten; zum Abkühlen auf einen Teller geben.

2 **Die Butter** bei mittlerer bis starker Hitze im Topf zerlassen. Lauch, Pilze und Knoblauch darin 1 Minute pfannenrühren.

3 **Quinoa** in den Topf geben und alles verrühren, dann Brühe und Kräuter untermischen. Aufkochen und zugedeckt 15 Minuten schwach köcheln lassen, bis die Flüssigkeit verdampft ist und Quinoa, Lauch und Pilze weich sind.

4 **Zitronenschale und -saft** sowie Salz und Pfeffer mit der Petersilie untermischen. Das Gericht vor dem Servieren mit den gerösteten Kernen bestreuen.

Linsen alla Bolognese Ⓥ

225 g rote Spaltlinsen in **500 ml kochend heißer Gemüsebrühe** einweichen. **2 EL Olivenöl** in einem Topf erhitzen und **1 große Zwiebel** (gewürfelt) darin in 5 Minuten glasig werden lassen. **2 zerdrückte Knoblauchzehen** und **1 Prise gemahlenen Zimt** unterrühren und ein paar Sekunden mitdünsten. Die Linsen mitsamt der Brühe sowie **gehackte Tomaten mit Basilikum aus der Dose (400 g)** untermischen. Bei halb aufgelegtem Deckel 15 Minuten köcheln lassen, bis die Linsen weich sind. Abschmecken und auf Pasta oder mit einer Kartoffelhaube servieren.

... Variante

Geröstete Samen und Kerne sind eine Bereicherung für viele Gerichte und manches Gebäck. Es gibt sie fertig zu kaufen, Sie können Kerne und Samen aber auch leicht selbst rösten. Sobald sie goldbraun sind, aus der Pfanne nehmen und locker auf einen Teller streuen. Auskühlen lassen, dann zum Aufbewahren in ein Schraubdeckelglas füllen. Ihr Röstaroma behalten sie etwa 2 Wochen lang.

... klug vorbereiten

Wokgemüse mit Tofu

Für dieses chinesisch inspirierte Gericht werden Tofuwürfel in einer aromatischen Sauce mariniert, anschließend goldbraun geröstet und mit pfannengerührtem Gemüse sowie Reis oder Nudeln angerichtet.

Zubereiten 30 Minuten

Für 4 Portionen Ⓥ

2 EL Hoisinsauce

2 EL Sojasauce

1 EL Sherry-Essig

1 EL flüssiger Honig

2 EL Erdnussöl

300 g Tofu, abgetropft und in 2,5 cm große Würfel geschnitten

3 EL Gemüsebrühe oder Wasser

2,5 cm frischer Ingwer, geschält und gerieben

1 rote Paprikaschote, halbiert und in Streifen geschnitten

100 g kleine Champignons, halbiert

200 g Chinakohl, in Streifen geschnitten

200 g Pak Choi, in Streifen geschnitten

1 EL geröstete Sesamsamen

Nährwerte pro Portion etwa

• 185 kcal • 9 g Eiweiß • 11 g Fett, davon 2 g gesättigte Fettsäuren

• 13 g Kohlenhydrate

---

1 Den Backofen auf 220 °C vorheizen. Für die Sauce die Hoisinsauce in einem Kännchen mit Sojasauce, Essig, Honig und 1 TL Erdnussöl verrühren. Den Tofu in eine kleine beschichtete Auflaufform geben und mit zwei Dritteln der Sauce begießen; mischen, bis die Tofuwürfel rundherum mit der Sauce überzogen sind. Die Würfel im heißen Ofen 8 Minuten rösten, dann wenden und weitere 6–8 Minuten im Ofen garen.

2 In der Zwischenzeit die restliche Sauce mit der Brühe verrühren; beiseitestellen. Den Wok oder eine große beschichtete Pfanne mit hohem Rand bei starker Hitze heiß werden lassen. Das restliche Erdnussöl hineingeben und durch Schwenken verteilen. Den Ingwer darin einige Sekunden pfannenrühren, dann Paprika und Pilze zufügen und alles 2 Minuten pfannenrühren. Chinakohl und Pak Choi mit der Saucenmischung zugeben und 2–3 Minuten weiterrühren, bis die Chinakohl- und die Pak-Choi-Streifen zusammengefallen sind.

3 Die Tofuwürfel untermischen. Das Gericht in Schalen auf Nudeln oder Reis anrichten. Mit gerösteten Sesamsamen bestreuen und servieren.

Alternativen • Den Chinakohl weglassen. **125 g grüne Bohnen** in 3 cm lange Stücke schneiden; mit Paprika und Pilzen in den Wok bzw. die Pfanne geben. • Die Champignons können Sie durch in dicke Scheiben geschnittene **gemischte Pilze**, z. B. Austern- und Shiitakepilze, ersetzen.

Tofu ist ein hervorragender Eiweiß- und Kalziumlieferant und sehr fettarm. Allerdings hat er wenig Eigengeschmack. Daher empfiehlt es sich, ihn zu marinieren oder, wie hier, in einer würzigen Sauce zu garen.

... Kochtipp

Für 4 Portionen Ⓥ

150 ml Gemüsebrühe

75 g Langkornreis

1 unbehandelte Orange

3 EL Walnuss-, Erdnuss- oder Sonnenblumenöl

1 TL Sojasauce

¼ Rotkohl (etwa 250 g), in feine Streifen geschnitten oder gehobelt

125 g Walnusskernhälften, große Exemplare in Stücke gebrochen

3 EL Sesamsamen

1 Ei, leicht verquirlt

2½ EL Sonnenblumenöl

½ Chinakohl (etwa 300 g), in Streifen geschnitten

100 g junge zarte Pak-Choi-Blätter, große Blätter längs halbiert

Nährwerte pro Portion etwa

• 540 kcal • 12 g Eiweiß • 44 g Fett, davon 5 g gesättigte Fettsäuren

• 25 g Kohlenhydrate

Zubereiten 30 Minuten

Chinesischer Salat mit Reis-Sesam-Küchlein

Kleine Reispfannkuchen mit Sesam krönen hier einen Salat aus mariniertem Rotkohl, Walnüssen und asiatischem Blattgemüse. Eine ganz besondere Note erhält diese außergewöhnliche Mischung durch ein erfrischendes Orangen-Dressing.

1 **Brühe und Reis** in einen Topf geben. Aufkochen lassen, einmal umrühren und zugedeckt 15–20 Minuten köcheln lassen, bis der Reis weich ist und die gesamte Flüssigkeit aufgenommen hat. Den Reis bei schwacher Hitze unter gelegentlichem Rühren noch 1 Minute ausdampfen lassen, dann in eine Schüssel füllen und abkühlen lassen.

2 **In der Zwischenzeit** von der Orange ½ TL Schale abreiben und in eine große Schüssel geben. Den Saft auspressen. Mit Walnuss-, Erdnuss- oder Sonnenblumenöl und Sojasauce sowie Salz und Pfeffer in die Schüssel geben und alles mit einem Schneebesen zu einem Dressing verrühren. Den Rotkohl untermischen; im Dressing ziehen lassen, damit er etwas weicher wird.

3 **Die Walnussstücke** in einer großen beschichteten Pfanne unter häufigem Rühren ohne Fett bei mittlerer Hitze in etwa 3 Minuten goldbraun rösten; zum Abkühlen sofort aus der Pfanne auf einen Teller geben.

4 **Sesam und Ei** sowie Salz und Pfeffer unter den abgekühlten Reis rühren. Das Sonnenblumenöl in der Pfanne bei mittlerer bis starker Hitze heiß werden lassen. Die Reismischung teelöffelweise so hineingeben, dass etwa 2,5 cm große Küchlein entstehen (je nach Größe der Pfanne eventuell portionsweise vorgehen). Die Küchlein 2 Minuten braten, bis die Unterseiten leicht gebräunt sind, anschließend wenden und noch 1½–2 Minuten braten.

5 **Chinakohl**, Pak Choi und Nüsse zum Rotkohl geben und untermischen. Den Salat auf Teller verteilen und die Reis-Sesam-Küchlein darauf anrichten.

Alternative Die Reisküchlein weglassen. In einer Schüssel **1 TL geriebenen Ingwer**, **1 EL Sojasauce** und **2 EL Öl** zu einer Marinade verquirlen. **150 g gewürfelten festen Tofu** untermischen. Eine große Pfanne heiß werden lassen. Den Tofu mitsamt der Marinade hineingeben und 3–4 Minuten pfannenrühren. Den Tofu in Schritt 5 unter den Salat mischen.

Spinatsalat mit Pilzen Ⓥ
In einer Schüssel **1 TL geriebenen Ingwer**, **1 EL flüssigen Honig**, **2 TL Rotweinessig** und **3 EL Haselnussöl** zu einem Dressing verrühren. **100 g Champignons** in Scheiben schneiden und zufügen. **4 heiße oder kalte gegarte Sojawürstchen** schräg in 2 cm dicke Scheiben schneiden und mit **250 g jungem Blattspinat** untermischen. Dazu passen kleine Pellkartoffeln.

... Variante

Geben Sie in Schritt 4 mit Ei und Sesam **eine gute Prise Fünf-Gewürze-Pulver** zum Reis, und mischen Sie unter das Sonnenblumenöl zum Braten **1 TL geröstetes Sesamöl** – so erhält das Gericht noch mehr Aroma.

... Kochtipp

Thai-Gemüse mit Kokosmilch und Cashews

Grüne Thai-Currypaste wird aus frischen grünen Chilis und Kräutern hergestellt. Bei dieser Mischung aus Gemüse und Pilzen sorgt sie für besondere Würze. Zu dem exotischen Gericht passt am besten Thai-Duftreis.

Zubereiten 30 Minuten

Für 4 Portionen Ⓥ

75 g Cashewkerne
2 EL Sonnenblumenöl
1 Zwiebel, fein gewürfelt
100 g kleine Champignons, in Scheiben geschnitten
125 g Zuckerschoten
125 g Mini-Maiskolben
1 grüne Paprikaschote, halbiert und in Streifen geschnitten
3 TL grüne Thai-Currypaste
400 ml Kokosmilch
100 g Mungobohnensprossen

Nährwerte pro Portion etwa
• 420 kcal • 10 g Eiweiß • 34 g Fett, davon 15 g gesättigte Fettsäuren
• 18 g Kohlenhydrate

1 **Eine große Pfanne** bei mittlerer Hitze heiß werden lassen. Die Cashews darin ohne Fett unter häufigem Rühren in 2–3 Minuten goldbraun rösten; zum Abkühlen auf einen Teller geben.

2 **Das Sonnenblumenöl** in die Pfanne geben. Die Zwiebelwürfel darin in etwa 2 Minuten glasig werden lassen. Bei etwas stärkerer Hitze die Pilze zufügen und 2–3 Minuten pfannenrühren, dann Zuckerschoten, Mais und Paprikastreifen zugeben und alles unter Rühren weitere 2 Minuten garen.

3 **Die Currypaste** und 3 EL Kokosmilch untermischen. 1 Minute rühren, dann die restliche Kokosmilch und die Sprossen zufügen. Alles unter gelegentlichem Rühren 2 Minuten köcheln lassen, bis Gemüse und Pilze weich sind und die Kokosmilch etwas eingekocht ist. Die Hälfte der Cashews unterheben und das Gericht auf vorgewärmte Teller verteilen. Mit den restlichen Cashewkernen bestreuen und servieren.

Alternativen Geben Sie statt der grünen Currypaste einmal **1 EL rote Currypaste** an dieses Gericht. Sie ist schärfer und intensiver als die grüne und passt gut zu rustikalerem Gemüse. **350 g Süßkartoffeln oder Pastinaken** fein würfeln und in Schritt 2 mit den Pilzen pfannenrühren. Anstelle von Zuckerschoten und Paprika **150 g Brokkoliröschen** zufügen und im zweiten Arbeitsschritt 2 Minuten mitgaren. Das Gericht nach der Zugabe der Kokosmilch 4 Minuten köcheln lassen, dann erst die Sprossen untermischen.

Kochtipp Bei diesem Gericht wird die Schärfe der Currypaste durch die Kokosmilch ausgeglichen. Wenn Sie es milder wünschen, geben Sie einfach etwas weniger Currypaste zu.

Warmer Kartoffelsalat mit Erdnusssauce und Eiern

Kleine Kartoffeln sind schnell gar – genau das Richtige für vielbeschäftigte Menschen. Ergänzt werden sie in diesem Salat mit hart gekochten Eiern, knackigem gedämpftem Gemüse und einer cremigen Erdnusssauce.

Zubereiten 25 Minuten

Für 4 Portionen Ⓥ

- 750 g sehr kleine Kartoffeln (Drillinge), gebürstet und gewaschen
- 2 große Möhren, geschält und in dünne Stifte geschnitten
- 125 g feine grüne Bohnen, in 2,5 cm lange Stücke geschnitten
- 1 kleiner Blumenkohl, in Röschen geteilt
- 6 Eier
- 1 EL Sonnenblumenöl
- 1 Knoblauchzehe, zerdrückt
- 2,5 cm frischer Ingwer, geschält und gerieben
- ¼ TL Chiliflocken
- 1 EL Limettensaft
- 1 TL brauner Zucker
- 4 EL Erdnusscreme mit Stückchen
- 1 EL Olivenöl
- 1 TL Rotweinessig

Nährwerte pro Portion etwa

- 525 kcal • 25 g Eiweiß • 30 g Fett, davon 6 g gesättigte Fettsäuren
- 42 g Kohlenhydrate

1 Die Kartoffeln in einen großen Topf (zu dem es einen passenden Dämpfeinsatz gibt) mit kochendem Wasser geben und in 10–12 Minuten knapp weich garen. Möhren, Bohnen und Blumenkohl in den Dämpfeinsatz füllen. Nachdem die Kartoffeln etwa 4 Minuten gekocht haben, den Dämpfeinsatz in den Topf über die Kartoffeln setzen, den Topf fest verschließen und das Gemüse 8 Minuten über den Kartoffeln dämpfen.

2 In der Zwischenzeit die Eier in einen Topf mit kochendem Wasser geben und in 8–10 Minuten hart kochen; abgießen und zum Abkühlen in eine Schüssel mit kaltem Wasser legen.

3 Für die Sauce das Sonnenblumenöl in einem kleinen Topf heiß werden lassen. Knoblauch, Ingwer und Chiliflocken darin 1 Minute braten. Limettensaft, Zucker, Erdnusscreme und 8 EL Kartoffelkochwasser zufügen. Unter Rühren erhitzen, bis Dampf aufsteigt.

4 Die gegarten Kartoffeln abgießen und im Topf abdämpfen. Das gedämpfte Gemüse zufügen. Alles mit Olivenöl und Essig beträufeln und behutsam mischen. Den Topf mit dem Deckel verschließen, damit der Salat warm bleibt. Die Eier schälen und längs vierteln. Den Salat in eine vorgewärmte Servierschüssel geben und die Eiviertel darauf anrichten. Mit der heißen Erdnusssauce beträufeln und sofort servieren.

Asiatisches Gemüse mit Erdnusssauce Ⓥ

Kartoffeln und Gemüse können Sie durch **500 g TK-Wokgemüse** ersetzen. Nach Packungsangabe pfannenrühren, mit der Erdnusssauce beträufeln und mit **gewürzten Sonnenblumenkernen** (Fertigprodukt) bestreuen. Dazu passt Reis.

... Variante

Orientalischer Brotsalat

Reichlich frischen Kräutern verdankt dieser Salat (der im Orient *Fattoush* heißt) sein typisches Aroma. Sättigend wird er durch getoastetes Pitabrot. Mit diesem leichten Essen holen Sie sich zu jeder Jahreszeit den Sommer ins Haus.

Zubereiten
15
Minuten

Für 4 Portionen Ⓥ

2 große Pitabrote
4 EL Olivenöl
Saft von 1 Zitrone
2 EL gehacktes Koriandergrün
2 EL gehackte Minze, mehr Minze zum Garnieren (nach Belieben)
1 Dose Kichererbsen (400 g)
½ Salatgurke, in 1 cm große Würfel geschnitten
4 große Tomaten, geviertelt, von den Samen befreit und gewürfelt
4 Frühlingszwiebeln, schräg in dünne Ringe geschnitten

Nährwerte pro Portion etwa

• 320 kcal • 10 g Eiweiß • 14 g Fett, davon 2 g gesättigte Fettsäuren
• 41 g Kohlenhydrate

1 Die Pitabrote im Toaster 1 Minute anwärmen, damit sie sich leichter öffnen lassen. Anschließend mit einem Messer horizontal aufschneiden und die Hälften etwa 1 Minute toasten, bis sie knusprig und leicht gebräunt sind; in mundgerechte Stücke zupfen.

2 Das Olivenöl mit dem Zitronensaft zu einem Dressing verquirlen. Abschmecken und die Kräuter untermischen.

3 Die Kichererbsen in ein Sieb schütten und abtropfen lassen. Mit Gurke, Tomaten und Frühlingszwiebeln in eine Schüssel geben, mit dem Dressing beträufeln und alles mischen. Unmittelbar vor dem Servieren die Brotstücke unterheben und den Salat nach Belieben mit Minze garnieren.

Alternativen • Anstelle der Frühlingszwiebeln können Sie **1 gewürfelte rote Zwiebel** zum Salat geben. • Die Kichererbsen können Sie auch einmal durch **die gleiche Menge Augenbohnen** ersetzen.

Extratipp Mischen Sie nach Belieben noch **getrocknete Aprikosen (Soft-Früchte)** (in Würfel geschnitten), **Sonnenblumenkerne** oder **zerbröckelten Ziegenkäse** unter den Brotsalat.

Desserts

Tropischer Obst-Trifle

Die englische Schichtspeise *Trifle* wird auch bei uns immer beliebter. Diese in Rekordzeit zubereitete Variante enthält Amaretti, Sherry, Vanillepudding, Obstsalat und Schlagsahne.

Zubereiten 10 Minuten

Für 4 Portionen

100 g weiche Mandelmakronen (Amaretti)

100 ml medium Sherry

400 g Tropen-Fruchtcocktail aus dem Glas oder der Dose (z. B. Ananas, Mango, Papaya)

500 g Vanillepudding (aus dem Kühlregal)

200 g Sahne, steif geschlagen

Nährwerte pro Portion etwa
• 380 kcal • 18 g Fett, davon 12 g gesättigte Fettsäuren
• 55 g Kohlenhydrate

1 Die Makronen auf sechs Dessertgläser (je etwa 200 ml Inhalt) verteilen und jede Portion mit 1½ EL Sherry beträufeln.

2 Die Obstmischung in ein Sieb schütten und abtropfen lassen, den Sirup auffangen. In jedes Glas 2 EL Sirup geben. Einige Obststücke für die Garnitur beiseitelegen, den Rest auf die Gläser verteilen.

3 Den Pudding auf das Obst löffeln und mit Schlagsahne krönen. Die restlichen Obststücke klein schneiden und die Portionen damit garnieren. Bis zum Servieren in den Kühlschrank stellen.

Alternativen • Anstelle des Obstcocktails können Sie **400 g frische Erdbeeren** verwenden. Diese nach Belieben klein schneiden, dann mit **1 EL Zucker** mischen. Die Makronen in diesem Fall mit **Orangensaft** statt mit Sherry tränken.
• Probieren Sie das Dessert einmal mit **Orangenlikör** statt mit süßem Sherry.

Himbeer-Trifle

In einem Topf **100 g Himbeer- oder Erdbeerkonfitüre** in etwa 1 Minute flüssig werden lassen. **500 g TK-Himbeeren** untermischen. **1 Kastenkuchen** in Scheiben schneiden. Die Scheiben in eine große Schüssel legen; mit **4 EL Sherry** und **4 EL Orangensaft** beträufeln. Himbeermischung darauf verteilen. **250 g Sahne** mit der **abgeriebenen Schale und dem Saft von 1 unbehandelten Orange**, **1 EL Puderzucker** und **2 EL süßem Sherry** steif schlagen; auf die Himbeeren streichen. Falls möglich, für 10 Minuten ins Tiefkühlgerät stellen.

Mandarinen-Zitronen-Trifle

4 Scheiben Kastenkuchen in vier Dessertschälchen legen und mit **Zitronensaft** beträufeln. **Mandarinensegmente aus der Dose (etwa 300 g)** abtropfen lassen; auf die Scheiben verteilen. **500 g Joghurt** mit **Zitronenpudding (Kühlregal)** verrühren. Mischung auf das Obst geben. Mit kleinen Baisers garnieren und servieren.

... Varianten

Tiramisu

Hier ist eine einfache, schnelle, aber überaus köstliche Variante des italienischen Dessertklassikers. Löffelbiskuits werden mit Kaffee und Alkohol getränkt, und darauf kommt eine Schicht Mascarpone, die mit Schokolade bestäubt wird.

Zubereiten 10 Minuten

Für 6 Portionen
4 TL lösliches Kaffeepulver
4 EL Grappa, Tia Maria, Marsala oder Sherry
200 g Löffelbiskuits
2 EL Zucker
8 EL Joghurt
500 g Mascarpone
60–70 g Bitterschokolade, geraspelt

Nährwerte pro Portion etwa
• 460 kcal • 34 g Fett, davon 21 g gesättigte Fettsäuren
• 31 g Kohlenhydrate

1 Das Kaffeepulver in 100 ml kochend heißem Wasser auflösen. 100 ml kaltes Wasser und Grappa, Tia Maria, Marsala oder Sherry untermischen.

2 Die Löffelbiskuits in zwei Schichten in eine quadratische Form (20 × 20 cm) legen und gleichmäßig mit der Kaffeemischung beträufeln.

3 Zucker und Joghurt unter den Mascarpone schlagen. Die Mischung auf die Löffelbiskuits streichen und andrücken, sobald alle bedeckt sind. Die geraspelte Schokolade daraufhäufen, dann gleichmäßig darauf verteilen und etwas andrücken. Wenn möglich, für 10 Minuten ins Tiefkühlgerät stellen.

Alternativen • Statt Mascarpone können Sie **Quark (40 % Fett)** verwenden.
• Den Alkohol nach Belieben weglassen und die Löffelbiskuits stattdessen mit **Orangensaft** beträufeln.

Für 4 Portionen die angegebenen Mengen halbieren und das Tiramisu in Dessertschalen zubereiten.

... Kochtipp

Das Tiramisu lässt sich gut einfrieren. Dafür die Form mit Frischhaltefolie verschließen. Das Dessert gefrieren lassen, dann in einen Gefrierbeutel geben; innerhalb von 3 Monaten verzehren.

... aufbewahren

Gekühlter Früchtekuchen mit Nüssen und Gewürzen

Rühren und kühlen – das ist fast das Einzige, was Sie für diesen Kuchen zu tun haben. Gebacken wird er nicht. Mit Kaffee und Likör ist er geradezu unwiderstehlich.

Vorbereiten 20 Minuten

Tiefkühlen 10 Minuten

Für 6 Portionen

100 g Bitterschokolade, in Stücke gebrochen

100 g geröstete Mandelblättchen oder gehackte Haselnusskerne

200 g gemischtes Trockenobst (Soft-Früchte; z. B. Aprikosen, Pfirsiche, Kirschen, Rosinen)

100 g getrocknete Feigen (Soft-Früchte), gewürfelt

100 g gemahlene Mandeln

2 TL gemahlener Koriander

2 TL gemahlener Zimt

2 TL flüssiger Honig

Puderzucker zum Bestäuben

Nährwerte pro Portion etwa

• 425 kcal • 24 g Fett, davon 4 g gesättigte Fettsäuren • 46 g Kohlenhydrate

1 **Eine Metallschüssel** auf einen Topf mit köchelndem Wasser setzen. Die Schokoladenstücke darin unter gelegentlichem Rühren schmelzen lassen. Eine runde Backform (etwa 24 cm ∅) in das Tiefkühlgerät stellen. Die Mandelblättchen bzw. Haselnüsse in einer großen Schüssel mit der Trockenobstmischung, den Feigen, den gemahlenen Mandeln sowie Koriander und Zimt mischen.

2 **Die flüssige Schokolade** auf die Mischung gießen. Den Honig zufügen und alles sorgfältig verrühren.

3 **Anschließend die Form** so mit einem großen Stück Frischhaltefolie auskleiden, dass die Folie weit über den Rand hängt. Die Schokoladenmischung in die Form füllen. Etwas andrücken, dann mit der überhängenden Folie bedecken und die Oberfläche mit den Fingern so glatt wie möglich streichen.

4 **Die gefüllte Form** für 10 Minuten in das Tiefkühlgerät stellen, bis die Mischung etwas fester geworden ist. Die Folie öffnen. Den Kuchen auf eine Platte stürzen und die Folie abziehen. Großzügig mit Puderzucker bestäuben und zum Servieren in 12 Stücke schneiden.

Alternative Feigen, gemahlene Mandeln, Koriander, Zimt und Honig weglassen. **200 g Butterkekse** in einen Gefrierbeutel geben und mit einer Teigrolle zerbröseln. Zur Mandel-Obst-Mischung geben und mit **100 g grob gehackten Belegkirschen** untermischen. **2 EL Orangensaft** zufügen, dann erst die Schokolade unterrühren.

Nuss-Früchtekuchen mit Mascarpone und Kirschen

12 **Belegkirschen** in eine Tasse geben. **4 EL Wodka** und **1 Tropfen Bittermandelaroma** unterrühren. Zudecken und durchziehen lassen. Anschließend den Kuchen wie oben beschrieben zubereiten. Vor dem Servieren die Kirschen in einem Sieb abtropfen lassen, den Mandel-Wodka dabei auffangen. Die Flüssigkeit mit **1 TL Puderzucker** unter **200 g Mascarpone** rühren. Die Kuchenstücke mit je etwas Mascarpone und einer Kirsche garnieren.

... Variante

Warmes Birnen-Mango-Kompott

Sie brauchen nur eingemachtes Obst aus dem Vorrat zu holen, und kurze Zeit später ist dieses köstliche Dessert fertig. Kardamom sowie Limettenschale und -saft verleihen dem schlichten Kompott ein frisch-delikates Aroma.

Zubereiten
15 Minuten

Für 4 Portionen
1 Dose Mangostücke (425 g)
1 Dose Birnenviertel (425 g)
abgeriebene oder mit einem Zesten-reißer abgezogene Schale und Saft von 1 unbehandelten Limette
9 grüne Kardamomkapseln
2 EL gehackte Pistazienkerne

Nährwerte pro Portion etwa
• 165 kcal • 3 g Fett, davon 0,5 g gesättigte Fettsäuren • 36 g Kohlenhydrate

1 **Ein Sieb** auf einen Topf setzen. Mangostücke und Birnenviertel hineinschütten. Das Sieb zum Abtropfen kräftig schütteln und auf eine Schüssel setzen. Falls die Mangostücke sehr groß sind, diese in dünnere Scheiben schneiden.

2 **Limettenschale und -saft** zum aufgefangenen Obstsaft in den Topf geben. Die Kardamomkapseln mit einem Messer einritzen; ebenfalls in den Topf geben. Den aromatisierten Obstsaft aufkochen und 5–6 Minuten sprudelnd kochen lassen, bis er auf etwa die Hälfte reduziert ist und das Kardamomaroma angenommen hat.

3 **In der Zwischenzeit** Mangostücke und Birnenviertel in Dessertschalen füllen. Den eingekochten Saft (nach Belieben ohne die Kardamomkapseln) auf das Obst schöpfen. Die Portionen mit Pistazien bestreuen und servieren.

Alternativen • Aromatisieren Sie den Saft mit der **abgeriebenen Schale von 1 unbehandelten Orange** (den Orangensaft anderweitig verwenden) und **1 Zimt-stange** statt mit Limettenschale, Limettensaft und Kardamom. • Sie können die Pistazien durch **geröstete Mandelblättchen oder gehackte Walnusskerne** ersetzen. • Anstelle von Birnen und Mangos können Sie **Pfirsiche aus der Dose** und **Litschis aus der Dose** verwenden.

Das Kompott lässt sich wunderbar im Voraus zubereiten. Das Obst in eine große Schüssel füllen, mit dem eingekochten Saft (mit den Kardamomkapseln) begießen und für einige Stunden oder über Nacht kalt stellen. Kühl servieren.

... klug vorbereiten

Birnenkompott mit Rosenwasser-Ricotta
Wie oben beschrieben vorgehen, statt der Birnenviertel jedoch **Birnenhälften** verwenden. **100 g Ricotta** mit **1 TL Pu-derzucker** und **1 EL Rosenwasser** verrühren. Die Mischung in 4 Birnen-hälften füllen. Diese in vier Schälchen setzen und mit den Pistazien garnieren. Die Mangoscheiben um die Birnen herum anrichten, die restlichen Birnen-hälften in Spalten schneiden und zufügen. Mit dem eingekochten Saft beschöpfen und servieren.

... Variante

5 Blitzrezepte für Obstsalate

Maximal 10 Minuten – mehr Zeit ist nicht nötig, um diese gesunden, unkomplizierten, schnellen und unwiderstehlichen Desserts zuzubereiten. Einige Zutaten für diese Köstlichkeiten stammen aus dem Vorrat. Daneben werden frische exotische Früchte oder heimisches Obst der Saison verwendet. Alle Rezepte gelten für 4 Portionen.

Orangen mit Granatapfelkernen und Muskat

Von **6 kernlosen Orangen** oben und unten je eine Scheibe abschneiden. Mit einem scharfen Messer die Schale und die weiße Haut in breiten Streifen von oben nach unten abschneiden. Die Orangen quer in Scheiben schneiden. Diese auf vier Tellern anrichten und mit etwas **geriebener Muskatnuss** bestreuen. **1 Granatapfel** vierteln, die Kerne über einer Schüssel herausklopfen, Schalen und Häutchen entfernen. Die Kerne auf die Orangen verteilen. Jede Portion nach Belieben mit **1 EL Grenadine-Sirup** beträufeln und mit einigen in Streifen geschnittenen Minzeblättern garnieren.

Nährwerte pro Portion etwa • 85 kcal • 0,2 g Fett, davon 0 g gesättigte Fettsäuren • 20 g Kohlenhydrate

Zubereiten **10** *Minuten*

Ananas-Kiwi-Salat mit Limette

Ananasstücke aus der Dose (etwa 400 g) abtropfen lassen und auf vier Dessertschalen verteilen. **4 Kiwis** schälen, in Scheiben schneiden und auf den Ananasstücken anrichten. Die **Schale von 1 unbehandelten Limette** grob darüberreiben und vor dem Servieren den Saft über den Portionen ausdrücken.

Nährwerte pro Portion etwa • 150 kcal • 0,3 g Fett, davon 0 g gesättigte Fettsäuren • 38 g Kohlenhydrate

Zubereiten **10** *Minuten*

> Für einen Frühstücksdrink (1 Portion) **250 g übrig gebliebenen Obstsalat** im Mixer mit **200 g Joghurt** pürieren. Nach Belieben mit bis zu **125 ml ungesüßtem Fruchtsaft** verdünnen.
>
> **... Extratipp**

Erdbeeren und Heidelbeeren mit Pfeffer

400 g Erdbeeren putzen, größere Exemplare halbieren; auf vier Tellern anrichten. **250 g Heidelbeeren** auf die Teller verteilen. Etwas **schwarzen Pfeffer** über das Obst mahlen und **je 1 Zitronenschnitz** auf die Teller legen, damit sich jeder den Saft nach Belieben auf das Obst träufeln kann. Zu den Salaten Extra-Pfeffer und Zucker reichen.

Nährwerte pro Portion etwa • 45 kcal • 0,2 g Fett, davon 0 g gesättigte Fettsäuren • 10 g Kohlenhydrate

Zubereiten **5** *Minuten*

Kardamom-Feigen mit getrockneten Cranberrys

Grüne Feigen aus 2 Dosen (je 425 g) über einem kleinen Topf abtropfen lassen. **4 grüne Kardamomkapseln** aufschneiden und mit **2 EL getrockneten Cranberrys** sowie dem **Saft und der abgeriebenen Schale von 1 unbehandelten Orange** zum aufgefangenen Feigensaft geben. Den Saft aufkochen und 1 Minute sprudelnd kochen lassen. Inzwischen die Feigen auf vier Schälchen verteilen. Mit dem heißen Saft beschöpfen und servieren.

Nährwerte pro Portion etwa • 180 kcal • 0,25 g Fett, davon 0 g gesättigte Fettsäuren • 43 g Kohlenhydrate

Zubereiten **10** *Minuten*

Guaven und Pflaumen mit Vanillesirup und Pistazien

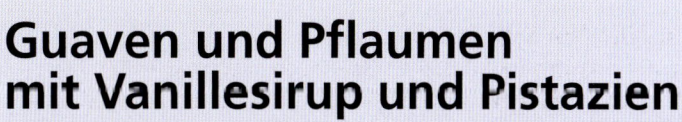

Pflaumen aus dem Glas (etwa 400 g) über einem großen Topf abtropfen lassen. **Guavenhälften aus der Dose (425 g)** ebenfalls über dem Topf abtropfen lassen. Den Saft in 4–5 Minuten auf etwa die Hälfte einkochen lassen. Inzwischen die Pflaumen auf vier Schalen verteilen. Die Guavenhälften zufügen. **1 Messerspitze gemahlene Vanille** unter den eingekochten Saft rühren und diesen auf das Obst schöpfen. Die Portionen mit **50 g gehackten Pistazienkernen** bestreuen und servieren.

Nährwerte pro Portion etwa • 200 kcal • 7 g Fett, davon 1 g gesättigte Fettsäuren • 34 g Kohlenhydrate

Zubereiten **10** *Minuten*

Frische Feigen auf einem Blätterteigbett

Mit etwas Rosenwasser und ein paar Pistazienkernen wird aus schlichtem Blätterteig eine knusprige und wohlschmeckende Unterlage für saftige frische Feigen. Ein Dessert, das superleicht herzustellen ist, aber wunderschön aussieht und fantastisch schmeckt.

Für 6 Portionen

1 Rolle gekühlter Blätterteig (275 g)

2 EL Rosenwasser

40 g Pistazienkerne, gehackt, mehr zum Garnieren (nach Belieben)

2 EL Zucker

6 reife frische Feigen

6 EL griechischer Sahnejoghurt

3 EL flüssiger Honig

Nährwerte pro Portion etwa

• 300 kcal • 16 g Fett, davon 4 g gesättigte Fettsäuren • 36 g Kohlenhydrate

1 **Den Backofen** auf 240 °C vorheizen. Den Blätterteig aus dem Kühlschrank nehmen und, wenn es die Zeit erlaubt, in der Verpackung in etwa 20 Minuten Raumtemperatur annehmen lassen. Den Teig entrollen und in 6 fast quadratische Vierecke schneiden; diese auf ein mit Wasser benetztes Backblech legen.

2 **Die Teigstücke** mit dem Rosenwasser beträufeln und mit den Pistazien und dem Zucker bestreuen. Im heißen Ofen 10–12 Minuten backen, bis sie aufgegangen und gebräunt sind.

3 **In der Zwischenzeit** die Feigen von den Stielen befreien und längs in je 6 Spalten schneiden. Auf jeden Teller ein Blätterteigteilchen geben und 3 Feigenspalten darauf anrichten. Je einen Tupfer Joghurt danebensetzen und 3 weitere Feigenspalten dazulegen. Die Feigenspalten mit dem Honig beträufeln, nach Belieben mit gehackten Pistazien bestreuen und das Dessert sofort servieren.

Alternativen • Sie können die frischen Feigen durch abgetropfte **Feigen aus der Dose** ersetzen. Oder Sie nehmen **frische Erdbeeren** – je 3 davon auf dem Gebäck und 3 daneben anrichten. • Verwenden Sie zur Abwechslung auch einmal **4 frische Pfirsiche** anstelle der Feigen: jeden in Spalten schneiden und je 3 auf das Gebäck und 3 danebenlegen. Mit **je 1 TL Aprikosenkonfitüre** garnieren. • Der Joghurt lässt sich durch **150 g geschlagene Sahne** ersetzen. • Den Honig weglassen und die Portionen mit **Puderzucker** bestäuben.

Blätterteig-Doppeldecker

2 Rollen Blätterteig verwenden und in 12 Stücke schneiden. Das Rosenwasser weglassen und statt der Pistazien **gehobelte Mandeln** nehmen. Die Teigstücke auf ein Backblech legen, mit Mandeln und Zucker bestreuen und wie beschrieben backen. Anschließend 5 Minuten auf einem Kuchengitter abkühlen lassen. Auf sechs Teller je ein Gebäckstück legen. Darauf je **1 EL stückige Konfitüre, z. B. Kirsch- oder Aprikosenkonfitüre**, verteilen. **Je 1 EL griechischen Sahnejoghurt, Crème fraîche oder Sahnequark** daraufgeben. Den Belag auf dem Gebäck etwas verstreichen, bis er marmoriert ist. Die restlichen Blätterteigstücke daraufsetzen und diese mit etwas **Puderzucker** bestäuben.

... Variante

Ausgebackene Ananasküchlein

Außen knusprig, innen herrlich saftig – wer kann da widerstehen? Das exotische Pendant zu Apfelküchlein mögen besonders Kinder gern. Ideal sind die Ananasscheiben im Teigmantel als Dessert nach einem asiatischen Essen.

Zubereiten 15 Minuten

Für 4 Portionen
4 Ananasscheiben aus der Dose
2 EL Zucker
2 EL geröstete Sesamsamen
80 g Mehl
1 Messerspitze Backpulver
Sonnenblumenöl zum Ausbacken

Nährwerte pro Portion etwa
• 230 kcal • 12 g Fett, davon
1,5 g gesättigte Fettsäuren
• 30 g Kohlenhydrate

1 Die Ananasscheiben abtropfen lassen. Den Saft dabei auffangen. Auf eine doppelte Lage Küchenpapier auf einen Teller legen und oben mit Küchenpapier trocken tupfen.

2 Den Zucker mit den Sesamsamen auf einem zweiten Teller mischen.

3 Den Ananassaft, falls nötig, mit kaltem Wasser auf 100 ml auffüllen. Das Mehl in eine Schüssel geben. In die Mitte eine Mulde drücken und etwa die Hälfte des Safts hineingießen. Mehl und Saft nach und nach mischen, bis ein glatter, sehr dickflüssiger Teig entstanden ist. Eventuell etwas mehr Saft unterarbeiten. Den Teig mit einem Schneebesen schlagen, bis keine Klümpchen mehr vorhanden sind, dann den restlichen Saft unterrühren.

4 Etwa 1 cm hoch Öl in eine Pfanne gießen und erhitzen. 1 Tl Teig in das heiße Öl tropfen lassen, um die Temperatur zu prüfen: Der Teig muss sofort brutzeln, an die Oberfläche steigen und stocken; in 30 Sekunden sollte er gebräunt sein. Das Teigstück mit einem Schaumlöffel herausheben, damit es nicht verbrennt.

5 Eine Ananasscheibe in den Teig geben und mithilfe einer Gabel darin wenden, bis sie vollständig davon umhüllt ist. Die Scheibe vorsichtig in das heiße Öl gleiten lassen. 30–60 Sekunden ausbacken, dabei wenden, sobald der Teig unten gebräunt ist. Falls der Teig auf der zweiten Seite braun ist, auf der ersten aber noch hell, die Scheibe noch einmal wenden. Je 2 Scheiben gleichzeitig ausbacken (oder alle gleichzeitig, wenn die Pfanne groß genug ist).

6 Die ausgebackenen Ananasscheiben auf einem Schaumlöffel abtropfen lassen und anschließend in der Zucker-Sesam-Mischung wenden. Sofort servieren.

Alternativen • Anstelle von Ananasscheiben können Sie **anderes eingemachtes Obst** verwenden, z. B. **Pfirsichhälften**. • Auch **frisches Obst** eignet sich. In diesem Fall Apfel- oder Orangensaft für den Teig nehmen; **4 Bananen** quer halbieren, **3 Äpfel** vierteln, schälen und entkernen, **2 Nektarinen** halbieren und entsteinen (diese mit den Rundungen nach unten zuerst in das Öl geben).

Heidelbeerkrapfen
Sesam und Zucker weglassen. Nur die halbe Teigmenge zubereiten, dafür **40 g Mehl**, **1 Prise Backpulver** und **50 ml Apfelsaft** (anstelle des abgetropften Safts) verrühren. **200 g Heidelbeeren** locker untermischen. Die Mischung löffelweise im heißen Öl ausbacken; abtropfen lassen und mit **Honig** beträufeln.

... Variante

Eiercreme mit Ahornsirup

Die Zutaten für dieses elegante Dessert lassen sich gut im Vorrat halten. Unter der schaumigen Creme versteckt sich eine köstliche Schicht Ahornsirup.

Vorbereiten 7 Minuten

Garen im Ofen 10 Minuten

Für 4 Portionen
6 EL Ahornsirup
30 g Speisestärke
2 Eier, getrennt
abgeriebene Schale von
  1 unbehandelten Zitrone
200 g Sahne

Nährwerte pro Portion etwa
• 265 kcal • 14 g Fett, davon
13 g gesättigte Fettsäuren
• 33 g Kohlenhydrate

1 Den Backofen auf 230 °C vorheizen. Vier Auflaufförmchen (je 150 ml Inhalt) auf ein Backblech stellen und in jedes 1 EL Ahornsirup geben. (Die Förmchen nicht ausfetten.)

2 Die Speisestärke in eine Schüssel geben. Die Eigelbe mit dem restlichen Ahornsirup und der Zitronenschale zufügen und alles glatt verrühren. Nach und nach die Sahne untermischen, bis die Masse glatt ist.

3 Die Eiweiße in eine fettfreie und trockene Schüssel geben und mit dem elektrischen Handrührgerät zu nicht zu steifem Schnee schlagen. Den Eischnee mit einem großen Metalllöffel unter die Sahnemischung heben, bis alles gut verbunden ist.

4 Die Masse auf die Förmchen verteilen. Im heißen Ofen etwa 10 Minuten backen, bis sie aufgegangen, gebräunt und gerade eben gestockt ist. Die heißen Förmchen auf Untertassen stellen und sofort servieren.

Alternative Anstelle des Ahornsirups können Sie **je 1–2 EL Obst aus Dose oder Glas** (z. B. Kirschen oder Pflaumen) in die Förmchen geben. In diesem Fall **1 EL Zucker** und **1 Päckchen Vanillezucker** unter die Sahnemischung rühren.

Obst mit Soufflehaube
In eine ofenfeste Form (etwa 1 l Inhalt) **250 g TK-Himbeeren** (nicht auftauen lassen) füllen und mit 4 EL Ahornsirup beträufeln. Die Crememasse daraufgeben; das Ganze im 220 °C heißen Ofen etwa 20 Minuten backen, bis die Haube aufgegangen und gebräunt ist und die Himbeeren leicht gegart sind.

... Variante

Für 4 Portionen
4 Pfirsichhälften aus der Dose,
  gut abgetropft, etwa 100 ml auf-
  gefangener Saft
4 Scheiben Brioche (je 1,5 – 2 cm dick)
6 TL Himbeerkonfitüre
4 EL Mascarpone
1 EL Zucker
25 g Butter
15 g gehobelte Mandeln
2 EL Weinbrand

Nährwerte pro Portion etwa
• 465 kcal • 21 g Fett, davon
13 g gesättigte Fettsäuren
• 65 g Kohlenhydrate

Vorbereiten 10 Minuten

Garen im Ofen 7 Minuten

Mascarpone-Birnen
Nach dem Grundrezept vorgehen, dabei aber die Pfirsichhälften durch **Birnenhälften aus der Dose** ersetzen. Die Briochescheiben in Schritt 2 dünn mit **Orangenmarmelade** bestreichen. Im letzten Arbeitsschritt 2 EL Orangenmarmelade zum Saft geben, bevor man ihn einkochen lässt.

... Variante

Backen Sie die Pfirsiche in einer flachen Auflaufform, und geben Sie den Saft ohne Weinbrand darauf. Stattdessen **3 – 4 EL Weinbrand** in einem Topf einige Sekunden erwärmen. Auf die Pfirsiche geben und anzünden. Die Pfirsiche servieren, solange der Alkohol brennt.

... Flambieren

Gebackene Pfirsiche

Nur ein paar hochwertige Zutaten sind nötig, um in Minutenschnelle ein ausgefallenes Dessert zu kreieren: Pfirsichhälften werden mit Mascarpone gefüllt, auf mit Himbeer-konfitüre bestrichene Briochescheiben gesetzt und im Ofen überbacken.

1 **Den Backofen** auf 240 °C vorheizen. Ein Sieb auf einen Topf setzen und die Pfirsichhälften darin abtropfen lassen.

2 **Die Briochescheiben** zu Kreisen schneiden, die etwas größer als die Pfirsichhälften sind. Die Kreise großzügig mit Himbeerkonfitüre bestreichen und in eine flache Auflaufform legen.

3 **Eine Pfirsichhälfte** mit 1 EL Mascarpone füllen. Mit der Rundung nach oben auf eine Briochescheibe setzen und andrücken, damit der Mascarpone später nicht ausläuft. (Wenn etwas Mascarpone zu sehen ist, macht das nichts – Hauptsache, der Großteil des Mascarpones befindet sich in der Pfirsichhälfte.) Mit den restlichen Pfirsichhälften und dem restlichen Mascarpone ebenso verfahren.

4 **Die Hälfte des Zuckers** auf die Pfirsiche streuen. Die Butter in 4 Scheiben schneiden. Eine Butterscheibe auf jede Pfirsichhälfte legen und etwas andrücken. Die gehobelten Mandeln daraufgeben und leicht in die Butter drücken, damit sie während des Backens nicht herunterfallen. Den restlichen Zucker daraufstreuen.

5 **Die Pfirsiche** im heißen Ofen etwa 7 Minuten überbacken, bis die Butter geschmolzen ist und die Mandelblättchen leicht gebräunt sind. Die Ränder der Briochescheiben sollten braun und stellenweise knusprig sein.

6 **In der Zwischenzeit** den aufgefangenen Sirup etwa 3 Minuten sprudelnd kochen lassen, bis er eingedickt ist. Die gebackenen Pfirsiche auf vorgewärmte Teller setzen. Den Weinbrand unter den Sirup mischen und diesen auf die Pfirsiche verteilen; sofort servieren.

Alternativen • Statt Weinbrand können Sie **süßen Sherry** verwenden. Oder Sie mischen **TK-Himbeeren** unter den Saft und richten in diesem Fall die Sauce neben den Briochescheiben an. • Mascarpone lässt sich durch **Ricotta oder Sahnequark** ersetzen.

5 traumhafte Saucen zu Eiscreme

In fast jedem Supermarkt finden Sie eine große Auswahl an Eiscremesorten, die Sie als Basis für wundervolle Desserts verwenden können. Mit den Saucen auf diesen Seiten wird aus jeder Eiscreme etwas ganz Besonderes. Alle Rezepte gelten für 4 Portionen.

Melba-Pürees

Pfirsichspalten aus der Dose (400 g) mitsamt dem Saft pürieren; beiseitestellen. **Himbeeren aus dem Glas oder der Dose (300 g)** ebenfalls mit dem Saft pürieren. (Wenn die Zeit es erlaubt, das Püree durch ein Sieb streichen, um die Kernchen zu entfernen.) Die Pürees sollen als Kontrast zur süßen Eiscreme leicht und fruchtig sein, Sie können aber nach Belieben noch jedes mit **1 TL Puderzucker** süßen. Die Pürees gleichmäßig als Spiegel auf vier tiefe Teller verteilen, dabei aber nicht mischen. Die Eiscreme darauf anrichten; sofort servieren.

Nährwerte pro Portion etwa
• 120 kcal • 0,1 g Fett, davon 0 g gesättigte Fettsäuren
• 31 g Kohlenhydrate

Zubereiten **10** Minuten

Walnuss-Sahnesauce mit Ahornsirup

20 g Butter in einem kleinen Topf bei starker Hitze zerlassen. **100 g gehackte Walnusskernhälften** hineingeben. Einige Sekunden rühren, dann **2 EL Rum oder Weinbrand** und **6 EL Ahornsirup** untermischen. Aufkochen und unter Rühren etwa 2 Minuten sprudelnd kochen lassen, bis der Sirup etwas eingekocht ist. **150 g Sahne** untermischen; vom Herd nehmen. Eiscreme (Vanille, Schokolade oder Mokka) damit begießen und sofort servieren.

Nährwerte pro Portion etwa • 410 kcal • 41 g Fett, davon 17 g gesättigte Fettsäuren • 2 g Kohlenhydrate

Zubereiten **10** Minuten

> Diese Sauce schmeckt auch gut zu **Pfannkuchen, Waffeln, Milchreis** oder **gedünsteten Äpfeln**.
>
> **... Extratipp**

Pflaumen-Portwein-Sauce

100 g Dörrpflaumen (Soft-Früchte) mit **200 ml Orangensaft** und **6 EL Portwein** pürieren. Die Sauce kalt servieren oder kurz in einem Topf oder einem entsprechenden Gefäß in der Mikrowelle erwärmen. Zu Vanille-, Mokka- oder Schokoladeneis servieren.

Nährwerte pro Portion etwa
• 90 kcal • 0,15 g Fett,
davon 0 g gesättigte Fettsäuren
• 16 g Kohlenhydrate

Zubereiten
10
Minuten

Heiße Karamellsauce

40 g Butter mit **100 g braunem Zucker** und **50 g hellem Zuckerrohrsirup** in einen Topf geben. Bei mittlerer Hitze zerlassen, dabei gelegentlich rühren, bis der Zucker geschmolzen ist. Aufkochen, dann bei schwacher Hitze unter gelegentlichem Rühren 5 Minuten köcheln lassen. Vom Herd nehmen und **125 ml Kondensmilch** untermischen. Die Sauce unter Rühren erhitzen, bis sie aufkocht. In einen hitzebeständigen Krug füllen und sofort zu Vanilleeis servieren.

Nährwerte pro Portion etwa
• 257 kcal • 12 g Fett
davon 7 g gesättigte Fettsäuren
• 38 g Kohlenhydrate

Zubereiten
20
Minuten

Schokoladensauce

In einem kleinen Topf **6 EL hellen Zuckerrohrsirup** mit **150 g Bitterschokolade** (in Stückchen) bei mittlerer Hitze heiß werden lassen, dabei rühren, bis die Schokolade geschmolzen ist. Zu Eiscreme, Pfannkuchen oder Obst servieren.

Nährwerte pro Portion etwa
• 310 kcal • 11 g Fett, davon 6 g gesättigte
Fettsäuren • 56 g Kohlenhydrate

Zubereiten
5
Minuten

250 g Sahne unter den Schokoguss mischen; Mischung auf einem Stövchen warm halten. Mit **Keksen, Löffelbiskuits** oder **Obststücken** zum Dippen servieren.

... Kochtipp

Passionsfruchtschaum mit Honig

Aromatische Passionsfrüchte und süßer Honig verleihen dieser Variante des italienischen Klassikers *Zabaglione* eine fruchtige Note. Reichen Sie dazu Löffelbiskuits und/oder Erdbeeren.

Zubereiten 15 Minuten

Für 4 Portionen
4 vollreife Passionsfrüchte
3 EL flüssiger Honig
4 große Eigelb
2 TL Zitronensaft

Nährwerte pro Portion etwa
• 120 kcal • 6 g Fett, davon 2 g gesättigte Fettsäuren • 15 g Kohlenhydrate

Servieren Sie die Zabaglione einmal in einer Schüssel, die Sie auf dem Tisch zum Warmhalten auf einen kleinen Topf mit heißem Wasser setzen. Dann kann jeder **Erdbeeren, Kapstachelbeeren, Kirschen, Bananenstücke** oder **Löffelbiskuits** wie bei einem Fondue hineintauchen.

... süßes Fondue

1 Ein Sieb auf eine große hitzebeständige Schüssel setzen. Die Früchte halbieren, Fruchtfleisch und Kerne aus den Schalen in das Sieb löffeln. Das Fruchtfleisch durch das Sieb streichen, anschließend 1 EL kochend heißes Wasser auf die Fruchtfleischreste im Sieb träufeln und so viel wie möglich davon durchpassieren. Fruchtfleisch, das sich außen am Sieb befindet, in die Schüssel geben. Die Kerne wegwerfen.

2 Einen Topf halb hoch mit kochend heißem Wasser füllen; dieses bis kurz unter den Siedepunkt erhitzen. Honig, Eigelbe und Zitronensaft zum Passionsfruchtsaft in der Schüssel geben. Alles mit den Quirlen des elektrischen Handrührgeräts kräftig verrühren. Die Schüssel auf den Topf mit dem heißen Wasser setzen und weiterschlagen, bis eine helle cremige

Masse entstanden ist (sie sollte wie eine Biskuitmasse aussehen) und nach dem Herausziehen der Quirle eine Spur sichtbar bleibt. Das Ganze dauert etwa 10 Minuten. Das Wasser darf nur schwach köcheln, damit die Masse nicht gerinnt.

3 Die Schüssel vom Topf nehmen. Die Creme 1 Minute weiterschlagen. Auf vier kleine Gläser verteilen. Sofort servieren.

Alternativen • Anstelle von Passionsfrüchten, Honig und Zitronensaft können Sie auch **150 ml Fruchtsaft (z. B. Mangosaft) oder püriertes Obst (z. B. Himbeeren)** und **3 EL Zucker** nehmen. • Für eine klassische Zabaglione **2 EL Zucker** und **150 ml Marsala** mit den Eigelben verwenden; Passionsfrüchte, Honig und Zitronensaft weglassen.

Bananen in Walnusssauce mit Eiscreme

Bananen in einer nussigen Karamellsauce ergeben zusammen mit Eiscreme einen ganz besonderen Nachtisch. Orangensaft und -schale sorgen in diesem gehaltvollen Dessert für frische Akzente.

Zubereiten 15 Minuten

Für 4 Portionen
40 g Butter
100 g Walnusskerne
3 EL brauner Zucker
4 Bananen, geschält
abgeriebene Schale und Saft von 1 unbehandelten Orange
8 kleine Kugeln Vanilleeiscreme

Nährwerte pro Portion etwa
• 500 kcal • 33 g Fett, davon 11 g gesättigte Fettsäuren
• 47 g Kohlenhydrate

1 Die Butter in einer großen (möglichst beschichteten) Pfanne bei mittlerer Hitze zerlassen. Die Nüsse darin 1 Minute braten. Den Zucker zufügen und das Ganze unter Rühren 2 Minuten köcheln lassen.

2 Die Nüsse in der Pfanne an den Rand schieben. Die Bananen in die Pfanne legen und auf beiden Seiten je 30 Sekunden braten, die Pfanne dabei behutsam schwenken.

3 Orangenschale und -saft zufügen. (Vorsicht, die Mischung kocht sofort auf, und es entsteht sehr viel Dampf!) Die Pfanne schwenken, Nüsse und Zucker dabei rühren. Aufkochen und 1 Minute sprudelnd kochen lassen, die Bananen dabei mit einem Löffel und einer Gabel etwas hin- und herschieben, damit der Sirup gleichmäßig kocht; er sollte am Schluss etwas eingekocht und die Nüsse sollten davon ganz überzogen sein. Die Pfanne vom Herd nehmen.

4 Die Bananen quer halbieren. Auf jeden Teller 2 Hälften legen und die Nuss-Karamell-Sauce darüber verteilen. Je 2 Kugeln Eiscreme daraufsetzen und das Dessert sofort servieren.

Birnen in Rum-Nuss-Sauce mit Eiscreme

4 Birnen schälen, entkernen und halbieren. Nüsse wie beschrieben braten, Birnenhälften statt der Bananen zufügen. Anstelle von Orangenschale und -saft **4 EL Rum** in die Pfanne geben. Einige Sekunden rühren, anschließend **4 EL Sahne** untermischen. Auf die Birnenhälften **je 1 Kugel Schokoladeneis** setzen und die Rum-Nuss-Sauce darübergießen. (Statt frischer Birnen können Sie auch Birnenhälften aus der Dose nehmen.)

... Variante

Diese Sauce können Sie mit jeder Art von Zucker zubereiten. Mit dunklem Rohrzucker wird sie dunkel und kräftig, mit hellem Rohrzucker oder weißem Zucker ist die Karamellnote weniger intensiv.

... Kochtipp

Joghurt mit Obst und Schoko-Nuss-Streuseln

Mit etwas Fantasie entsteht aus Joghurt im Handumdrehen ein raffiniertes Dessert. Mit ein wenig Obst und knusprigen Streuseln ist dies der perfekte Abschluss einer Mahlzeit.

Für 4 Portionen

100 g Cookies oder Plätzchen mit Schoko-Chips

50 g geröstete Haselnusskerne, gehackt

2 EL flüssiger Honig

600 g Joghurt

2 kleine Bananen, in Scheiben geschnitten

4 getrocknete Aprikosen (Soft-Früchte), gewürfelt

Nährwerte pro Portion etwa
• 410 kcal • 16 g Fett, davon 5 g gesättigte Fettsäuren • 57 g Kohlenhydrate

Zubereiten
10 Minuten

1 Die Cookies oder die Plätzchen in einen Gefrierbeutel geben und mit der Teigrolle grob zerkleinern. Die Brösel in eine Schüssel füllen und mit Nüssen und Honig mischen.

2 Den Joghurt mit Bananenscheiben und Aprikosenwürfeln verrühren, auf vier Schälchen verteilen und die Bröselmischung daraufgeben; sofort servieren.

Grießbrei mit Heidelbeeren

Wird Weizengrieß richtig zubereitet, entsteht daraus ein cremiger Nachtisch, der mit Beeren besonders köstlich ist. Er ist leicht herzustellen und schmeckt der ganzen Familie.

Zubereiten 15 Minuten

Für 4 Portionen
50 g Weichweizengrieß
500 ml Milch
2 EL Zucker
**abgeriebene Schale von
    1 unbehandelten Orange**
150 g Heidelbeeren

Nährwerte pro Portion etwa
• 180 kcal • 5 g Fett, davon
3 g gesättigte Fettsäuren
• 29 g Kohlenhydrate

1 Den Grieß in einen Topf geben. Nach und nach die Milch unterrühren. Bei mittlerer Hitze unter ständigem Rühren in etwa 5 Minuten aufkochen lassen. Anschließend 5 Minuten unter Rühren bei ganz schwacher Hitze köcheln lassen, bis der Grießbrei schön cremig ist.

2 Den Topf vom Herd nehmen. Zucker und Orangenschale unter den Grießbrei rühren. Die Heidelbeeren zufügen und behutsam untermischen. Das Dessert auf vier Schälchen verteilen und sofort servieren.

Alternativen • Anstelle von Heidelbeeren können Sie abgetropftes **eingemachtes, gefrorenes oder geputztes frisches Obst** verwenden.
• Für Schokoladen-Grießbrei die Heidelbeeren weglassen (auch kein anderes Obst verwenden). Unter den fertigen Grießbrei **100 g gehackte Bitter- oder Vollmilchschokolade** und **1 Messerspitze gemahlene Vanille** rühren; schmeckt warm hervorragend, ist aber auch gekühlt (mit Sahne dazu) sehr lecker. • Für Schoko-Bananen-Grießbrei **2 Bananen** in Scheiben schneiden und mit **2 EL Schokotropfen** und **braunem Rohrzucker** (statt des weißen Zuckers) unter den Grießbrei mischen. • Für Piña-colada-Grießbrei den Grießbrei mit **200 ml Kokosmilch** und **300 ml Milch** zubereiten. **Ananasstücke aus der Dose (225 g)** untermischen und den Brei vor dem Servieren mit **gerösteten Kokosspänen** bestreuen.

Alternativen Probieren Sie statt der Schoko-Nuss-Streusel folgende Varianten: • Für Mandelkrokant ein Backblech oder ein Stück Alufolie mit Öl bestreichen. **4 EL Zucker** mit **50 g gehobelten Mandeln** in eine Pfanne geben. Erhitzen, bis der Zucker schmilzt. Bei starker Hitze 1½–2 Minuten karamellisieren lassen. (Vorsicht: Der geschmolzene Zucker karamellisiert sehr schnell.) Mit einer Palette die karamellisierten Mandeln sofort auf das Blech bzw. die Folie streichen. Das muss rasch geschehen, damit nichts verbrennt. Krokant erstarren lassen, dann in Stückchen brechen und auf den Joghurt (oder Eiscreme, Milchreis oder Grießpudding) streuen. • Für Aprikosensauce mit Sherry **4 EL Aprikosenkonfitüre** mit **4 EL süßem Sherry** cremig rühren. Die Mischung auf den Joghurt träufeln und **geröstete Mandelblättchen** darüberstreuen. • Zu griechischem Sahnejoghurt passt eine Ingwer-Johannisbeer-Sauce. Dafür **25 g frischen Ingwer** schälen und fein würfeln. Unter **6 EL Schwarze-Johannisbeeren-Sirup** rühren und die Mischung unter den Joghurt ziehen.

Am besten gelingt Grießbrei, wenn Sie die Milch mit dem Grieß langsam zum Kochen bringen. Dabei ununterbrochen rühren, damit sich keine Klümpchen bilden.

... Kochtipp

Pfannkuchen mit Zimt-Erdbeeren

Diesen Eierpfannkuchen zu backen ist herrlich einfach, das Resultat ist dafür umso beeindruckender. Wenn Ihnen der Sinn danach steht, können Sie noch Vanilleeis oder geschlagene Sahne dazu reichen.

Zubereiten
20
Minuten

Für 4 Portionen
100 g Mehl
1 TL Backpulver
3 EL Zucker
1 Päckchen Vanillezucker
1 Ei
100 ml fettarme Milch
20 g Butter
400 g Erdbeeren, halbiert
½ TL gemahlener Zimt
Minzeblättchen zum Garnieren (nach Belieben)

Nährwerte pro Portion etwa
• 245 kcal • 7 g Fett, davon 4 g gesättigte Fettsäuren • 43 g Kohlenhydrate

1 Das Mehl in einer Schüssel mit Backpulver, 1 TL Zucker und Vanillezucker mischen. Eine Mulde in die Mitte drücken. Das Ei hineinschlagen. 1–2 EL Milch dazugießen und mit dem Ei verrühren. Nach und nach die Mehlmischung unterschlagen und die Milch zugießen. Bevor die letzte Milch zugegeben wird und solange die Masse noch recht dickflüssig ist, das Ganze kräftig schlagen, um alle Klümpchen aufzulösen. Die restliche Milch unterarbeiten, damit ein glatter, ziemlich flüssiger Teig entsteht.

2 Den Backofengrill auf höchster Stufe vorheizen. Auf dem Herd die Butter in einer Pfanne (20–22 cm ⌀; einen Holzgriff mit Alufolie umwickeln) zerlassen. Durch Schwenken verteilen, dann den Teig hineingießen und bei mittlerer Hitze backen, bis der Pfannkuchen unten gebräunt ist. Der Teig sollte aufgegangen und oben fast fest sein. Auf der Oberfläche werden kleine Blasen sichtbar.

3 Die Pfanne für 1 Minute unter den Grill stellen. Anschließend die Erdbeeren gleichmäßig auf dem Pfannkuchen verteilen und mit Zimt und dem restlichen Zucker bestreuen. Den Pfannkuchen weitere 3 Minuten grillen, bis der Zucker geschmolzen ist. In 4 Stücke schneiden, nach Belieben mit Minze garnieren und mit Eiscreme servieren.

Alternativen • Sie können auch **4 fertige Pfannkuchen aus dem Kühlregal** nacheinander in je 30 Sekunden (oder nach Packungsangabe) in etwas zerlassener Butter in der Pfanne erwärmen. Jeden zu einem Viertel zusammenfalten und alle vier Pfannkuchen in die Pfanne legen. Erdbeeren, Zimt und Zucker wie beschrieben daraufgeben und die Pfanne für etwa 1 Minute unter den Grill stellen. • Verwenden Sie zur Abwechslung anstelle von Erdbeeren **Himbeeren, Heidelbeeren oder Brombeeren**.

Pfannkuchentorte mit Ricotta und Beeren

Den Backofen auf 220 °C vorheizen. Ein Backblech mit Alufolie belegen und diese dünn mit Butter fetten. **250 g Ricotta** mit **3 EL Puderzucker** und der **abgeriebenen Schale von 1 unbehandelten Zitrone** glatt rühren. **350 g TK-Himbeeren** (nicht auftauen lassen) bereitstellen. Einen **Pfannkuchen** auf das vorbereitete Blech legen. Mit einem Drittel des Ricottas bestreichen und ein Drittel der Himbeeren darauf verteilen. Zweimal wiederholen, dann noch einen Pfannkuchen daraufgeben. Diesen mit **Butterflöckchen** belegen und mit etwas **Puderzucker** bestreuen. Die Torte 15 Minuten backen, bis Butter und Zucker geschmolzen und die Himbeeren aufgetaut sind. Die Torte zum Servieren in Stücke schneiden.

Bananenpfannkuchen mit Karamellsauce

2 Schoko-Karamell-Riegel (je etwa 50 g) grob hacken. Mit **100 g Sahne** in eine Schüssel geben. Die Schüssel auf einen Topf mit köchelndem Wasser setzen und rühren, bis die Stücke geschmolzen sind und eine glatte Sauce entstanden ist. **4 große Pfannkuchen** in einer Pfanne erhitzen (siehe S. 298 links unten). **4 Bananen** in Scheiben schneiden und diese jeweils auf einem Viertel der Pfannkuchen verteilen. Die Pfannkuchen zu Vierteln zusammenfalten und mit der Sauce beträufeln. (Statt der Bananenscheiben können Sie auch dünne Apfelscheiben verwenden.)

... schnelle Desserts mit gekauften Pfannkuchen

5 fantastische Milchreis-Varianten

Einen Beutel Instant-Milchreis im Vorrat zu haben, ist immer sinnvoll. Daraus kann man in Windeseile mit Obst, Nüssen oder Gewürzen ein wunderbares Dessert kreieren. Hier finden Sie ein Rezept für selbst gekochten Milchreis und ein paar Ideen für schnelle Köstlichkeiten mit gekauftem fertigem Milchreis. Alle Rezepte gelten für 4 Portionen.

Milchreis: Grundrezept

150 g Milchreis (Rundkornreis) in einen Topf geben. **500 ml fettarme Milch** zufügen. Unter gelegentlichem Rühren aufkochen lassen. Den Reis anschließend bei sehr schwacher Hitze unter gelegentlichem Rühren 15 Minuten quellen lassen. **300 ml fettarme Milch** untermischen. Das Ganze unter ständigem Rühren aufkochen und weitere 15 Minuten bei schwacher Hitze quellen lassen, dabei gelegentlich rühren. Mit **4–5 TL Zucker** süßen und vom Herd nehmen.

Nährwerte pro Portion etwa • 270 kcal • 3 g Fett, davon 1 g gesättigte Fettsäuren • 50 g Kohlenhydrate

Zubereiten **30** *Minuten*

Schneller geht es bei folgender Variante: **70 g Reisflocken** mit **750 ml Milch** in einen Topf geben. Unter häufigem Rühren aufkochen und bei schwacher Hitze unter gelegentlichem Rühren 10 Minuten köcheln lassen. Kräftig durchrühren, dann mit **4–5 TL Zucker** süßen. Der Reisbrei sollte noch leicht körnig sein.

... Kochtipp

Milchreis auf indische Art

400 g Milchreis aus dem Kühlregal in eine Schüssel geben. Die **Samen aus 4 grünen Kardamomkapseln** im Mörser zerstoßen. Mit **4 EL gehackten Pistazienkernen** oder gerösteten Mandelblättchen, **1–3 TL Rosenwasser** (oder nach Geschmack) und **3 EL Rosinen** oder gewürfelten Dörraprikosen unter den Milchreis mischen. Kalt servieren.

Nährwerte pro Portion etwa • 280 kcal • 8 g Fett, davon 2 g gesättigte Fettsäuren • 44 g Kohlenhydrate

Zubereiten **5** *Minuten*

Milchreis
mit Karamellkruste

Den Backofengrill auf höchster Stufe vorheizen. **400 g Milchreis aus dem Kühlregal** auf vier Auflaufförmchen verteilen. Mit **je 1–2 EL braunem Rohrzucker** bestreuen und unter dem Grill gratinieren, bis der Zucker geschmolzen ist. Sofort essen oder kalt servieren.

Nährwerte pro Portion etwa
• 166 kcal • 6 g Fett, davon 4 g gesättigte Fettsäuren • 25 g Kohlenhydrate

Zubereiten
7
Minuten

Zimtreis
mit heißen Pflaumen

800 g Milchreis aus dem Kühlregal erhitzen. **Pflaumen aus dem Glas (etwa 400 g)** mit dem Saft in einen zweiten Topf füllen. Mit **¼ TL gemahlenem Zimt** würzen und heiß werden lassen. Den Reis auf vier Schälchen verteilen und die Pflaumen daraufgeben. Nach Belieben mit Zimt bestreuen und sofort servieren.

Nährwerte pro Portion etwa
• 245 kcal • 3 g Fett, davon 2 g gesättigte Fettsäuren • 51 g Kohlenhydrate

Zubereiten
8
Minuten

Sahne-Kirsch-Milchreis

100 g Sahne mit **1 Päckchen Vanillezucker** steif schlagen. Unter **400 g Milchreis aus dem Kühlregal** heben. Die Mischung mit **Kirschen aus dem Glas (etwa 400 g)** samt Saft in Glasschälchen schichten. Wenn die Zeit es erlaubt, für 10 Minuten ins Tiefkühlgerät stellen.

Nährwerte pro Portion etwa • 290 kcal • 15 g Fett, davon 9 g gesättigte Fettsäuren • 37 g Kohlenhydrate

Zubereiten
8
Minuten

Käse-Törtchen mit Erdbeeren

Für diese Törtchen brauchen Sie keinen Backofen. Die Käsemasse ist im Nu gerührt und wird einfach auf mürbe Kekse gehäuft. Mit der Erdbeergarnitur sind die feinen Happen fast zu schön zum Aufessen.

Zubereiten 20 Minuten

Für 4 Portionen

8 runde Kekse (z. B. Heidesand oder Butterplätzchen)

Saft und abgeriebene Schale von 1 unbehandelten Zitrone

3 EL Zitronencreme aus dem Kühlregal

4 TL Puderzucker

250 g fettreduzierter Frischkäse, gekühlt

8 Erdbeeren, in Scheiben geschnitten

Nährwerte pro Portion etwa

• 300 kcal • 20 g Fett, davon 11 g gesättigte Fettsäuren
• 21 g Kohlenhydrate

1 **Die Kekse** auf ein Schneidbrett legen. Großzügig mit etwas Zitronensaft bestreichen, anschließend die Hälfte der Zitronencreme mittig darauf verteilen.

2 **Den restlichen Zitronensaft** und die Zitronenschale mit dem Puderzucker zum Frischkäse geben und alles cremig verrühren. Die Käsecreme mit einem Teelöffel auf die Kekse häufen.

3 **Die restliche Zitronencreme** auf die Käsecreme streichen und die Törtchen mit je einer in Scheiben geschnittenen Erdbeere garnieren.

Alternativen • Anstelle von Frischkäse können Sie **Mascarpone oder Quark** verwenden. • Nehmen Sie statt der einfachen Kekse einmal **Cookies mit Schoko-Chips oder mürbe Haferkekse.**

Schwarzwälder-Kirsch-Törtchen

1 Schoko-Kastenkuchen (Fertig-produkt) in etwa 1–2 cm dicke Schei-ben schneiden und daraus Kreise (je etwa 5–8 cm Ø) ausstechen. Diese mit etwas **Kirschwasser** tränken und mit ein paar **Sauer-kirschen aus dem Glas** belegen. Die Käsecreme wie in Schritt 2 be-schrieben mit **1 EL Zitronensaft** und der Zitronenschale herstellen. Auf die Kuchenkreise verteilen und je eine Kirsche daraufsetzen. Mit **Schoko-Ornamenten** garnieren. Nach Belieben mit Schlagsahne servieren.

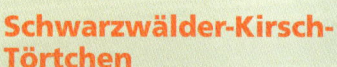

...Variante

Schokoladenrolle

Verwöhnen Sie Ihre Lieben mit dieser leichten, warmen Biskuitroulade. Sie lässt sich schnell und unkompliziert zubereiten. Servieren Sie dazu pro Portion noch eine Kugel Vanilleeis – ein herrlicher Kontrast zu dem warmen Kuchen.

Vorbereiten 10 Minuten

Backen 10 Minuten

Für 4 Portionen

3 Eier
150 g Zucker
75 g Mehl
6 EL Kakaopulver
1 EL Weinbrand
1 Messerspitze gemahlene Vanille
20 g Butter
1 EL Puderzucker
9 EL Nuss-Nugat-Creme

Nährwerte pro Portion etwa

• 450 kcal • 21 g Fett, davon
4 g gesättigte Fettsäuren
• 60 g Kohlenhydrate

1 Den Backofen auf 220 °C vorheizen und ein Backblech mit Backpapier belegen. Die Eier mit den Quirlen des elektrischen Handrührgeräts in einer großen Schüssel mit der Hälfte des Zuckers in etwa 3 Minuten auf höchster Stufe hell und cremig schlagen.

2 Das Mehl mit 2 EL Kakaopulver auf die Eiercreme sieben. Mit einem großen Metalllöffel unterheben (nicht unterrühren).

3 Die Masse auf das Backpapier gießen und zu einem etwa 25 × 35 cm großen Rechteck verstreichen. Im heißen Ofen 8–10 Minuten backen, bis der Biskuit aufgegangen und in der Mitte elastisch ist.

4 In der Zwischenzeit den restlichen Zucker mit 2 EL Kakaopulver und 150 ml Wasser in einen Topf geben. Unter Rühren aufkochen und 2 Minuten sprudelnd kochen lassen. Vom Herd nehmen. Weinbrand, gemahlene Vanille und Butter untermischen. Die Sauce bei schwacher Hitze warm halten.

5 Ein Geschirrtuch mit heißem Wasser anfeuchten und auf eine Arbeitsfläche legen. Einen Bogen Backpapier darauflegen und den restlichen Kakao und den Puderzucker daraufsieben. Die Biskuitplatte aus dem Ofen nehmen und auf die Kakao-Zucker-Schicht stürzen.

6 Das Backpapier von der Biskuitplatte abziehen und die knusprigen Kanten von der Platte abschneiden. Einen etwa 1 cm breiten Rand an einer Längsseite der Platte einritzen – nicht durchschneiden. Die Nuss-Nugat-Creme in Tupfen auf die Platte setzen und dick verstreichen – auf Genauigkeit kommt es dabei nicht an. Die Biskuitplatte von der eingeritzten Längsseite her mithilfe von Backpapier und Geschirrtuch fest aufrollen. Die entstandene Roulade 1 Minute umhüllt lassen, um sie rund zu formen.

7 Tuch und Papier abnehmen, die Kakao-Zucker-Mischung dabei auf die Roulade streuen. Es macht nichts, wenn die Roulade stellenweise gebrochen ist. Die Rolle mit einem Sägemesser in 6 Scheiben schneiden. Diese auf Teller legen und die heiße Sauce darauf verteilen.

Extratipp Für eine alkoholfreie Variante den Alkohol einfach weglassen.

Himbeerroulade

Die Masse ohne Kakao zubereiten und unmittelbar vor dem Backen mit **300 g TK-Himbeeren** (nicht auftauen lassen) bestreuen. 10–15 Minuten backen. **6 EL Himbeerkonfitüre** mit **6 EL trockenem Sherry, Apfelwein oder Apfelsaft** erwärmen, bis die Konfitüre geschmolzen ist. Die heiße Biskuitplatte in Quadrate schneiden und je 2 überlappend auf Tellern anrichten. Mit der Himbeersauce beträufeln und mit Schlagsahne oder Eiscreme servieren.

... Variante

Dunkle Schokoladencreme mit Schoko-Sahne-Haube

Verraten Sie niemandem, wie schnell Sie diese verführerische Creme gezaubert haben – Sie brauchen nur Minuten dazu, aber jeder wird denken, dass es Stunden gedauert hat. In der Sahnehaube verbirgt sich geriebene weiße Schokolade.

Vorbereiten 10 Minuten

Tiefkühlen 20 Minuten

Für 4 Portionen

200 g Bitterschokolade (70 % Kakaoanteil)

1 EL Weinbrand

500 g Vanillepudding (aus dem Kühlregal)

125 g Sahne

30 g weiße Schokolade, fein gerieben

Nährwerte pro Portion etwa

• 480 kcal • 25 g Fett, davon 14 g gesättigte Fettsäuren

• 54 g Kohlenhydrate

1 **Sechs Glasschälchen** oder Gläser im Tiefkühlgerät kühlen. Die Schokolade in Stückchen brechen und in eine Metallschüssel geben. Die Schüssel auf einen Topf mit köchelndem Wasser setzen und die Schokolade unter Rühren in etwa 3 Minuten schmelzen lassen. Die Schüssel vom Herd nehmen und die flüssige Schokolade glatt rühren; den Weinbrand unterrühren.

2 **Den Pudding** mit einem Schneebesen nach und nach unter die Schokolade rühren – diese wird dabei wieder fest und glänzend.

3 **Die Mischung** mit einem Löffel in die gekühlten Gefäße füllen. Für etwa 20 Minuten ins Tiefkühlgerät stellen, bis die Creme fest ist.

4 **Die Sahne** in eine Schüssel geben und steif schlagen. Die geriebene Schokolade unterziehen und die Mischung bis zur Verwendung kalt stellen. Die dunkle Schokoladencreme mit der weißen Creme garnieren und sofort servieren.

Alternative Statt mit der Sahnemischung können Sie die Schokoladencreme mit **je einem Tupfen Mascarpone** garnieren (mit oder ohne weiße Schokolade).

Dazu passt frisches Obst. Reichen Sie doch zu diesem Dessert **Beeren** oder in Scheiben geschnittene **Nektarinen, Pfirsiche, Mangos oder Ananas**.

Schokocreme mit Orangenduft

Anstelle von 200 g nur **150 g Schokolade** schmelzen lassen. Den Weinbrand weglassen und stattdessen die **abgeriebene Schale von 1 unbehandelten Orange** und **2 EL Orangensaft** unter die geschmolzene Schokolade mischen. Diese Creme ist leichter und weicher.

... Variante

• Um die Schokolade rasch zu zerkleinern, die Tafel(n) in der Verpackung mehrmals auf die Arbeitsfläche schlagen und dabei jedes Mal an einer anderen Kante halten. So zerbricht die Schokolade in viele kleine Stücke, die Sie direkt aus der Verpackung in die Schüssel fallen lassen können.

• Wenn das Dessert etwas weniger reichhaltig sein soll, die Sahnemischung weglassen und nur etwas weiße Schokolade auf die Schokoladencreme reiben.

... Kochtipps

Diese Schokoladencreme können Sie auch als **Füllung für eine Biskuitroulade** (siehe S. 303) verwenden; oder Sie geben sie in Mürbeteigtortelets und garnieren sie mit in Scheiben geschnittenen Erdbeeren und Schlagsahne.

... Extratipp

5 raffinierte Desserts, die in 5–10 Minuten fertig sind

Mit etwas frischem Obst lassen sich gekaufte Waffeln, Baisers oder Donuts im Handumdrehen aufpeppen – Sie können dafür aber auch Obst aus der Dose oder fertigen Pudding aus dem Kühlregal verwenden. Hier sind Rezepte für schnelle Desserts. Alle Rezepte gelten für 4 Portionen.

Himbeer-Baiser-Sahne

250 g Sahne steif schlagen. **4 Baiserschalen** in Stücke brechen und diese mit **350 g Himbeeren** unter die Sahne heben. Auf vier Dessertschalen verteilen und servieren.

Nährwerte pro Portion etwa
- 390 kcal • 33 g Fett, davon 21 g gesättigte Fettsäuren
- 20 g Kohlenhydrate

Zubereiten **5** Minuten

Pudding mit Stachelbeeren

Stachelbeeren aus dem Glas (etwa 350 g) abtropfen lassen und pürieren. **500 g Vanillepudding aus dem Kühlregal** in eine Schüssel geben und das Beerenpüree untermischen. Auf vier Schälchen verteilen und für 5–15 Minuten ins Tiefkühlgerät stellen. Pur servieren oder vorher jeweils mit **1 EL Crème fraîche, Sahnequark oder griechischem Sahnejoghurt** sowie nach Belieben mit **gerösteten Mandelblättchen** garnieren.

Nährwerte pro Portion etwa • 120 kcal • 1 g Fett, davon 0,6 g gesättigte Fettsäuren • 22 g Kohlenhydrate

Vorbereiten **5** Minuten   Tiefkühlen **15** Minuten

Beschwipste Donuts mit Obst

4 Donuts auf der Oberseite mehrmals einstechen und anschließend auf Teller legen. **Je 1 EL Rum oder Orangensaft** daraufträufeln. **250 g Himbeeren** und **50 g dunkle Trauben** in die Mitte der Donuts füllen (einige Beeren und Trauben zum Garnieren zurückbehalten). Je etwas **Mascarpone** daraufsetzen und mit **Puderzucker** bestreuen. Mit den restlichen Beeren und Trauben garnieren.

Nährwerte pro Portion etwa
• 465 kcal • 30 g Fett, davon 14 g gesättigte Fettsäuren
• 39 g Kohlenhydrate

Zubereiten **5** Minuten

Waffeln mit Trauben und Mandeln

4 Waffeln (Fertigprodukt) im Toaster oder im Backofen nach Packungsangabe erwärmen. Inzwischen **20 g Butter** in einer Pfanne zerlassen. **2 EL gehobelte Mandeln** unterrühren, dann **200 g kernlose helle Trauben** zufügen. 2 Minuten rühren, bis die Mandeln zu duften beginnen und braun werden. **1 EL Zucker** und **1 Spritzer Zitronensaft** zugeben und weiterrühren, bis sich der Zucker aufgelöst hat. Die Mischung zum Servieren auf den warmen Waffeln verteilen.

Nährwerte pro Portion etwa
• 240 kcal • 14 g Fett, davon
3 g gesättigte Fettsäuren • 26 g Kohlenhydrate

Zubereiten **10** Minuten

Heißer Bananen-Pfirsich-Mix

Pfirsichspalten aus der Dose (425 g) abtropfen lassen. **2 Bananen** schälen und in Scheiben schneiden. **20 g Butter** in einer Pfanne zerlassen. Pfirsichspalten, Bananenscheiben und die **abgeriebene Schale von 1 unbehandelten Orange** zufügen. Bei starker Hitze etwa 2 Minuten rühren, bis das Obst heiß ist und zu bräunen beginnt. Anschließend **2 EL Holunderblüten- oder Ingwersirup** untermischen. Die Obstmischung sofort mit Joghurt oder Eiscreme servieren.

Nährwerte pro Portion etwa
• 130 kcal • 4 g Fett, davon 3 g gesättigte Fettsäuren
• 23 g Kohlenhydrate

Zubereiten **10** Minuten

Nektarinen mit Haferflockenstreuseln

Heiße Nektarinen werden hier mit goldbraun gerösteten, süßen Haferflocken veredelt. Servieren Sie die Nektarinen zu Vanillepudding oder Eiscreme.

Zubereiten 20 Minuten

Für 4 Portionen

100 g Haferflocken
2 EL brauner Rohrzucker
50 g Butter
4 feste reife Nektarinen, halbiert, entsteint und in Spalten geschnitten
2 EL Zucker

Nährwerte pro Portion etwa

• 305 kcal • 13 g Fett, davon 7 g gesättigte Fettsäuren • 46 g Kohlenhydrate

---

Mit kernigen Haferflocken werden die Streusel besonders knusprig – ideal ist eine Mischung aus halb zarten und halb kernigen Flocken.

... Kochtipp

---

1 **Die Haferflocken** in einer Schüssel mit dem Rohrzucker mischen. Die Butter in einer Pfanne bei mittlerer Hitze zerlassen. Die Hitze etwas herunterschalten und die Haferflockenmischung in die Pfanne geben. Alles gut verrühren, dann die Haferflocken gleichmäßig in der Pfanne verteilen und 3 Minuten bei schwacher Hitze rösten.

2 **In der Zwischenzeit** die Nektarinenspalten mit dem Zucker und 1 EL Wasser in einen Topf geben. Bei mittlerer bis starker Hitze unter ständigem Rühren 2–3 Minuten garen, bis sie an den Rändern etwas weicher geworden sind. Den Topf vom Herd nehmen und den Deckel auflegen.

3 **Die Haferflocken** bei mittlerer Hitze unter ständigem Rühren weitere 5–6 Minuten braten, bis sie hellbraun sind. Sollten sie zu schnell dunkel werden, die Hitze reduzieren, bleiben sie hell, die Hitze erhöhen.

4 **Die Nektarinenspalten** in eine Schüssel füllen und gleichmäßig darin verteilen. Die Haferflocken daraufstreuen und mit einem Löffelrücken etwas andrücken. Sofort servieren oder nach Belieben noch eine Weile abkühlen lassen.

Alternativen • Anstelle der Nektarinen können Sie **500 g Kochäpfel** verwenden. Diese schälen, von den Kerngehäusen befreien und in dünne Scheiben schneiden. Mit **4 EL Zucker** und **1 EL Wasser** in etwa 5 Minuten weich garen. • Oder Sie schneiden **6 Stangen Rhabarber** in 2 cm lange Stücke; mit **4 EL Zucker** und **1 EL Wasser** 5 Minuten garen.

Nektarinen mit Butterbröseln

Die Haferflocken und den Rohrzucker weglassen. Von **1 kleinen Weißbrot** die Kruste abschneiden. Das Brot in der Küchenmaschine oder im Mixer mit **3 EL Zucker** zu groben Bröseln verarbeiten. **80 g Butter** in einer Pfanne zerlassen und die Brösel darin goldbraun braten. **8 Nektarinen** wie beschrieben vorbereiten und die Spalten garen (Schritt 2). Die Hälfte der Nektarinenspalten in eine Soufflèform füllen und die Hälfte der Brösel daraufstreuen. Dann das restliche Obst und die restliche Brösel in die Form schichten; alles mit einem Löffelrücken fest zusammendrücken. Vor dem Servieren 10 Minuten durchziehen lassen. Für 4–6 Portionen.

... Variante

Aprikosen-Mandel-Törtchen

Als Krönung eines besonderes Feierabendessens bietet sich diese Kreation an. Sie brauchen dafür Biscotti, die Sie im italienischen Feinkostladen oder im gut sortierten Supermarkt finden.

Zubereiten
20 Minuten

Für 4 Portionen

3 lange Mandel-Schoko-Biscotti (italienische, doppelt gebackene Kekse; etwa 120 g)

3 EL medium Sherry

Saft und abgeriebene Schale von 1 unbehandelten Zitrone

200 g Ricotta

100 g Marzipanrohmasse, geraspelt

1 Dose Aprikosenhälften (425 g)

Nährwerte pro Portion etwa

• 330 kcal • 13 g Fett, davon 5 g gesättigte Fettsäuren • 44 g Kohlenhydrate

1 **Den Backofengrill** auf höchster Stufe vorheizen. Ein Backblech mit Backpapier belegen und die Biscotti flach nebeneinander darauflegen. Den Sherry mit dem Zitronensaft verrühren und diese Mischung mit einem Löffel gleichmäßig auf die Biscotti träufeln; einziehen lassen.

2 **Den Ricotta** mit der Zitronenschale und zwei Dritteln des Marzipans verrühren. Die Mischung gleichmäßig auf die Biscotti verteilen und verstreichen, in der Mitte in einer dicken Schicht, an den Seiten etwas dünner.

3 **Die Aprikosenhälften** in ein Sieb schütten und abtropfen lassen. Mit den Schnittflächen nach oben auf die Ricottacreme setzen und mit dem restlichen Marzipan bestreuen. 25–30 Sekunden unter dem Grill gratinieren, bis das Marzipan gebräunt ist. Zum Servieren jedes Törtchen in 4 Scheiben schneiden.

Alternativen • Statt Sherry können Sie **Orangensaft** verwenden. • Die Aprikosen lassen sich durch **Pfirsichspalten**, **halbierte Ananasringe oder Mandarinen aus der Dose** ersetzen.

Die fertigen Törtchen können Sie abkühlen lassen und bis zum Servieren einige Stunden oder über Nacht im Kühlschrank aufbewahren. Die Biscotti werden so weicher, und die Aromen vermischen sich.

... klug vorbereiten

Menü-Planer

Gäste zu bewirten kann wirklich einfach sein – es gibt also gar keinen Grund, die Nerven zu verlieren, wenn mitten in der Woche Familie oder Freunde mit einem richtigen Menü verwöhnt werden sollen. Probieren Sie die folgenden Vorschläge aus!

Selbst mitten in der Woche können Sie nach Feierabend einigermaßen entspannt Gäste bewirten, vorausgesetzt, Sie wählen die geeigneten Gerichte aus. Es müssen schließlich nicht immer drei aufwendige Gänge sein; zwei Gänge sind meist völlig ausreichend, besonders wenn es zuvor Oliven und andere Knabbereien zum Aperitif gibt. Oder Sie servieren als ersten Gang eine Vorspeise, die kaum Zeit in Anspruch nimmt, wie Räucherlachs oder Melone, und als Dessert genügt oft

Eiscreme mit einer schlichten Sauce. Im Mittelpunkt sollte ein Hauptgericht aus diesem Buch stehen, dessen Zubereitung nicht mehr als 30 Minuten Zeit in Anspruch nimmt. Eine einfache Vorspeise und/oder ein Dessert können das Menü vervollständigen. Die folgenden Menüvorschläge lassen sich stressfrei umsetzen, sodass Sie mehr Zeit mit Ihren Gästen verbringen können. Alle Menüs sind für 4 Personen; die einzelnen Gänge lassen sich gegeneinander austauschen.

Sommerliches Abendmenü

½ Cantaloupe-Melone (in dünne Spalten geschnitten) mit Parmaschinken

Kabeljau und Paprika auf baskische Art (siehe S. 177), Brot und Salat

Beschwipste Donuts mit Obst (siehe S. 307)

Menü für Kurzentschlossene

Bruschettas mit Paprika und gerösteten Artischocken (halbe Zutatenmenge) (siehe S. 64)

Pasta mit Meeresfrüchten und Knoblauch (siehe S. 126)

Ananas-Kiwi-Salat mit Limette (siehe S. 286)

Menü nach einem anstrengenden Tag

Griechischer Salat mit Sesamdressing (halbe Zutatenmenge) (siehe S. 78)

Gebratene Hähnchenbrust mit Pilzen und Heidelbeeren (siehe S. 208), Kartoffelpüree und Salat

Aprikosen-Mandel-Törtchen (siehe S. 309)

Vegetarisches Menü

Spinat-Parmesan-Soufflés (siehe S. 103)

Süß-pikante Kichererbsen (siehe S. 266), Chapatis (indisches Fladenbrot) und Joghurt

Eiscreme mit Melba-Pürees (siehe S. 292)

Asiatisches Feierabendmenü

Gedämpfter grüner Spargel mit zerlassener Butter

Asiatische Nudeln mit würziger Entenbrust (siehe S. 134)

Passionsfruchtschaum mit Honig (siehe S. 294)

Festliches Menü

Räucherlachs auf gemischten Blattsalaten, dazu
Einfache Senf-Dill-Sauce (siehe S. 173)

Gepfeffertes Rindfleisch mit Pekannüssen (siehe S. 229),
Kartoffelpüree mit Knoblauch

Pudding mit Stachelbeeren (siehe S. 306)

Menü für Gesundheitsbewusste

In Spalten geschnittene Avocado, dazu
Geschütteltes Dressing (siehe S. 31)

Orientalischer Brotsalat (siehe S. 279)

Warmes Birnen-Mango-Kompott (siehe S. 285)

Unkompliziertes Menü für Freunde

Oliven, Salami, verschiedene Dips, dazu Baguette,
Ciabatta oder anderes Brot

Hähnchenfleisch in Kokos-Mandel-Sauce (siehe S. 196),
Naan (indisches Fladenbrot) und Salat

Erdbeeren und Heidelbeeren mit Pfeffer (siehe S. 287)

Menü für Kinder

Grapefruithälften zum Auslöffeln

Cowboy-Pfanne (siehe S. 262)

Eiscreme mit Schokoladensauce (siehe S. 293)

Menü zum Mitnehmen

Picknick-Omelett mit Feta und Paprika (siehe S. 97)

Marokkanische Wraps (siehe S. 70)

Frisches Obst, z. B. Nektarinen und Erdbeeren

Register

Rezeptvarianten, -alternativen sowie Rezepte aus Extra- bzw. Koch- tipps sind *kursiv*.

Impressum

Dieses Werk entstand in Zusammenarbeit zwischen Reader's Digest Deutschland, Schweiz, Österreich – Verlag Das Beste GmbH und der ADAC Verlag GmbH, München

Redaktionsbüro Cornelia Klaeger, München (Übersetzung: Regine Brams; Redaktion und Satz: Cornelia Klaeger, Regina Rechter; Schlussredaktion: Hildegard Mergelsberg)

Reader's Digest
Redaktion: Stephanie Winterkorn (Projektleitung)
Grafik: Peter Waitschies
Bildredaktion: Christina Horut
Prepress: Andreas Engländer
Produktion: Thomas Kurz

Redaktionsdirektorin: Suzanne Koranyi-Esser
Redaktionsleiterin: Dr. Renate Mangold
Art Director: Susanne Hauser

Leitung Produktion Buch: Norbert Baier

Reproduktion
Colour Systems Ltd., London

Druck und Binden
Mohn media Mohndruck GmbH, Gütersloh

© der deutschsprachigen Ausgabe:
2009, 2010 Reader's Digest – Deutschland, Schweiz, Österreich
Verlag das Beste GmbH – Stuttgart, Zürich, Wien
© 2010 ADAC Verlag GmbH, München:

UK 2024/IC

Printed in Germany

ISBN 978–3–89915–592–1

Bildnachweis
Alle Bilder von Reader's Digest, außer Seiten 13, 30, 73, 74, 95, 96, 100, 130, 145, 176, 189, 284, 297, 308 Istock; Seiten 36, 46, 57, 80, 120, 150, 168, 194, 213, 253, 267, 273, 278 Shutterstock.